KB137809

연명취귀도淵明醉歸圖, (명) 장붕張鵬, 종이에 채색, 120.0×60.0cm, 광둥성 박물관.

—

장붕은 생졸년 미상으로 구령甌寧(지금의 푸젠福建 성 젠어우建甌) 사람이다. 인물화에 뛰어났고, 특히 산수와 화초, 새 그림에 뛰어났다. 그림은 백가의 장점을 집대성했으며, 글씨는 모든 서체의 절묘함을 받아들였다고 평가받는다. 도연명의 옷 주름은 고풍스럽게 가는 선으로 묘사해 산뜻하면서도 힘이 있으며, 동자의 옷 주름은 날이 선 듯 반듯하고 선명하다. 자제自題에 "좋은 계절 흥에 겨워 술에 취하나니, 다만 매화꽃 내 백발을 재촉할까 근심이네酩然盡興酬佳節, 指恐梅花催鬢霜"라 하여 그림의 의경에 깊이를 더했다.

귀거래사도歸去來辭圖(부분), (송말 원초) 전선錢選, 종이에 채색, 26.0×104.0cm, 미국 메트로폴리탄박물관.

—

전선(1239~1299)은 자가 순거舜擧이고 호는 옥담玉潭으로, 호주湖州(지금의 저장浙江 성 우싱吳興) 사람이다. 이 그림은 도연명의 「귀거래혜사」의 시의에 근거해 그렸다. 도연명이 배를 타고 돌아오고 가족이 문밖에 나와 맞이하는 모습이다. 물가의 언덕엔 버들이 늘어졌는데, 선으로만 윤곽을 그리고 준찰皴擦(예리한 붓을 옆으로 눕혀 그리는 기법)을 하지 않았다. 채색이 산뜻하며 화풍이 고졸하면서도 전아하다.

동리상국도東籬賞菊圖, (명) 당인唐寅, 입축立軸(세로로 된 두루마리), 종이에 채색, 134.0×62.6cm, 상하이박물관.

—

이 그림은 그윽이 국화를 감상하는 모습을 그렸다. 원경의 산과 근경의 바위가 험하게 생겼고, 소나무 한 그루는 규룡처럼 구부러졌다. 시내의 물은 넘실거리며, 하인은 바쁜 모습이다. 두 고사高士가 돌 위에 앉아 국화를 감상하며 한담을 나누는데, 즐거운 정취가 느껴진다. 이 그림은 산과 바위의 윤곽과 주름(울퉁불퉁한 곳)이 날카로우면서도 단단하게 묘사되어 전체적으로 강인하면서도 수려하고 고풍스러운 느낌이다.

채국도采菊圖, (청) 원제原濟, 입축, 종이에 수묵, 122.5×47.2cm, 구궁박물원故宮博物院.

—

이 그림은 "동쪽 울타리 아래에서 국화를 따다 아득히 남산을 바라본다采菊東籬下 悠然見南山"라는 시구를 형상화했다. 그림 속에 높은 봉우리가 겹겹이 포개져 있고, 울창한 청송 사이로 초가집이 어렴풋이 보인다. 마당 가장자리 밭두렁에는 국화가 무성히 피어 있고, 고사의 정면에 국화를 두어 아득한 모습을 두드러지게 했다.

도연명전

일러두기

• 원저자 주는 미주, 옮긴이 주는 각주로 처리했다.

도연명전 陶淵明傳

시를 녹여서 삶을 그리다

첸즈시 지음 · 이규일 옮김

글항아리

전원에서 느끼는 생명의 사색

서문의 제목 때문에 도연명의 이미지가 지나치게 무겁게 느껴지는 것은 아닌지 모르겠다. 분명히 그렇긴 하다. 지난 1500년간 무수히 많은 독자가 도연명의 시집을 펼쳤고, 그중 대부분은 그의 시 속에서 초월, 혹은 평담을 찾고 전원의 미와 은일 생애의 정취를 체험하려 했다. 오직 남다른 회포를 품은 소수의 지사志士와 인자仁者만이 시인과 함께 그 무겁고도 격앙된 생명의 정조를 느끼고 싶어했지만, 그들도 종종 정치라는 주제로 도연명의 정서를 이해했다.

정치도 물론 도연명 인생의 중요한 주제다. 하지만 그와 그가 처한 정치적 배경 사이의 복잡한 관계를 생각해볼 때, 그의 사상, 감정의 전체적인 주제를 정치라는 문제에 국한해 설명할 수는 없다. 정치가 그의 인생에 밀접하게 관련되어 있기는 하지만, 결과적으로는 순간적이었고, 잠깐 머물다 가는 것이었다. 정치적인 옳고 그름은 그의 사고의 종착점이 아니었으며, 그의 사고가 최종적으로 향한 곳은 정치를 초월한 곳이었다.

도연명의 정서와 사고는 영원성이라는 성격을 갖고 있다. 그래서 오직 생명이라는 주제로 분석하고 설명해야만 진정한 그의 내면세계로 들어갈 수 있다. 우리는 시인의 무겁고 격앙된 생명 정서를 파악해야만 그의 초월과 평담을 느낄 수 있으며, 그의 시에 나타난 전원의 미와 은일 생애의 정취를 깨닫고 그 진정한 가치를 이해할 수 있을 것이다.

도연명이 세상을 떠난 지 1500년이 흘러갔다. 현대를 사는 우리는 도연명의 시와 인생에서 진정한 깨달음을 얻어야 한다. 오늘날 이러한 깨달음은 과거 그 어느 때보다 중요하다. 나는 자유롭던 고대 은일 시인의 초상을, 그것도 전통적 이미지의 초상을 지금 여기서 만들려는 것이 아니다. 나는 생명 속의 영원한 대화를 그와 나누고 싶다. 생명의 시와 생명의 깨달음이 날로 침잠하는 지금, 우리가 이 대화를 더욱 깊이 나눌 수 있기를 바란다.

서곡

깊은 가을 찬바람 속에서 오래된 가옥이 쓰러질 듯 흔들린다. 뜰에 가득 피어난 잡초는 계단까지 이어진다. 방 안에 있던 시인은 거친 베옷을 걸치고 탁자에 기대 앉아 깊은 밤이 새는 것을 적막하게 기다리고 있다. 그러나 여명이 오기 전의 닭 울음소리도 울리지 않는다. 술잔은 진작 비었다. 시상이 가득 차오른다. 곧 노년의 나이에 접어드는 도연명은 또 한 번 깊은 추억 속으로 빠져든다. 흔들리는 등불의 잔영 속에서 시인은 지나간 생애의 장막을 펼친다. 시 구절도 하나씩 그의 붓끝에서 튀어나와 종이에 가득 자리를 잡는다. 다음은 「음주飮酒」 제16수다.

젊은 날엔 세상과 어울림도 없이　　少年罕人事
오직 육경에서 노닐며 즐거웠네.　　遊好在六經
어느덧 불혹에 가까워졌지만　　行行向不惑
언제나 제자리, 이룬 바가 없네.　　淹留遂無成

빈궁한 절개만을 굳세게 지키며 竟抱固窮節
추위와 주림은 질리도록 견뎌왔네. 飢寒飽所更
누추한 오두막엔 슬픈 바람이 스치고 敝廬交悲風
황량한 잡초만 앞뜰을 뒤덮네. 荒草沒前庭
베옷을 걸치고 긴 밤 지새우나니 披褐守長夜
새벽닭도 울지 않네. 晨雞不肯鳴
인재를 알아본 유공劉龔도 세상에 없으니 孟公不在茲
결국 내 마음 깊이 묻혀버리겠네. 終以翳吾情
(「음주」 제16수)

젊은 날의 시간은 얼마나 평온했던가? 아직 세상을 두루 경험해보지 못했기에 훗날처럼 그렇게 복잡하고 의미 없는 인간관계도 그때는 없었다. 오직 누런 책장 사이에서 옛날의 성현들과 마주할 뿐이었다. 주변 사람들은 문헌의 장구章句에 대해 세세하고 번잡한 훈고를 하며 단편적인 지식으로 자신의 박학을 과시하고 있었다. 그뿐 아니라 이름난 유학자들의 문하에 몸을 맡겨 훗날의 입신출세를 위해 한 자리씩 선점하고 있었다. 그러나 안연지顔延之가 「도징사뢰陶徵士誄」에서 말한 것처럼, 스스로 "학문을 했지만 전문인으로 칭하지는 않았다學非稱師." 박학한 것 같지만 실상은 공허하기 그지없는 그런 경사經師가 되고 싶지 않았다. 육경의 글 속에서 '일관된 도一貫之道'를 찾으려고 했으며, 성현들의 말에 담긴 진의를 깨닫고 싶어했다. 성인들이 이렇게 말하지 않았던가? 군자는 응당 도를 구하고 행하는 데 뜻을 세우고 덕행을 입신의 근본으로 삼으며, 인의를 행위의 준칙으로 삼고 경전과 육예六藝를 즐거움의 도구로 삼아 그 속에서 영혼의 자유를 누려야 한다고. 이렇게 나는 유년·소년·청년 시절을 보냈고, 중간에 주쾌주의 명을 받아 불혹이 다 되어가는 나이에 정식으로 관직의 길에 들어 세상의 풍파에 이리저리 시달렸지만, 10년의 시간 동안 무엇 하나 이룬 것이 없었다. 그러나 결국엔 그래도 굳은 마음의 절개를 간직하고 전원으로 돌아와 추위와 주림을 견디며 여생을 보냈다.

옛사람들 중에 나처럼 이렇게 빈궁한 절개를 지킨 이가 또 있었다. 후한 평릉平陵 사람 장중위張仲蔚가 그런 사람이었다. 그는 집안이 빈한했지만, 시와 부賦를 좋아했다. 사는 곳은 누추하고 허름해 찾아오는 이가 없었지만, 동시대 사람 중 오직 유맹공劉孟公만이 그의 현명함을 알아주었다. 장중위와 비교하자면 나는 그보다 더욱 적막하고 쓸쓸하다. 유맹공 같은 지음이 없으니 말이다.

도연명의 작품 중 이렇게 평생을 회고하는 작품은 적지 않다. 도연명이 가장 즐겨 회상했던 것은 그의 소년 시절이었다. 그의 시에는 '소년'이라는 두 글자가 자주 등장한다. 주의해야 할 점은 옛사람들이 말하는 '소년'이 우리가 지금 말하는 소년과 청년이란 인생의 두 단계를 포함한다는 것이다. 도연명이 말하는 '소년'은 그가 관직의 길에 들어서기 전의 시간을 가리킨다. 시인은 그때를 자신의 일생 중 가장 빛나던 시절로 기억한다. 그렇다. 청춘은 언제나 아름답다. 풍부한 이상, 넘치는 낭만과 격정이 있다. 봄날 눈부시도록 아름다운 연꽃과 같은 것이다. 그러나 오늘날의 광경은 꽃이 지고 잎이 시들어 부러진 가지에 쑥대가 날리는 모습이다. 이를 생각하면 창자가 끊어지는 듯한 아픔을 이길 수 없다. 이런 생각은 그의 마음을 오랫동안 맴돌다가 자연스럽게 다음과 같은 시가 되었다.

영롱한 꽃잎 오래 머물지 않나니 榮華難久居
성쇠의 이치는 알 수 없구나. 盛衰不可量
옛날엔 봄날의 연꽃 같았으나 昔爲三春蕖
이제는 가을날 연밥처럼 되었네. 今作秋蓮房

들풀은 된서리에 얼어붙고 嚴霜結野草
시들어 생기를 잃어가는 듯. 枯悴未遽央
해와 달은 돌아 제자리로 오지만 日月有還周
내 생명 떠나가면 다시 생기를 얻지 못하리. 我去不再陽
지난날 되돌아보며 眷眷往昔時
이 생각에 애간장 끊어진다. 憶此斷人腸
(「잡시雜詩」 제3수)

이 시를 읊고 나서 그는 이 시의 격조가 완적阮籍의 연작시 「영회詠懷」와 상당히 유사하다는 것을 발견했다. "들풀은 된서리에 얼어붙고, 시들어 생기를 잃어가는 듯"이라는 시구는 "언 서리가 들풀을 뒤덮고, 한 해가 또 다했구나凝霜被野草, 歲暮亦云已"(「영회」 제3수), "맑은 이슬은 연못가 난초를 뒤덮고, 언 서리 들풀을 적신다. 아침엔 아름다운 소년이었으나, 저녁엔 추하게 늙어버렸네淸露被皐蘭, 凝霜沾野草, 朝爲媚少年, 夕暮成醜老"(「영회」 제4수)와 같은 구절에 비해 더욱 은근하고 완곡하다. 시들어버린 세월이라 해도 여전히 어떻게든 살아가고 있는 것이다. 늙었다고 끝난 것은 아니며, 더 오랜 시간 동안 늙어가야 한다. 쇠락했다고 다한 것도 아니다. 쇠락했다고 해도 끝없이 계속되고 있음이 느껴진다. 생명의 성쇠와 생사의 변화에 대해 도연명은 비교적 투철한 사상을 갖고 있지만, 그것은 이성적인 초월이다. 감정적으로는 생명의 성쇠와 생사의 변화를 진정 냉철하게 볼 수는 없었다.

추억은 개체로서의 생명에게는 필연적인 정서적 체험이고, 개인이 자신의 인생 역정에 대해 갖는 심미 체험이며, 자신에 대한 위로이기도 하다. 추억에 빠져 있는 사람은 진실하지만, 추억 그 자체는 풍부한 연상과 상상으로 이루어져 있다. 추억은 또한 자연스럽고 자유롭게 피어오르는 생명의 시이자 멜로디이며 화면이다. 추억에 빠져 있는 사람은 날 때부터 시인이자 예술가다. 사람의 예술적 본능의 일부분은 추억의 본능에서 나온다. 그러나 보통 사람들의 추억은 단지 순수한 개인적 심리 체험에 지나지 않는다. 오직 시인과 예술가만이 그것을 영원한 예술품으로 만들 수 있다. 그래서 시인과 예술가는 보통 사람들에 비해 추억을 더 많이 갖고 있다. 사실 실제 생활에서 추억은 그다지 쓸모가 없으며, 공리를 초월한다. 추억은 후회, 반성과도 다르다. 그것들은 현실적인 이해에 따라 고려되며, 앞으로의 일을 도모하기 위해 지난날을 되돌아보는 것이다.

장년 무렵부터 도연명은 자신의 일생을 추억했다. 그 추억은 대부분 관직을 위해 집을 떠나면서 생겨났다. 노년이 되면서 추억은 더욱 생의 일부분이 되었다. 추억은 그의 적막한 은거 생활에 따뜻함을 가져왔고, 인생에 대한 그의 신념을 더욱 단단하게 다져주었다. 주희朱熹의 「관서유감觀書有感」에 "호수의 물은 어찌 이리 맑은가? 근원이 있어 끊임없이 물이 솟기 때문이네問渠那得清如許, 爲有源頭活水來"라는 구절이 있다. 얼마나 많은 사람이 소년 시절 가졌던 순수한 인생의 이상을 버렸던가? 마치 두보杜甫의 「가인佳人」에 등장하는 한 구절처럼.

"산에서는 샘물 맑았으나 산을 나오니 샘물 흐려졌네在山泉水清, 出山泉水濁."

도연명은 젊은 시절의 이상과 신념에서 시종일관 벗어나지 않았고, 이를 근원으로 삼아 끊임없이 새로운 활력을 길어 올렸다. 도연명이 풍부한 추억의 정서를 갖고 있었던 가장 큰 이유는 바로 이것이다.

추억은 사람의 본능이기 때문에 문학이 추억을 표현하는 것은 자연스러운 일이다. 추억에도 추억의 문학적 전통이 있다. 도연명의 추억문학도 자각적으로 이런 전통을 계승했다. 생애를 추억하는 시는 『시경詩經』에도 이미 등장한다. '진풍秦風' 「권여權輿」에서는 곤궁한 처지에 처한 몰락한 귀족이 "넓고 큰 집에서 편히 살며夏屋渠渠" "끼니마다 음식을 네 궤에 가득 채웠던每食四簋" 어린 시절의 사치스러운 생활을 추억하고 있다.

굴원屈原은 이러한 추억문학의 전통을 세운 시인이라고 할 수 있다. 「이소離騷」는 시인의 평생에 대한 회고다. 젊은 시절에 대한 애착, 그리고 평생 젊은 시절의 이상과 정신에서 벗어나지 않았다는 점은 도연명과 같다. 도연명과 굴원의 정신이 이어지고 있음을 여기에서 볼 수 있다. 공자진龔自珍의 「기해잡시己亥雜詩」는 다음과 같이 도연명을 노래했다.

"시인이 담담했다고 믿지 마시오. 삼 분의 이는 「양보음梁甫吟」이었고, 나머지 일은 「이소」였네莫信詩人竟平淡, 二分梁甫一分騷."

차례

제1부

가슴 따뜻한 자유인을 꿈꾸다

1장

•

생졸년에 대한 의문

심약沈約의 『송서宋書』 「은일전隱逸傳」에 나오는 도연명의 전기는 그가 63세에 세상을 떠났다고 기록하고 있다. 이 연령을 근거로 추산해보면, 도연명은 동진 애제哀帝 흥녕興寧 3년인 을축년, 즉 365년에 출생했다. 남송 사람 장연張縯의 『오보변증吳譜辨證』이 나오기 전에는 이 문제에 대해 아무도 이견을 제기한 사람이 없었다. 남송 때 편찬된 여러 도연명 연보 역시 모두 『송서』의 학설에 의거한 것이었다. 그러나 장연은 도연명 시의 내용에서 근거를 찾아 '도연명 향년 76세설'을 제기했다. 『오보변증』 서두에 이런 글이 있다.

> 선생은 「신축유사천辛丑遊斜川」에서 "새해가 되니 어느덧 오십이네開歲倏五十"라고 했다. 만약 이 시를 근거로 한다면, 선생은 임자壬子년에 출생했다. 임자년에서 신축년까지면 나이가 오십이 되고, 정묘년에 타계할 때까지의 나이는 일흔여섯이 된다.(장연, 『오보변증』)

신축년은 진 안제安帝 융안隆安 5년, 즉 401년이다. 도연명은 자신이 이때 이미 50세가 되었다고 했으니, 당연히 그가 임자년, 즉 진 목제穆帝 영화永和 8년(352)에 출생했고, 정묘년에 사망할 때의 나이는 76세라는 것을 알 수 있다. 만약 이 시가 문자 방면에 문제가 없다면 장연의 학설은 『송서』의 기록을 바꾸기에 충분할 것이다. 그러나 도연명의 시는 매우 광범위하게 전해졌고, 이문異文•도 가장 많다. 남송 때부터 전해지는 또 다른 도연명 판본에는 "신축"이 "신유辛酉"라고 되어 있고, "오십"은 "오일五日"로 되어 있다. 그래서 장연의 이런 학설에도 불구하고 사람들은 여전히 『송서』의 기록을 따랐던 것이다.

나중에 량치차오梁啓超, 구즈古直 등은 또 몇 가지 방증을 들어 『송서』의 63세설을 부정했다. 그래서 도연명의 생몰연도 문제는 학계의 일대 현안이 되었다. 역대 학자들이 제기한 학설은 장연의 76세설, 량치차오의 56세설, 구즈의 52세설, 궁빈龔斌의 59세설 등이 있고, 저마다 의견이 분분하다.[1] 그러나 『송서』 63세설에 대한 여러 문제 제기, 그리고 그들이 도연명의 생몰연도를 확정한 근거들 역시 전혀 문제가 없는 것은 아니다. 유궈언游國恩, 루친리逯欽立 등 『송서』의 기록을 옹호하는 학자들은 이상의 제가諸家들이 제기한 근거에 반박하는 글을 쓰기도 했다. 여러 학자의 구체적인 의견은 번거로움을 피하기 위해 일일이 논하지 않겠다.

나의 의견을 말하자면, 장연의 학설은 단면적일 뿐 아니라 이문의 문제가 존재한다. 이에 대해서는 장연 자신도 확신하지 못하는 것 같다. 그래서 "만약 이 시를 근거로 한다면"이라고 말했는데, '만약'이라는 말을 쓴 것이 생각할수록 흥미롭다. 후대의 학자들이 보충할 만한

• 같은 책이나 작품이지만 판본에 따라 다른 글자가 적혀 있는 현상.

근거를 약간 찾아내기도 했지만, 모두 직접적인 근거는 아니었고 대부분 추측성 의견이었다. 이런 상황이다보니 나는 그래도 『송서』의 기록을 따르는 것이 옳다고 생각한다. 어떤 학자들은 말한다. 심약의 『송서』가 완성된 것은 도연명이 세상을 떠난 지 61년 후였고, 전체 저작기간도 1년밖에 되지 않기 때문에 내용에 문제가 없다는 보장도 없는데다, 옮겨 적고 간각刊刻하는 과정에서 오류가 생겼을 수도 있다고. 그래서 심약의 『송서』가 말하는 63세설도 믿을 수 없다는 것이다. 량치차오 등이 의심하는 것도 나름 타당하다.[2]

심약의 『송서』가 비록 1년 만에 편찬되긴 했지만, 실제로는 유송劉宋 왕조가 당대 역사를 대단히 중시했기 때문에 송 문제文帝 원가元嘉 16년에 이미 『국사國史』를 편수하기 시작해 저명한 학자 하승천何承天이 기紀와 전傳을 기초했다. 도연명은 진 말기, 조정에서 그를 저작좌랑著作佐郎으로 제수했을 때 관직을 받지 않아 주속지周續之, 유유민劉遺民과 함께 '심양삼은潯陽三隱'이라고 불렸다. 당시 사림에서는 은일을 숭상하고 조정에서는 은사隱士를 숭상하는 풍조가 있었기 때문에 그는 이 방면을 대표할 수 있는 중요한 인물이었다. 게다가 송 무제武帝 유유劉裕의 막료를 한 적도 있어서 유송 왕조가 편찬한 『송서』에서 열전에 편입되었을 가능성이 상당히 크다. 그리고 이때는 그가 세상을 떠난 지 12년이 된다.• 하승천 이후, 송 효무제孝武帝 대명大明 6년에 서원徐爰 등은 하승천

• 『송서』 편찬이 처음 착수된 것은 원가 16년(439)이다. 이때 당시 저명한 과학자 하승천이 「천문지」와 「율력지」를 썼다. 후에 산겸지山謙之, 배송지裴松之, 소보생蘇寶生 등도 참여했다. 그 후 대명 6년(462) 서원이 저작랑이 되어 하승천 등의 원고를 참조해 『국사』를 편찬했다. 그러나 오래지 않아 『국사』 편찬 작업도 중단되었는데, 후에 영명 5년(487) 심약이 『송서』 편찬을 맡아 1년 후인 488년에 완성했다. 심약의 『송서』는 하승천, 서원 등의 책을 보충·수정해 만든 것으로, 심약도 상주문에서 "지志를 편찬한 것은 이전의 내용을 이어서 만들었다"라고 적었다. 도연명 향년 63세설에 따르면 그의 사망연도는 427년이므로, 『송서』 편찬이 착수된 해인 439년이 그가 세상을 떠난 지 12년 되는 해라고 말한 것이다.

등이 적은 옛 원고를 참조해 『국사』 편수를 속개했다. 심약의 『송서』가 이렇게 빨리 편찬될 수 있었던 것은 옛사람들의 기초가 있었기 때문이다. 그래서 『송서』에 기록된 도연명의 향년은 당시 사관들의 실록이지, 다른 왕조 사관들의 추측이 아니었다.

다른 한편으로, 유송 왕조는 은거하는 사인士人을 중히 여겨 조정에서도 은사들을 불러 벼슬을 준 사례가 있었기 때문에 관방의 문서 중에 유명한 은사들의 생애와 관련된 자료가 적지 않다. 도연명도 조정의 부름을 받았으니 관례에 따라 관부에 이름이 올라갔을 것이며, 그가 세상을 떠났을 때도 지방에서는 관례에 따라 조정에 보고했을 것이다. 그의 사망연도와 향년에 관한 『송서』의 기록은 이런 자료에서 온 것일 가능성이 크다. 사실 도연명뿐 아니라 다른 이름난 명사들도 비슷한 대우를 받았다. 『송서』 「은일전」에는 열일곱 명의 은사가 등장하는데, 그중 열여섯 명의 사망연도와 향년이 매우 명확하게 기록되어 있다.

대옹戴顒: (원가) 18년에 사망하다. 당시 나이 64세.

종병宗炳: 원가 20년에 종병 사망하다. 당시 나이 69세.

주속지: 경평景平 원년에 사망하다. 당시 나이 47세.

왕홍지王弘之: 홍지, (원가) 4년에 사망하다. 당시 나이 63세.

완만령阮萬齡: 원가 25년에 사망하다. 당시 나이 72세.

공순지孔淳之: 원가 7년에 사망하다. 당시 나이 59세.

유응지劉凝之: 원가 25년에 사망하다. 당시 나이 59세.

공기龔祈: 원가 17년에 사망하다. 당시 나이 42세.

도잠陶潛: 도잠, 원가 4년에 사망하다. 당시 나이 63세.

종욱지宗彧之: 원가 8년에 사망하다. 당시 나이 50세.

심도건沈道虔: 원가 26년에 사망하다. 당시 나이 82세.

곽희림郭希林: (원가) 10년에 사망하다. 당시 나이 47세.

뇌차종雷次宗: (원가) 25년에 종산에서 사망하다. 당시 나이 63세.

주백년朱伯年: 주백년, 효건孝建 원년에 산중에서 사망하다. 당시 나이 87세.

왕소王素: (태시泰始) 7년에 사망하다. 당시 나이 54세.

관강지關康之: 순제順帝 승명升明 원년에 사망하다. 당시 나이 63세.

오직 적법사翟法賜 한 사람만 "어두운 바위에 숨어 살아 그를 본 사람이 없었"기 때문에 "바위 틈새에서 사망해 연월을 알 수 없다"라고 되어 있다. 당시 조정의 부름을 받았던 저명한 은사들의 졸년과 향년이 명확하게 기록되어 있음을 볼 수 있다. 오직 도연명의 향년에 대해서만 의문을 가질 이유는 없다.

비록 작품에서 그의 향년이 63세라는 점을 직접적으로 증명할 만한 자료는 찾을 수 없지만, 내가 63세와 76세의 두 학설만 놓고 도연명 전집을 반복해 살펴본 결과, 후자는 여러 곳에서 통하지 않고 막히는 느낌이었는데, 전자는 인증될 만한 곳이 많았다. 여기서는 「음주」 제19수로 분석하고자 한다.

지난날 긴 배고픔에 괴로워	疇昔苦長飢
쟁기를 내던지고 벼슬길 찾아 떠났지.	投耒去學仕
처자식 부양에 절개를 버렸지만	將養不得節
추위와 주림은 떨칠 수 없었네.	凍餒固纏己
그때 내 나이 스물아홉	是時向立年
가슴에 큰 뜻이 있었기에 몹시 부끄러웠네.	志意多所恥
의연하게 나의 본분을 다하고자	遂盡介然分
마지막엔 전원으로 돌아왔네.	終死歸田里

쉼 없이 흘러가는 별빛처럼 冉冉星氣流
아련해라, 또 십이 년이 지났네. 亭亭復一紀
세상살이는 막막하고 아득해 世路廓悠悠
양주는 멈추어 울기도 했네. 楊朱所以止
천금을 뿌리며 쓰진 못해도 雖無揮金事
탁주 한 잔은 마실 만하다네. 濁酒聊可恃
(「음주」 제19수)

「음주」의 구체적인 창작 연대는 확정할 수 없지만, 전체 시가 반영하는 내용을 근거로 하자면 이 작품은 만년에 귀은한 후에 지은 것이다. "세상살이는 막막하고 아득해 양주는 멈추어 울기도 했네. 천금을 뿌리며 쓰진 못해도 탁주 한 잔은 마실 만하다네"라는 구절은 벼슬을 사직하고 귀은한 일을 가리킨다. 한나라 사람 소광疏廣은 관직을 버리고 귀향한 후에, 관직 할 때 얻었던 금은을 자손에게 물려주지 않고 술 마시고 노는 데 다 써버렸다. 도연명은 관직을 그만둔 후 소광처럼 그렇게 천금을 뿌릴 수는 없지만, 그래도 친지들의 선물이 있기에 탁주 한 잔은 마실 수 있다고 말한 것이다. 이 시 외에도 어르신들이 벼슬을 구하라고 재차 권할 때 "말고삐를 돌려 되돌아갈 수는 있지만, 내 뜻과 어긋나면 어찌 미혹이 아니겠는가? 지금의 술자리나 즐기시오. 내 수레는 되돌릴 수 없다오紆轡誠可學, 違己詎非迷. 且共歡此飮, 吾駕不可回"(「음주」 제9수)라고 대답한 구절, "장장공은 한 번 관직에 나갔다가 굳은 절개를 지녔으나 시대에 버림을 받았지. 두문불출해 평생토록 세상과 결별했네長公曾一仕, 壯節忽失時. 杜門不復出, 終身與世辭"(「음주」 제12수)라는 구절, "아, 세속의 어리석은 사람들아, 응당 하황공夏黃公과 기리계綺里季를 따라야 하네咄咄俗中愚, 且當從黃綺"(「음주」 제6수)라는 구절, 그리고 "이 몸 기댈 곳을 얻었으니 천 년이라도 떠나지 않으리託身已得所, 千載不相違"(「음주」

제4수)라는 구절이 모두 평생 전원에서 은거하겠다는 결심 후의 심정을 표현하고 있다.

다시 제19수로 돌아가 도연명의 연령 문제를 살펴보자. "지난날 긴 배고픔에 괴로워 쟁기를 내던지고 벼슬길 찾아 떠났지" 이하 여섯 구절은 시인이 29세에 처음으로 출사해 주좨주가 되었던 일을 가리킨다. 하급관리의 생활을 견디기 어려웠기 때문에 그는 얼마 지나지 않아 집으로 돌아왔다. 이 점에 대해서는 역대 학자들의 견해가 일치한다. 관건은 "의연하게 나의 본분을 다하고자 마지막엔 전원으로 돌아왔네"라는 구절에 있다. 29세에 주좨주를 사직한 후의 심정을 말하는 것일까, 아니면 팽택령彭澤令을 사직한 후의 심정을 가리키는 것일까? 만약 후자를 말하는 것이라면 "쉼 없이 흘러가는 별빛처럼 아련해라, 또 십이 년이 지났네"는 관직을 그만두고 은거한 지 이미 십이 년이 되었음을 말한다. 송나라 때 탕한湯漢은 "마지막엔 전원으로 돌아왔네" "아련해라, 또 십이 년이 지났네"의 두 구절에 근거해 도연명의 이 시들이 의희義熙 12~13년 때의 작품이라고 단정했다.

> 팽택에서 돌아온 것은 의희 원년 을사년이다. 여기서 또 12년이 지났다고 한 것은 「음주」가 의희 12~13년 사이에 지어졌다는 말이다.(탕한 주, 『도정절시陶靖節詩』 3권, 푸젠런민출판사, 2008)

그러나 "그때 내 나이 스물아홉, 가슴에 큰 뜻이 있었기에 몹시 부끄러웠네"라는 구절은 29세로 주좨주를 떠날 때의 일을 말한다. 주좨주를 사직할 때부터 팽택령을 사직할 때까지는 12~13년간의 한거와 출사 경력이 있다. 29세에 주좨주를 그만둔 일을 말한 후에 곧바로 12~13년 후 팽택령을 사직하고 전원으로 돌아온 일로 넘어가는 것은 너무 건너뛰는 느낌이다. 게다가 "세상살이는 막막하고 아득해 양주는 멈추어 울기도 했네"라는 구절은 의미가 중복되어 전체 시의 전개 과정상 너무 어수선하게 보인다. 그래서 나는 "의연하게 나의 본분을 다하고자 마지막엔 전원으로 돌아왔네"라는 구절은 29세에 주쇄주를 사직할 때의 심정을 회상하는 것으로, 당시 전원에서 인생을 마치려고 준비했음을 말한다고 생각한다. 그런데 후에 또 벼슬길에 나갔고, 오래 지체하다가 결국 마지막엔 돌아와 은거하기로 결정했다. 시인은 중간 단계의 관직 경력을 구체적으로 말하지 않고 "쉼 없이 흘러가는 별빛처럼 아련해라, 또 십이 년이 지났네"로 중간 12~13년의 관직 경력을 개괄했다. "또復"라는 글자는 벼슬살이에 끌려다니던 그의 심정을 대변한다. "세상살이는 막막하고 아득해 양주는 멈추어 울기도 했네" 구절이야말로 팽택령을 사직하고 전원으로 돌아온 일을 쓴 것이다. "세상살이는 막막하고"의 세상살이는 바로 "아련해라, 또 십이 년이 지났네"의 벼슬살이 경력을 가리킨다.

지금까지의 논의를 정리하면 다음과 같다. 이 시의 전반 여덟 구는 29세 때 처음 주쇄주가 되었으나 벼슬아치의 일을 견디지 못하고 며칠 만에 스스로 그만두고 돌아온 일을 회상했다. "쉼 없이 흘러가는 별빛처럼 아련해라, 또 십이 년이 지났네"는 29세 이후를 이어받았다. 원문의 "일기一紀"는 12년을 말하는데, 여기에 29세를 더하면 딱 41세가 된다. 도연명이 팽택령을 사직했을 때 정확히 41세였음을 알 수 있다. 또 「귀거래혜사歸去來兮辭」에도 이해가 "을사년", 즉 진나라 의희 원년인 서기 405년이라고 설명하고 있다. 이로부터 추론하건대, 도연명이 태어난 해는 확실히 365년이고, 원가 4년 세상을 떠날 때의 나이는 63세다. 『송서』의 기록은 틀리지 않았다.

2장

문벌과 신분

육조 시대 시인의 전기라면 우선 그의 가문부터 말하는 것이 옳을 것이다. 육조 사회는 일종의 문벌 사회다. 문벌이 육조 사회의 모든 것이라고 말할 수는 없지만, 육조 사회의 거의 모든 것이 문벌과 외적으로 내적으로 연관되어 있다고는 말할 수 있을 것이다.

현실 공간 속에서 문벌은 누구나 하나씩 갖고 있는 좌표다. 도연명보다 이른 시기의 서진 시인 좌사左思는 말했다.

"세도가의 맏이들 높은 자리 앉으니 영웅은 말단으로 내몰린다. 지세가 그러한 것이니, 그 유래가 하루아침에 생긴 것이 아니네世冑躡高位, 英俊沉下僚. 地勢使之然, 由來非一朝."(「영사詠史」 제2수)

여기서 말하는 '지세'가 바로 문벌이다. 문벌은 선천적으로 결정된다. 도연명보다 늦은 시기인 유송 시인 포조鮑照도 말했다.

"물을 쏟아 평지에 두면 각자 동서남북으로 알아서 흘러가리라. 인생에는 운명이 있으니, 어찌 행하며 탄식하고 앉으며 근심하랴瀉水置平地, 各自東西南北流. 人生亦有命, 安能行歎復坐愁."(「의행로난擬行路難」 제4수)

이때의 '운명' 역시 당시의 상황에서 주로 문벌을 말한다. 생명은 천지로부터 기운을 받아 생겨났기 때문에 생명체들은 본래 차별이 없다. 큰 대야 속의 무수히 많은 물방울이 제각각 어떤 차이가 있는지 알 수 없는 것처럼. 하지만 조물주의 거대한 손이 그 물을 대지에 쏟으면 사회라는 그릇이 신속하게 그것을 나누어 각자의 자리에 담는다. 그러나 생명체들은 한 방울의 물처럼 그렇게 피동적이지 않아 자리를 바꾸려는 생각도 하고, 저항하려는 마음도 갖는다. 좌사도 그렇고 포조도 그렇다. 그들은 가장 인상적이고 가장 불만에 찬 '물방울'의 역할을 맡았다. 하지만 결국엔 모두 약속이나 한 것처럼 운명을 인정하며 적당한 선에서 개혁과 저항을 포기하게 된다.

도연명의 시문 속에서는 좌사나 포조처럼 그렇게 원망과 불평에 가득 찬 분노를 볼 수 없다. 그렇다고 도연명이 사영운謝靈運처럼 고문高門 사족士族에 속하는 것은 아니다.• 독자적인 소신과 가치를 지닌 은사로서, 시류를 초월하는 시인이자 사상가로서, 그의 인생과 예술은 확실히 문벌 사회와 문벌 문화에 대한 초월이라고 볼 수 있다. 도연명의 모든 능력과 성취를 보면, 그는 당시 일반적 사인들처럼 가문으로 인생의 평안과 안락을 구하지 않았다. 그는 문벌의 영역 바깥에서 정신의 평안과 안락을 추구했다. 그래서 도연명에게 문벌제도와 가문에 대한 관념은 좌사나 포조, 사영운처럼 직접적이지 않다. 물론 초월했다고 하더라도 완전히 연관이 없는 것은 아니다. 특히 거시적인 관점에서 볼 때, 가문은 도연명의 생존 배경으로 존재했으며, 도연명의 인생과 사상에도 어느 정도는 영향을 주었다고 할 수 있다.

시 「명자命子」에서 도연명은 당시 사회에 유행하던 문벌 관념에 맞게

• 고문 사족은 한문寒門 서족庶族에 대립되는 말로 신분이 높은 가문을 가리키는데, '세족世族' '문벌門閥' '벌열閥閱'이라고도 한다.

가문의 역사를 서술하며 선조들의 공덕을 찬미했다.

오래전 우리 선조　悠悠我祖
요임금에서 시작되었지.　爰自陶唐
아득해라, 요의 후손께서　邈焉虞賓
대를 이어 광영을 펼치셨다.　曆世重光
어룡씨가 되어 하 왕조를 위해 힘쓰시고　御龍勤夏
시위씨가 되어 상 왕조를 보좌하셨지.　豕韋翼商
훌륭하신 사도(도숙陶叔)께서는　穆穆司徒
일족을 창성하게 하셨다.　厥族以昌

분란의 전국 시대　紛紛戰國
쓸쓸히 쇠락하던 주 왕조여　漠漠衰周
봉황은 숲에 숨고　鳳隱於林
은자들은 산으로 들어갔다.　幽人在丘
성난 용이 구름을 에워싸고　逸虯繞雲
거센 고래는 세차게 질주한다.　奔鯨駭流
천운이 한나라에 운집해　天集有漢
우리 민후(도사陶舍)를 굽어살피셨지.　眷予湣侯

오호라 민후께선　於赫湣侯
시운을 따라 천자를 도우셨지.　運當攀龍
검을 들고 바람처럼 진격하시어　撫劍風邁
혁혁한 무공을 떨치셨다.　顯茲武功
국태민안을 산하에 맹세하신 한고조　書誓河山
우리 선조(도사)를 개봉후開封侯에 봉하셨다.　啓土開封

근면하신 승상(도청陶靑)은　　亹亹丞相
진실로 선대의 위업을 이으셨지.　　允迪前蹤

넘실거리는 큰 물결 같고　　渾渾長源
우람하고 무성한 큰 나무 같네.　　蔚蔚洪柯
무수한 강물도 그를 따라 생겨났고　　群川載導
수많은 가지도 그에게서 뻗어갔다.　　眾條載羅
때로는 큰 소리로 때로는 침묵으로　　時有語默
시운은 솟구치기도 가라앉기도 했지.　　運因隆窊
우리 진나라에 와서는　　在我中晉
장사공(도간陶侃)이 위업을 세우셨다.　　業融長沙

늠름하신 장사공은　　桓桓長沙
큰 공훈 세우시고 덕행도 알려지셨네.　　伊勳伊德
천자께서 우리 증조부에게 봉토를 내리시고　　天子疇我
남쪽 지역을 맡아 다스리게 하셨지.　　專征南國
공을 이루고 미련 없이 물러나셨고　　功遂辭歸
총애를 받아도 변함이 없으셨다.　　臨寵不忒
그 누가 말하랴, 이런 마음　　孰謂斯心
가까이서 얻을 수 있다고.　　而近可得

위엄스러운 나의 조부(도무陶茂)께선　　肅矣我祖
시종일관 신실하셨지.　　愼終如始
곧고 반듯함이 내외의 모범이 되시고　　直方二臺
은혜가 온 백성에게 고루 미쳤다.　　惠和千里
오호라 인자하신 나의 부친　　於穆仁考

담담하고 고요하셨지. 淡焉虛止
벼슬길에 잠시 몸을 맡겼지만 寄跡風雲
노하지도 기뻐하지도 않으셨다. (…) 冥玆慍喜
(「명자」)

요제 도당陶唐 —— 우빈虞賓 단주丹朱 …… 하나라 어룡御龍 …… 상나라 시위豕韋 …… 주나라 사마 도숙 …… 한나라 민후 도사 —— 한나라 승상 도청 …… 진나라 장사공 도간 —— 조부 —— 부친.• 도연명이 만들어낸 이 한 가닥 생명의 연결선은 긴 강줄기와도 닮았고, 거대한 한 그루 고목과도 닮았다. "무수한 강물도 그를 따라 생겨났고, 수많은 가지도 그에게서 뻗어갔다"라고 말한 것처럼. 그러나 그것은 끊어진 듯 이어진 듯 엮인 생명의 연결선이었다. 씨족의 연원을 상고 시대의 제왕까지 거슬러 올라가는 것은 이 시기 사족들의 습관적인 필법이다. 그 목적은 신성한 시조를 찾아서 현실 속의 가문을 더욱 빛내고, 가족 혈통의 고귀함을 증명하려는 것이다. 사실 이런 종족적인 연원은 매우 불확실하고 의심스럽다. 하지만 도연명이 이 생명의 연결선을 만들어낸 것은 혈통을 인증하기 위한 것이라기보다는 정신적인 승계와 호응이라고 보는 것이 나을 것이다. 그는 이 생명의 연결선으로부터 가문의 정신적·인격적 전통 두 가지를 불러냈다.

하나는 시대에 부응해 일어나 군왕에게 충성하고 혁혁한 공훈을 세웠다는 점이다. 그런 인물들은 도연명의 가족사에서도 환하게 빛나지만, 전체 청사에도 길이 이름을 남겼다. "그대 집안의 옛일은 모두 청사가 되었구려君家舊事皆青史"(황정견, 「곽명보작서재어영미청여부시郭明甫作西

• 도당은 요임금을 가리킨다. 도구陶丘에 살다가 당唐으로 이주했기 때문이다. 우빈은 요임금의 아들 단주다. 우임금과 순임금이 단주를 빈례賓禮로 대했기 때문이다. 도당씨는 하나라 때 어룡씨가 되었고, 상나라 때는 시위씨가 되었다.

齋於穎尾請予賦詩」)라고 했던가? 선조들의 공훈과 덕업을 서술할 때 도연명의 마음속 격동은 이루 말할 수 없었을 것이다. 시에서는 "성난 용이 구름을 에워싸고 거센 고래는 세차게 질주한다" "검을 들고 바람처럼 진격하시어 혁혁한 무공을 떨치셨다"라고도 적었다. 그 시대에 이러한 일들은 가장 통쾌하고, 가장 명확한 인생 가치관의 실현이었다. 도연명은 유세나 처세에 뛰어난 사람은 아니었지만, 가문의 공을 세우는 것도 기회와 시기를 만나야 한다는 것을 깊이 깨닫고 있었다. 그래서 시에 이렇게 적은 것이다.

"오호라 민후께선 시운을 따라 천자를 도우셨지."

"때로는 큰 소리로 때로는 침묵으로, 시운은 솟구치기도 가라앉기도 했지."

바로 이 '시운'이라는 글자 때문에 가문의 두 번째 정신적 전통이 나온다. 즉 시운이 물러가면 귀은하여 덕을 지키고 몸을 보전한다는 것이다.

이 생명의 연결선 중에 점선으로 감춰진 선조들에 대해 도연명은 '은거'의 정신으로 표현했다. 예를 들면 이런 구절들이다.

"분란의 전국 시대 쓸쓸히 쇠락하던 주 왕조여, 봉황은 숲에 숨고 은자들은 산으로 들어갔다."

"넘실거리는 큰 물결 같고, 우람하고 무성한 큰 나무 같네. 무수한 강물도 그를 따라 생겨났고, 수많은 가지도 그에게서 뻗어갔다. 때로는 큰 소리로 때로는 침묵으로, 시운은 솟구치기도 가라앉기도 했지."

도연명은 청사에 이름을 남긴 선조들보다 자신의 덕을 감추었던 군자들에 더 큰 자부심을 느꼈다. "담담하고 고요하셨"으며 "벼슬길에 잠시 몸을 맡겼"던 "인자하신 나의 부친"을 포함해 말이다. 운을 타고 몸을 일으키지만 세상의 도가 쇠퇴하면 물러나 숨는다. 도연명은 이렇게 가문의 전통을 개괄하면서 자신을 위해 두 가지 길을 설정했다. 역사학자들은 고증을 통해 이 연결선의 혈연적 관계를 부정하겠지만, 이런 정신적 연속성까지 부정할 수는 없을 것이다.

고증이 가능한 도연명의 직계 선조는 도간과 도간의 부친 오나라 양무장군揚武將軍 도단陶丹뿐이다. 도단은 파양鄱陽 사람으로 출신을 알 수가 없다. 아마도 군공軍功이 있어 오나라 장수의 일원이 된 것 같다. 그러므로 도연명 가문의 군공 귀족으로서의 역사는 도단으로부터 시작되었다고 해야 옳을 것이다. 그러나 서진이 오나라를 멸망시키면서 도단이 가문을 위해 세웠던 미약한 기반은 모두 물거품이 되었다. 도연명의 증조부 도간은 어쩔 수 없이 어린 시절부터 가난하고 힘겨운 생활을 해야 했고, 모든 것을 처음부터 다시 시작해야 했다. 남방 인사들을 배제하고 오나라의 잔여 세력을 탄압하던 서진 정권의 통치 아래에서, 망국 장수의 후예로서 시기적 상황은 그에게 크게 불리했다. 그러나 도간의 모친 잠씨湛氏나 도간 본인이나 가문을 다시 부흥시키기 위한 노력을 포기하지 않았다. 『세설신어世說新語』에는 다음과 같은 눈물겨운 이야기가 있다.

> 도간은 어려서부터 큰 뜻이 있었는데, 집안이 매우 가난했고 모친 잠씨와 함께 살고 있었다. 같은 군에 있는 범규范逵가 평소 이름이 알려져 효렴으로 천거되어 가는 길에 도간의 집에 투숙했다. 그때 눈이 얼어 며칠 동안 쌓여 있었는데, 도간의 집에는 아무것도 없었고 범규의 마목은 매우 많았다. 도간의 모친 잠씨가 도간에게 말했다.
>
> "너는 나가서 손님을 붙잡아라. 나에게 계책이 있다."
>
> 잠씨는 머리카락을 땅에 늘어뜨리고 아랫부분을 잘라 둘로 나누어 몇 곡의 쌀과 바꿔 왔다. 또 집의 기둥을 베어 반으로 쪼개 땔감으로 삼고, 짚자리를 모두 꺾어 말여물로 주었다. 저녁이 되어

훌륭한 식사를 차렸더니 시종들은 부족한 이가 없었다. 범규는 그의 재주와 언변에 감탄하고 그의 후의에 크게 송구스러워했다. 다음 날 아침 범규가 떠날 때, 도간은 백여 리를 전송했다. 범규가 "길이 머니 그대는 돌아가는 게 좋겠습니다"라고 했지만 도간은 돌아가지 않았다. 범규가 "그대는 돌아가시오. 낙양에 도착하면 마땅히 좋은 말을 할 것입니다"라고 하자 도간은 그제야 돌아갔다. 범규는 낙양에 도착해 양탁楊晫, 고영顧榮 등에게 말했고, 도간은 크게 훌륭하다는 칭찬을 들었다.(유의경劉義慶, 『세설신어』)

도간은 성실했고, 작은 일에도 정성을 다했다. 게다가 당시 사족으로서 필요한 소양을 갖추기 위해 노력했다. 위의 인용문에는 범규가 "그의 재주와 언변에 감탄"했다고 되어 있다. 실행을 중시한 동진의 중신 도간이 청년 시절 사림에 발탁되기 위해 담론과 변론을 익혔다는 것을 알 수 있다. 도간은 부단한 노력 끝에 마침내 사림의 대열에 진입했지만, 때로는 조정의 명사들에게 경멸당하기도 했다.

그가 현지 태수에게 효렴으로 천거되어 낙양에 와서 장화張華를 만나러 갔을 때, 한미한 집안의 인재를 많이 발탁했던 사림의 영수 장화는 처음에 그를 상대해주지도 않았다. 『진서晉書』에도 "(장화가) 처음엔 그를 멀리하면서 크게 대우해주지 않았다"라고 기록되어 있다. 그러나 도간은 역시 도간이었다. 이런 방면엔 끈기가 있었다. 심지어 자신을 지나치게 비하하고 낮추기도 했다. 그는 여러 번 찾아가 문안을 올렸고, "매번 방문할 때마다 조금도 거스르는 빛이 없었다." 결국 장화는 그와 긴 시간 동안 대담을 나누었고, 도간에 대한 인상을 바꾸었다.

한번은 도간이 양탁과 함께 수레를 타고 오나라 출신 명사 고영을 찾아간 적이 있었다. 이부랑吏部郎 온아溫雅가 그것을 보고 양탁에게 빈

정거리며 말했다.

"어찌 이런 소인과 함께 수레를 탑니까?"

오나라 한미한 집안 출신의 도간이 서진 사림들 중에서 얼마나 지위가 낮았는지 알 수 있다. 위진 시기에는 많은 한소寒素 사인들도 업무 능력이나 문사 방면의 학식으로 관직을 얻어 꽤 높은 지위를 얻을 수 있었다.• 그러나 서진 말기에는 이런 길도 대부분 막혀 있었기 때문에, 비록 남들보다 뛰어난 의기를 가졌더라도 도간이 당시에 활약했던 공적은 미미했다. 하지만 "성난 용이 구름을 에워싸고 거센 고래는 세차게 질주"하는 시대가 오자, 도간은 서진 왕조가 멸망할 때 동진 왕조의 건립이라는 배에 승선해 도씨 가문 역사상 가장 뛰어난 공훈을 세운 인물로 기록된다. 「명자」에서 말한 "우리 진나라에 와서는 장사공 도간이 위업을 세우셨다"라는 구절이 바로 이 내용이다.

동진 정권을 조직하고 지키면서 도간은 강병強兵을 중시한 인물로 평가받는다. 태령太寧 3년(325), 그는 형주, 옹주, 익주, 양주 등의 군사를 감독했고, 남만교위, 정서대장군, 형주자사를 지냈다. 후에 또 태위, 장사군공을 맡았고, 교주, 광주, 영주 등 7주의 군사를 감독했다. 이것이 도연명이 말한 "천자께서 우리 증조부에게 봉토를 내리시고 남쪽 지역을 맡아 다스리게 하셨지"라는 구절의 내용이다. 그러나 남방의 한소 사인으로서 군공이 탁월해 요직을 얻은 도간이지만, 당시 정권의 중축이자 문화적 지위가 우월했던 문벌 사족들과는 여전히 거리감이 있었다. 우선, 그들이 도간에 대한 원래의 생각을 바꾸지 않았고, 그의 인격을 존중하지도 않았던 것 같다. 『세설신어』 「용지容止」에는 이런 사건이 기록되어 있다. 소준蘇峻이 석두성을 점령하고 난을 일으

• 한소 사인은 한미한 집안 출신의 서족庶族 사인 계층을 말한다.

켰다. 천자를 겁박해 석두성으로 데려가자 온교溫嶠와 유량庾亮은 도간에게 찾아가 구원을 요청했다. 도간은 소준의 난이 유씨 형제와 외척들의 농단 때문에 일어났다고 생각하고 "그 형제들을 주살한다고 해도 천하에 사죄하기에는 부족하다"라고 말했다. 이 말을 들은 유량은 두려워 도간을 찾아가지 못했는데, 온교가 일단 찾아가보는 것은 괜찮을 것이라며 권했다. 온교는 유량에게 말했다.

"혜溪 땅의 개는 내가 잘 압니다. 일단 만나봐도 걱정은 없을 것입니다."

그 결과는 다음과 같다.

"유량은 풍채와 용모가 훌륭했다. 도간은 한 번 보더니 생각이 바뀌었다. 온종일 즐겁게 이야기를 나누며 그를 지극히 아꼈다."

도간은 심양 일대 혜 사람들이 모여 있는 지역에 살았기 때문에 온교는 뒤에서 그를 말할 때 "혜 땅의 개"라고 불렀다. 당시 도간을 이렇게 부른 것은 온교뿐만이 아니었을 것이다. 그리고 도간이 많은 공을 세우고 병권을 장악하자 당시 문벌 집권층은 이를 위협으로 느껴 그를 시기하고 미워했다. 그래서 '꿈에 여덟 개의 날개가 돋았다' '몰래 기회를 엿보는 의도가 있었다' 등의 유언비어가 유행해 도간은 『진서』 「도간전陶侃傳」의 표현처럼 "두려움이 마음에 가득하다"라는 말을 남기고 임종 직전 장사長沙의 봉지封地로 떠날 수밖에 없었다. 도연명도 증조부가 당시 처해 있던 상황을 너무나 잘 아는 터라 도간을 찬미하는 글을 쓰면서 그의 공훈과 덕행을 함께 거론했다. "늠름하신 장사공은 큰 공훈 세우시고 덕행도 알려지셨네"라는 구절이 그러하다. 그리고 증조부의 덕행을 증명하는 가장 중요한 근거로 다음과 같이 썼다.

"공을 이루고 미련 없이 물러나셨고, 총애를 받아도 변함이 없으셨다."

이에 대한 도연명의 자부심은 이렇게 표현된다.

"그 누가 말하랴, 이런 마음 가까이서 얻을 수 있다고."

아마도 그는 이때 증조부 도간에 대한 유언비어를 틀림없이 떠올렸을 것이다. 도간과 당시 문벌 명사들 사이의 거리감은 그가 직무 능력으로 관직에 진출해 군공을 세워 요직을 차지한 한소 출신의 인물이면서 실사구시의 정신으로 청담淸談을 숭상하지 않았던 점에서도 기인한다. 『세설신어』와 『진양추晉陽秋』에 다음과 같은 구절이 있다.

도간은 검소하고 엄격하면서도 직무에 매우 충실했다.

도간은 매사를 상세히 검토하며 살폈고 농사일에 힘썼다. 비록 군영의 병사라도 모두 농사를 열심히 하도록 독려했다.

도간은 근면하면서도 엄정했고, 스스로 끊임없이 독려했다. 또 다른 사람을 권면하는 것도 좋아해 자주 이렇게 말했다.
"민생의 성패는 부지런함에 달려 있다. 성인 대우도 촌음을 아꼈으니 범속한 사람들은 응당 분음을 아껴야 한다. 어찌 놀기만 하고서 살아서는 시대에 유익함이 없고 죽어서는 후대에 명성이 없는가? 이는 스스로를 버린 것이다. 또 노장의 도는 공허하고 겉만 그럴듯해 선왕의 법언을 그르다 하니 실행할 만하지 않다. 군자는 바야흐로 의관을 바르게 하고 위의威儀를 지켜야 한다. 어찌 머리를 풀어 헤치고 헛된 명성을 바라며 스스로 통달했다고 말하는가!"

서진 말기에는 허무를 숭상하며 방탕한 일탈로 허명을 바라는 풍조가 성행했다. 전란을 거치며 다소 수그러들긴 했지만, 문벌 사족들은 여전히 노장의 공허한 풍조를 포기하지 않았다. 중흥 명신으로 받들어지는 왕도王導, 유량, 온교 등의 인물도 모두 스스로 현학에 고매한 풍류 인물이라고 자처했고, 당시 권력의 중심부에 있던 인물들은 대부분 명교名教와 자연을 절충한 모습이었다. 현언 시인 손작孫綽의 「증온교贈溫嶠」에서도 "진리의 벼리를 아우르고 세속의 그물을 다듬네. 정신은 허무의 물결을 출렁이고, 형체는 세속의 파도를 휘젓네既綜幽紀, 亦理俗羅. 神濯無浪, 形渾俗波"라고 했다.• 시의 내용은 당시 사림이 추종하던 공경대신의 형상을 묘사했다. 도간은 평생 이러한 기준에 부합하지 못했고, 문벌 사족들의 울타리 바깥에 머물러 있었다. 마찬가지로 도씨 가문도 시종 문벌 계층 속으로 진입하지 못했다.

도간의 일가 가족은 그의 생전에 문벌 계층 속으로 들어가지 못했을 뿐 아니라, 그가 죽은 뒤 오히려 지위와 명망이 더 경감되었다. 그가 죽고 나서 강주, 형주, 예주, 익주, 양주, 옹주 등 제군사諸軍事를 감독하던 위치는 유량이 대신했고, 도간의 작위 계승자 도하陶夏는 작위를 쟁탈하려던 동생 도빈陶斌을 살해했다는 죄명으로 유량에 의해 축출되었다. 도간에게는 또 다른 아들 도칭陶稱이 있었는데, 『진서』「도간전」에는 "범처럼 거칠어 다른 아우들과 우애롭지 못했다"라고 기록되어 있다. 그는 일찍이 200명을 거느리고 무창武昌으로 유량을 찾아간 적이 있다. 그러나 "유량이 막료를 모두 불러 모으고 도칭의 전후 죄과를 문책하자, 도칭은 절하며 사죄했으나 결국 파면되었다. 유량은 사람을 시켜 집에서 그를 끌어내 저자에 팽개쳤다." 유량은 도칭을 살해한 후 조정에 상소를 올려 그의 죄과를 보고하며 "부친이 돌아가셨는데도 상주의 자리에 있지 않고, 술에 빠지고 이익과 영예를 엿보았다"라고 했다. 자신은 본래 도간이 왕실을 위해 힘쓴 공로를 생각해 "눈감아주려고 망설였으며" "그를 구해주려고 생각했다"라고 했다. 하

• 진리의 벼리와 허무의 물결은 현학이 추구하는 심원한 경지, 즉 자연을 말하며, 세속의 그물과 세속의 파도는 인간 사회, 즉 명교를 말한다. 손작이 본 온교는 현학의 추상성을 추구하면서도 유가의 입신양명 같은 세속적 가치관을 구비했다는 것이다.

지만 도칭이 "승냥이와 이리처럼 심히 잔악하고 말이 격렬해 불충과 불효가 이보다 심한 이가 없었다"라고 생각해 사직을 위해 그를 처벌할 수밖에 없었다고 했다. 도하와 도칭이 정말로 축출되고 살해당했어야 했는지 여부와 무관하게 유량이 이런 행동을 한 가장 중요한 목적은 신속하게 도씨 가문의 세력을 없애려는 의도였다. 그래서 도간은 높은 지위에 병권을 쥐고 정국을 주도하고 있으면서도 시종 문벌 정치의 중축에는 끼어들지 못했고, 그의 일가 후손들은 더욱 그러했다. 도간의 여러 자식 중 도범陶範 말고는 크게 명성을 얻은 인물이 없었으며, 가장 명망 있는 도범조차도 사림의 중시를 받지 못했다. 『세설신어』「방정方正」에 다음과 같은 이야기가 기록되어 있다.

> 왕수령王修齡이 동산에서 은거할 때 심히 가난해 음식이 부족했다. 도범이 오정령을 지내고 있었는데, 배 한 척의 쌀을 그에게 보냈으나 받지 않았다. 곧 답해 말하기를, "내가 만약 배가 고프다면 사인조謝仁祖에게 식량을 구할 것이니 도범의 쌀은 필요 없다"라고 했다.(『세설신어』「방정」)

이 사건의 성격에 관해 위자시余嘉錫는 상당히 날카로운 분석을 했다.

> 도간의 별전과 『진서』는 도범이 가장 명성이 있다고 말한다. 그가 무슨 일로 사림에게 잘못을 해 왕수령이 이렇게 심하게 거절하게 되었는지 모르겠다. 생각건대, 도씨가 본래 한미한 집안 출신이라 사인으로서 비록 큰 공을 세웠을지라도 왕씨·사씨 가문에서는 그를 노병으로 보았을 것이다. 아들 도하, 도빈이 어리석고 같은 집안끼리 싸움을 해 크게 죽였기 때문에 왕수령은 도범을 같은 무리로 여기기는 수치스러웠다. 여기서 진나라 사람들의 품급 관념의

엄격함과 한사寒士가 가문을 세워 사대부가 되는 것이 얼마나 어려운지 볼 수 있다.(위자시, 『세설신어전소世說新語箋疏』, 상하이고적출판사, 1993)

이를 통해 도씨 문중이 품급을 엄격하게 구분하는 문벌 사회에서 시종일관 사족으로서의 자격을 얻지 못했음을 볼 수 있다. 도간이 내실을 숭상하는 한소 사인으로서 그렇게 혁혁한 공훈을 세웠던 것은 시대적 형세가 그러했던 까닭이지, 문벌 명사들이 진심으로 그에게 승복했기 때문이 아니다. 그래서 생전에는 그를 질투하고 모함하는 유언비어가 있었고, 사후에는 그의 영향력이 상당수 지워졌으며, 심지어 그의 업적이 완전히 무시되었다고도 할 수 있다. 『세설신어』「문학文學」에 기록된 원굉袁宏이 부를 지었던 일화는 당시 도간에 대한 명사들의 태도를 잘 보여준다.

원굉이 처음 「동정부東征賦」를 지었을 때 도간을 언급하지 않았다. 도범이 그를 좁은 방으로 유인해 칼을 들이대며 "선친의 공훈과 위업이 이와 같은데 그대는 「동정부」를 지으며 어찌 빠뜨리고 언급하지 않았는가?"라고 했다. 원굉은 궁지에 몰려 계책이 없자 "나는 그분을 크게 말했는데 어찌 없다고 말합니까?"라고 했다. 이어 "좋은 쇠를 두드려 단련함은 베는 것마다 잘 자르기 위함이오. 그의 공은 다스림에 있고 직위에 계셔서는 난리를 평정하고자 생각하시네. 장사공의 공훈은 역사가 찬양하리"라고 읊었다.(위자시, 『세설신어전소』)

원굉의 이러한 태도를 보면 당시 사림 전체가 얼마나 도간과 그의 가문 일족을 우습게 여겼는지 잘 알 수 있다. 위자시는 또 이런 분석을 했다.

유량은 도간을 질투했기 때문에 그의 사후에 상소를 올려 그의 아들 도하를 폐했고, 또 다른 아들 도칭을 살해했다. 그래서 도씨 일가는 진나라에 드러나지 못했다. 원굉이 부를 지었을 때, 도씨 가문은 이미 심하게 쇠락해 있었다. 그의 손자가 비록 작위를 잇기는 했지만, 벼슬길이 그다지 순탄하지 못했다. 도범이 비록 존재했지만, 그도 명사들과 어울리지는 못했다. 「방정」 편에 도범이 보낸 쌀을 왕수령이 거절한 일을 보니, 미워하는 마음을 알 만하다. 도범의 사람됨이 사림들에게 미움을 받았던 것이 아니라 가문과 출신이 한미해 동급으로 어울리기 싫어 거절당했으니, 품급 제도의 엄격함을 드러냈을 뿐이다. 원굉이 도간을 언급하지 않았던 것 역시 이와 같다.(위자시, 『세설신어전소』)

도씨 가문은 일시에 흥성하고, 또 신속하게 쇠락했다. 표면적으로는 도간의 아들인 도하, 도칭, 도빈의 어리석음 때문인 것 같지만, 실제로는 당시 문벌 정치의 형세가 결정한 것이다. 문벌이 한소 계층을 억압한 가장 전형적인 사례이며, 문벌 사족과 문벌 정치의 성격을 가장 잘 설명할 수 있는 일이다. 도연명의 조부는 도하, 도칭 형제와 같은 항렬이다. 혹자는 도무라고도 하고, 혹자는 도대陶岱라고도 한다. 도연명은 「명자」에서 선조들의 공덕을 찬미해 "곧고 반듯함이 내외의 모범이 되시고, 은혜가 온 백성에게 고루 미쳤다"라고 했다. 어질고 현명한 태수였던 것이다. 그러나 그의 부친에 와서는 내세울 만한 이력이 없다. 문벌의 억압으로 도씨 집안이 매우 빠르게 쇠락했음을 보여준다. 도연명은 자신의 부친이 "벼슬길에 잠시 몸을 맡겼지만 노하지도 기뻐하지도 않으셨다"라고 했다. 이 구절은 음미해볼 만하다. 원훈 공신의 손자이며 어진 태수의 아들이었고, 또 명사 맹가孟嘉의 사위였지만, 도연명의 부친은 잠시 벼슬길에 나섰다가 곧 자취를 감출 수밖에 없었다. 이는 당시에 결코 공정한 대우가 아니었음에도 도연명의 부친은 그저 담담하게 자신의 분수를 지켰고, 사회를 향해 노여움과 기쁨의 감정을 드러내지 않았다. 은거는 분명 당시 도씨 가문의 몇몇 구성원이 선택한 길이었다. 『진서』「은일전」에 기재된 도담陶淡과 도연명 본인, 그리고 도연명의 사촌 동생 경덕敬德은 모두 "벼슬길에 잠시 몸을 맡겼"고 "담담하고 고요"했던 인물이었다. 그 이면의 원인은 빠르게 몰락한 군공 귀족의 후예가 고문 사족이라는 울타리를 넘지 못하고 어쩔 수 없이 은일과 문장의 길을 선택할 수밖에 없었던 데 있다.

위자시의 견해에 따르면, 원굉이 「동정부」를 지었을 때 도씨 가문은 이미 심하게 쇠락했는데, 도연명의 시대에는 정말로 한미한 가문이 되어버렸고, 왕씨·사씨 가문과는 이미 하늘과 땅 차이의 간격이 있었다. 하지만 도씨 일가에서는 스스로 한소 가문으로 자처하고 싶지 않았기 때문에 집안 내력을 도당으로 거슬러 올라가고, 한나라 사도 도사, 승상 도빈을 먼 선조로 삼았던 것이다. 이 계보는 어쩌면 도간의 생전에 만들어져서 도연명이 「명자」를 쓸 때 이 계보를 근거로 재정리했을 가능성이 크다. 그러나 한미한 출신이라는 가문의 실상을 도간도 모르는 것은 아니었다.

동진·남조 시대에 한 사람의 출신 성분을 결정하는 데 가장 결정적인 것은 할아버지와 아버지, 두 항렬이다. 『진서』「은일전」의 기록에는 "도잠은 자가 원량元亮이고, 대사마 도간의 증손자다. 조부 도무는 무창태수였다"라고 되어 있다. 부친의 이름과 관직을 기재하지 않았다. 보첩譜牒의 기록을 보면, 도연명의 부친은 도일陶逸(혹은 도민陶敏이라고도 한다)이고, 일찍이 안성태수(혹은 자성태수라고도 한다)를 지냈다.[3] 그러나 도연명이 지은 「명자」에는 부친의 이런 이력이 나오지 않는다. 「명자」는 부친의 이력을 이렇게 말했다.

> 오호라 인자하신 나의 부친
> 담담하고 고요하셨지.
> 벼슬길에 잠시 몸을 맡겼지만
> 노하지도 기뻐하지도 않으셨다.(「명자」)

문벌 사회에서는 조부와 부친 두 사람의 관직을 가장 중요하게 여긴다. 도연명 부친의 관직명은 역사서 『진서』『송서』만 기재하지 않은 것이 아니라 도연명 자신도 언급하지 않았다. 만약 도연명의 부친이 정말 관직을 하다가 귀은했다면, 이는 당시의 풍습에 미루어보아 고상한 일에 속하므로 도연명이 한마디도 쓰지 않았을 리가 없다. 아마도 도연명의 부친이 벼슬을 한 적이 없었을 가능성이 높다. 도연명은 조부가 태수였고 부친이 은사였으니, 이런 조부와 부친의 이력이라면 진송晉宋 시대 문벌의 기준으로 보아 남방 사족의 일원으로서의 신분을 얻은 것이나 마찬가지였다. 하지만 도연명은 그래도 한소 사인일 뿐이었다.

도연명의 글을 보면, 그는 자신이 한소 사인의 신분이라는 것을 매우 명확하게 인식하고 있었다.

> 나는 사람으로 태어나 가난한 운명을 만났기에 밥그릇은 자주 비고 거친 베옷으로 겨울을 보냈다. 즐거운 마음으로 계곡에서 물을 길었고, 장작을 지고도 걸으며 노래를 불렀다. 어두운 사립문을 나서서 새벽부터 한밤까지 일했고, 봄부터 가을까지 들판에 나가 일했다. 김을 매고 흙을 갈아주었고, 작물은 잘 자라 무성해졌다. 즐겁게 책을 읽었고, 칠현금으로 마음 흐뭇했다. 겨울이면 햇

볕을 쬐었고, 여름이면 냇물에 씻었다. 바빠 쉴 틈이 없었으나 마음은 항상 한가로웠고, 하늘이 준 분수에 즐거워하며 평생을 살았다.(「자제문自祭文」)

내 나이 오십을 넘었으니, 어려서는 가난으로 고생했고, 항상 집안이 어렵다보니 동서로 분주히 돌아다녔다.(「여자엄등소與子儼等疏」)

내 집은 가난해 경작을 해도 자급이 되지 않았다. 아이는 많아 집에 가득했지만 항아리에는 남은 양식이 없었고, 살아가는 데 필요한 물자를 구할 방법이 없었다. 친척과 친구들이 나에게 벼슬을 하라고 많이 권하니 혹하고 마음이 움직여 길을 찾아봤으나 얻지 못했다. 사방에 난리가 나자 제후들이 은덕을 베풀고 보살펴주었으며, 집안 숙부가 가난으로 고생하던 나를 작은 읍에서 쓸 수 있게 해주었다.(「귀거래혜사」 서문)

그들 가문은 원래의 정치적 지위가 어떠했는지 여부와 상관없이 도연명에 이르러 완전한 한서寒庶 사인으로 전락했다. 일반적인 사인들에게는 소인의 일이라고 치부되는 농경 생활을 도연명이 자원해 했던 것도 신분에 대한 그의 이런 인식과 무관하지 않다. 집안이 가난해 벼슬길을 구했고 "사방에 난리가 난" 형국이라 얼떨결에 벼슬을 하게 되었다고 그는 말했다. 이런 상황은 그의 증조부 도간이 당시 주현州縣에서 벼슬을 얻은 상황과 유사하다. 한진漢晉 시기에 주현의 관리는 대부분 그 군에서 어느 정도 집안의 배경이 있는 한서 사인들이 맡았다. 도연명과 도간은 모두 이런 신분에 속했다. 그들의 가문이 비록 당시 조정의 음서 세습 특권을 누리지 못했고, 문벌 사족처럼 애쓰지 않고 가만히 있어도 요직으로 진출할 수는 없었지만, 그들은 일반 백성과는 달랐고, 지방의 정치적 자원과 가문의 배경을 갖고 있었다. 도연명은 이런 지방 문벌의 자격은 갖추고 있었지만, 상층 사림의 입장에서 보면 결국 한서 계층일 뿐이었다. 그의 「잡시」 제8수를 보자.

관직은 본래 내 바라는 바 아니었고　代耕本非望
내 업은 밭 갈고 누에 치는 일이었다네.　所業在田桑
손수 몸을 굽혀 쉼 없이 일했지만　躬親未曾替
춥고 배고파도 늘 지게미뿐이었네.　寒餒常糟糠
배 채우면 그뿐, 어찌 더 바라랴.　豈期過滿腹
쌀밥이나 배부르게 먹고 싶다네.　但願飽粳糧
겨울엔 거친 베옷이면 족하고　御冬足大布
여름엔 거친 갈포로 뙤약볕을 견딘다네.　麤絺以應陽
이마저도 얻지 못하면　正爾不能得
슬프고 마음 괴로웠지.　哀哉亦可傷
남들은 필요한 만큼 얻으며 살지만　人皆盡獲宜
어리석은 나는 그럴 방법을 모르네.　拙生失其方
이치가 그런 것을 어찌하랴.　理也可奈何
술 한 잔에 얼큰히 취할밖에.　且爲陶一觴
(「잡시」 제8수)

『맹자』「만장萬章」에는 이런 구절이 있다.

"하사下士, 그리고 서인庶人 중에 관직에 있는 자는 같은 봉록을 받으니, 봉록이 경작의 수입을 대신할 만하다. 경작해 얻는 소득은 한 남자가 백 무畝고, 백 무를 경작해 상농부는 아홉 사람을 먹인다下士與庶人在官者同祿, 祿足以代其耕也. 耕者所獲, 一夫百畝, 百畝之糞, 上農夫食九人."

도연명은 "경작의 수입을 대신"한다는 말로 벼슬살이의 실질을 설명했다. 이는 그가 하사, 심지어 서인으로 자처한다는 것을 말한다. 그래서 위의 시에서 그는 "밭 갈고 누에 치는 일", 바로 서민의 생활을 자신의 업이라 여겼다. 「계묘세시춘회고전사癸卯歲始春懷古田舍」에서는 "길게 읊조리며 사립문을 닫나니, 나는 오로지 농토의 백성이로다長吟掩柴門, 聊爲隴畝民"라고 하며 직접 자신을 "농토의 백성"이라 지칭했다. 또 「유회이작有會而作」에서는 "꽤 능숙한 농부가 되었으나 흉년을 만났다頗爲老農, 而值年災"라고 했다. 자신을 일반 백성으로 본 것이다. 안연지의 「도징사뢰」는 도연명의 평생 행적을 찬미하며 다음과 같이 적었다.

> 어찌 그대와 같이 신념에 따라 세상을 등지겠는가? 영예를 멀리하고 옛것을 좋아하며 자신의 이익을 가벼이 여기고 큰 뜻을 중시하겠는가? 권세가들은 허세로 그대를 대했지만, 온 향리 사람들은 그대의 기풍을 숭상한다네. 효성이 지극해 의롭게 노모를 봉양했고, 도를 받들어 세상을 생각했네. 그대가 지킨 도리는 편협하지도 않고 속되지도 않네. 작위는 하사와 같았고, 봉록은 상농과 같았다.(안연지, 「도징사뢰」)

"작위는 하사와 같았고, 봉록은 상농과 같았다"라는 말은 도연명 시의 "경작의 수입을 대신"한다는 말처럼 『맹자』「만장」에서 인용한 것이다. 안연지는 이 글에서 비록 찬미하는 말투로 도연명이 은일의 뜻을 지켜 "고관들의 명리名利를 하찮게 여겼다"라고 말했지만, 도연명이 당시 하사와 상농 사이의 사회적 신분에 처해 있었음을 객관적으로 기록했다. 이른바 '하사'는 진송 사회에서 사인의 말단이었다. 『송서』「은행전恩倖傳」에서는 중서통사사인中書通事舍人을 맡았던 소상지巢尙之를 칭할 때, "노군의 소상지는 사인 중의 말단이다"라고 했다. 도연명이 당시에 은거로써 고상한 명성을 얻었지만, 실제 그가 처했던 사회적 계층은

사士와 서인의 사이였다는 것을 알 수 있다.

물론 도연명은 유가의 도를 신봉하는 사인이므로 진정한 의미의 서인은 아니다. 자신의 신분에 대한 도연명의 기본적인 생각은 일종의 빈사貧士, 즉 「감사불우부感士不遇賦」「영빈사詠貧士」 등의 작품에서 표현한 것과 같은 지식인이었다. 이런 생각은 다음과 같은 구절에서 나타난다.

"나는 실로 그윽이 은거하는 선비我實幽居士."(「답방참군答龐參軍」)

"동방에 한 선비 있어 의복은 항상 남루했네. 한 달 동안 아홉 끼를 겨우 먹고, 관 하나로 십 년을 썼네東方有一士, 被服常不完. 三旬九遇食, 十年著一冠."(「의고擬古」 제5수)

"바람 따라 울며 나는 기러기 가는 곳이 어디인가? 저 가난한 거사를 생각하니 어찌 탄식하지 않으랴鳴雁乘風飛, 去去當何極. 念彼窮居士, 如何不歎息."(「연구聯句」)

이처럼 그가 생각하는 자신의 신분은 기본적으로 지식인이었다.

그러나 도연명에게 사의 직분은 시서예의詩書禮義를 익히고 도를 행해 세상을 구제하는 데 있었다. 이런 기준으로 사의 의미를 규정할 때, 그는 자신이 사의 자격에 매우 부족하다고 느꼈다. 「계묘세시춘회고전사」에서 그는 다음과 같이 말했다.

"옛 스승의 유훈엔 도를 근심하고 가난함을 근심 말라 했네. 우러러보면 아득해 따르기 어렵지만, 그 뜻은 오래도록 힘써 지키려네先師有遺訓, 憂道不憂貧. 瞻望邈難逮, 轉欲志長勤."

도를 행하는 것은 이미 어렵고, 도를 근심하는 것조차도 힘들다. 그저 자력으로 의식주를 해결하는 사람이 되고, 도를 근심하는 것이 아니라 가난함을 근심할 뿐이다.

이런 행위는 당연히 진정한 의미의 지식인 행위라고는 할 수 없다. 그가 "나는 오로지 농토의 백성이로다"라고 말한 이유는 여기에 있다. 전통적 관념에서 사士는 밭일 같은 육체노동에 종사할 필요가 없었다.

「권농勸農」에서는 "공자는 도덕에 심취해 번수樊須를 소인이라 여겼네. 동중서는 음악과 책을 좋아해 삼 년 동안 전원을 밟지 않았지. 만약 이처럼 세속에 초연할 수 있다면 높은 곳에 내 자취를 두어야 하리. 감히 옷깃을 여미어 그 덕을 공경하고 찬미하지 않겠는가孔耽道德, 樊須是鄙. 董樂琴書, 田園弗履. 若能超然, 投跡高軌. 敢不斂衽, 敬贊德美"라고 했다. 이 말은 유가의 도를 익히고 행하는 지식인들을 위해 한 말이다. 그들이라면 자력으로 의식주를 해결하지 않아도 좋다는 것이다.

도연명이 기꺼이 감내했던 농경 노동은 그가 세속적 이념으로서의 지식인 신분에서 물러나 자각적으로 서민의 지위를 받아들인 행위라고 볼 수 있다. 도연명은 스스로 빈천하다는 말을 자주 했다. 예를 들면 이런 구절이다.

"뛰어난 인재는 세상에 숨지 않으나 강호엔 빈천한 이가 많네良才不隱世, 江湖多賤貧."(「여은진안별與殷晉安別」)

"큰 수레를 타도 화를 피할 수는 없으나 빈천한 이에겐 벗들과의 즐거운 사귐이 있네駟馬無貰患, 貧賤有交娛."(「증양장사贈羊長史」)

"태평성대가 지나간 지 오래, 빈사는 대대로 끊이지 않는다重華去我久, 貧士世相尋."(「영빈사」 제3수)

"빈천을 편안히 여기는 이는 예로부터 검루黔婁가 있었네. 좋은 작위에 나 연연하지 않으며, 후한 대접도 나 받지 않으리安貧守賤者, 自古有黔婁. 好爵吾不縈, 厚饋吾不酬."(「영빈사」 제4수)

'빈貧'이 경제적인 면을 가리킨다면 '천賤'은 신분과 관계된다. 도연명이 말하는 천함은 세상의 고귀한 명성이나 직위 없이 서민과 같은 사회적 환경으로 전락한 것을 의미한다. 문벌 사회의 평가 기준에서 서족 사인과 서민은 '소인'으로 치부되는데, 이 용어에는 인격을 폄하하는 뉘앙스가 담겨 있다. 『세설신어』「방정」에 다음과 같은 내용이 있다.

> 유진장劉眞長과 왕중조王仲祖가 함께 길을 가는데, 날이 저물도록 식사를 하지 못했다. 안면이 있던 소인이 식사를 차려 대접했는데, 음식이 매우 풍성했다. 유진장이 사양하자 왕중조가 "오직 허기를 채울 뿐인 것을 어찌 굳이 사양합니까?"라고 했다. 유진장이 말했다. "소인과는 함께 어울릴 수 없습니다."(『세설신어』「방정」)

여기서 말하는 소인은 사대부 신분이 아닌 사람을 말한다. 실제로 도덕적 수양이나 대단한 부를 가진 사람을 말하는 것이 아니다. 도연명은 스스로를 "농토의 백성"이라고 여겼다. 신분으로 귀천을 논하는 문벌 사회의 기준을 이미 초월한 것이다. 좌사의 「영사」 제6수에서는 형가荊軻, 고점리高漸離처럼 권세를 멸시하고 인격으로 자존감을 드러내는 정서를 표현했다.

"굽어보면 천하도 하찮은 것을 호족은 말해 무엇하리. 귀한 자는 스스로 귀하다 여기지만, 나는 그를 먼지처럼 본다네. 천한 자는 스스로 천하다 여기지만, 나는 그를 삼천 근처럼 무겁게 느낀다네高眄邈四海, 豪右何足陳. 貴者雖自貴, 視之若埃塵. 賤者雖自賤, 重之若千鈞."

도연명은 비록 이런 격분한 심경의 언어를 사용하지는 않았지만, '품급을 하찮게 보는' 관념 속에는 역시 권세를 멸시하고 한서 계층으로 자처하는 사상이 담겨 있었다. 그래서 그는 고대의 고상한 도덕을 지닌 빈사, 은사의 전통을 탐색했으며, '가난과 절개를 굳게 지키는' 빈사의 행위 준칙을 확립했다. 아울러 일반 지식인들에게 경시되었던 농경 노동에 대해 숭고한, 심지어 도에 가깝다고도 할 수 있는 근거를 부여했다.

아득한 옛날	悠悠上古
최초의 백성이 있었지.	厥初生民

편안히 자급자족하며　傲然自足
순박함과 진실함을 지켰으나　抱樸含眞
꾀와 교활함이 생겨나자　智巧既萌
물자의 공급이 어려워졌다네.　資待靡因
누가 백성을 풍요롭게 해줄까?　誰其贍之
실로 철인에게 의존할 뿐이네.　實賴哲人

철인은 어떤 이인가?　哲人伊何
바로 후직이라네.　時惟後稷
백성을 풍요롭게 해준 것은　贍之伊何
실로 파종과 재배였지.　實曰播植
순임금도 몸소 밭을 갈았고　舜既躬耕
우임금도 경작을 했네.　禹亦稼穡
멀리 주나라의 법전에도　遠若周典
팔정의 시작은 양식이라 했다네.　八政始食
(「권농」)

이것은 말할 것도 없이 서민 계급의 숭고한 도덕적 선언이다. 서민을 멸시하고 소인으로 깔보던 당시 사족 사회의 계급적 편견을 겨냥한 것이다. 이를 통해 도연명이 사상적인 면에서 문벌 사족들과 근본적으로 차이가 있음을 알 수 있다. 그의 농경 노동과 전원생활이 심미적 행위로 승화될 수 있었던 것은 이런 의식화된 서민 계급의 도덕관에서 기인한다.

도연명은 또한 '외롭고 굳센 지조'와 '외롭고 가난한 의식'을 갖고 있었다. 굳센 지조로 세상과 어울리지 않는다는 생각이 자주 붓끝에 표현되었다. 예를 들면 다음과 같은 구절이다.

"젊은 시절부터 굳센 지조를 지니고서 어느덧 사십 년이 지났네總髮抱孤介, 奄出四十年."(「무신세유월중우화戊申歲六月中遇火」)

"지난날 긴 배고픔에 괴로워 쟁기를 내던지고 벼슬길 찾아 떠났지. 처자식 부양에 절개를 버렸지만, 추위와 주림은 떨칠 수 없었네. 그때 내 나이 스물아홉, 가슴에 큰 뜻이 있었기에 몹시 부끄러웠네. 의연하게 나의 본분을 다하고자 마지막엔 전원으로 돌아왔네. 쉼 없이 흘러가는 별빛처럼 아련해라, 또 십이 년이 지났네. 세상살이는 막막하고 아득해 양주는 멈추어 울기도 했네. 천금을 뿌리며 쓰진 못해도 탁주 한 잔은 마실 만하다네."(「음주」 제19수)

"이 선비는 어찌 늘 홀로인가? 실로 남과 비슷한 바가 적기 때문이네. 고고하게 자신의 일을 편안히 여기고, 곤궁과 순통으로 즐거워하지 않는다此士胡獨然, 實由罕所同. 介焉安其業, 所樂非窮通."(「영빈사」 제6수)

안연지가 쓴 「도징사뢰」도 도연명의 '외롭고 굳센 지조'의 정서를 강조해 이렇게 적었다.

"만물은 홀로 자람을 숭상하나니, 사람은 실로 굳세게 서야 한다."

이런 '외롭고 굳센 지조' 의식과 심경의 형성은 그의 성격이나 취향과도 관계가 있지만, 사회적인 면에서 볼 때 그가 사족 사회의 변경에서서 문벌 사족들의 배척을 받아온 경력과도 깊은 연관이 있다. 도연명이 당시 문벌 명사 중심의 사족 사회와 어떤 관계였는지 지금 상세히 알 수는 없다. 하지만 도연명의 문학과 행적으로 볼 때, 당시 사회에서 명사의 부류에 속했으리란 것은 틀림없는 사실이다. 어쩌면 도연명은 도씨 가문의 첫 번째 명사였다고도 말할 수 있을 것이다. 그는 젊은 시절 왕응지王凝之가 태수였을 때 강주에서 주좨주를 지냈다. 만년에는 왕홍王弘, 사첨謝瞻 등과 교유했고, 영초永初 2년에 왕홍이 강주자사가 되어 분구湓口에서 사첨, 유등지庾登之를 전송할 때 자리에 함께해 「어왕무군좌송객於王撫軍座送客」이라는 시를 썼다.[4] 그러나 도연명과 당시 세족 명사들 사이에는 넘지 못할 간극이 있었고, 그 간극 때문에 자연히 서로에 대한 태도가 소원해졌다. 「의고」 제6수는 이런 상황을 암시하는 것으로 보인다.

푸르고 푸른 계곡의 나무	蒼蒼谷中樹
겨울이나 여름이나 늘 이렇게 푸르렀지.	冬夏常如茲
해마다 서리와 눈보라를 견뎠나니	年年見霜雪
누가 나무더러 세월을 모른다 하랴.	誰謂不知時
세상 사람들의 말은 질리게도 들었으니	厭聞世上語
임치로 가 친구를 사귀려네.	結友到臨淄
직하에는 담론가가 많으니	稷下多談士
그에게 물어 내 의혹을 풀고자 하네.	指彼決吾疑
짐 챙긴 지 이미 몇 날이 지났고	裝束旣有日
가족에게 인사도 했다.	已與家人辭
가려고 문을 나서다 멈추어	行行停出門
다시 앉아 홀로 생각에 빠진다.	還坐更自思
길이 멀어 두렵지는 않으나	不怨道里長
남들에게 속임 당할까 걱정이라.	但畏人我欺
만에 하나 마음에 흡족함이 없다면	萬一不合意
영원히 세상에 웃음거리가 되겠지.	永爲世笑嗤
마음에 품은 생각 말로 하기 어려우니	伊懷難具道
그저 그대를 위해 시나 지어 부를밖에.	爲君作此詩

(「의고」 제6수)

이 시에서 말하는 내용에 대해서는 많은 학설이 있다. 루친리는 탕한의 학설을 인용해 이 일은 도연명이 백련사白蓮社에 가입하지 않은 일을 가리킨다고 했다.[5] 하지만 위안싱페이袁行霈의 주는 "직하의 담론가들이 논하는 일은 모두 시국에 대한 일이며, 치국의 방법이다. 만약 직하의 담론가들이 백련사가 신봉하는 불교를 비유한다고 하면 이는 이치에 맞지 않다. 탕한의 학설은 틀리다"라고 했다. 시의 내용 중 "직하에는 담론가가 많으니 그에게 물어 내 의혹을 풀련다"라는 구절로 보아 그가 찾아가 가입하려고 했던 곳은 학술적인 성격의 모임인 듯하다. 이 학술적인 모임이란 내 생각에는 당시 문벌 명사들의 청담 집단, 바꾸어 말하면 당시의 명사 집단인 것으로 보인다. 도연명이 사상적인 면에서 현학의 영향을 받았다는 것은 의심할 수 없는 사실이다. 그래서 이런 현학 명사 집단은 그에게 매력적으로 다가왔을 것이다. 게다가 위에서 말한 것처럼 도연명은 도씨 가문에서 처음으로 명사의 자격을 얻은 사람이다. 본인의 희망대로 명사들과 더 빈번하고 친밀하게 교류한다면 이는 자신을 위해서나 가문의 위상을 위해서나 모두 이로운 것이었다.

위의 시에서 그가 집을 나서려다 곧 그만둔 주된 이유는 "남들에게 속임 당할까 걱정"하고, "만에 하나 마음에 흡족함이 없을까" 두려웠기 때문이다. 이는 가문의 위상이 아직 문화 사족의 지위에 오르지 못한 한소 사인의 심리를 반영하고 있다. 당시 문학과 지조로 이름이 알려진 고명한 처사로서 도연명은 충분히 명사 집단에 몸담을 수 있었다. 하지만 그는 명사 집단의 상황과 분위기, 특히 고문 사족 왕씨·사씨 가문의 뼛속 깊이 자리한 우월감을 너무 잘 알고 있었다. 그래서 그들과 항상 일정한 거리를 유지했고, 결국 명사들과의 사교에 가담하지 않았다. 이 모든 것은 그의 가문이 사족 사회의 변두리에 있었던 처지와 관계가 있다. 물론 변두리에 위치하던 이런 처지를 도연명은 완전히 피동적으로만 받아들인 것이 아니라 적극적으로 대응하기도 했다. 그 결과로 '세상이 나를 버렸으니 나도 세상을 버린다'는 심리가 생겨났고,

당시 고문 사족들이 주도하는 현란하고 화려한 상류 사회와는 의도적으로 거리를 두었다. 다음과 같은 구절에 이런 심경이 나타난다.

"오두막에 몸을 눕히고 아득히 세상과 단절하네. 둘러보아도 누구 하나 아는 이 없어 사립문은 낮에도 늘 닫혀 있네寢迹衡門下, 邈與世相絕. 顧盼莫誰知, 荊扉晝常閉."(「계묘세십이월중작여종제경원癸卯歲十二月中作與從弟敬遠」)

"가난한 골목 초가 오두막에 내 몸을 맡기려 화려한 가마는 기꺼이 사양했네草廬寄窮巷, 甘以辭華軒."(「무신세유월중우화」)

"이른 새벽 문 두드리는 소리 들려 황급히 옷을 걸치고 문을 열었네. 그대는 누구인가 물었더니 마음 착한 농부 하나 있었네. 술 한 병 들고 멀리서 인사 왔다는데, 세상과 등지고 산다며 날 이상하다 하네. 누더기로 오두막에 산다고 고고한 삶은 아니라며 세상은 서로 동화되는 것을 귀하게 여기니 당신도 흙탕물 속에서 머리 감으라 하네. 어르신의 말에 깊은 느낌 얻었으나, 내 타고난 성품은 어울리기 어렵네. 말고삐를 돌려 되돌아갈 수는 있지만, 내 뜻과 어긋나면 어찌 미혹이 아니겠는가? 지금의 술자리나 즐기시오. 내 수레는 되돌릴 수 없다오淸晨聞叩門, 倒裳往自開. 問子爲誰歟, 田父有好懷. 壺漿遠見候, 疑我與時乖. 襤縷茅檐下, 未足爲高棲. 一世皆尙同, 願君汨其泥. 深感父老言, 稟氣寡所諧. 紆轡誠可學, 違己詎非迷. 且共歡此飮, 吾駕不可回."(「음주」 제9수)

"차라리 내 곤궁함을 견디며 뜻을 얻을지언정 몸을 숙여 스스로를 얽매이게 하지는 않으리. 높은 가마와 화려한 의관도 귀하게 여기지 않으니 기운 솜옷인들 부끄러우랴. 깨달은 바 있으니 아둔하게 기쁜 마음으로 돌아가 은거하리. 고독한 마음 안고 한세상 마칠지언정 좋은 값 흥정하듯 장에 파는 일은 사양하겠네寧固窮以濟意, 不委曲而累己. 旣軒冕之非榮, 豈縕袍之爲恥. 誠謬會以取拙, 且欣然而歸止. 擁孤襟以畢歲, 謝良價於朝市."(「감사불우부」)

이런 내용들은 도연명이 전원에 은거한 데는 스스로 "농토의 백성"으로 자처한 심리뿐 아니라 구체적인 사회적 원인도 있었음을 보여준다.

도연명의 문학은 농후한 한소 집단의 서정 색채를 담고 있다. 가장 전형적인 것이 「감사불우부」「영빈사」 등 불우한 지식인의 서정이라는 전통적 소재를 다룬 작품들이다. 그가 창조한 이미지들은 대부분 한소 지식인을 상징하는 의미를 갖고 있는데, 가장 분명한 것은 「영빈사」 제1수의 "외로운 구름孤雲" 이미지다.

만물은 저마다 기댈 곳 있으나　　萬族各有託
오직 외로운 구름은 의지할 이 없네.　　孤雲獨無依
아득히 허공에서 사라져버리니　　曖曖空中滅
언제나 남은 자취 볼 수 있으랴.　　何時見餘暉
아침놀이 밤안개를 열고 비칠 때　　朝霞開宿霧
새들은 서로 짝지어 날아간다.　　衆鳥相與飛
뒤처져 숲을 나서는 새 한 마리　　遲遲出林翮
저녁이 되기 전에 다시 돌아오는구나.　　未夕復來歸
힘껏 옛길을 지키나니　　量力守故轍
어찌 추위와 주림이 없으랴.　　豈不寒與飢
지음이 없네.　　知音苟不存
그만두어라, 슬퍼해 무엇하리.　　已矣何所悲
(「영빈사」 제1수)

서진 시기 한소 사인으로 알려진 곽태기郭泰機의 「답부함시答傅咸詩」는 가난한 집안 여인의 형상으로 한소 사인들의 아픔을 묘사했다. 그보다 약간 후에는 좌사의 「영사」가 있었다.

"빽빽한 계곡 기슭의 소나무, 늘어진 산 위의 묘목들, 저 한 마디의 가는 줄기로 여기 백 척의 우람한 가지를 뒤덮네鬱鬱澗底松, 離離山上苗. 以彼徑寸莖, 蔭此百尺條."

이런 형상적인 대비는 한소 사인들이 문벌제도에 대해 갖고 있는 울분을 두드러지게 표현한다. 이 두 시인이 만들어낸 한소를 상징하는 이미지는 오랫동안 학자들에게 익숙하게 전해져 왔다. 위에서 인용한 도연명의 "외로운 구름" 구절에 대해서는 대부분의 사람이 그저 개인적 심경의 투영일 뿐 사회적인 내용이 담겨 있지는 않을 것이라고 생각해왔다. 그러나 여기서 표현하는 심각한 고독의 정서는 문벌 사회에서 한소 사인들이 갖는 감회를 반영한다. "외로운 구름" 외에 「음주」 제4수에 나오는 "무리를 잃은 새失群鳥" "외로이 서 있는 소나무孤生松", 「음주」 제8수의 "푸른 소나무青松", 그리고 「귀조歸鳥」의 "돌아가는 새歸鳥"도 모두 지조를 지키며 사는 한소 출신 사인들의 상징으로 이해할 수 있다. 특히 "무리를 잃은 새"와 "외로이 서 있는 소나무"는 도연명 특유의 고독하면서도 올곧은 한소 정서를 잘 표현하고 있다.

무리를 잃은 새 한 마리 불안에 떨며	棲棲失群鳥
날 저물도록 홀로 날고 있네.	日暮猶獨飛
머물 곳 찾지 못해 배회하며	徘徊無定止
온밤 내내 울며 맴도네.	夜夜聲轉飛
애타는 소리는 어둠 속으로 울려 퍼지고	厲響思淸遠
하염없이 펄럭이며 방황하네.	去來何依依
외로이 서 있는 소나무 한 그루 만나	因値孤生松
날개를 접고 살며시 깃드네.	斂翮遙來歸
거센 바람에 꽃잎 모두 떨어졌지만	勁風無榮木
넓은 그늘은 변함이 없네.	此蔭獨不衰
몸 의지할 곳 이미 얻었으니	託身既得所
천 년토록 떠나지 않으리라.	千載不相違

(「음주」 제4수)

"무리를 잃은 새"의 이미지로 보자면, 도연명이 벼슬을 그만두고 귀은해 새로운 거처를 찾은 일은 그간 우리가 이해해온 것처럼 완전히 그의 주동적인 선택이 아니었다. 여기에는 그가 받았던 사회적인 배척이 있었다. 피동적으로 맞이한 "무리를 잃음"으로부터 "외로이 서 있는 소나무"라는 귀소를 찾은 일, 그리고 "천 년토록 떠나지 않겠다"는 바람을 피력한 것까지는 피동적 상황에서 주동적 의지로 발전한 것이며, 한소 사인이 사회적 배척을 받은 후 인격적인 면에서 자아를 확립한 것으로, 이것이야말로 도연명이라는 한소 사인의 자각적인 추구라 할 수 있다.

3장 • 도연명의 외가

도연명의 모친은 동진의 명사 맹가의 딸이다. 맹씨는 무창의 명망 있는 가문으로 대대로 덕행으로 이름이 났다. 맹가의 증조부 맹종孟宗은 큰 효자였다. 전하는 바로는 맹종의 모친이 생전에 죽순을 좋아했는데, 맹종이 겨울에 어머니 제사를 지내면서 아직 죽순이 나지 않았다고 숲에 들어가 크게 울자 대나무의 새순이 갑자기 땅을 뚫고 솟았다고 한다. 24효 중 하나인 맹종곡죽孟宗哭竹이 바로 이 이야기다. 맹종은 오나라에서 벼슬을 지냈는데, 관직이 삼공三公의 하나인 사공司空에까지 이르렀다. 맹가의 조부 맹읍孟揖은 서진 원강元康 시기에 여릉태수를 지냈다. 맹읍이 망한 오나라의 유민이었는데도 이런 벼슬을 한 것을 보면 가문의 덕망 때문이기도 하거니와 본인도 틀림없이 어느 정도 명망이 있었을 것이다. 맹가는 어려서 부친을 잃고 모친을 봉양하며 두 동생과 살았다고 한다. 그의 동생 맹루孟陋는 『진서』「은일전」에 이름이 올랐다. 비록 일생 동안 벼슬을 하지는 않았지만, 사림들 사이에서 꽤 명망이 있었다. 원굉은 맹루를 위해 명銘(금석金石, 비석 따위에 남의 공적을 찬양하는 내용이나 사물의 내력을 새김, 또는 그런 문구)을 쓴 일이 있는데, 이렇게 적었다.

"어려서부터 옛것을 좋아했고, 거친 옷에 나물만 먹으며 누추한 집에서 소일했다. 사람들과의 관계를 끊었으며, 친척들은 그의 효성을 흠모했다. 대장군이 회계왕會稽王에게 명해 그를 임용하려 했으나, 그는 병을 칭하고 나가지 않았다. 상부에서는 몇 년간 자리를 비워두었으나 아무렇지도 않게 담담히 끝내 뜻을 꺾지 않아 사람들이 대단하다고 여겼다."(엄가균嚴可均, 『전진문全晉文』 58권)

『세설신어』에 또 이런 이야기가 있다. 맹가가 도성에서 벼슬을 할 때였다. 도성 사람들이 맹루가 보고 싶어 무창으로 사람을 보내 그에게 책을 선물하면서 맹가가 병이 중하다고 하자 맹루가 깜짝 놀라 급하게 도성으로 왔다. 도성의 사인들은 그를 보고 찬탄하며 추앙하지 않는 이가 없었다. 심지어 맹가에게 이런 동생이 있으니 그의 덕업을 계속 이어받게 해도 괜찮겠다고 하는 이도 있었다. 맹루는 순수하게 감춰진 덕망과 효제로 알려진 것이지, 당시 문벌 명사들처럼 경망스러운 광기는 없었다. 외부에서는 그가 벼슬을 하지 않은 것을 두고 대단하다고 여겼기에 환온桓溫 같은 사람은 감탄하며 "회계왕 사마욱司馬昱이 청해도 그를 부르지 못했는데 자신은 말할 필요도 없다"라고 말하기도 했다. 그러나 맹루는 환온에게 보낸 편지에서 "세상의 수많은 사람 중에 벼슬을 안 한 이가 열에 아홉인데, 어찌 모두 고사라 하겠습니까? 나는 병으로 상왕부의 명을 받들지 못했을 뿐, 대단한 것이 아닙니다"라고 했다. 그는 감춰진 덕망만 뛰어났던 것이 아니라 대단한 겸손까지 갖추어 벼슬도 사양했고, 명성까지도 사양했다. 맹루의 말은 도연명이 단도란檀道鸞에게 한 말을 연상시킨다. 단도란은 도연명을 찾아갔다가 그가 병과 가난으로 힘들어하는 것을 보고 '현자들은 세상에 도가 없으면 숨고, 도가 있으면 관직에 나간다'는 이치로 그를 설득했다. 그러나 도연명은 진솔하게 대답했다.

"제가 어찌 현자가 되길 바라겠습니까? 뜻이 미치지 않을 뿐입니다潛也何敢望賢, 志不及也."

자신은 높은 명성을 구하려고 은거하는 것이 아니라 그저 자신의 본질적 의지에 따르는 것이라고 완곡히 표현한 것이다. 이렇게 볼 때, 도연명은 외조부 맹가의 영향을 받았을 뿐 아니라, 외숙조부 맹루 역시 그의 은거에 본보기가 되었다고 할 수 있다.

맹씨와 도씨는 친척이다. 맹가가 도간의 열째 딸을 아내로 맞았으니, 도연명의 외할머니는 바로 그의 조고모(할아버지의 누이)다. 맹씨와 도씨는 모두 오나라 옛 공신의 후손인데, 가문의 명망을 따지자면 맹씨가 도씨보다 훨씬 더 높았다. 단지 양진兩晉의 전란 중에 도간은 군공을 세워 중신이 되었고, 맹가의 부친은 일찍 사망해 가문이 쇠락했을 뿐이다. 맹가가 도간의 딸을 처로 맞은 것은 정치적으로 보면 신분 상승인 셈이지만, 가문의 품급으로 보아서는 밑지는 결혼이었다. 문벌사회에서는 저울로 물건의 무게를 재듯 가문의 품급을 세밀히 따졌기 때문이다.

동진 초기 제갈씨는 가문의 품급이 매우 높았다. 제갈회諸葛恢의 장녀는 천자의 처남인 유량의 아들에게 시집갔다가 남편이 소준의 난 때 죽자 강반江虨에게 재가했다. 차녀는 양침아羊忱兒에게 시집갔다. 제갈회의 아들은 또 등유鄧攸의 딸을 아내로 맞았다. 이 일련의 혼인에 대해 제갈회는 양씨 집안과는 정략결혼이고, 유씨 집안과는 약간 이득을 보는 결혼이며, 강씨 집안과는 약간 손해 보는 결혼이라고 생각했다. 하지만 이들 결혼은 모두 할 만한 결혼이었다. 그러나 사부謝裒가 자신의 딸을 며느리로 맞으려 할 때, 제갈회는 동의하지 않았다. 사씨 가문의 품급이 너무 낮다고 생각했기 때문이다. 제갈회가 죽은 후 사씨 가문의 사안謝安, 사만謝萬, 사상謝尙 등의 명성이 높아진 후에야 사부의 아들 사석謝石은 제갈회의 딸을 아내로 맞을 수 있었다.

또 한 가지 사례는 대장군 환온이 자신의 장사長史를 지냈던 왕탄지王坦之의 딸을 며느리로 맞으려 했던 일이다. 환온은 당시 권력자였고 왕탄지의 상관이었는데도 왕탄지의 부친 왕술王述은 이 혼인을 단호하게 거절했다. 상대방이 군인 집안이라 자신들의 가문과는 맞지 않는다는 이유였다.[6]

맹씨 집안은 덕망 있는 가문이었고 맹가는 어렸을 때부터 유명했는데, 도연명은 「진고정서대장군장사맹부군전晉故征西大將軍長史孟府君傳」에서 자신의 외조부를 이렇게 묘사했다.

> 부군께선 어려서 부친을 잃고 모친을 봉양하며 두 동생과 살았다. 대사마 장사 환공인 도간의 열째 딸을 아내로 맞았는데, 집안에서 효성스럽고 우애로워 헐뜯는 이가 없고, 온 마을 사람이 그를 칭송했다. 담담하고 조용했으나 원대한 도량이 있어 약관의 나이였어도 또래들이 모두 그를 공경했다. 같은 군에 곽손郭遜이라는 사람이 있었는데, 맑은 지조로 이름이 나 당시 부군보다 더 알려져 있었다. 그는 자주 부군이 온아하고 얽매임이 없어 자신은 미치지 못한다고 찬탄했다. 곽손의 사촌 동생 곽립郭立도 큰 재능과 기상이 있어 당시에 군과 명성이 비슷했는데, 매번 부군을 따르며 탄복했다. 이에 부군의 이름이 주리州里에 크게 알려지고, 명성이 도성에까지 전해졌다.(「진고정서대장군장사맹부군전」)

이상의 내용에서 맹씨와 도씨의 혼인을 가문의 품급으로 놓고 본다면 맹씨가 도씨보다 더 높다. 도씨 가문은 군공이 있는 가문으로 명망 있는 세족 가문에 딸을 시집보낸 것이니 자신들의 품급 수준을 올리는 데 유리했고, 맹씨 가문은 가세가 쇠락한 상황에서 권세가의 가문과 혼인을 맺었으니 현실적인 이익을 얻은 셈이다. 그러나 맹가는 줄곧 명사의 풍모를 유지해 당시 사족 명사들의 인격 양식에 따라 자신의 이미지를 계속 구축했고, 그 결과 유량, 저부褚裒, 환온 등 고위 문벌 명사들의 인정을 받았다. 당시 도간에 대해서는 경멸하는 마음을 가진 이가 많았지만 그의 사위에 대해서는 대부분 훌륭하다고 인정했는데, 이는 맹가가 남주南州의 고명한 거사 신분이었기 때문이다. 도연명의 「진고정서대장군장사맹부군전」은 맹가의 일생을 가장 자세하게 적은 자료다. 여기에는 그의 업적에 대한 내용은 없고, 당시 사람들이 맹가를 칭송했다거나 명사로서 맹가의 풍모가 어땠는지에 대한 일화들만 중점적으로 기록되어 있다. 도연명 같은 대문호를 외손자로 두었기에 그가 쓴 전기를 통해 자신의 형상이 생생하게 후대에 전해졌으니, 맹가는 정말 행운이라 할 수 있다. 전기 중 두 가지 일화는 동진 명사의 특징을 특히 흥미롭게 보여준다. 하나는 맹가가 여릉종사廬陵從事를 지낼 때의 행적이다.

> 태위太尉인 영천 사람 유량은 황제의 외숙이었기 때문에 백성의 신망이 있었는데, 조정을 보위하라는 중임을 받아 무창을 다스리고 강주를 함께 거느리며 부군을 여릉종사로 임명했다. 맹가가 군郡에 갔다 돌아오자 유량이 불러 풍속과 득실을 물었다. 그는 "저는 모르니 관소로 돌아가 종리에게 물어보겠습니다"라고 대답했다. 유량이 주미麈尾(먼지떨이)로 입을 가리고 웃었다. 종사들이 모두 가자 아우 유익庾翼을 불러 "맹가는 정말 덕이 넘치는 사람이다"라고 했다. 부군은 사직하고 나올 때 스스로 관리의 직명을 버리고 걸어서 집에 왔다. 모친은 집에 계시고 형제들은 서로 즐거웠으니 화목했을 따름이었다.(「진고정서대장군장사맹부군전」)

여릉종사는 유량의 도독부에서 여릉 군과 관련된 사무를 분담해 돌보는 관원이라 군에 가서 살펴봐야 했다. 맹가가 여릉 군을 둘러보고 돌아온 후에 유량이 그에게 군의 풍속과 득실을 물으면 응당 보고해야 했다. 그러나 그는 관소로 돌아가 다시 종리에게 물어보겠다고 했으니, 이것이 "벼슬에 있지만 벼슬자리의 일을 관여하지 않는다居官無官官之事"는 명사들의 태도였다. 그래서 실직도 하지 않았고, 도리어 유량의 칭찬도 들었다. 또 그가 스스로 관리의 직명을 버렸다는 것은 그의 고고한 기개를 더욱 잘 보여준다. 이 일은 문벌 정치의 성격과 특징을 전형적으로 반영하고 있다.

또 하나는 '용산에서 모자가 떨어지다龍山落帽'라는 일화인데, 역대 시문에 자주 등장하는 유명한 전고다.

(부군은) 다시 강주별가江州別駕, 파구령巴丘令, 정서대장군征西大將軍인 초국 사람 환온의 참군이 되었다. 부군은 용모가 온화하고 단정해 환온이 심히 중시했다. 9월 9일에 환온이 용산으로 외유를 갔는데, 참모들이 모두 모였고 네 동생과 두 조카도 함께 자리했다. 그때 좌리는 군복을 입고 있었는데, 바람이 불어 부군의 모자가 땅에 떨어졌다. 환온은 좌우와 빈객들에게 눈짓을 주어 말하지 말라 하고 그의 행동을 지켜보았다. 부군은 처음엔 알아차리지 못했으나 한참 지나서 변소에 가는 것처럼 나갔다. 환온은 그것을 가져다 돌려주라고 명했다. 정위인 태원 사람 손성孫盛은 자의참군이라 당시 자리에 있었다. 환온이 종이와 붓을 가져와 이 일을 조롱하도록 명했다. 글을 완성해 환온에게 보여주자 환온은 그것을 부군의 자리에 두었다. 부군이 돌아와 조롱하는 글을 보고 붓을 청해 화답하는 글을 지었는데, 깊이 생각하지도 않았지만 글이 대단히 뛰어나 자리에 있던 사람들이 모두 탄식했다.(「진고정서대장군장

사맹부군전」)

이 일화는 자아를 잊고 세속에 얽매이지 않는 명사들의 풍격을 잘 표현한다. 맹가가 글을 지어 민첩하게 응대했다는 것을 보면 맹가에게 상당히 높은 문학적 소양이 있었음을 알 수 있다. 비록 지금까지 전해오는 맹가의 작품은 없지만, 훗날 도연명이 문학의 길을 걷는 데 맹가가 어느 정도 영향을 주었음은 분명하다. 도연명이 출생할 때 외조부는 이미 세상에 없었지만, 도연명은 용산에서 답문을 지었던 이 흥미로운 일화를 모친에게 자주 들으며 외조부의 풍채와 형상을 그려 보고, 그를 엄청난 문인으로 상상했을 것이다. 문학적 지식이 어린 나이였으니 충분히 그럴 수 있다. 도연명이 상상한 것은 세속에 얽매이지 않고 문채도 뛰어난 명사의 형상이었다. 「진고정서대장군장사맹부군전」을 쓸 때 도연명은 이미 걸출한 문인이었다. 용산에서 답문을 썼던 일화를 적을 때는 진심으로 그를 그리워했다. 이 글에서 맹가의 형상은 생생하게 살아났다. 특히 맹가라는 집안의 인물을 통해 도연명과 동진 명사들의 문단 사이에는 친근한 관계가 형성되기도 했다. 맹가가 교제한 저명한 문인들은 도연명이 적은 대로 손성, 허순許詢, 나함羅含 등이었다. 그래서 도연명과 동진 명사들의 문학적 관계에서 맹가는 중요한 역할을 한다. 도연명 가문은 원래 문학적인 전통이 없기 때문에 도연명과 문학적 전통 사이에 가까운 혈연관계는 오직 맹씨 집안뿐이었다.

도연명에 대한 외가의 영향 가운데 이보다 더 중요한 것은 인간적 풍모와 정신적 기질이다. 도씨 가문의 전통은 높은 업적에 대한 진취적인 추구라 할 수 있다. 이에 반해 맹씨 가문은, 적어도 맹가와 맹루는 내세울 만한 업적도 없고, 오직 효행과 우애로운 행적, 그리고 겸손히 물러나 자신을 지킨 덕행으로 사림에 알려졌을 뿐이었다. 도연명은 친가와 외가의 이런 전통을 모두 계승해 내적으로 통일하고 보완했다. 그에게 인생의 이상은 덕행과 업적을 함께 이루는 것이었기 때문이다. 「명자」에서 도연명은 이러한 기준을 바탕에 두고 도간의 형상을 만들어냈다. 그러나 맹가는 덕업은 이루었지만 공훈과 양명은 이루지 못한 사람이었다. 「진고정서대장군장사맹부군전」에는 다음과 같이 적혀 있다.

광록대부를 지낸 남양 사람 유탐劉耽이 예전에 그(맹가)와 온부에서 함께 일했다. 도연명의 숙부인 태상경太常卿 도기陶夔가 유탐에게 "그(맹가)가 만약 계속 있었다면 공公이 되었겠습니까?"라고 물었다. 유탐이 대답하기를 "그는 틀림없이 삼사三司를 했을 사람입니다"라고 했다. 당시에 이처럼 중시 받았다.(「진고정서대장군장사맹부군전」)

이는 맹가가 본래 삼공까지 관직을 할 수 있는 사람이었음을 말한다.• 그래서 「진고정서대장군장사맹부군전」의 찬贊에서 도연명은 외조부가 일찍 돌아가신 것에 대해 크게 개탄했다.

찬하여 말한다. 공자는 "덕업을 높이고 닦는 것은 때에 맞게 쓰이려는 것이다"라고 했다. 그가 고결하게 초라한 집에 은거하고 있을 때는 아름다운 명성이 알려졌고, 조정에서 크게 벼슬을 할 때는 은덕이 모여들었다. 하늘의 도는 아득하지만 사람의 운명은 급작스러우니 죽을 때까지 원대한 위업을 다하지 못한다. 애석하다. 어

• 삼공은 인용문의 삼사와 같은 의미로, 당시 조정의 가장 존귀한 관직인 사도司徒, 사마司馬, 사공을 말한다.

진 사람은 반드시 장수한다고 하더니 어찌 이 말은 틀렸는가!(「진고정서대장군장사맹부군전」)

「진고정서대장군장사맹부군전」은 도연명이 모친의 상중에 썼다고 알려졌다. 글에 "연명의 선친은 군의 넷째 딸이었다. 『시경』'패풍邶風' 「개풍凱風」의 한천寒泉처럼 모친에 대한 사념이 내 마음에 가득하니, 삼가 군의 행적을 모으고 그에 따라 이 전을 적는다淵明先親, 君之第四女也. 凱風寒泉之思, 實鍾厥心. 謹按采行事, 撰爲此傳"라고 분명히 적혀 있다. 「진고정서대장군장사맹부군전」을 쓴 동기가 모친에 대한 생각에서 온 것임을 알 수 있다. 이때 도연명의 나이는 마흔이 되어가고 있었고, 인생에서 공명심이 가장 강렬한 때였다. 그래서 위의 찬에 쓴 이런 감개 역시 그의 공명 이상을 반영하고 있다. 그러나 도연명이 맹가로부터 받아들인 것은 주로 자연에 정신을 맡기는 명사로서의 인격이었다. 당시 위진 명사들은 청류清流, 탁류濁流, 두 파가 있었다. 청류는 자연을 추종하면서도 명교를 거스르지 않고 유교와 현학이 잘 조화되어 고요한 가운데 드넓은 경지를 추구했다. 반면 탁류는 명교를 넘어 자연에 정신을 맡기며, 허무함에 빠져 기이하고 일탈적인 행동을 추구했다. 『세설신어』「덕행德行」에는 명사들의 이 두 가지 유형이 기록되어 있다.

왕평자王平子, 호무언국胡毋彥國 등의 사람은 모두 방종을 통달한 것으로 생각했는데, 간혹 나체인 사람도 있었다. 악광樂廣이 웃으며 말했다.
"명교 가운데 즐거움이 있는데, 어찌하여 이렇게 하는가?"(『세설신어』「덕행」)

왕평자, 호무언국 등은 탁류파였고, 악광은 청류파에 속하는 사람이다. 서진 말기에는 탁류가 크게 유행했지만, 동진 시기에는 청류파가 주류였다. 맹가는 당연히 청류파 명사의 명망 있는 대표였다. 첫째, 그는 '효우孝友'의 덕이 있었다. 『논어』「학이學而」 편에서는 "군자는 근본에 힘쓰나니 근본이 서면 도가 생겨난다. 효제는 인을 행하는 근본이다君子務本, 本立而道生. 孝弟也者, 其爲仁之本與"라고 했다. 맹씨 가문에 대대로 효우가 전해 내려오는 것은 완전히 명교에 부합한다. 둘째, 그는 "그윽한 고요함 속에 원대한 아량沖默有遠量"이 있었다. 『세설신어』에서는 "황헌黃憲은 만경 연못의 물처럼 드넓어 억지로는 맑게 해도 맑아지지 않고 휘저어도 탁해지지 않는다"라고 했다. 맹가가 사람들에게 황헌과 같은 인상을 줄 수 있었던 것은 당연히 그가 일류의 명사였기 때문이다.

셋째, 그는 처세 방면에서, 특히 관직 생활과 관련된 상황에서 온아하고 담백하며 광달했고, 안색이 온화하고 반듯했으며, 조금도 방자하거나 흐트러짐이 없이 덕으로 다른 이들을 대했다. 넷째, 진퇴의 이치에 밝았다. 유량이 그에게 여릉의 풍속 득실을 물었을 때 그는 대답하기 어렵자 솔직하게 말했고, 자신의 허물을 이유로 사직했다. 『논어』에서 말하는 "행동에 부끄러워하는 마음이 있다"고 할 만하다. "경사로 사신을 갔었는데, 상서산정랑尙書刪定郞에 제수되었지만 받아들이지 않았다"라고 되어 있는데, 나서지 않고 잘 물러나는 그의 덕을 표현하고 있다. 다섯째, 그는 친구 사이의 신의를 중시했다. 「진고정서대장군장사맹부군전」에는 그가 강주에서 관직에 있을 때, 예전의 상사 사영謝永을 위해 회계까지 천 리를 마다하지 않고 문상 갔던 일이 적혀 있다. 영흥을 지나던 도중, 그곳에서 은거하던 명사 허순이 배를 타고 지나다 맹가가 있다는 것을 알게 되었다. 허순이 사람을 보내 맹가를 찾았지만 맹가는 즉시 만나지 않고, 상이 끝난 후 다시 찾아뵙겠다고 약속했다. 맹가는 돌아가는 길에 허순을 방문해 "내키는 대로 묵으며 고아하게 서로 사귀어 오랜 친구와 같았다." 이런 인간관계 방식도 당시 사회의 도덕적 기준에 부합하는 것이었다.

여섯째, 자유롭고 자족하며 세상에 초월하고 산림을 즐기는 마음이 있었다. "마음에 홀로 느낀 바가 생기면 초연히 수레를 타고 용산으로 가서 그림자를 보며 홀로 술을 마시다 저녁이면 돌아오곤 했다嘗會神情獨得, 便超然命駕, 徑之龍山, 顧景酣宴, 造夕乃歸"라고 기록되어 있으며, 또 "술 마시는 것을 좋아했고, 주량을 넘겨도 흐트러지지 않았다. 기분에 맞고 마음이 흡족하면 정신이 아득해져 옆에 사람이 없는 듯 행동했다好酣飮, 逾多不亂, 至於任懷得意, 融然遠寄, 傍若無人"라고도 적혀 있다. 일곱째, 천진하고 진솔했으며 자연을 숭상했다. 그가 술을 마시며 추구한 것은 취중의 참 정취이며 자연스러운 인격이지, 인위적으로 꾸며낸 이치가 아니다. 그래서 환온이 "술에 어떤 좋은 점이 있어 그대는 좋아하십니까?"라고 물었을 때 그는 곧 "명공께서는 술 속의 정취를 얻지 못했을 따름입니다"라고 대답했다. 도연명이 술을 좋아했던 것과 그의 음주 이론은 모두 맹가와 일맥상통한다. 다음은 「연우독음連雨獨飮」의 한 구절이다.

오랜 친구가 나에게 술을 주며	故老贈余酒
마시면 신선이 될 것이라 말했지.	乃言飮得仙
한 번 마셔보니 모든 생각이 멀어지고	試酌百情遠
한 잔 더 하니 문득 하늘도 잊어버리네.	重觴忽忘天
하늘이 어찌 여기를 떠났겠는가?	天豈去此哉
참된 이치에 맡기니 앞세우는 바가 없을 뿐이네.	任眞無所先

(「연우독음」)

이런 생각은 맹가가 말한 "술 속의 정취" 이론을 구체적으로 풀어 쓴 것으로, 근본적으로 말하자면 음주를 통해 자연의 이치를 체득한 것이다. 맹가는 예술에 대해서도 자연스러운 정취를 숭상했다. 그는 음악을 들을 때 "실은 대나무만 못하며 대나무는 몸만 못하다絲不如竹, 竹不如肉"라고 했다. 즉 현악기보다는 관악기가 낫고, 관악기보다는 사람의 노랫소리가 낫다는 것이다. 어째서 그러한지 그에게 물어보자 그는 "더 자연에 가깝다"라고 대답했다.

도연명이 지은 「진고정서대장군장사맹부군전」에서 우리는 맹가와 도연명, 이 혈연 사이에서 상당히 많은 유사점을 발견할 수 있다. 도연명의 인격이 형성되는 과정에서 맹가가 하나의 중요한 모델이라는 사실은 어쨌든 부인할 수 없다. 그리고 그가 쓴 「진고정서대장군장사맹부군전」은 틀림없이 자신의 성정과 인격 이상 속으로 녹아들어갔다. 맹가는 비록 내세울 만한 업적을 세우지는 못했지만 당시 사림이 숭상했던 인격 형상에 부합하는 인물이었고, 후대에도 전해져 후인들에게 깊은 영향을 주었다.

도연명은 친가와 외가 선조들의 정신을 융합해 이어받았으며, 이는 그의 인생에 튼튼한 기초가 되었다. 그래서 도연명의 가문에 대한 내용에 이어 그의 외가에 대해 쓴 것이다.

4장

추억 속의 소년 시절

중년 이후의 도연명은 청년 시절, 그리고 소년 시절의 추억에 자주 빠지곤 했다. 그의 시 중 상당수는 추억으로부터 시작된다. 추억 속에서 시인은 우리에게 자신의 청소년 시절의 색채와 정조를 보여준다.

도연명의 어린 시절은 비교적 풍족한 편이었지만, 청년기 이후 청빈에 가까워졌다. 도연명은 가문의 작위를 계승하지도 못했다. 그의 조부가 비록 태수를 지내기는 했지만, 그의 부친은 관직도 특권도 없었고, 게다가 너무 일찍 세상을 떠나는 바람에 아내와 자식들에게 남겨진 전답과 재산도 매우 적었다. 위진 시기에는 부친이 관직에 있다가 일찍 죽으면서 자녀들이 빈궁에 빠지게 되었다는 기록이 많다. 예를 들면, 장화는 부친이 태수를 지냈지만 어릴 때 남의 집 양을 키워 생계를 이었고, 도연명의 증조부 도간도 부친이 오나라 양무장군을 지냈지만 어린 시절 가난하게 살았다. 도연명 같은 가정이 가난에 빠지는 것은 당시 상황에서 매우 당연한 일이었다. 안연지의 「도징사뢰」에는 도연명이 어린 시절 "집에 하인이 없어 물 긷고 곡식 빻는 일도 맡길 사람이 없었으며"라고 기록되어 있다. 도연명도 「자제문」에서 자신의 일생을 회고하면서 자신은 태어나자마자 가난과 친구였다고 감회에 젖어 말했다.

"사람으로 태어나 가난한 운명을 만났기에 밥그릇은 자주 비고, 거친 베옷으로 겨울을 보냈다. 즐거운 마음으로 계곡에서 물을 길었고, 장작을 지고도 걸으며 노래를 불렀다. 어두운 사립문을 나서서 새벽부터 한밤까지 일했다."

하인이 없었기에 집안일은 모두 자신이 돌봐야 했으며, 농사일도 어느 정도는 자신이 직접 해야 했다. "봄부터 가을까지 들판에 나가 일했다. 김을 매고 흙을 갈아주었고, 작물은 잘 자라 무성해졌다." 도연명이 만년에 관직을 그만둔 후 농경 노동을 직접 했던 것도 어린 시절에 이미 경험이 있었기 때문이다. 그래서 도연명의 집안은 고관을 배출한 환관세가宦官世家였지만, 도연명 자신의 신분은 농사도 지으면서 학문을 하는 한유寒儒라 할 수 있다. 진정한 의미의 농민이라고는 할 수 없지만 농민의 생활을 확실하게 체험한 것이다.

가난 때문에 농사일을 했음에도 도연명은 진실한 마음으로 일했다. 그가 그럴 수 있었던 것은 근면하고 순박한 성품을 갖고 있었기 때문이기도 하지만, 역사에서 자력으로 삶을 영위한 고사와 빈궁한 유생들을 떠올렸기 때문이기도 하다. 그는 기쁜 마음으로 계곡에서 물을 길어 밭에 뿌리면서, 기계를 사용하면 기심機心이 생길까봐 용두레를 쓰지 않고 동이로 물을 긷던 『장자莊子』의 한음漢陰 노인을 생각했을 것이다. 또 땔감을 지고 가면서, 장작더미를 메고 경전을 읽으며 노래 부르던 주매신朱買臣을 생각했을 것이다. 농사를 지으며 학문을 하는 것이 그에게 가난과 피로를 가져오는 일이었을 테지만 이런 생각을 통해 함께 조화를 이룰 수 있었다. 후에 그가 벼슬길에 나섰을 때도 어린 시절의 생활은 매우 아름답고 자유로웠던 추억으로 기억된 듯하다.

"숲의 아름다움을 고요히 그리워하나니, 속세는 참으로 벗어나고 싶어라. 젊은 시절 그 얼마나 되리. 미련 없이 마음 가는 대로 따르리靜念園林好, 人間良可辭. 當年詎有幾, 縱心復何疑"(「경자세오월중종도환조풍어규림庚子歲五月中從都還阻風於規林」 제2수)라는 구절처럼 말이다.

그러므로 도연명이 훗날 전원에 귀은하게 된 동기를 이야기하려면 그가 어린 시절 농경을 체험하며 글을 읽었던 생활이 그에게 준 영향을 깊이 생각해봐야 한다. 뒤에서 다시 말하겠지만, 도연명은 농경 노동에 대해 사회적·인격적 이상을 형성하고 있었다. 어떤 의미에서 그는 선진 농가農家 유파의 전수자이자 전파자다.

농사를 지으면서 글공부를 했기 때문에 독서는 도연명의 어린 시절에서 가장 중요한 주제였음에 틀림없다. 동진 시기는 독서의 풍조가 상당히 쇠퇴해서 현학가들은 실제적인 일을 무시하고 학문에 힘쓸 여력이 없었다. 그들의 관심은 단지 『노자老子』 『장자』 『주역周易』과 약간의 불경에만 집중되어 있었고, 심지어 어떤 사람들은 노장조차도 제대로 읽지 않고 현학의 이론만 되뇌었다. 당시 청담가라고 불리던 사람들 중 적지 않은 이들이 서로의 말을 베껴 되풀이할 뿐이었다.[7] 이른바 명사들은 재학才學이라는 것이 필요 없었다. 명사들의 영수였던 왕공王恭도 이렇게 말한 바 있다.

"명사들은 뛰어난 재주가 필요 없다. 다만 늘 별일 없이 통쾌하게 술을 마시고 「이소」를 숙독하면 명사라 칭할 수 있다."[8]

일대 문호라 불리는 은중문殷仲文조차도 "천부적인 재능은 넘치도록 넓은데, 읽은 책은 그다지 많지 않다"라고 했다.[9] 한나라 이후로 문학가들은 박학한 이들이었고, 문학 창작과 박학다식의 풍조는 떼려야 뗄 수 없었다. 하지만 동진의 현풍이 유행하면서 독서의 풍조도 사그라들고, 자연스럽게 문풍도 위축되었다. 남방 사족들이 비교적 실학을 숭상하긴 했지만, 범녕范寧, 범왕范汪 같은 경학가들이 지키려 했던 것은 한대 유생들의 학문이었지 박학다식과는 거리가 멀었다. 이렇게 독서 풍조가 쇠퇴한 시대에도 도연명은 천성적으로 책 읽기를 좋아했던 사람이라 스스로 "책을 읽는 것을 좋아했지만, 깊이 해독하려고 하지는 않았다. 매번 자신의 마음에 부합하는 구절을 만나면 즐거워하여 끼니를 잊기도 했다好讀書, 不求甚解. 每有會意, 便欣然忘食"(「오류선생전」)라고 적었다.

도연명의 독서는 청담이나 현학을 말하지도 않았고, 자세한 내용을 연구해 주를 달지도 않았다. 그의 독서는 시류를 초월한 것이었으며, 진정 독서를 즐거움으로 삼는 사람의 방식이었다.

> 어려서 거문고와 글을 배워 이따금 한적하게 즐겼는데, 책을 펴서 읽다가 마음에 얻어지는 바가 있으면 즐거워 밥 먹는 것을 잊곤 했다. 나무에 녹음이 바뀌고 때에 따라 우는 새소리가 바뀌기도 했으니, 또 환하게 기쁨이 생겼다. 오뉴월 중에 북창 아래에 누웠는데 서늘한 바람이 간혹 스쳐 지나가면, 나는 복희씨 시대의 사람인가 하고 자주 말하곤 했다.(「여자엄등소」)

이런 독서는 정말 흠모할 만한 경지이며, 보통 사람이 따라 할 수 있는 수준이 아니다. 이런 독서는 벼슬을 위한 책 읽기의 수준을 넘어섰고, 진정으로 독서가 인생 최대의 즐거움이어야 가능한 정도다. 책에서 얻은 깨달음은 모두 살아 움직이면서 시공간의 한계를 뛰어넘어 고인들과 영혼의 대화를 나누고 있다. 위진 시대에 이런 독서가 가능했던 사람은 많지 않다. 도연명 독서의 또 다른 비결은 자연 속에서 독서하며 책과 자연을 함께 감상하다가 깨달음을 얻으면 경관을 보고 기뻐한다는 데 있다. 책과 동시에 자연을 읽는 것이다. 이런 독서는 일반 유생이라면 더더욱 꿈도 꾸기 어렵다. 도연명은 어려서부터 늙을 때까지 평생 이런 독서 방식을 고수했다. 「독산해경讀山海經」 제1수는 그의 특별한 독서법을 생생하게 보여준다.

초여름 초목은 자라고	孟夏草木長
집 주위로 나무들 더욱 무성해졌다.	繞屋樹扶疏
새들도 깃들 나무가 있어 즐겁듯	衆鳥欣有託
나도 내 집을 사랑한다.	吾亦愛吾廬
밭 갈아 이미 파종했으니	旣耕亦已種
독서의 시간이 왔다.	時還讀我書
내 가난한 골목은 수렛길과 멀리 떨어져	窮巷隔深轍
친구들도 수레를 돌리고 찾지 못한다네.	頗回故人車
즐거이 봄 술을 마시려고	歡然酌春酒
뜰의 채소를 딴다.	摘我園中蔬
가는 비는 동쪽에서 불어오는데	微雨從東來
부드러운 바람이 함께하는구나.	好風與之俱
『목천자전穆天子傳』 이야기를 두루 훑어보며	汎覽周王傳
『산해경山海經』의 그림을 흐르듯 살펴본다.	流觀山海圖
위아래로 온 우주를 다 보았으니	俯仰終宇宙
즐겁지 아니한가?	不樂復何如

(「독산해경」 제1수)

초여름, 모든 꽃이 지고 난 후 푸른 나뭇잎은 더욱 무성해졌다. 집 주위의 높은 나무들도 잎이 빽빽하게 자라 햇빛이 나뭇잎 사이로 비쳐 부서진 거울 조각처럼 나무 밑 풀밭에서 반짝거린다. 겨울을 보내며 쉴 곳을 찾지 못하던 새들도 집 주위의 숲에서 둥지를 틀고 있다. 새들의 즐거운 마음이 청량하고 평화로운 소리에 담겨 전해진다. 집이 생기고 돌아갈 곳이 생기는 것은 얼마나 감사한 일인가? 새도 그러하고 나도 그러하다. 봄, 여름 무렵 한창 경작에 바쁜 시기도 지나갔고, 집 앞의 대나무밭 사이로 세상을 보면 막 자라고 있는 모종이 아름답기 그지없다. 나는 이제 편안하게 책을 읽을 수 있다. 바쁜 농사일 사이사이에 책을 읽으면 얼마나 정취가 있는지 모른다. 아마도 동우董遇가 말한 삼여三餘의 독서가 바로 이런 즐거움이었을 것이다.• 농사를 지으며 글을 읽는 이런 즐거움을 서재에 박혀 있는 학자들은 꿈에라도 알 수 있을까? 친구들은 혹 아직 나를 잊지 않았을지도 모른다. 다만 내가 사는 이 가난한 골목은 길이 너무 좁고 깊은 웅덩이도 많아 그들의 수레가 마을에 왔다가 되돌아간 것이리라. 그래도 좋다. 나는 세상과 떨어진 나의 이 즐거움을 진정으로 즐기고 싶다. 봄에 무르익은 미주米酒를 놓고 정원에서 아무렇게나 뜯은 채소를 안주 삼아 술을 마신다. 내리는 보슬비는 시원한 바람을 끼고 동쪽에서 서서히 불어와 내 삶의 한 조각을 평화롭게 씻어준다. 손 가는 대로 『목천자전』 『산해경』을 읽으며 잠깐 사이에 까마득한 상고 시대를 더듬다가 온 세상 만물을 살펴보면 우주의 모든 기이한 일과 사물이 삽시간에 느껴진다. 이런 광경을 보노라면 내가 즐겁지 않고 자족하지 않을 수 있겠는가?

이 시가 묘사한 것은 도연명의 노년의 한순간이지만, 사실 농사를 지으며 글공부하던 소년 시절과 그리 다르지 않다. 사람이 나이가 들면 생각이 깊어지고 성숙해지지만, 책을 읽는 환경은 바뀌지 않는다. 독서의 방식과 즐거움도 소년 시절과 똑같다. 벼슬길을 포기했다는 것은 어린 시절의 이런 생활로 돌아가는 것을 의미한다. 자연과 하나 되

• 동우는 후한 헌제獻帝 때 사람으로 학식이 높아 제자가 되기를 청하는 이가 많았다. 그는 글공부에 삼여, 즉 '세 가지 나머지 시간'이면 충분하다고 했다. 삼여는 겨울, 밤, 비 올 때를 말한다. 『삼국지三國志』 「위지魏志」에는 이런 말이 전한다.
"겨울은 한 해의 나머지이고, 밤은 하루의 나머지이며, 비 올 때는 시간의 나머지다."

는 즐거움 외에도 모든 것이 만족스럽고 자유로운 그런 생활 말이다. 소년 시절의 도연명은 이미 이런 생명의 참맛을 느꼈기 때문에 노년에 더욱 이런 생활을 포기하지 않은 것이다.

도연명은 읽지 않은 책이 없었고, 평생 쉬지 않고 읽었다. 그가 당대 최고로 박학한 사람이라는 것은 의심할 나위가 없다. 그는 독서의 중점을 깨달음을 얻는 데 두었고, 자신의 마음으로 옛사람들의 말을 받아들이며 역사와 자연과 생활을 조화시켰기 때문에 고금을 통틀어 가장 독서를 잘한 사람이기도 하다. 그가 평생 읽은 책, 깨달은 이치, 생활에서 얻은 정취는 모두 창작에 투영되었다. 어려운 전고나 이론을 늘어놓지 않고 소금이 물에 녹듯 자신의 모든 것을 작품 속에 녹여냈다. 이는 그의 독서법이 가져온 결과다. 그래서 도연명의 비범한 창작의 성취를 이해하려면 먼저 그의 독서를 이해해야 한다. 엄창랑嚴滄浪은 이렇게 말했다.

"무릇 시에는 별재別材가 있으니 책과 관계가 없고, 별취別趣가 있으니 이치와 관계가 없다. 그러나 책을 많이 읽지 않고 이치를 많이 생각하지 않으면 그 최고 경지에 닿을 수 없다. 이른바 이치의 길을 가지 않고 언어의 통발에 빠지지 않는 것이 상급이다."(엄우嚴羽 지음·곽소우郭紹虞 주, 『창랑시화교석滄浪詩話校釋』「시변詩辨」, 런민문학출판사, 1961, 26쪽)

도연명은 이러한 경지에 완전히 도달한 사람이다. 이 문제는 뒤에서 그의 문학 연원에 대해 이야기할 때 다시 논하겠다.

책 읽기 외에 도연명의 소년 시절 생활에 또 한 가지 중요한 일은 거문고를 배우는 것이었다. 도연명의 행적을 잘 아는 독자들은 도연명의 현 없는 거문고 이야기를 떠올릴 것이다. 이 이야기는 『송서』「도연명전」에 기록되어 있다.

도연명은 음악을 잘 알지 못했지만 거문고 하나를 갖고 있었는데,

현이 없었다. 매번 술을 마실 때마다 어루만지고 연주하며 자신의 마음을 거기에 담았다.(『송서』「도연명전」)

후에 소명태자昭明太子 소통蕭統의 『도연명전』과 당대 초기 이연수李延壽의 『남사南史』「도연명전」에도 이 일이 기록되어 있는데, 모두 『송서』를 원본으로 삼은 것이다. 이를 보면 도연명이 거문고를 연주할 줄 모른다고 이미 오래전에 결론을 내린 것 같지만, 사실 도연명은 「여자엄등소」에서 "어려서 거문고와 글을 배웠다"라고 분명히 말했다. 「시작진군참군경곡아始作鎭軍參軍經曲阿」라는 시에도 이런 구절이 있다.

젊은 시절 세상 바깥에 관심을 두어	弱齡寄事外
마음을 거문고와 책에 맡겨두었다.	委懷在琴書

(「시작진군참군경곡아」)

또 「화곽주부和郭主簿」에도 이런 구절이 있다.

어울림을 그만두고 한가로운 일로 노닐다	息交遊閑業
밤이나 낮이나 책과 거문고를 일삼는다.	臥起弄書琴

(「화곽주부」 제2수)

「자제문」에서는 자신의 일상 행위를 말하면서 매우 분명히 밝혔다.

책 읽기로 즐거웠고 거문고로 화답했다.(「자제문」)

「귀거래혜사」에서도 전원으로 돌아간 이후의 심경을 말했다.

친척들과의 다정한 이야기에 기쁘고 悅親戚之情話
거문고와 책으로 근심을 재우고 즐긴다. 樂琴書以消憂
(「귀거래혜사」)

이런 내용을 볼 때 도연명은 거문고를 연주할 줄 몰랐던 것이 아니라 거문고야말로 소년 시절에 늘 함께했던 악기였던 듯하다. 다만 도연명이 예술에 자신의 마음을 기탁하는 것을 중요하게 생각했기 때문에 거문고 연주도 예술적 수준을 추구하지 않고 마음과 감정을 풀어내는 데 중점을 두었을 뿐이다. 노년에 이르러 이런 취향은 더욱 분명해졌다. 게다가 그는 노장의 도에 심취해 있었기 때문에 자연히 노자가 말한 "큰 소리는 소리가 거의 들리지 않는다大音希聲"라는 뜻을 깊이 새기고 있었다. 그래서 거문고를 연주할 때도 진솔하게 흥을 푸는 데 주력하고, 번잡한 곡조와 급한 절주의 소리를 짓지 않았다. 그러다 거문고가 부서지고 줄이 끊어진 후에는 새로운 거문고를 찾거나 줄을 갈지 않았던 것이다. 하지만 술을 마시면 이미 부서지고 줄이 없는 거문고를 꺼내 어루만지며 연주해 "큰 소리는 소리가 거의 들리지 않는다"라는 이치를 펼쳤다. 그는 본래 세상과 단절한 사람이라 바깥세상의 사람들은 그의 진면목을 알지 못했고, 다만 몇몇 호사가만이 전기를 지어 이야기를 퍼뜨리다 현 없는 거문고 이야기가 전해지게 되었을 것이다. 또 그가 현 없는 거문고만 연주한다고 알려졌기 때문에 그가 음률을 모른다고 했으며, 소통처럼 그를 존경했던 사람도 잘못 알려진 이야기를 모르고 전했던 것이다.

그러나 정말 거문고의 이론과 기술을 전혀 모르는 사람이라면 어떻게 현 없는 거문고를 연주하면서 거기에 자신의 마음을 담았겠는가? 도연명의 이런 행동이야말로 기예가 도에 나아간다거나, 찬란함도 결국엔 담담해진다거나, 화려한 장식을 떼고 원래의 질박함으로 돌아간다는 등의 이치를 담고 있는 것이 아닐까?

도연명은 진솔하면서도 내성적인 사람이다. "그윽하고 고요해 말이 적었고, 영예나 이익을 부러워하지도 않았다閑靜少言, 不慕榮利"라고 묘사한 것처럼 그는 소년 시절에 이미 이러했다. 안연지가 "젊어서도 노는 것을 좋아하지 않았다"라고 말한 것처럼 그는 보통 젊은이들처럼 그렇게 뛰노는 놀이를 좋아하지 않았다. 하지만 내면의 세계는 매우 활발히 뛰고 있었고, 낭만적인 상상으로 가득 차 있었다. 갑자기 흥성했다가 곧 쇠락해진, 그리고 현재의 생활 상태가 이미 평민 계층에 근접한 집안에서 도연명은 가문을 부흥시켜야 한다는 온 가족의 희망과 기대를 한 몸에 받고 있었다. 이 소년은 많은 방면에서 외조부와 같은 명사의 풍모를 드러내면서, 내면에서는 증조부처럼 큰 공을 세워야겠다는 격정을 키우고 있었다. 표면적으로는 부드럽고 단아해 만면에 편안하고 즐거운 표정을 띠고 있지만, 피 속에는 오히려 거칠고 호쾌한 격정이 있어서 자주 "큰 뜻은 사해를 달리고, 날개를 활짝 펴고 멀리 날아오르길 바랐다猛志逸四海, 騫翮思遠翥"와 같이 놀라울 정도로 호탕한 말을 했다.

소년 도연명은 이렇듯 단순하면서도 풍부한 사람이었다. 그의 노년의 기억 속에서 소년 시절은 차분하고 평화로운 것이었다. 그의 의식 속에는 소년 시절의 생활 환경과 생활 방식으로 돌아가려는 강렬한 바람이 있었다. 소년 시절에 대한 추억은 그의 시정詩情을 촉발하는 중요한 심리적 원천이었다.

5장 사랑 이야기

도연명은 가난 속에서 힘겨운 노동을 하면서도 거문고와 독서의 즐거움을 누리는 생활을 하며 점차 청춘의 시기를 맞이했다. 시인의 고요하고 담담한 행동 방식은 동년배들과 전혀 달랐기 때문에 그들처럼 청춘을 만끽하지는 못했지만, 한 생명으로서 청춘에 대한 감성적 체험은 매우 풍부했다. 「잡시」 제3수에서 그는 떠나가는 청춘을 위로했다.

영롱한 꽃잎 오래 머물지 않나니
성쇠의 이치는 알 수 없구나.
옛날엔 봄날의 연꽃 같았으나
이제는 가을날 연밥처럼 되었네.
들풀은 된서리에 얼어붙고
시들어 생기를 잃어가는 듯.
해와 달은 돌아 제자리로 오지만,
내 생명 떠나가면 다시 생기를 얻지 못하리.

지난날 되돌아보며

이 생각에 애간장 끊어진다.(「잡시」 제3수)

청춘의 아름다운 꽃은 오래 머물지 않는다. 어떻게 왕성했다가 다시 쇠락하는지, 생명이 변화하는 이치는 참으로 헤아릴 수 없다. 청춘의 나는 봄날의 연꽃처럼 번쩍이는 광택을 내며 아름다운 향기를 멀리 날렸지만, 지금의 나는 찬바람 속의 연밥처럼 아름다움을 잃었다. 생명의 왕성함에서 쇠락으로의 전환이 이제 막 시작된 것이다. 해와 달도 제자리를 돌며 운행하지만, 나의 생명은 한번 가면 다시는 오지 않는다. 그 청춘의 세월을 그리워하고 지난날을 돌아보면 참을 수 없이 애간장이 끊어진다.

조화와 초연함을 기조로 하는 도연명이 위의 시에서는 뜻밖에도 매우 감성적이다. 완적의 「잡시」와 같은 제목이면서 풍격도 유사하다. 막을 수 없는 슬픔이 시에서 발산된다. 시인으로서의 도연명이 철인哲人으로서의 도연명을 완전히 압도해버렸다. 시인이 이렇게 깊은 감성으로 자신의 청춘을 그리워했다는 것은 노인형으로 평가받는 이 시인도 사실은 최소한 내면에서는 매우 풍부하고 다채로운 청춘의 생활을 경험했음을 설명한다. 청춘은 그에게 매우 아름다운 기억을 많이 남겼다.

청춘은 항상 사랑과 연결되어 있다. 아니, 청춘의 진수가 바로 사랑에 있다고 말해야 할 것이다. 청춘은 우리에게 자신도 모르는 새 뜨거운 사랑이 생겨나게 한다. 사랑은 또 우리에게 제2의 자아를 뜨겁게 찾도록 만든다. 제2의 자아, 즉 사랑의 대상을 느끼면서 우리는 비로소 자신의 청춘을 온전하게 느낄 수 있는 것이다. 사랑하는 이의 공감, 즉 사랑의 응답을 얻는 것이야말로 청년들이 자신의 가치를 긍정할 수 있는 가장 절박한 동기가 된다. 이것을 알아야만 우리는 다음과 같은 두 가지 환각과도 같은 자아 가치의 판단이 생긴다. 하나는 참된 사랑을 얻으면서, 자신이 온 세상을 갖고 있고 온 세상 사람들에게 인정받았다고 느끼는 것이다. 또 한 가지는 그 반대다. 사랑하는 이에게 버림 혹은 부정을 받고 자기가 온 세상으로부터 버림받거나 부정되었다고 느끼는 것이다.

사랑은 인생이 반드시 지나야 하는 길이며, 청춘의 형제자매다. 시인 도연명도 조용한 청춘의 세월을 보내며 사랑의 신이 비추는 햇살을 받았고, 그에게 고개 숙여 경의를 표했다.

옷이라면 나 옷깃이 되어 그녀의 고운 머리 은은한 향기를 느끼고 싶네. 허나 슬퍼라, 밤이 와 비단옷 벗으면 긴 가을밤 함께할 수 없어 아쉬워라. 치마라면 나 허리끈이 되어 그녀의 아리따운 고운 몸 묶고 싶네. 아, 더웠다 추워지며 날씨가 달라지면 그녀는 옷을 벗고 새 옷으로 갈아입겠지. 머리카락이라면 나 그녀의 광택이 되어 어깨에 늘어져 검은 빛으로 빗질 받고 싶네. 허나 슬퍼라, 아름다운 그녀 목욕할 때 깨끗한 물에 뜨거워 시들해지겠지. 눈썹이라면 나 그녀의 눈썹먹이 되어 그대 눈길 따라 흔들리고 싶네. 허나 슬퍼라, 연지 찍고 분칠하며 곱게 꾸미려고 화장 고치며 지우겠지. 왕골이라면 나 돗자리가 되어 가을에 그녀의 연약한 몸 쉬게 하고 싶네. 허나 슬퍼라, 추우면 아름다운 이불로 대신해 해가 바뀌어야 다시 볼 수 있겠지. 실이라면 나 신발이 되어 그녀의 흰 발을 감싸고 돌아다니고 싶네. 허나 슬퍼라, 다니고 멈춤에 구분이 있어 침상 앞에서 벗겨져 버려지겠지. 낮이라면 나 그녀의 그림자가 되어 늘 그대 몸에 붙어 어디나 따르고 싶네. 허나 슬퍼라, 높은 나무에 짙은 그림자 있어 시간에 따라 다르니 아쉬워라. 밤이라면 나 그대의 등불이 되어 두 기둥에 그대의 얼굴 비추고 싶네. 허나 슬퍼라, 동녘에 해 떠오르면 그림자도 사라지고 내 불빛을 감추겠지. 대나무라면 나 부채가 되어 그녀의 고운 손에서 시원한 바람 품고 싶네. 허나 슬퍼라. 찬 이슬 내리는 새벽이 지나고 나면 멀리서 그녀의 소매만 바라보겠지. 나무라면 나 오동나무가 되어 그녀의 무릎 위에서 우는 거문고가 되고 싶네. 허나 슬퍼라. 기쁨이 다하면 슬픔이 오듯 결국 나를 내려놓고 소리를 멈추겠지.(「한정부閑情賦」)

이 '열 가지 바람'의 말은 매우 구체적이면서도 영롱하게 열병과도 같은 구애의 정서를 묘사했다.• 또 화려한 말을 길게 풀면서 고급스럽게 수식하고 대구對句를 맞추었다. 도연명이 어린 시절부터 한위漢魏 시대의 문학적 전통과 언어예술의 깊은 공력을 매우 깊이 음미하면서 받아들였으며, 그가 이후에 형성한 문학적 풍격은 전적으로 화려함에서 출발해 평담으로 바뀐 것임을 알 수 있다. 사랑의 열망은 주인공으로 하여금 사랑하는 이에게 다가가도록 갈망하게 했으며, 심지어 사랑하는 이와 한 몸이 되고 싶은 강렬한 희망을 갖게 했다. 이는 매우 순결해 일체의 티끌과 더러움도 끼지 않은 마음이다. 지금의 사랑은 이성을 향해 무언가를 요구하거나 쾌락을 구하는 욕구를 뛰어넘어, 다가가서 고백하는 그 자체가 목적이 되어버린 듯하다. 도연명의 「한정부」가 사랑을 주제로 한 작품의 경전이 될 수 있었던 이유는 그가 표현한 사랑의 진실성에 있다.

그러나 그가 「한정부」에서 쓴 내용 중 가장 자전적인 성격을 담고 있는 것은 "열 가지 바람"의 뒤, 희망이 사라진 후의 고통스러운 기대와 헛된 그리움이었다.

• '열 가지 바람'은 그가 여성의 무엇이 되고 싶다고 말한 열 가지 희망을 가리킨다. 원문이 '원願'으로 시작하기 때문에 저자는 '십원十願'이라 표현한 것이다.

생각해보면 바람은 반드시 어긋나고 괴로이 마음만 아프다네. 애태우는 감정 말할 수도 없어 조용히 남쪽 숲을 걷는다. 목란에 내린 이슬방울, 푸른 소나무의 우람한 그늘. 걸음마다 문뜩 보이나니 마음속엔 두려움과 기쁨이 교차한다. 적막해 무엇도 보이지 않는데 홀로 근심으로 헛되이 찾았구나. 가벼운 옷깃 여미며 다시 걷다 석양을 바라보니 탄식이 흐르네. 정처 없이 걸음을 내딛건만 처량한 저녁놀은 불쌍한 날 비춘다.(「한정부」)

한바탕 뜨거운 환상이 부질없이 무너진 후, 시인은 집 안에서 안절부절못하고 헛된 그리움만 품고 있다가 우울하게 정원으로 걸어 나와 정원 남쪽의 숲에서 혼자 배회한다. 이 부근은 그 여성이 자주 노닐던 곳이었던 모양이다. 그래서 도연명은 이곳에서 그녀와 다시 해후할 수 있기를 희망하며 그녀가 나오기를 기대했다. 하지만 그녀를 만난 후 자신이 어떻게 해야 좋을지도 모르며 자신의 마음을 표현할 길도 없음이 두려웠고, 자신의 이런 마음을 들킬까봐 두려운 마음도 있었다. 이런 심리적 모순은 너무나 진실해서 만약 그가 직접 체험해보지 않았다면 이렇게 쓰지 못했을 것이다. 그래서 우리는 도연명이 사랑한 그 사람이 실제로 존재했을 것이라 추측할 수 있다. 물론 이 작품은 그가 평생의 사랑 체험을 집중적으로 집약해 쓴 것이지, 특정한 한순간만을 말하는 것은 아닐 것이다.

사랑은 조각과도 같아서 자기 자신을 형상화하고, 자신이 사랑하는 사람도 형상화한다. 뜨겁게 사랑하고 있는 사람은 마치 천재적인 예술가처럼 자신의 마음속 이상적인 사랑의 우상도 형상화한다. 그리고 형상화된 우상은 또 새로운 관조의 대상이 되어 더욱 뜨겁게 추구하려는 열정을 일으킨다. 도연명도 마찬가지로 자기 자신을 위해 사랑의 우상을 형상화했다. 그녀는 덕과 미색을 갖추었고, 심신이 고결하고 단정하다.

얼마나 아름다운 자태인가? 홀로 환하게 군중 속에서 빼어나도다. 경국지색의 아름다움이며, 마음의 덕은 세상에 알려졌네. 아름다운 옥이 이처럼 고결할까? 그윽한 난초가 이처럼 향기로울까? 다정함이 세상을 적시고, 숭고한 뜻은 구름 위로 오른다.(「한정부」)

여기에는 도연명 자신의 인격적 이상이 투영되어 있다. 도연명은 자신이 "어려서부터 세속의 기질과 맞지 않았다少無適俗韻"라고 했다. 그래서 그의 마음속 사랑의 우상은 비록 몸은 세속에 있어 부드럽게 세상의 일에 순응하며 살지만 마음의 담박한 정취는 잃지 않았고, 내면에 품고 있는 생각도 하늘의 구름처럼 고결하다. 게다가 그녀는 감수성이 예민하고 은근하다.

새벽빛 쉽게 저녁이 됨을 슬퍼하나니, 인생의 긴 수고로움을 느끼네. 서로 백 년이면 삶을 다하겠지만, 어찌하여 기쁨은 적고 근심은 많은가? 붉은 휘장을 걷고 바로 앉아 맑은 거문고 혼자 즐기네. 고운 손가락 아름다운 소리를 내고, 흰 소매는 분주히 움직인다. 어여쁜 눈 곁눈질로 깜빡이며 머금은 말과 미소 들리는 듯 아닌 듯. 가락은 한참인데 벌써 그림자가 서쪽 추녀에 드리워지네. 슬픈 소리 숲을 두드리고, 흰 구름은 산자락에 기댄다. 고개 들어 하늘을 보고, 머리 숙여 거문고 소리를 울리네. 기품 있는 표정은 더욱 고운데, 들고 멈추는 동작, 섬세하고 어여뻐라. 맑은 소리 고조되며 내 마음을 움직이니, 무릎을 마주 대고 이야기 나누고파라.(「한정부」)

이 내용을 보면 도연명이 애모했던 대상은 음률에 뛰어났던 것으로 보인다. 조용히 앉아 거문고를 다루는 그녀의 자태가 도연명의 사랑과 관심을 이끌어냈다. 사랑에서 시작해 청춘의 덧없는 사라짐, 인생의 유한함을 돌이켜 생각하는 것은 한나라 말기 이후 형성된, 애정을 표현하는 문학의 한 유형이다. 사랑과 생명에 대한 생각은 하나로 연결되어 있다. 도연명의 「한정부」 역시 인생이 짧다는 정서를 표현하고 있다. 시인은 자신이 이런 생각을 갖고 있기 때문에 사랑의 대상에게도 똑같은 정서를 부여했다. 깊이 몰입했기 때문일 것이다. 도연명은 시로 생명 정서를 표현했고, 그가 사랑하는 사람은 거문고에 자신의 마음을 담았다. 이 모두 스스로 위로와 해탈을 찾으려는 방식이다. 그녀의 아름다운 자태와 미덕을 흠모한 도연명은 인생이 짧고 괴롭다는 것을 느껴 그녀의 음악 예술의 지음이 되었다. 사랑의 형상은 이미 더할 나위 없이 생생하고 풍성하게 묘사되었다. 여기서 생겨난 사랑에 대한 뜨거운 추구는 감성적으로나 이성적으로나 모두 납득할 만한 것이다.

「한정부」의 마지막 부분을 보면 도연명의 사랑은 절망적인 실패로 마무리된다. 이 부분에는 주인공이 식음을 전폐하고 밤낮으로 사랑을 그리워하는 고통이 묘사되어 있다. 주인공은 남쪽 숲에서 사랑하는 사람을 만나지 못하고 정처 없이 홀로 걷다가 길가의 모든 경관이 쓸쓸한 것을 본다. 나뭇잎은 가지에서 분분히 떨어지고, 날씨는 차가워진다. 태양은 자신의 그림자를 이끌고 사라져가고, 달님은 요염하게 구름 끝에서 나타난다. 새들은 구슬픈 울음을 울며 제 집으로 돌아가고, 들짐승들은 짝을 찾느라 아직 돌아오지 않았다. 시인은 인생의 고단함과 서른이 된 자신의 나이를 생각하며 한 해가 지나가는 것을 물끄러미 바라본다. 밤의 어둠이 내려앉자 그리움도 어둠을 따라 점점 짙어지고, 마음속엔 새로운 희망이 자라기 시작한다. 꿈속에서 그녀를 만날 수 있다는 희망이다. 그러나 정신은 아득히 떠돌고 꿈속으로 들지도 못한다. 시인은 이런 상황을 배를 타다 노를 잃어버리고 절벽을 기어오르는데 잡을 곳이 없는 것에 비유했다. 아마도 이는 그가 꿈속에서 본 모습일 것이다. 끝도 없는 그리움은 사람의 심리를 피로하고 긴장하게 만들기 때문에 꿈속에서도 위기 상황이 나타나기 쉬운 법이다. 꿈에서 깨어난 주인공은 새벽어둠 속에서 아침 햇살을 기다리고 있다. 그는 옷깃을 여미고 서리가 반짝이는 흰 섬돌 앞에서 서성이는데, 아직 새벽닭은 울지도 않았다. 이때 갑자기 멀리서 피리 소리가 들려온다. 처음엔 가늘고 부드럽더니 곧 흐느끼듯 처량해진다. 피리 소리는 사랑하는 사람이 사는 곳에서 전해져 온다. 아마도 그녀가 부는 것이리라. 시인은 자기도 모르게 새로운 환상을 품고 자신의 마음을 떠가는 구름에 맡겨본다.

시인은 마지막 부분의 이런 심리적 역정을 거치면서 이성의 힘으로 자신이 겪은 사랑의 고통에서 벗어난다. 시인은 그녀의 사랑을 얻을 수 없지만, 봉건 예교를 벗어나 야합하는 관계는 바라지 않는다고 작품에서 말했다. "「만초蔓草」의 만남을 미워하며 「소남召南」의 여운을 다시 읊조린다尤蔓草之爲會, 誦召南之餘歌"라는 구절이 그렇다.• 사랑하는 사람은 그와 가까운 곳에 있다. 그녀의 거문고 소리, 피리 소리가 모두 들릴 정도다. 그러나 사랑하는 사람은 또 매우 멀리 있다. 사이에 넘을 수 없이 높은 산과 건널 수 없이 먼 강이 있는 듯하다. 그렇기 때문에 시인은 다만 그리움을 놓아두고 이성으로 감성을 달랠 수밖에 없다. "바람을 맞으며 고단함을 떨치고 돌아가는 물결에 약한 마음을 보낸다迎清風以怯累, 寄弱志於歸波"라는 구절이 그렇다. 맑은 바람과 흐르는 물결이 내 복잡한 심사를 가져가주길. 나는 모든 속된 염려를 씻고 천지와

• 「만초」와 「소남」은 모두 『시경』의 일부분이다. 「만초」는 길에서 만난 남녀가 야합하는 내용이고, 「소남」은 예의 법도를 지키는 내용이다.

우주 속에서 남자다운 광활함과 고아한 정취를 찾고 싶다.

사랑 이야기는 이렇게 끝났다. 이성을 중시하는 시인은 진정 이성으로 감성을 다스린 것 같다. 그 후 다시는 사랑을 작품에 쓰지 않았기 때문이다. 다만 청춘의 즐거움을 회상하면서 간혹 불현듯 "지난날 되돌아보며 이 생각에 애간장 끊어진다"라고 할 뿐이다.

사랑은 모든 성숙한 개체에게 필연적으로 발생하는 사건이며, 정욕 역시 사람의 일생과 함께하는 생명으로서의 본능이다. 한나라 말기 이후 체임자연體任自然 사상•이 생겨나면서 남녀의 정 역시 사상가들이 진지하게 사고하는 주제가 되었고, 문학에서의 언정言情 주제도 신속하게 발전했다. 특히 한위 시가와 서정소부抒情小賦는 원래 민간의 속문학俗文學에 연원을 두고 있기 때문에 그 속에 대담하고 진솔한 오락성이 담겨 있고, 사랑의 주제도 비교적 자연스럽게 등장하게 되었다. 문인들은 민간문학의 영향을 받아 남녀의 정을 표현할 때 전에 없던 대담함을 드러냈는데, 장형張衡의 「동성가同聲歌」, 채옹蔡邕의 「초청의부誚青衣賦」 같은 작품들이 그러하다. 그 후 서진과 동진에 와서도 남녀의 정을 노래하는 시나 부는 계속 창작되었는데, 도연명의 「한정부」가 바로 이런 풍조의 산물이다. 이 작품이 애정을 표현한 수준은 상당히 높아 전대 조식曹植의 「낙신부洛神賦」에 비할 만하다. 이는 도연명이 한위의 문학적 전통을 계승했음을 증명한다. 그리고 도연명이 이와 같이 대담하게 애정 심리를 썼다는 것은 그의 인격이 그만큼 진솔했음을 반영한다.

• '체임자연'은 만사를 있는 그대로 순리에 맞게 받아들이는 풍조를 말한다.

6장

오류선생

도연명의 가정은 그가 집안일을 책임지게 된 청년 시절쯤부터 가계가 조금씩 축난 것인지, 아니면 다른 원인이 있었는지 살림살이가 점점 어려워진다. 「원시초조시방주부등치중怨詩楚調示龐主簿鄧治中」에서는 "스물에 세상의 험난함을 만나고, 서른엔 아내를 잃었네. 찌는 열기는 타는 듯 뻗쳤고, 논밭엔 명충이 들끓었네弱冠逢世阻, 始室喪其偏. 炎火屢焚如, 螟蜮恣中田"라고 했다. 그해에 큰 가뭄이 들고 메뚜기 떼까지 창궐해 큰 수확을 거두지 못했던 모양이다.

그는 「유회이작」에서도 "젊은 시절 집안의 궁핍을 만나"라는 구절을 썼다. 20세 이후부터 벼슬할 때까지 시인의 생활은 정말로 빈곤한 지경이었던 것으로 보인다. 아마 이런 빈곤은 상대적인 빈곤이었던 듯하다. 즉 이전의 부유하던 시절과 비교하거나 동일한 계층의 다른 사람들과 비교했을 때 그렇다는 것이다. 『시경』 '진풍' 「권여」에 묘사된 상황과 약간 비슷하다.

나는 於我乎
지난날 넓고 큰 집에서 편히 살았으나 夏屋渠渠
지금은 끼니도 넉넉지 않네. 今也每食無餘
아, 괴로워라 于嗟乎
세월이 예전만 못하여라. 不承權輿
나는 於我乎
끼니마다 음식을 네 궤에 가득 채웠으나 每食四簋
지금은 한 끼도 배불리 먹지 못하네. 今也每食不飽
아, 괴로워라 于嗟乎
세월이 예전만 못하여라. 不承權輿
(『시경』 '진풍' 「권여」)

이 시는 과거에 귀족이었거나 귀족과 비슷한 생활을 경험해본 사람이 집안의 몰락 후에 한탄하는 내용으로 짙은 상실감을 표현하고 있다. 도연명이 경험한 것도 이와 비슷한 변화였지만, 그에겐 이 시와 같은 상실감이 없었다. 도리어 소년 시절에 다져진 고상한 품성과 의지가 이때 더욱 두드러지게 나타났다. 그는 변함없이 책을 읽고 술을 마시고 거문고를 어루만지며 스스로 즐겼으며, 시부와 문장을 썼다. 그의 소박하고 은근하면서도 정곡을 찌르는, 그리고 오래도록 여운이 남는 문장의 풍격도 이때 형성되기 시작한 것이다.

그는 옛 고사들의 전기를 자주 읽으면서 그들의 공통점을 발견했다. 그것은 바로 그들이 물질생활을 초월했다는 점이다. 가난은 그들을 낙담하게 하지 못했고, 오히려 더욱 굳세게 기상을 연마하게 했다. 그는 고사들의 이러한 정신과 감정에 도취되었다가 어느 날 문득 자신의 현재 생활과 마음이 옛 고사들과 같다는 것을 깨달았다. 도연명의 집 앞에는 버드나무가 다섯 그루 있었는데, 수령이 최소한 50~60

년은 되었다. 아마도 도연명의 조부가 손수 심었을 것이다. 버드나무는 도연명 집 풍경의 일부분일 뿐 아니라 어떤 면에서는 도씨 집안의 상징이라고도 할 수 있다. 옛날 증조부 도간은 무창 군중에 있을 때 각 군영에 버드나무를 심으라고 독촉했다고 한다. 당시 하시夏施라는 도위가 직위를 사적으로 이용해 병사들을 시켜 군영의 버드나무를 자기 집 문 앞에 옮겨 심었다. 도간이 그의 집을 지나다 그것을 보고는 즉각 무창 서문 관가의 버드나무라는 것을 알아차렸다. 이 일은 도간의 영민함과 예리함, 또 그가 얼마나 엄격하게 군영을 통솔했는지를 보여준다. 이 일이 당시에 널리 알려지면서 역사가들도 「도간전」에 이 일을 여담으로 기록했다. 도연명 집 앞의 버드나무 다섯 그루가 그 일을 기념하려고 심어진 것인지 아닌지는 알 수 없다. 하지만 도씨 집안사람들은 이 버드나무 다섯 그루를 볼 때마다 자연스럽게 선조의 이야기를 떠올리곤 했다.

하루는 도연명이 또 술을 한잔하고 옛날의 고사들을 생각하다가 문득 기발한 생각이 들었다. 어째서 저 버드나무 다섯 그루로 나의 아호를 지을 생각을 못 했을까? 옳지, 오류선생五柳先生이라 하자. 아호도 생겼겠다, 어찌 자전自傳을 짓지 않을까? 예전에 외조부를 위해 「진고정서대장군장사맹부군전」을 지은 적이 있으니 전기를 쓰는 요령도 익숙한 편이었다. 최근에는 주로 마음속의 회포를 쓰긴 했지만 너무 엄숙하고 전통적인 형식이었으니, 이번엔 진지한 내용이지만 가볍고 재미있게 오류선생 전기를 쓰기로 했다. 마침 외조부의 전기와 서로 호응이 되어 후인들이 도연명을 보면 이런 외조부가 있다는 것을 알게 될 것이고, 또 그에게 이런 외손자가 있다는 것도 알게 될 것이다. 생각이 여기에 미치자 그의 머릿속에는 글로 쓸 내용들이 물결처럼 넘실거리며 떠올랐다. 결국 그는 두 장 가득 글을 썼다. 자연스럽고 아름다우면서도 편안한 풍격이었고, 반듯하면서도 다소 비뚤어진 글씨였다.

선생이 어디 사람인지는 알 수 없다. 또 그의 성과 자도 알려지지 않았다. 집 주변에 버드나무 다섯 그루가 있었기 때문에 거기서 호를 얻었다. 그윽하고 고요해 말이 적었고, 영예나 이익을 부러워하지도 않았다. 책을 읽는 것을 좋아했지만, 깊이 해독하려고 하지는 않았다. 매번 자신의 마음에 부합하는 구절을 만나면 즐거워하여 끼니를 잊기도 했다. 천성이 술을 좋아했으나 집안이 가난해 자주 마실 수 없으니, 친구가 그의 이러한 사정을 알고 가끔 술상을 차려 그를 불렀다. 술을 마시게 되면 곧 다 마셔버리고 반드시 취하기를 바랐다. 취하면 돌아갔고, 갈 때나 머물 때 감정에 얽매이지 않았다. 누추한 집 안은 횡해 바람과 햇볕도 가릴 수 없었다. 짧은 갈옷은 기워 입고, 밥그릇과 표주박이 자주 비어도 편안하게 여겼다. 자주 글을 지어 혼자 즐겼고, 자못 자기의 뜻을 드러냈다. 이득과 손실은 마음에서 곧 잊어버렸으며, 이렇게 살다 가고자 했다. 찬하여 말한다. 검루의 처는 이렇게 말했다.

"빈천 때문에 슬퍼하지도 않았고, 부귀 때문에 급급하지도 않았다."

그 말을 깊이 생각해보면 이 사람이야말로 그와 같은 사람이 아니겠는가? 술 마시고 시를 지으며 그 뜻을 즐기나니, 무회씨의 백성인가, 갈천씨의 백성인가?(「오류선생전」)

도연명의 글은 곧은 필법으로 보이지만 말 속에 숨겨진 은밀한 뜻도 많았다. 있는 그대로의 말투이고 온화해 보이지만 그 속에는 단단한 뼈가 있었고, 당시의 사회적 분위기에 저항하려는 의식이 곳곳에 도사리고 있었다. 동진 사회는 가문과 출신을 중시했다. 하지만 도연명은 시작하자마자 이렇게 말한다.

"선생이 어디 사람인지는 알 수 없다. 또 그의 성과 자도 알려지지 않았다."

이는 가문과 출신, 명망을 따지는 당시의 풍조에 대한 그의 반감을 보여준다. 도연명은 누군가를 평가하는 기준이 그의 품격에 있는 것이지, 그의 가문이나 사회적 허명과는 아무런 상관이 없다고 생각했다. 도연명이 높이 평가하는 형가, 안회顔回, 검루, 영계기榮啓期, 장중위張仲蔚 같은 인물들은 모두 한미한 출신이었다. 그들은 모두 고상한 품행으로 당시에 추앙을 받았고, 청절淸節로 후세에 이름을 남겼다.

다시 "그윽하고 고요해 말이 적었고, 영예나 이익을 부러워하지도 않았다"라는 구절을 보면, 이 구절은 도연명 자신의 이야기인 동시에 허영과 이익을 얻기 위해 청담에 몰두하던 당시 문벌 명사들을 풍자하고 있다. '그윽하고 고요하다'는 것은 당시 현학에 빠진 명사들이 명성과 이익을 위해 공허하고 형식적인 사교에 빠져 있었음을 빗대는 말이다. 심지어 혜원慧遠 같은 고승도 백련사를 결성해 명사들에게 소통의 공간을 제공하기도 했다. '말이 적은' 것은 명사들이 끊임없이 주고받던 뜬구름 같은 청담을 비판하기 위한 말이다. 그들이 논한 현학의 도는 겉으로만 고상해 보일 뿐, 당시의 현학과 청담은 사실 후대 과거에서의 시문과 마찬가지로 명성과 이득을 얻기 위한 수단일 뿐이었다. 서진 시기 노포魯褒의 「전신론錢神論」에서도 돈에만 혈안이 된 청담가들의 탐욕스러운 모습을 풍자한 내용이 있다.

"경성의 지체 높은 이들은 종일토록 강론에 힘쓰네. 실컷 청담을 하며 잠들 때까지 애쓰지만, 돈을 보면 놀란 눈으로 보지 않는 이가 없네."

청담 외에도 당시 남방의 고문사족들을 보면, 상당수의 사인이 한나라 이후 번쇄한 경학의 학풍을 답습하고 있었으며, 이를 통해 영예와 이득을 얻고 있었다. 청담과 경학, 이 두 학풍은 비록 허와 실이라는 면에서 차이가 있지만, 세속적인 사람들이 현실적 이익을 얻는 도구로 사용한다는 점에서는 같았다. 그래서 도연명은 "그윽하고 고요해 말이 적었고, 영예나 이익을 부러워하지도 않았다"라는 구절에 이어서 "책을 읽는 것을 좋아했지만, 깊이 해독하려고 하지는 않았다. 매번 자신의 마음에 부합하는 구절을 만나면 즐거워하여 끼니를 잊기도 했다"라고 말했다. '깊이 해독한다'는 것은 번쇄한 경학의 경전 독해 방식을 말한다. 도연명은 비록 유가를 숭상했지만, 유학으로 명성을 추구하는 세태에 대해서는 일찍부터 주관이 뚜렷했고, 당시의 경학을 이끈 인물들에 대해서도 다소 부정적인 시각이 있었다. 이는 도연명의 치학治學 태도와도 관계가 있다.

청나라 사람 방종성方宗誠의 『도시진전陶詩眞詮』에도 이 문제에 대한 평이 있는데, "도연명의 시에 '세심한 여러 원로, 학문에 참으로 정성껏 애썼네區區諸老翁, 爲事誠殷勤'(「음주」 제20수)라는 구절이 있는데, 한나라 유생들이 육경의 잔편들을 잘 보존해 전수한 일과 장구에 대한 훈고에 힘쓴 일을 깊이 칭송하는 것이다. 그러나 또 '책을 읽는 것을 좋아했지만, 깊이 해독하려고 하지는 않았다'라는 말로 한나라 유생들의 훈고학이 견강부회해 공자의 깊은 뜻을 잃었음을 비판했다. 이것은 올바른 논점이며, 참된 독경의 방법이다"라고 썼다. 사실 도연명이 말한 "세심한 여러 원로, 학문에 참으로 정성껏 애썼네"라는 구절은 한나라 초기 유생들이 오경을 정리해 전승한 일을 가리키는 것이지, 장구를 번쇄하게 훈고하는 학풍을 가리키는 것은 아니다. 이 구절 다음에 "어쩌다 아래 세대에서는 단절되어 누구 하나 육경을 가까이하지 않는가?如何絶世下, 六籍無一親"라는 내용이 나오는데, 유생들이 힘써 육경을 계승해 전수했지만 당시 사람들은 관심이 없었다는 의미다. "누구 하나 육경을 가까이하지 않는가?"라고 한 것은 정말 아무도 경서를 읽지 않았다는 말이 아니라, 진정으로 유가의 도를 찾기 위해 경서를 읽은 이가 매우 드물었음을 가리킨다. 그러므로 도연명이 말한 "책을 읽는 것을 좋아했지만, 깊이 해독하려고 하지는 않았다"라는 말은 당시의 경학가들을 은근히 비평하려는 것이다. 당시 강주江州 일대는 확실히 경학의 중심지였다. 도연명의 학문도 이쪽 지역의 영향을 받지 않았다고 할 수는 없지만, 자신의 사상이 성숙한 뒤에는 당시의 경학 풍조에 대해 완전히 동조하지 않았다. 소통의 『도연명전』에도 다음과 같이 적혀 있다.

"자사刺史 단소檀韶의 간청으로 주속지가 주州로 나와 학사學士 조기祖企, 사경이謝景夷와 셋이서 함께 성북에서 『예기禮記』를 강독하며 교감도 했다. 거처했던 곳이 마구간에 가까웠기 때문에 도연명이 시에서 '주속지가 공자의 학문을 강술하니 조기와 사경이가 호응해 모였네. 마구간은 강론할 만한 장소가 아니지만, 이들 교서校書에는 열심이로구나'라고 말했다."

도연명은 관방의 경학에 대해 줄곧 미온적인 태도를 갖고 있었다. 글을 쓰는 일 역시 당시의 명사들은 명성을 넓히는 수단, 심지어 세속적인 교제의 도구로 생각하지 않는 사람이 없었다. 그래서 도연명은 "자주 글을 지어 스스로 즐겼고, 자못 자기의 뜻을 드러냈다"라고 했던 것이다.

이렇게 볼 때, 이 「오류선생전」이라는 글은 곳곳에서 담담하게 곧은 문체로 당시의 세속적 문풍과 사풍을 풍자하고 있다. 문벌 사회의 풍조에 대항하려는 의식이 너무나 선명하다. 어떤 이들은 이 글이 노년 시절의 자서라고 말하기도 하지만 글의 쾌활한 풍격이나 유머러스한 문체를 보면 젊은 고사의 분위기가 드러난다. 젊은이들이 이런 장난스러운 필치를 잘 구사하는 법이니 말이다. 그러나 내면에서 흘러나오는 것은 당시 현실에 대한 강단 있는 진지함이다.

오류선생이라는 이 아호가 당시에 실제로 전해졌는지는 알 수 없다. 그러나 이 문장이 꽤 유행했다는 것은 확실하다. 『송서』 「은일전」에는 "도연명은 어려서부터 고상한 정취가 있어 일찍이 「오류선생전」을 지어 자신을 비유했다. (…) 그 자서가 이와 같으니 당시 사람들은 실록이라고 했다"라고 기록되어 있다. 후에 소통의 『도연명전』이나 『진서』 「은일전」도 이 학설을 차용했다. 『남사』 「은일전」에도 그가 "어려서부터 고상한 정취가 있어 집 앞에 있는 버드나무 다섯 그루를 보고 일찍이 「오류선생전」을 지었다"라고 되어 있다.

이상의 서술에서 살펴보자면, 「오류선생전」은 확실히 도연명의 젊은 시절 명문이라 할 것이다. 도연명이 이런 자전을 쓴 것은 문장을 지어 스스로 즐기고 자신의 뜻을 드러내는 것일 뿐, 자신을 알리려는 의도는 아니었다. 그러나 이 자전은 도연명에게 은일과 고상함에 대한 명성을 가져왔으며, 그의 문장 역시 이로 인해 처음 세상 사람들에게 알려졌다.

도연명이 스스로 즐기고 자신의 뜻을 드러내려고 지은 문장으로는 「감사불우부」 「한정부」 등이 있다. 옛사람들의 사부辭賦는 주로 젊은 시절 배움을 넓히고 습작에 힘쓰던 시기에 짓는 것으로, "청춘 시절엔 부 창작에 몰두하고, 늙어서는 경전과 고서를 탐독한다青春作賦, 皓首窮經"라는 말이 있을 정도다. 도연명의 부는 서정 위주라서 묘사가 길고 반복적인 한부漢賦의 방식과는 다르다. 그러나 그가 이후에 지은 자연스러운 풍격의 오언시나 산문에 비교한다면 역시 화려하고 인공적인 면에 치우쳐져 있어 그의 초기 문풍도 당시의 화려하고 유미적인 풍조의 영향을 받았음을 엿볼 수 있다.

도연명의 초기 작품으로는 「구일한거九日閑居」를 들 수 있다. 예전 어떤 이들은 소통의 『도연명전』의 "일찍이 9월 9일에 집 곁으로 나가 국화꽃 더미 속에 오래도록 앉아 있었다. 손에 가득 국화꽃을 쥐고서 마침 왕홍이 보낸 술이 와서 취해 돌아갔다"라는 구절을 근거로 들어 「구일한거」와 내용이 비슷하니 모두 만년에 은거하던 시기의 작품이라고 단정했다. 그러나 사실 도연명이 쓴 글에는 일정한 형식이 있다. 그가 한거를 말할 때는 젊어 아직 출사하지 않았을 때나, 잠시 관직을 그만두고 집에 거할 때의 생활 정취를 말하며, 만년에 농사짓던 일은 한거라고 지칭하지 않는다. 「구일한거」가 표현하는 심경은 「오류선생전」에 가깝다.

나는 한거할 때 '중구重九'라는 말을 좋아했다. 가을 국화가 뜰에 가득 피면 술을 마시고 싶어도 얻을 곳이 없어 공연히 국화만 손에 들고서 시를 써 마음을 맡긴다.

인생은 짧건만 시름은 늘 많으니	世短意恒多
사람들은 즐거움과 장수를 바라네.	斯人樂久生
해와 달은 계절을 따라 도는데	日月依辰至
백성은 중양절 그 이름을 좋아하네.	擧俗愛其名
찬 이슬 내린 위로 훈풍은 그치고	露凄暄風息
공기는 맑아 하늘은 투명하네.	氣澈天象明
날아가는 제비는 그림자도 남기지 않고	往燕無遺影
날아오는 기러기의 울음소리 들려오네.	來雁有餘聲
술은 온갖 시름 달래주고	酒能祛百慮
국화는 늙어가는 나이를 막아주지만	菊爲制頹齡
어찌하랴, 오두막의 처사는	如何蓬廬士
기우는 세월만 우두커니 바라보네.	空視時運傾
술잔엔 먼지 쌓이고 빈 술독이 부끄러우니	塵爵恥虛罍
국화만 저 홀로 헛되이 피었구나.	寒華徒自榮
옷깃을 여미고 홀로 한가하게 읊나니	斂襟獨閒謠
아득해라, 깊은 상념이 이네.	緬焉起深情
한가로움 속에는 참으로 즐거움 많아	棲遲固多娛

오래도록 머무른들 어찌 이룸이 없으랴. 淹留豈無成

(「구일한거」)

"한가로움 속에는 참으로 즐거움 많아"는 젊은 시절 한거할 때의 정경이다. 만년에는 힘들고 괴롭다보니 감개에 찬 말이 많아 이런 말은 하지 않았다. "오래도록 머무른들 어찌 이룸이 없으랴" 역시 여전히 성공을 바라는 젊은 시절의 심경이다. 그래서 이 시는 젊은 시절의 작품인 것이다. "어찌하랴, 오두막의 처사는 기우는 세월만 우두커니 바라보네"라는 말도 젊은 날, 세월은 흘러가고 원대한 포부는 이루지 못함을 한탄하는 말투로, 「영목榮木」의 정조와 비슷하다. "술잔엔 먼지 쌓이고 빈 술독이 부끄러우니 국화만 저 홀로 헛되이 피었구나"라는 구절에는 행간에 의미가 숨어 있다. 단지 국화를 감상하며 마실 술이 없다고 한탄하는 것이 아니다. 술이 없다고 도연명이 탄식하는 것은 대부분 그가 노년일 때의 일이다.

「오류선생전」의 대범하고 탈속적인 분위기, 곳곳에서 사용된 해탈의 언어들과 비교해보면, 이 시는 세월은 빠르고 성공은 이루기 어렵다는 감탄이 깊고도 짙다. 두 편을 비교하자면, 하나는 감정을 겉으로 드러내고, 하나는 안으로 삭인다. 젊은 시절 도연명이 한가로이 거하며 세월을 보낼 때, 쾌활하면서도 때로는 근심이 많았던 마음 상태를 엿볼 수 있다.

제2부

세상에 나아가다

7장

강하고 굳세던 젊은 날

도연명은 정신세계가 매우 풍부한 사람이었다. 그의 생명 정서 속에는 "그윽하고 고요해 말이 적었고, 영예나 이익을 부러워하지도 않았다"는 담담하고 정적인 면도 있었고, 또 뜨겁게 분투하는 면도 있었다. 그의 「독사술讀史述」「굴가屈賈」 편은 다음과 같은 내용이다.

덕업을 높이고 닦는 것은	進德修業
장차 세상을 위해 쓰기 위함이네.	將以及時
후직과 설契과 같은 사람이면	如彼稷契
누군들 원하지 않으리.	孰不願之
아, 굴원屈原과 가의賈誼, 두 현인은	嗟乎二賢
세상의 시기를 만났네.	逢世多疑
(굴원은) 정첨윤을 찾아 마음의 뜻을 적었고	候詹寫志
(가의는) 부엉이에 느낀 바 있어 글을 지어 바쳤네.	感鵩獻辭

(「독사술」「굴가」)

「명자」에서 선조들의 업적을 생각하는 것이나 「영목」의 "내 수레에 기름칠하고, 내 말에 채찍질해주오. 천 리가 멀다지만 뉘라서 가지 않으리脂我名車, 策我名驥. 千里雖遙, 孰敢不至"와 같은 구절처럼 작품 속에서 자신의 큰 이상과 성공을 기약하는 내용은 적지 않다. 그는 공을 세우려는 생각만 있었던 것이 아니라 생명 정서 속에 협객의 정신도 상당히 많았다. 「독사술」의 「정저程杵」나 「영형가詠荊軻」가 바로 이런 정신이 집약된 작품이다.

당시의 현학 명사는 모두 허황되고 가식적인 태도를 취했다. 공명심에 불타는 사람도 있기는 했지만, 대부분 일부러 만사에 무관심한 태도를 드러내곤 했다. 예를 들면 사안 같은 이가 그렇다. 공명에 뜻이 있으면서도 젊은 시절에는 일부러 주관이 없는 척, 세상에 무관심한 척했다.

"처음에 사도부에 임명되었다가 좌저작랑에 제수되었으나 병을 칭해 사직했다. 회계에 거하며 왕희지王羲之, 고양 사람 허순, 승려 지둔支遁과 함께 거하며 어울렸다. 나서면 자연 속에서 낚시와 사냥을 했고, 들어오면 글을 읽고 지었으며, 세상의 일에 뜻을 두지 않았다."

이는 『진서』 「사안전謝安傳」의 기록이다. 또 유담劉惔 같은 인물은 "성품이 오만하고 자부심이 높았다"라고 했으며, "특히 노장을 좋아해 자연의 정취가 있었다"라고 기록되어 있다. 그는 비교적 일찍 세상을 떠났는데, 단양윤丹陽尹 같은 높은 관직을 했는데도 손작이 그를 위해 쓴 추도사에는 그가 "관직에 거하지만 관가의 일을 열심히 하지도 않았고, 사무를 처리하지만 사무를 열심히 처리할 마음도 없었다"라고 적었다. 당시 사람들은 이 말이 유담의 개성에 딱 맞으며, 명언이라고 생각했다고 『진서』 「유담전」에 전한다. 사실 이 말이 당시 사람들에게 회자되었던 것은 이 말이 유담의 개성과 행위를 잘 묘사했을 뿐 아니라 당시 현학 명사들에게 일종의 이상적인 행위 방식이었기 때문이다. 그들은 이런 초월적이고 공허한 작풍을 추구했다. 도연명은 이런 풍조에 매우 익숙했다. 그의 외조부 맹가에게도 이런 풍격이 있었다. 오직 그의 증조부 도간 같은 실천가들만이 이 풍조를 극력 반대했지만, 오히려 그 이유 때문에 당시 명사들에게 인정받지 못하고 결국 명류名流로 칭송되지 못했던 것이다.

실질을 중시하는 도간의 정신은 도연명에게 깊은 영향을 주었다. 비록 두 사람이 걸어간 길은 크게 다르지만, 실천과 실행을 숭상하는 정신은 마찬가지였다. 가령 은거라고 해도 도연명이 걸어간 길은 농경으로 자급자족하며 인내로 절개를 지키는 길이었지, 당시의 문벌 명사들이 호화로운 장원에서 은거로 명성을 높이고 조정의 부름을 기다리는 것과는 완전히 달랐다. 그래서 도연명에게도 현풍의 분위기는 있었지만, 그가 걸었던 것은 현학 명사들의 허황한 길이 아니라 실천과 실행의 길이었다. 여기서 알 수 있는 것은 그가 젊은 시절에 공명을 추구하며 "큰 뜻은 사해를 달리고, 날개를 활짝 펴고 멀리 날아오르길 바랐다"라고 했던 것과 후에 의연히 전원으로 돌아와 은거했던 일이 본질적으로 동일한 하나의 정신이라는 점이다.

도연명이 이런 실천과 실행의 정신을 가질 수 있었던 이유는 그의 순진하고 진실한 성품뿐 아니라 그의 출신 성분과도 직접적인 관계가 있다. 앞에서 설명한 것처럼 도연명의 가문은 국가에 공훈이 있는 세도가였지만 문벌 사족은 아니었고, 군공이 있는 한소 가문이라고 보는 것이 정확할 것이다. 도연명은 줄곧 자신을 한서 계층으로 인식했는데, 그에게서 풍기는 짙은 고독감은 그가 당시의 문벌 사회를 겪으면서 생겨났던 외로움과 힘겨움의 산물이었다. 상류층인 문벌 사족들이 공명심을 추구하지 않고 세상에 무심하며 강개와 격정이 전혀 없었던 것과는 달리, 한소 가문 출신들은 요즘 사용하는 '개인적 분투'라는 말에 가까울 정도로 자신의 직분처럼 공명심을 추구했다. 도연명은 젊은 시절 입신양명을 추구하며 비분강개한 격정과 기질로 이런 한소 집단의 정신을 체현했다. 이는 사실 한위 시대 이후 한서 사인들의 공통적인 기질이다.

도연명이 젊은 시절의 공명심을 서술한 작품 중 우리에게 가장 익숙한 것은 바로 「잡시」 제5수의 "내 힘찬 젊은 날을 생각해보면 즐거운 일이 없어도 스스로 기뻐했다. 큰 뜻은 사해를 달리고, 날개를 활짝 펴고 멀리 날아오르길 바랐다憶我少壯時, 無樂自欣豫. 猛志逸四海, 騫翮思遠翥"라는 구절이고, 그다음은 「의고」 제8수일 것이다.

젊은 날 강하고 굳세어	少時壯且厲
긴 칼 차고 홀로 천하를 떠돌았네.	撫劍獨行遊
내 행로가 짧았다고 누가 말하랴.	誰言行遊近
장액을 지나 유주까지 갔었지.	張掖至幽州
배고프면 수양산의 고사리를 먹고	飢食首陽薇
목마르면 역수의 물을 마셨네.	渴飮易水流
아는 이는 만나지 못하고	不見相知人
오래된 언덕을 보았는데	惟見古時丘
길가 높은 두 무덤은	路邊兩高墳
백아와 장주의 것이었네.	伯牙與莊周
이젠 이들 다시 얻지 못하리니	此士難再得
나 지금 떠돌며 무엇을 얻으려나.	吾行欲何求

(「의고」 제8수)

이 시는 청년 시절의 강인하고 의협심 넘치는 포부를 썼는데, 조식의 시 「하전편鰕䱇篇」의 다음 구절을 이어받은 듯하다.

"우러러 황실을 보위하고, 멀리 천하의 안녕을 지키고자 꿈꾸었네.

검을 뽑아 노한 고함을 치면 사나운 기세는 천지 사방으로 뻗친다. 하지만 간신배들만 떠들어대니 누가 장사의 수심을 알리."

한위 시기의 시나 부에는 조식의 「잡시」 제6수의 "검을 잡고 서남쪽을 바라보며 마음은 태산을 뛰어넘네撫劍西南望, 思欲赴泰山" 구절처럼 천하를 주유하거나 멀리 보며 내닫는다는 등의 설정이 많은데, 위에서 인용한 도연명의 시는 바로 이런 작품을 모델로 삼아 자신이 젊은 시절 세상을 떠돌며 의협심을 키우던 정신을 쓴 것이다. "장액을 지나 유주까지 갔다"는 것은 자신이 멀리까지 갔음을 말한다. 장액, 유주, 역수, 수양首陽은 모두 동진의 국경 밖에 있는 곳인데, 도연명은 그곳까지 주유할 생각을 했으니 그의 기개가 당시 강남 일대에 안주하던 명사들보다 훨씬 높은 곳까지 닿아 있었음을 미루어 짐작할 수 있다. 도연명의 사상적 수준은 멀리 한위 시대를 따르고 있어서 그가 추앙하는 인물과 정교政教는 모두 한위에 있었다. 이런 정신적 기질은 도연명 문학이 동진 시대의 수준을 초월할 수 있는 원동력이 된다. 시에서 "배고프면 수양산의 고사리를 먹고, 목마르면 역수의 물을 마셨네"라고 쓴 것은 자신의 처세와 행위가 사사롭거나 구차하지 않으며, 높은 지조와 큰 포부를 품고 세속과 타협하지 않겠다는 의지를 말한다. 그러나 백아나 장자와 같이 훌륭한 인물들을 다시 얻지 못한다면 더 무엇을 위해 추구할 것도 없고, 세상과의 관계를 끊지 않을 수 없을 것이다.

「잡시」의 "큰 뜻은 사해를 달리고"와 「의고」의 "젊은 날 강하고 굳세어"가 표현한 정신은 완전히 일치한다. 건안建安 시기의 조식, 서진 시기의 좌사 이후 이렇게 성공의 일념을 표현하는 호방한 작품은 동진 문학에서 사실상 거의 끊어져 보기 어렵다. 도연명은 귀은 이후에도 젊은 시절의 이런 강인하고 굳센 정치적 의지를 품고 있었으니, 한소 출신 사인이 공명과 성공을 추구하는 마음은 얼마나 격렬한 것인가! 큰 뜻은 이루기 어렵고 세월은 빨리 흘러간다는 한탄을 그는 자주 했다.

세월은 사람을 두고 떠나건만　　日月擲人去
가슴에 품은 큰 뜻은 펴지 못하네.　　有志不獲騁
(「잡시」 제2수)

이는 도연명이 정신적인 면에서 실천과 실행의 길을 걸었음을 보여준다. 충실하고 영예로운 인생의 추구는 당시의 문벌 사족 현학 명사들과 크게 달랐다.

도연명의 시 중에 매우 특별한 두 편의 작품이 있다. 하나는 「영삼량詠三良」이고 다른 하나는 「영형가」인데, 그의 여느 작품들과는 내용이 상당히 다르다. 이 두 편과 「술주述酒」라는 시는 유유가 진나라 공제恭帝를 시해하고 왕조를 찬탈한 일에 도연명이 분개해 비난한 내용이라는 것이 역대 논평자들의 의견이다. 유리劉履의 『선시보주選詩補註』 5권에서는 이렇게 말했다.

"이 시는 도연명이 유유의 송나라가 무력으로 공제를 시해하고 찬탈한 변란에 분개해, 형가 같은 인물을 얻어 동진 왕조를 위해 복수하러 보내고 싶은 마음을 읊은 것이다."

온여능溫汝能의 『도시휘평陶詩彙評』 4권에서도 이렇게 말했다.

"형가가 진시황을 칼로 찌르려다 실패한 것은 천고의 한스러운 일이었다. 선생은 왕조가 바뀌는 것을 목격해 당시 뜨거운 피가 몸에 끓어올랐으니, 이 작품을 보면 그 마음을 알 수 있다."

이 학설을 지지하는 학자들은 그 외에도 매우 많은데, 표면적으로는 꽤 일리가 있어 보인다. 실제로 「술주」라는 시는 내용이 은근하고 뜻이 감춰져 있지만, 유유가 공제를 시해한 일을 풍자한 것이 확실한 듯하다. 그런데 「영형가」의 경우, 옛일을 빌려 자신의 감정을 펼친 것은 분명한데, 만약 도연명이 이 시를 지어 유유의 송나라를 풍자하고 진나라 황실에 충성하려는 마음을 표현했다면 이 일은 당시에 정치적인 금기를 저촉하게 된다. 도연명이 성격이 강직하고 정의감이 넘치는 것은 사실이지만, 은거를 통해 자신의 뜻을 추구하는 입장에서 이런 위험을 무릅쓸 일은 없을 것이다. 게다가 도연명의 작품은 직접적으로 당시의 사건을 다루는 일이 매우 적다. 본래 양진 육조六朝의 시가는 건안의 시풍과는 다르게 시사적인 일을 직접 노래하는 경우가 매우 드물었는데, 성당盛唐이나 중당中唐 시인들처럼 시대적 사건을 자주 시에서 쓰지 못했다. 진나라에서 송나라로 왕조가 교체될 때, 유유가 장의張禕를 보내 진 공제에게 독주를 내렸는데, 장의가 차마 군주를 해치지 못하고 자신이 먼저 마시고 죽은 일이 있었다. 도주陶澍는 「영삼량」이 이 일을 쓴 것이며 삼량三良이 진 목공을 따라 죽은 일과도 유사하다고 했는데, 이런 학설은 더 견강부회 같다.(도주, 『도정절선생집陶靖節先生集』 4권) 현대 학자들 중 어떤 이들은 「영삼량」「영형가」가 도연명이 벼슬에 나가기 전 집에 있을 때 쓴 것이라고 하는데, 이 견해가 비교적 합당하다. 리천둥李辰冬의 책 『도연명 평론陶淵明評論』은 적극적으로 이 학설을 지지하면서 도연명이 젊은 시절 공명심을 적었던 구절과 연결해 이 두 수의 시가 "젊은 시절의 심정을 서술했다"면서 "도연명의 시는 모두 은거 의식이 있는데, 유독 이 두 시만 그렇지 않다. 그의 의식이 아직 모순 상태에 접어들기 전에 지어진 것이라는 근거가 된다"라고 했다. 분석이 꽤 합리적이라 받아들일 만한 의견이다.

사실 도연명의 「영삼량」「영형가」「한정부」「감사불우부」는 모두 그가 한위의 시와 부를 학습하던 초기의 창작이다. 이 작품들과 후에 쓴 「잡시」 12수, 「의고」 9수 등은 그가 한위 문학의 전통을 학습한 작품들인데, 도연명 문학의 연원을 분명하게 보여준다. 「영삼량」은 『시경』 '진풍' 「황조黃鳥」에서 나왔다. 『좌전左傳』 '문공 6년' 조에 이런 내용이 있다.

"진 목공이 죽자 자거씨의 세 아들 엄식奄息, 중행仲行, 침호鍼虎를 순장했는데, 모두 진나라의 양신들이었다. 온 나라 사람이 모두 슬퍼하며 「황조」를 지어 불렀다."

『사기』 「진본기秦本紀」에도 유사한 기록이 있다. 당시 따라 죽은 자가 177명인데, 자거씨 형제 세 사람도 그 가운데에 있었고, 진나라 사람들이 슬퍼해 「황조」를 지었다고 한다. 또 『사기정의史記正義』는 응소應劭의 말을 인용해 다음과 같이 설명한다.

"진 목공과 군신들이 술을 마시고 한참 취했을 때, 진 목공이 '살아서도 이 즐거움을 함께하고 죽어서도 이 슬픔을 함께하자'고 하니 엄식, 중행, 침호가 허락했다. 공이 죽자 모두 따라 죽었는데, 「황조」는 이렇게 지어졌다."

「황조」의 "꾀꼴꾀꼴 꾀꼬리 뽕나무에 앉았네交交黃鳥, 止于桑"로 시작하는 도입부는 진 목공이 세 형제를 순장시킨 일에 대한 불만의 정서가 표출된 것인데, 세 형제가 "그 무덤구덩이에 와서는 벌벌 떨며 두려워臨其穴, 惴惴其栗"하던 공포 심리도 묘사했고, 동시에 그들이 백 명으로도 되돌릴 수 없는 국가의 인재라는 사실도 찬미했다. 진 목공이 국가의 충신을 순장시킨 잔혹하고 우매한 행위에 대해 온 국민이 질책했음을 이 작품은 진실하게 반영하고 있다. 후에 건안 시인 왕찬王粲, 완우阮瑀의 영사시는 기본적으로 「황조」의 원래 의미에 근거해 내용을 덧붙여 썼다. 왕찬과 완우는 모두 진 목공이 우매해 현명한 인재를 죽게 했음을 비판했다.

예를 들면, 완우의 시는 "그르도다, 진 목공이여. 자신이 죽고 세 충신을 따라 죽게 했네誤哉秦穆公, 身歿從三良"라고 했고, 왕찬의 시는 "예로부터 순장은 없는 것을 현명한 이들은 모두 안다네. 진 목공은 세 충신을 죽게 했으니 애석하도다, 헛될 뿐이네自古無殉死, 達人共所知. 秦穆殺三良, 惜哉空爾爲"라고 했다. 또 다른 한편으로는 세 사람이 충심으로 은혜에 보답하고 군주의 유언을 어기지 않았음도 크게 칭찬했다. 완우의 시는 "충신은 명을 거스르지 않고 군주의 유해를 따라 죽음 속으로 갔다忠

臣不違命, 隨軀就死亡"라고 했고, 왕찬의 시는 "성년이 되며 임금을 섬겼으니 베푸신 은혜에 다른 생각 하지 않았네. 님은 떠나시며 내 죽음을 원하셨으니 어찌 따르지 않으랴結髮事明君, 受恩良不訾. 臨沒要之死, 焉得不相隨"라고 했다. 이런 내용은 세 사람이 의로움을 중히 여기고 죽음을 가볍게 여김을 찬양한 것이다. 이러한 견해는 사실 지금의 관점에서 보자면 모순이 있다. 조식의 「삼량시三良詩」는 왕찬, 완우보다 후에 지어졌는데, "공명은 바라지 않으리니 충성과 의로움이 나의 편안한 바로다功名不可爲, 忠義我所安"라는 내용을 중심으로, 순장이 비록 어려운 일이지만 살아서 주군과 영화를 함께 누리며 은혜를 받았다면 주군이 죽었을 때 응당 따라 죽어야 한다는 논지를 적었다. 이 작품은 아마도 부친인 조조曹操가 죽은 후 자신이 따라 죽음으로써 충심을 보일 수도 있다는 뜻을 표현했을 것이다.

도연명의 「영삼량」은 전대 작가들의 풍격을 계승했지만, 일개 한사로서 군주의 인정과 중용을 받고 싶은 마음을 담고 있다.

관의 먼지를 털고 요직에 올랐지만	彈冠乘通津
시운이 나를 버릴까 두려워했다네.	但懼時我遺
세월 다 지나도록 힘써 일하지만	服勤盡歲月
항상 공로가 적을까 염려했다네.	常恐功愈微
충정의 마음 드러나니	忠情謬獲露
주군께서 아끼셨지.	遂爲君所私
나서면 수레에 동행하고	出則陪文輿
들어오면 침소에서 모셨네.	入必侍丹帷
드리는 간언은 모두 따르시고	箴規嚮已從
올리는 의견을 내친 적 없으시네.	計議初無虧
하루아침에 주군께선 먼 길 떠나시며	一朝長逝後

이들을 함께 데려가자 하셨지. 願言同此歸
깊은 은혜 잊을 수도 없거니와 厚恩固難忘
주군의 명을 어찌 거스를까? 君命安可違
무덤 앞에 서서 주저하지도 않았네. 臨穴罔惟疑
의를 위해 몸 던지길 마음으로 바라던 바 投義志攸希
가시나무는 무덤을 뒤덮고 荊棘籠高墳
꾀꼬리는 구슬피 운다. 黃鳥聲正悲
아름다운 이들은 되돌리지 못하니 良人不可贖
눈물이 옷깃을 적신다. 泫然沾我衣
(「영삼량」)

도입부 네 구절은 세상에 나아가 큰 공을 세우고 싶은 마음을 적었다. 관의 먼지를 털고 관직에 나갈 때를 기다리건만 세월이 나를 기다려주지 않고, 적당한 기회도 오지 않을까 심히 두렵다. 일단 관직에 올라 열심히 근무하지만 자신의 공을 아무도 알아주지 않을까 또 두렵다. 이것이 삼량의 마음을 살펴본 내용으로, 그들이 후에 군주의 인정을 받게 된 상황에 대한 복선이다. "충정의 마음 드러나니" 이하 여섯 구는 삼량이 군주의 은혜를 입어 중용되고, 그들의 간언과 건의가 모두 받아들여지는 내용을 적었다. 공명을 꿈꾸는 사인으로서 이런 상황이 되면 무엇을 더 바라겠는가? 그래서 군주가 세상을 떠나자 자연히 전날의 약속을 어기지 못하고 강개한 마음으로 따라 죽으며 '의리가 생보다 더 중한' 인생관을 실현했다. 마지막 몇 구절은 진나라 사람들의 여론을 따라 삼량의 죽음을 애도했다. 백 명의 목숨으로도 되돌릴 수 없는 그들의 죽음을! 성공을 숭상하고 군주의 은총을 바라는 「영삼량」의 사상은 도연명이 후에 보여주는, 세속적 영리를 경시하고 개체의 심령의 자유를 추구하는 사상과는 거리가 있다. 이 작품이 어쨌든 영사시이기 때문에 어느 정도는 옛사람의 입장에서 생각해야 하는 문제도 있고, 또 도연명이 젊은 시절 간절하게 공명을 추구했던 마음을 반영하고 있는 것도 사실이다.

「영형가」는 좌사의 영향을 받은 것으로 보인다. 좌사의 「영사」 제6수는 다음과 같다.

형가가 연나라 저자에서 술을 마실 때	荊軻飮燕市
술에 취해 격한 기분을 뿜었네.	酒酣氣益振
슬픈 노래로 고점리에 화답하며	哀歌和漸離
곁에 누구 하나 없는 듯 태연했지.	謂若傍無人
장사의 절개는 없다 해도	雖無壯士節
세상 사람들과는 사뭇 달랐네.	與世亦殊倫
굽어보면 천하도 하찮은 것을	高眄邈四海
호족은 말해 무엇하리.	豪右何足陳
귀한 자는 스스로 귀하다 여기지만	貴者雖自貴
나는 그를 먼지처럼 본다네.	視之若埃塵
천한 자는 스스로 천하다 여기지만	賤者雖自賤
나는 그를 삼천 근처럼 무겁게 느낀다네.	重之若千鈞

(「영사」 제6수)

좌사는 형가, 고점리의 이야기를 빌려 한소 출신 사인들이 호족과 권력자를 경시하는 마음, 자신이 빈천한 지위에 있지만 스스로를 존중하는 마음을 표현했다. 도연명의 「영형가」는 사실 한사들의 의협 정신을 높이 평가했다. 앞에서 인용한 「의고」에 나타난 도연명의 젊은 시절의 큰 포부와 검을 차고 천하를 떠돌던 의협 정신은 「영형가」와 완전히 부합한다. 「영형가」는 다음과 같다.

연나라 태자 단丹이 용사를 양성한 것은	燕丹善養士
강력한 진시황 영정에 복수하기 위해서였지.	志在報強嬴
일당백의 장정을 모으다	招集百夫良
세밑에 형가를 얻었다네.	歲暮得荊卿
군자는 자신을 알아주는 이를 위해 죽는다던가?	君子死知己
검을 들고 연경을 떠나가네.	提劍出燕京
흰 말은 울며 넓은 길을 달리는데	素驥鳴廣陌
비장한 마음으로 나를 전송하네.	慷慨送我行
치솟은 머리칼은 기울어진 모자를 찌르고	雄髮指危冠
뜨거운 혈기에 긴 끈이 흔들린다.	猛氣衝長纓
역수 가에서 마시는 이별의 술	飲餞易水上
영웅들이 둘러앉았네.	四座列群英
고점리는 슬피 축을 치고	漸離擊悲筑
송의는 높은 소리로 노래한다.	宋意唱高聲
쓸쓸히 슬픈 바람이 지나며	蕭蕭哀風逝
잔잔한 물 위로 찬 물결이 인다.	淡淡寒波生
구슬픈 상성商聲에 눈물을 쏟고	商音更流涕
격앙된 우성羽聲에 장사는 마음이 뛴다.	羽奏壯士驚
떠나면 돌아오지 못하리니	心知去不歸
후세에 장한 이름만 남기리라.	且有後世名
수레에 오르니 돌아볼 겨를 없고	登車何時顧
나는 듯 진나라 궁궐로 달려간다.	飛蓋入秦庭
무서운 기세로 달리는 만 리 길	凌厲越萬里
굽이굽이 천 개의 성을 넘네.	逶迤過千城
지도를 펴니 거사는 시작되고	圖窮事自至
진시황은 두려움에 벌벌 떠네.	豪主正怔營

애석해라, 한 치 모자란 검술에 惜哉劍術疏
큰 공 끝내 이루지 못했네. 奇功遂不成
사람은 비록 죽고 없으나 其人雖已歿
마음은 천 년토록 남으리. 千載有餘情
(「영형가」)

「의고」의 "배고프면 수양산의 고사리를 먹고, 목마르면 역수의 물을 마셨네" 구절에서 형가와 백이伯夷, 숙제叔齊가 모두 도연명이 젊은 시절 숭배했던 의협 인물이라는 것을 볼 수 있다. 도연명이 숭배했던 때는 하·은·주 삼대 이전의 순박했던 시대이고, 그는 삼대 이후의 왕조에 대해서는 별로 호감이 없었다. 그중 진나라에 대해서는 특히 호감이 없어서 "미친 진나라狂秦"라고 불렀고, 여기서는 "강력한 진시황 영정強嬴"이라고 했다. 이 점도 그가 형가를 숭배한 원인 중 하나다. 이 시는 도연명에게 드물게 보이는 포서鋪敍(서술체에 가깝게 내용이 상세하고 긴 형식의 필법)의 방식으로 썼고, 시법도 한위의 풍격에 가깝다. 특히 중간 단락은 화면감이 매우 강하다. "흰 말은 울며 넓은 길을 달리는데" 구절에 사용된 구법은 조식의 "줄지어 길게 늘어앉았구나列坐竟長筵"에 가깝고, "쓸쓸히 슬픈 바람이 지나며 잔잔한 물 위로 찬 물결이 인다" 구절은 "바람은 쓸쓸하고 역수는 차다風蕭蕭兮易水寒"를 변용해 만든 시구로, 시인의 예술정신이 담긴 생생한 묘사다. 도연명은 이런 묘사에 매우 능하다. 역사서에 등장하는 형가 이야기의 서술과 비교하면, 도연명의 이 시는 문학적 묘사가 확실히 증가했다. 특히 저자의 상상이 담긴 구절이 많아졌다. 예를 들면, 형가가 길을 떠날 때 "나는 듯 진나라 궁궐로 달려간다. 무서운 기세로 달리는 만 리 길, 굽이굽이 천 개의 성을 넘네"와 같은 구절이 들어가면서 원전의 간단한 기록을 생동적인 과정 묘사로 바꾸어놓았다. 「영삼량」「영형가」는 도연명의 후기 작품의 시풍에 비해 문학적 수사와 묘사가 많이 구사되어 있어서 도연명에게는 비교적 드문 풍격에 속한다. 그의 시가 예술이 초기와 후기가 상당히 다르다는 근거가 된다.

도연명의 「독사술」 중 「정저」는 정영程嬰과 공손저구公孫杵臼가 조삭趙朔의 고아를 구한 내용을 쓴 것이다.• 비록 언제 쓴 작품인지는 확인할 수 없지만, 의협심을 숭상하는 도연명의 정신을 엿볼 수 있다.

생을 버리는 것은 참으로 어려운 일이나	遺生良難
선비는 자신을 알아주는 이를 위해 목숨을 버린다네.	士爲知己
집으로 돌아가듯 의리를 지킨 사람은	望義如歸
참으로 이 두 사람이라네.	允伊二子
정영이 칼로 자결한 것은	程生揮劍
살아남은 치욕을 두려워했기 때문이네.	懼茲餘恥
아름다운 덕은 길이 알려져	令德永聞
백대 후에도 글로 전해지네.	百代見紀

(「독사술」「정저」)

이 작품과 「영삼량」「영형가」는 동일한 정신과 기질을 표현한다.

후대의 시인들은 도연명의 의협심에 대해 이런저런 의견이 많다. 「영형가」가 송의 왕조 찬탈을 풍자한 작품이라고 오해하는 학자도 있지만, 도연명이 강한 의협심으로 송의 왕조 찬탈에 대해 좋은 감정을 갖

• 정영과 공손저구는 춘추 시대 진나라 사람으로, 조삭의 문객이었다. 알려진 바에 따르면, 도안가屠岸賈의 흉계로 조삭이 살해되자 두 사람은 조씨 가문의 고아 조무趙武를 지키기 위해 계획을 세우는데, 공손저구는 가짜 고아와 함께 죽어 도안가를 안심시키고, 정영은 15년간 몰래 조무를 키워 도안가에게 복수하게 한다. 도안가가 죽고 복수가 끝나자 정영은 자결한다. 이 이야기는 『사기』「조세가趙世家」에 기록되어 전한다.

지 못한 것은 사실이다. 공자진의「기해잡시」「주중독도시舟中讀陶詩」에서는 이렇게 말했다.

> 도연명의 시는 형가를 즐겨 말했고　　陶潛詩喜說荊軻
> 멈춘 구름을 보며 격정에 찬 노래도 불렀네.　　想見停雲發浩歌
> 은혜와 복수를 읊나니 마음은 벅차라.　　吟到恩仇心事湧
> 강호엔 협객이 많지 않아 보이네.　　江河俠骨恐無多
> (공자진,「기해잡시」「주중독도시」)

나는 생각한다. 당시 온 세상이 공허하고 거침없는 인생 태도를 귀하게 여기며 정의감이 없는 시대를 보냈다. 도연명과 같은 협기는 아마도 많지 않은 것이 아니라 전혀 없었다고 해야 할 것이다.

8장

선비의 불우한 운명을 느끼다

공명을 이루고 싶은 생각이 왕성할 때, 도연명도 때로 큰 뜻이 있으나 공을 이루지 못하는 한사의 억울한 심경을 토로하기도 했다. 일찍이 전한 시기에 동중서董仲舒가 「사불우부士不遇賦」를 쓰고 사마천은 「비사불우부悲士不遇賦」를 썼는데, 이는 모두 사인들이 높은 덕으로 큰 업적을 세우려 노력했으나 때를 만나지 못한 것을 한탄하는 내용이다. 이 작품들은 전한이라는 대통일 왕조의 정치 환경 아래에서 권력 구조가 안정화되고 특권 계층이 형성되어 출신이 보잘것없는 선비들이 관직으로 나아가지 못하는 현실을 반영했다. 도연명은 한가할 때 이런 문장들을 읽으며 마음의 울분을 위로받다가 옛사람들의 글을 모방해 「감사불우부」를 쓰기 시작했다. 「감사불우부」의 창작 연대에 대해서는 여러 학자의 의견이 나뉜다. 주류 학설은 도연명이 전원으로 돌아간 이후에 지었다는 것이다. 궁빈의 『도연명집교전陶淵明集校箋』은 각 학자의 학설을 종합해 다음과 같이 말했다.

이 글의 창작 연대에 대해 여러 학설이 있다. 일설에는 도연명이 전원으로 돌아간 초기에 지었다고 한다. 구즈의 『도정절 연보陶靖節年譜』를 보면, 의희 3년(407) 내용에 「감사불우부」의 "차라리 가난한 삶을 살며 내 뜻을 지키려니, 뜻을 굽혀 스스로를 괴롭게 하지 않겠네" 등의 구절과 「귀거래혜사」를 서로 비추어 "대략 팽택령에서 사직한 후일 것"이라고 했다. 루친리의 「도연명사적시문계년陶淵明事蹟詩文系年」에서는 의희 2년(406)에 지었다고 했다. 또 일설에는 원흥元興 2년(403) 모친상을 당해 집에 있던 시기에 「계묘세십이월중작여종제경원」이라는 시와 함께 지은 것이라고 한다. 또 다른 학설에 의하면 진송 왕조 교체 후에 지어졌다고 하는데, 그 예로 왕야오王瑤의 주에 송나라 영초永初 3년(422)이라고 기록되어 있다. 이 글의 사상과 내용은 「음주」 제20수와 매우 가깝다. "고독한 마음 안고 한세상 마칠지언정 좋은 값 흥정하듯 장에 파는 일은 사양하겠네"라는 구절은 의희 말년에 병을 핑계로 부름에 응하지 않았던 일을 가리킨다. 그러므로 이 글은 대략 의희 11~12년 사이에 지어졌을 것이다.(궁빈, 『도연명집교전』)

「감사불우부」를 전원으로 돌아간 후, 또는 심지어 만년의 작품으로 보는 이유는 불우에 대한 이런 감개는 벼슬을 그만두고 전원으로 돌아간 후에나 발생할 수 있기 때문이다. 표면적으로는 이치에 맞는 것 같지만, 도연명의 사상과 감정이 발전한 경로에 대해 충분히 이해하지 못한 생각이다. 불우함을 탄식하는 것은 성공하려는 마음이 왕성하다는 말의 또 다른 표현임을 알아야 한다. 도연명은 전원으로 돌아간 후, 입신양명에 대한 이상을 완전히 버렸다. 만년에 이런 이야기를 하긴 했지만, 이는 모두 젊은 날을 회상하는 내용이었다. 성공에 대한 생각이 없는데 우遇와 불우不遇에 대해 무슨 감개가 있단 말인가? 이 점을 조금 더 분명히 하자면, 도연명은 벼슬길에 들어선 후 은거의 길을 가기로 결심하고 불우를 한탄하는 마음을 일찌감치 접었다.

사람들은 보통 인생의 모든 과정이 끝난 후 불우함을 한탄한다고 생각한다. 그러나 사실 선비들이 입신양명에 뜻을 두고 정진한다고 해도 성공은 매우 어렵다. 그래서 불우함을 느끼는 정서는 대부분 인생의 도중에 생겨나거나, 심지어 초창기에 생겨난다. 도연명의 「감사불우부」는 그가 젊은 시절 한거하던 시기의 작품으로, 주좨주를 그만둔 후에 지었을 것이다. 도연명이 주부州府의 명을 세 번이나 사양한 것은 당시 벼슬을 하지 않겠다고 결심했기 때문이 아니라, 적당한 기회가 아니라고 생각했기 때문이다. 아마도 이때가 요직으로 접근할 수 있는 가장 좋은 계기는 아니라고 생각했던 것 같다. 양진의 사인들은 관직에 나아가 집안을 일으키는 것을 매우 중요하게 생각했다. 도연명은 한소 집안 출신이기 때문에 집안을 일으키는 방법이라고는 주부에서 관리가 되는 것밖에 없었는데, 그것은 지위가 낮고 자질구레한 업무의 말단관리에 불과했다. 그래서 도연명은 애써 사양하고 응하지 않으며 더 좋은 기회를 얻어 산을 나설 때까지 기다리고 싶었던 것이다. 이때 도연명은 자신이 젊은 시절 익히고 닦은 품덕과 학업을 펼쳐볼 때가 왔다고 생각했다. 하지만 현실은 부패했고 문벌 사족들이 상층부를 점거하고 있어 한소 출신 사인들은 더 높이 오를 기회를 얻지 못했고, 이에 강렬한 '사불우士不遇'의 정서가 생겨났다.

도연명의 문장을 한마디로 표현하면, 종영鍾嶸이 『시품詩品』에서 말한 것처럼 "문체가 간명하고 깨끗하며 거의 군더더기 말이 없다"는 것이다. 우리가 그의 사상과 감정의 큰 맥을 전체적으로 파악하고 잘 이해한다면 그 참된 면모를 발견할 수 있을 것이다. 「감사불우부」 서문은 이 작품을 창작할 때의 마음을 매우 자세하고 분명하게 적었다.

예전에 동중서가 「사불우부」를 쓰고, 사마천도 유사한 제목의 글을 지었다. 나는 삼여의 날이나 강습한 후의 여가에 그 글을 읽고 한탄하며 슬퍼했다. 신의를 지키고 옳은 일을 생각하는 것은 사람들의 바른 행동이며, 순박함을 품고 고요함을 지키는 것은 군자의 변치 않는 뜻이다. 참됨을 숭상하는 기풍이 사라진 후 허위 풍조가 크게 흥하니, 마을마다 겸손하고 사양하는 예절이 사라지고, 조정에도 쉽게 직위를 높이려는 마음이 생겨났다. 곧은 마음으로 도를 지키며 사는 선비들이 재능을 감추고 숨기도 했고, 깨끗한 몸과 맑은 지조를 지닌 선비들이 세상을 피해 근신하기도 했다. 그래서 백이, 숙제나 사호四皓 같은 이들의 "편히 돌아가겠다"는 탄식도 생겨났고, 굴원 같은 이는 "다 끝났도다" 하고 슬픔을 토로하기도 했다. 슬프도다. 세상에 몸을 맡기는 백 년 세월의 삶도 순식간에 끝나버리니, 공을 세우기도 어렵고 영토를 봉 받지도 못한다. 옛사람들이 붓을 들어 마음의 울분을 풀며 글을 쓰다 그만두지 못했던 이유가 바로 이 때문이다. 자신의 뜻을 전달할 수 있는 것이 오직 문장뿐이던가? 책을 어루만지며 주저하다가 느낀 바를 따라 이 글을 쓴다.(「감사불우부」 서문)

도연명은 자신이 "삼여의 날이나 강습한 후의 여가에" 이전 사람들의 「사불우부」를 읽었다고 말했다. 여기서 말하는 것은 도연명이 젊은 시절 "육경에서 노닐며 즐거웠네"라고 말한 상황과 비슷하다. 안연지가 「도징사뢰」에서 "마음으로는 기이한 책을 좋아했고, 성품은 술을 즐겼다"라고 말했던 그 만년의 독서 상황과는 다르다. 또 도연명은 여기서 자신의 중요한 문학 사상 한 가지를 밝혔다. 즉 동중서, 사마천 등이 "붓을 들어 마음의 울분을 풀며 글을 쓰다 그만두지 못했다"라는 말에서 문학 창작의 근본적인 기능이 마음을 풀고 펼치는 것이라는 점을 명확하게 밝혔다. "자신의 뜻을 전달할 수 있는 것이 오직 문장뿐이던가?"라는 말은 그의 문학 사상을 설명한다. 서정언지抒情言志(시인 자신의 감정과 의지를 토로하는 시풍)를 강조하고 강개한 기풍을 숭상하는 한위 문학의 전통과 일맥상통하며, 이치로 감정을 대신하고 현학의 허무와 광달曠達을 주요 정취로 삼는 동진 문벌 사족의 문학 사상과는 크게 다르다.

이 작품은 사람의 성품이 하늘로부터 부여받는다는 말로 시작한다.

> 아, 모두 천지와 자연의 기를 받았건만, 어찌 사람만이 영장이 되었는가? 정신과 마음을 받아 지혜를 갖추고, 천지인, 인의예지신을 이어받아 이름을 남기도다. 어떤 이는 세상에서 물러나 스스로 만족하고, 또 어떤 이는 세상에 나가 민생을 크게 구제한다. 세상에서 물러나거나 나가거나 모두 본분에 맞지 않는 것은 없으니 항상 기쁘게 흡족해한다.(「감사불우부」)

사람이 만물의 영장이 될 수 있었던 것은 정신과 사상을 갖고 있어서 천지인의 삼재三才에 거하며 늘 인의예지신의 오상五常을 따르기 때문이다. 덕을 연마하고 학문을 수양하는 선비 군자는 그 가운데서도 가장 뛰어나다. 그들은 은거하기도 하고, 벼슬을 하기도 한다. 내면의 성품을 지키기도 하고, 나아가 세상을 구제하기도 한다. 하지만 그들은 모두 이득과 손실에 대한 생각은 하지 않으며, 항상 기쁘게 흡족해한다. 이것이 출처出處의 도에 대한 도연명의 기본적 인식으로, 당시 현학가들의 출처동귀出處同歸 사상의 영향을 받은 것이다.• 그가 생각하는 출사出仕는 천하를 구제하는 이상을 실현할 수 있는 것이었다. 이는 유가사상의 영향인 동시에 공명을 실현하는 가문의 전통을 계승하는 길이었다. 그러나 현실과 바람은 어긋나, 천하를 구제하는 길은 늘 막혀 있다.

세상은 물결치며 흘러가 과거가 되어버리고, 사람들은 서로 나뉘어 자신의 모습을 갖추었다. 촘촘히 엮은 어망에 물고기들이 놀라고, 그물 널리 펼치니 새들이 놀란다. 지혜로운 자는 먼저 깨닫는 바가 있어 봉록을 마다하고 돌아가 농사를 짓는다. 산은 높아 자취를 감춰주며, 물은 거세게 흘러 소리를 묻어주는데, 헌원軒轅과 당요唐堯의 태평성대를 그리며 빈천을 달게 받고 부귀영화를 마다하는 것이다. 수원에서 흐른 물 오래 흘러도 나뉘게 되듯 성품의 선과 악은 결국 다른 길이라네. 모든 행실 중에 귀한 것을 따져보니 선행만 한 즐거움이 없다. 하늘이 정해주신 운명을 받들고, 성인들이 남겨둔 글을 잘 배워야 하리. 임금과 부모에게 충효를 다하고, 마을마다 신의를 쌓는다. 진실한 마음을 베풀어 현달을 얻고, 참된 행동으로 영예를 기원한다. 아, 사람들은 영합해 자기와 다른 이를 헐뜯고, 자기보다 위에 있는 이를 미워하는구나. 뛰어난 생각을 하는 이를 어리석다 말하고, 곧은 도를 지키는 이를 망령되다 말한다. 진술하고 공정하고 시기하지 않아도 결국 치욕과 훼방을 받는다. 비록 아름다운 옥을 품고 난초를 쥐어도 부질없는 향기일 뿐 누가 알아주랴. 슬프도다. 선비가 때를 만나지 못하나니 이미 세상은 염제炎帝, 제괴帝魁 시절의 태평성대가 아니구나.(「감사불우부」)

• 출出은 세상에 나아가 사회와 백성을 위해 노력하는 것이며, 처處는 은거하며 바른 성품을 지키는 것이다. 당시 현학가들은 관직을 하는 것과 은거하는 것이 근본은 같다는 출처동귀 사상을 따랐는데, 실상은 부귀를 누리면서도 고상한 정신세계를 추구한다는 영예를 얻으려는 자기합리화의 측면이 강했다.

순박한 풍조가 사라진 후 거짓과 허위가 크게 흥하니 현실 사회엔 곳곳에 그물만 가득하다. 도를 지키는 사인들은 봉록을 마다하고 돌아가 농사지으며 "오두막에서 참된 성품 길러, 내 명성 선하게 전해지길養眞衡茅下, 庶以善自名" 바라는 길밖에 없었다. 그러나 이렇게 했다고 해도 항상 오해를 받거나, 심지어 헐뜯음을 받아 고결한 마음이 다른 사람들에게 받아들여지지 않는데, 도연명은 그 원인을 세상의 풍조가 혼탁하기 때문이라고 보았다. 고고하게 자족하며 순연의 성품을 지킬 수 있는 행복한 인생은 상고 시대의 순박한 사회에서만 가능하다는 것이 그의 기본 사상인데, 이 내용은 제17장 '복희씨에 대한 상념과 도화원 이야기'에서 다루게 될 것이다. 마찬가지로 도연명은 재능 있는 사인들이 등용되지 못하는 이유를 사회의 부패 탓으로 돌린다. 이런 사상이 나중에 쓰는 귀은시에서는 거의 언급되지 않는다. 왜냐하면 도연명이 후에 벼슬을 한 것은 도道를 위한 것이 아니라 생계를 위해서였다고 자신도 인정했기 때문이다. 도연명이 위 인용문에서 말하는 "봉록을 마다하고 돌아가 농사를 짓는" 것은 옛사람들을 읊은 것이지, 그 자신을 가리키는 것이 아니다. 은거하며 내면의 성품을 지키는 것은 도연명이 줄곧 갖고 있던 사상이기 때문에 우리는 이를 근거로 이 작품이 전원으로 돌아간 이후에 지은 것이라고 단정할 수는 없다. 세상에 나아가 천하를 구제하려는 사상은 전원으로 돌아간 후에는 거의 드러내지 않았다.

「감사불우부」에서 도연명의 기본 사상은 덕업을 익히고 닦아 세상을 위해 큰일을 하는 것이다. 그가 거론하는 옛사람은 봉록을 마다하고 돌아가 농사를 짓는 은사가 아니라 세상에서 부대끼며 세상을 위해 힘쓰는 사인이다.

공경하고 삼가며 스스로 힘써야 하나니, 어찌 하루 세 번 자신을 돌아보지 않을 것인가? 덕업을 증진시키고 시기를 기다릴지니, 시기가 왔을 때 그르칠 수 있다네. 원앙袁盎의 추천이 없었다면 장계張季는 끝내 드러나지 못했음을 생각하네. 낭서郎署의 늙은 풍당馮唐의 처지 가엾다지만, 위상魏尙의 일로 건의가 받아들여졌네. 간신히 알아주는 주군을 만났더라도 이미 애태우며 수많은 세월을 보낸 후라네. 거리에 호랑이가 없다고 해도 세 사람의 말이라면 속일 수 있다지. 가엾어라, 가의의 영철함이여. 준마가 좁은 곳에 묶였다네. 슬퍼라, 동중서의 박학함이여. 거푸 위태로움을 만나다 겨우 구제되었네. 지혜로운 이들의 고독을 생각하니 흐르는 눈물이 소매를 적신다. 전대 선왕의 가르침을 이으리니, 천도는 사사로운 친함이 없다고 하셨네. 맑은 하늘은 하나를 얻어 거울을 삼으니, 착한 이를 돕고 어진 이를 보우한다. 백이는 늙어 오래 굶주렸으며, 요절한 안회는 몹시 가난했다. 가여워라, 수레를 팔아 안회의 관을 마련하려 청했다니. 슬퍼라, 백이는 고사리만 먹다 죽었네. 학문을 좋아하고 행동이 의로웠으나 어찌 삶과 죽음은 고되고 괴로운가? 하늘이 덕에 이렇게 보답했음을 생각하니 천도가 공허한 말인가 두려워진다. 어찌 세대마다 재능 있는 이가 없겠는가? 그들에게 닿는 길이 평탄하지 않아 그런 것이네. 하여 옛사람들은 개탄하며 크게 명성을 세우지 못할까 걱정했지. 이광李廣은 머리를 묶을 어린 나이로 전쟁에 나가 만 읍을 상 받기에 부끄럽지 않게 공을 세웠으나, 큰 뜻은 소인배들에게 꺾이고 한 치의 땅도 받지 못했다. 그의 진심 후세에 남아 많은 이의 마음을 움직이고 슬프게 했네. 왕상王商은 법을 고쳐 폐단을 바로잡았건만, 처음엔 순조로웠으나 결국 화를 입었다. 어찌하여 좋은 때는 쉽게 기울어버리는가? 어찌하여 뛰어난 자들에게 이리 급박하게 해를 끼치는가? 푸른 하늘은 아득히 높고 세상의 일들은 그치지 않는다. 혹은 깨닫고 혹은 알 수 없네. 누가 그 이치를 헤아리랴.(「감사불우부」)

사인의 본분은 덕업을 닦고 익히는 데 있으며, 세상을 위해 자신을 쓸 것인지는 시기를 봐야 한다. 도연명은 우선 자기를 알아주는 사람을 만나는 것이 얼마나 중요한지 강조했다. 그는 여기서 한나라 때의 인물 두 사람을 거론했는데, 하나는 장계이고, 또 하나는 풍당이다. 장계는 자가 석지釋之이며, 기랑騎郎이 되었다가 10년 동안 승진이 되지 않았는데, 후에 원앙의 추천으로 문제 앞에서 국가를 위한 의견을 올리고 칭찬을 받아 알자복야謁者僕射의 관직을 받았다. 풍당은 오랫동안 낭서에 머물러 있었는데, 후에 기회를 만나 운중태수 위상魏尙이 사면된 후 거기도위車騎都尉가 되었다. 그러나 이들처럼 요행히 기회를 얻어 자신의 실력을 펼 수 있게 된 사람은 많지 않다. 가의, 동중서 같은 사람들은 비록 어느 정도의 위치를 얻었지만, 가진 실력을 충분히 펴지 못했다. 전대 인물들의 불우함을 말하고 나니 도연명은 뜨거운 눈물이 흐르는 것을 참을 수 없었고, 하늘이 착한 이를 돕는다는 말을 믿을 수 없다고 생각했다. 그래서 그는 또 백이와 안회, 이 도덕이 높은 두 인물을 떠올린다. 한 사람은 요절했고, 또 한 사람은 가난에 굶주렸으니, 둘 다 세상 사람들이 말하는 운은 얻지 못했다. 그는 선비 군자가 학문을 좋아하고 행동이 의로운 것은 단지 자신의 본분을 다한 것일 뿐이며, 하늘의 보답을 구할 필요는 없다는 것을 다시금 느낀다. 그리고 한나라 때 공명을 추구했던 이광과 왕상, 두 인물이 재능을 지니고도 뜻을 이루지 못했음을 한탄한다. 한 명은 세상을 덮을 큰 공을 세우고도 봉후를 받지 못했고, 또 한 명은 뛰어난 계책을 올리고도 해를 당했다.

이런 옛사람들의 불우를 느끼며, 특히 하·은·주 삼대 이후 사인들이 불우했던 것을 보며 도연명은 빈궁한 삶 속에서 절개를 지킬 것을 결심한다. 고관대작도 영예로 느끼지 않고 허름한 솜옷도 부끄러워하지 않으며.

> 차라리 내 곤궁함을 견디며 뜻을 얻을지언정 몸을 숙여 스스로를 얽매이게 하지는 않으리. 높은 가마와 화려한 의관도 귀하게 여기지 않으니 기운 솜옷인들 부끄러우랴. 깨달은 바 있으니 아둔하게 기쁜 마음으로 돌아가 은거하리. 고독한 마음 안고 한세상 마칠지언정 좋은 값 흥정하듯 장에 파는 일은 사양하겠네.(「감사불우부」)

빈궁함 속에서 절개를 지키며 영예를 사양하고 귀은하는 사상은 도연명의 젊은 시절부터 형성된 것이었다. 그러나 말은 이렇지만 도연명이 이 때문에 진정으로 벼슬길에 나아가지 못한 것은 아니다. 성공하지 못함을 개탄하는 것은 그가 관직에 나아가기 전, 혹은 관직 생활 초기의 정서였다고 말할 수 있다.

9장

주쇄주가 되다

도연명에게 출사와 은거는 일생 중 가장 큰 생활의 모순이었다. 도연명의 말에 따르면, 그가 출사해 벼슬을 한 것은 생활이 궁핍했기 때문이고, 경제적인 문제를 해결하기 위해서였다. 「음주」 제19수에는 "지난날 긴 배고픔에 괴로워 쟁기를 내던지고 벼슬길 찾아 떠났지. 처자식 부양에 절개를 버렸지만, 추위와 주림은 떨칠 수 없었네"라고 썼다. 이 이야기는 그가 처음 벼슬길에 나가 주쇄주가 된 일을 말한다. 또 「귀거래혜사」에서는 팽택령이 된 일에 대해 이렇게 적었다.

> 내 집은 가난해 경작을 해도 자급이 되지 않았다. 아이는 많아 집에 가득했지만 항아리에는 남은 양식이 없었고, 살아가는 데 필요한 물자를 구할 방법이 없었다. 친척과 친구들이 나에게 벼슬을 하라고 많이 권하니 혹하고 마음이 움직여 길을 찾아봤으나 얻지 못했다. 사방에 난리가 나자 제후들이 은덕을 베풀고 보살펴주었으며, 집안 숙부가 가난으로 고생하던 나를 작은 읍에서 쓸 수 있

게 해주었다.(「귀거래혜사」)

팽택령이 되기 전에 도연명은 이미 몇 차례 참군參軍을 지낸 적도 있고, 여기저기 옮겨 다니며 고생도 많이 해 지방관이 될 자격을 갖추고 있었다. 게다가 집안 숙부와의 관계 덕분에 현령의 직책을 얻게 되었다. 참군은 막료 업무로서 고정적인 직책과 실권이 없었고, 얼마 되지 않는 급여를 받을 뿐이었다. 그래서 도연명은 몇 차례 참군을 지냈지만 여전히 "항아리에는 남은 양식이 없었다." 그가 처음 벼슬길에 나아간 일부터 팽택령이 된 것까지, 모두 생활에 쫓겼기 때문이다. 도연명 자신도 가난 때문에 벼슬을 했다고 구구절절 말했을 뿐 아니라, 안연지가 쓴 「도징사뢰」에서도 이렇게 말했다.

어려서 가난하고 병이 많았고, 집에 하인이 없어 물 긷고 곡식 빻는 일도 맡길 사람이 없었으며, 야채와 곡식은 부족했다. 모친은 늙고 자식은 어리니 가족을 봉양함에 애를 써도 항상 모자랐다. 전과田過가 양친에 대한 의견을 주군께 올렸던 일과 모의毛義가 양친을 봉양하다 임용을 알리는 격문을 받고 기뻐했던 옛일을 생각하게 한다. 처음 주부의 명을 세 번이나 사양했다가 나중에 팽택령이 되었다.(안연지, 「도징사뢰」)

이보다 나중에 지어진 『송서』 「도연명전」에도 이렇게 기록되어 있다.

모친은 연로하시고 집안은 가난했다. 처음 주좨주가 되었는데, 관리의 직무를 참지 못하고 며칠 지나지 않아 스스로 그만두고 돌아왔다.(『송서』 「도연명전」)

도연명이 선조를 칭송하거나 자신의 젊은 시절의 포부를 말하는 시에서는 세상에서 쓰임 받고자 하는 그의 부푼 기대와 야망을 자주 볼 수 있다. 이런 야망이 실현되려면 반드시 그는 벼슬길로 나아가야 했다. 하지만 도연명은 자신이 벼슬길에 올랐던 것이 가족을 부양하고 입에 풀칠하기 위한 어쩔 수 없는 선택이었다고 말하니, 우리를 혼란스럽게 한다. 나는 이 문제를 이렇게 생각해야 한다고 본다. 도연명은 큰 포부를 갖고 있는 사람이지만 그것은 이상화理想化된 것이다. 그가 자신의 증조부 도간을 성공의 모델로 삼고 그에게서 큰 힘을 얻는다고 해도, 그는 시인의 기질 때문에 도간과 같은 인물이 될 수 없었다. 그래서 그는 입신양명이라는 자신의 이상에 대해 명확한 실행 계획을 세우지 못했다. 사실 청장년 시기의 도연명은 항상 마음속에 이상을 품은 채 이를 어떻게 실현할지 몰라 고민하는 상태에 있었다. 이런 면에서 도연명을 그의 증조부 도간과 외조부 맹가에 비교해보면, 이 두 인물이 갖추고 있었던 주관적·객관적 조건들이 그에게는 없었다는 것을 발견할 수 있다.

도간은 한소 출신 사인이었기 때문에 내면의 강함을 감추고 외부로는 부드럽게 행동했다. 자신의 절개를 굽히고 남을 섬겼으며, 말단관리부터 시작해 차근차근 착실하게 해나갔다. 이런 능력은 도연명에게는 없는 것이다. 도간은 양진 교체기, 당시 문벌 사족들이 실제 업무 능력도 없고 정무와 군사 방면에 구체적인 통치 능력이 부족할 때, 젊은 시절부터 고생하며 쌓은 정치적 자본을 바탕으로 자신의 능력을 적시에 발휘해 성공의 정점에 올라갔다. 기회를 대단히 잘 포착한 인물이라 할 수 있다. 그런데 도연명은 자연적인 개성과 진眞, 선善의 원칙에 대한 추구를 1순위에 놓고 있었다. 또 난세가 닥쳤을 때 그가 선택한 것은 난세를 이용하는 것이 아니라 난세에서 물러나는 것이었다. 그는 도간이 될 수 없었고, 유유, 유의劉毅, 유뇌지劉牢之 같은 인물이 될 수도 없었다.• 그래서 주관적·객관적 조건에서 그의 이상은 단지 이상일 뿐, 실현 가능성이 일찌감치 없었다.

도연명과 맹가를 비교하자면, 그는 맹가와 같이 명망 있는 가문도 아니었고, 맹가와 같은 명사의 풍도風度도 없었다. 도연명은 내향적인 사람으로, 겉으로 보기엔 다소 고지식한 사람이기도 하다. 이런 사람들은 순박한 농부들이나 전원 속, 혹은 자신의 심령 속에 있을 때 완전한 자유를 느낀다. 맹가는 당시의 사인들을 압도하는 사람이었는데, 도연명에겐 이런 능력이 확실히 없었다. 만년에야 명성이 다소 올라가기는 했지만, 그것은 주로 은거를 오래 한 덕분이었다. 그의 천재적인 문학적 재능은 당시에는 그다지 많은 사람의 주목을 끌지 못했다. 도연명의 시대, 특히 그의 청장년 시기는 문단이 현학 풍조에 뒤덮여 있어서 청담이 문필보다 더 사람들의 중시를 받았기 때문이다. 그래서 도연명은 사림에게 자신의 진정한 가치를 보여줄 수 없었고, 그와 사림의 상층부와는 시종 먼 거리가 있을 수밖에 없었다.

이러한 상황에서 도연명은 큰 이상을 품고 있었지만, 어떠한 기회와 조건도 보이지 않았다. 공명을 추구하면서도 현실적 상황이 매우 막막했다. 그는 주좨주, 참군, 현령 등의 직위를 이상으로 향하는 통로라고 생각하지 않았다. 이상과 현실의 거리가 크다고 생각했지만, 사실은 이상에 대한 그의 생각이 너무 순수한 것이었다. 벼슬길에 올랐으면서도 이상을 보지 못했으니, 그는 당연히 자신이 몇 차례 경험했던 관직 생활을 생계유지 차원으로 이해할 수밖에 없었다.

도연명이 젊은 시절 벼슬했던 일을 단지 생계 수단일 뿐 정치적 이

• 유유, 유의, 유뇌지 세 사람은 모두 진송 교체기에 활약한 군벌이다. 정확히 말하자면 유뇌지가 이끄는 북부군에 유유와 유의가 의탁하고 있었는데, 유뇌지는 환현桓玄에게 투항했다가 자결했고, 환현은 유의에게 패해 죽었다. 결국엔 유유가 유의를 제거하고 패권을 차지한 후, 황제를 퇴위시키고 남조를 여는 송나라의 첫 번째 황제가 되었다.

상을 실현한 것은 아니라고 말한 데는 위에서 말한 원인 외에 아마 이런 원인도 있었을 것이다. 도연명이 처음으로 벼슬길에 나아가 환현의 참모를 했는데, 환현은 후에 반역을 일으켜 스스로 황제가 되려고 했다. 환현이 반역을 도모할 때 도연명은 모친상을 당해 다행히 강주를 떠나 집에 가 있기는 했지만, 그래도 그가 환현의 수하에서 일했다는 것은 사실이기 때문에 결백을 중시하는 도연명의 입장에서는 평생의 오점일 수밖에 없었다. 『송서』「도연명전」의 "도연명은 젊은 시절 말단 관리를 했는데, 거취의 족적이 깨끗하지 못했다"라는 기록이 바로 이 일을 가리킨다.

이렇게 남들에게 말하기 어려운 일이 있었으므로 도연명은 자신이 젊은 시절 경솔하게 벼슬을 했고, 정치적 선택에서 완전히 잘못된 판단이었다고 생각하게 되었다. 그래서 그는 더욱 자신이 정치적으로 성공하고 싶은 마음에 벼슬을 했다고 인정하기 싫었을 것이다. 그의 친구인 안연지는 당연히 모친을 봉양해야 했다는 관점에서 그가 벼슬을 한 동기를 설명했다. 사실 도연명도 기회를 잡고 일어서려는 마음이 없지는 않았다. 원흥 3년, 도연명의 나이 40세에 어떤 기회로 다시 벼슬길에 나아가 유유의 진군참군이 되었는데, 이때는 유유가 환현 토벌을 위해 동맹하자고 호소할 때였고, 이 일은 이미 기울어가는 동진 왕조를 구하려는 의거였다. 도연명은 이를 기회로 세상을 구제하려는 마음이 생겨났다. 「시작진군참군경곡아」에서는 이렇게 적었다.

> 시운이 와 은연중에 잠시 닿아 　　時來苟冥會
> 말고삐를 돌려 넓고 큰 길로 접어들었네. 　　踠轡憩通衢
> (「시작진군참군경곡아」)

시운이 왔다는 것은 자신을 드러낼 좋은 기회가 왔다는 것이다. 국가적으로는 이때가 혼란을 극복하고 정상적인 질서를 회복할 수 있는 시기이니, 당연히 이를 기회로 큰 공을 세울 수 있을 것이다. 짓눌려 있던 도연명의 야망과 포부가 다시 부풀어 올랐다. 그러나 이 역시 착각이라는 것을 그는 곧 알게 되었다. 여기서 우리는 도연명의 출사에 입신양명에 대한 생각이 전혀 없는 것은 아니지만, 결국 생계를 해결하기 위한 것이 주요 동기임을 볼 수 있다. 그래서 시인은 이 점을 솔직하게 인정했다.

실제 생활상을 보자. 도연명은 유년 시절에 부친을 잃고 집안이 몰락하자 직접 농사일로 생계를 해결했다. 하지만 일개 서생으로 노동력에도 한계가 있었고, 가정을 이룬 후에는 식솔이 늘어나 생활은 더욱 힘들어졌다. 그의 집은 고위 관료를 배출한 집안이라 아무리 가난해도 체면을 완전히 버릴 수는 없었기 때문에 평소 생활은 그야말로 입에 풀칠하는 정도였다. 그의 모친 역시 명문가 출신이라 풍족한 생활에 익숙해 있었기에, 어머니가 노년에 힘겹고 빈궁한 삶을 살아가는 모습을 보며 도연명의 마음이 편할 리 없었다. 해결 방법은 그가 벼슬을 하는 길밖에 없었다.

청년 시절의 도연명은 문장과 덕행으로 마을에서 이미 어느 정도 알려져 있었다. 『진서』「은일전」에는 그가 "어려서 고상한 뜻을 갖고 있었고, 박학하고 글을 잘 썼다. 뛰어나게 총명했고 얽매이는 것을 싫어했으며, 참된 성품으로 늘 만족해 마을 사람들이 그를 귀하게 여겼다"라고 기록되어 있다. 그 시대는 구품중정제九品中正制(위진남북조 시대의 관리 등용 제도)를 실시했기 때문에 마을의 여론과 평가가 관리가 되는 데 매우 중요하게 작용했다. 도연명은 관직을 얻기 위해 의도적으로 명망에 힘쓰지는 않았지만, 그가 관직을 얻게 된 데는 마을의 여론과 평가가 영향을 주었다. 비록 세도가의 사족 출신은 아니었지만 아무래도 고위 관료를 배출한 집안이기 때문에 그를 주부의 막료 정도는 시킬 수 있는 인간관계는 아직 남아 있었다. 도연명은 좋은 시기를 선택해 벼슬길에 나아가고 싶었지만, 빈궁한 가정 형편은 그를 오랫동안 기다리게 놔두지 않았다. 29세가 되던 해, 결혼하고 얼마 후 도연명은 그 주의 좨주가 된다. 그러나 그는 속된 관리로서의 생활을 견디지 못해 곧 사직하고 집으로 돌아왔다. 당시의 사회의식으로는 이렇게 하면 명망이 더 높아졌기에 그는 주부에서 주목받는 인물이 되었다. 주부에서는 다시 그를 주부관州簿官으로 임명하려고 불렀지만, 도연명은 그 직무가 좨주보다 더 번거롭다고 생각해 거절했다. 이로부터 몇 년 동안 도연명은 농경 노동을 하며 자급자족 생활을 계속했다.

도연명이 주좨주가 된 후 며칠 만에 그만두고 돌아왔다가 다시 주부의 부름을 사양했던 것은 아마도 관리의 자격에 대한 당시의 관념과 관계가 있을 것이다. 당시 벼슬길은 문벌 배경이 있는 사람은 구품중정 중에서 2품이나 3품의 품급을 얻을 수 있기 때문에 청관淸官에서 시작할 수 있다. 반면, 한소 출신 사인은 명망과 문학적 재능을 모두 갖춰야 벼슬길에 나설 수 있는데, 대부분은 주부의 임명을 받아 시작한다. 주부의 임명은 사실상 지방의 유능한 인재를 추천해 관리로 등용하던 한나라 때의 향거이선鄕擧里選 제도를 계승한 것으로, 수재秀才, 효렴孝廉, 한소, 은일 등으로 천거되는 길과 함께 한소 출신 사인이 등용될 수 있는 좋은 기회였다. 하지만 주군州郡 관리들의 업무는 탁관濁官에 해당하기 때문에 향리의 호족 자제들에게는 지방 정부를 위해 마지못해 복무하는 성격을 갖고 있었다.• 그래서 스스로 명망 있다고 자부하는 사람들은 임명에 응하지 않음으로써 자신의 고결을 표현하는 경우도 종종 있었다. 『진서』「은일전」에는 서진의 한소 출신 은사 하통

• 당시 관리들의 업무는 청관, 탁관의 구분이 있었다. 청관은 권한은 높지만 실제 업무가 많지 않아 세족 가문 자제가 담당했고, 탁관은 권한은 낮고 실제 업무는 많아 한소 출신 자제가 담당했다.

夏統이 군에서 벼슬을 하라고 권하는 친척에게 화를 내는 내용이 있다. 이 기록을 보면, 도연명이 주부의 임명에 응하지 않은 일을 이해하는 데 도움이 될 것이다.

하통은 자가 중어仲御이고, 회계 영흥 사람이다. 어려서 부친을 잃어 가난했으며, 효성으로 모친을 봉양해 알려졌고, 형제간에 화목했다. 나무를 채벌採伐하며 생계를 유지했는데, 새벽에 나가 한밤에 돌아왔다. 간혹 바닷가에서 조개와 게를 잡아 와 식솔을 봉양했다. 또 담론을 잘했다. 친척이 그에게 벼슬할 것을 권하며 "그대는 청렴하고 질박하고 곧은 사람이니 군에서 중요한 일을 할 수 있소. 부에서 신분이 높은 분을 접하면 분명히 더 귀하게 될 것이오. 어찌하여 산속에서 고생하고 바닷가에서 인생을 마치려 합니까?"라고 했다. 하통이 노하여 정색하며 말했다.

"그대들은 나를 그렇게 보고 있는가? 나를 태평성대에 놓아두면 응당 고신씨高辛氏의 현인들과 출처에 대해 논의했을 것이고, 혼탁한 시대를 만나면 굴원처럼 더러운 진흙 속으로 몸을 던졌을 것이다. 만약 그 중간의 시대라면 장저長沮와 걸익桀溺처럼 땅을 일구었을 것이니, 어찌 군부에서 스스로를 욕보이고 뜻을 꺾겠는가? 그대들의 말을 들으니 나도 모르게 털이 곤두서고 땀이 사방에서 흐르며, 얼굴이 붉어지고 마음은 탄처럼 뜨겁네. 혀는 말리고 입은 열리며 두 귀가 먹먹하네."

말한 사람이 크게 부끄러워했다. 하통은 이때부터 친척들과 만나지 않았다.(『진서』 「은일전」)

하통의 반응은 사실 교만했다고 할 수 있다. 하지만 그는 "군부에서 스스로를 욕보이고 뜻을 꺾고" 싶지 않았다. 이는 당시 자존심 강한 한소 사인들이 주군의 관직에서 벼슬길을 시작하고 싶어하지 않는 보편적 심리를 반영하고 있다. 도연명이 주좨주를 하고 싶어하지 않고, 세 번이나 주부의 임명을 사양했던 데는 틀림없이 이런 이유도 있었을 것이다.

도연명은 주좨주에 임명되었다가 비록 금방 돌아오긴 했지만, 그래도 시 「권농」을 남겼다.[10] 진나라에는 군국과 현에서 농번기에 관리를 농촌으로 파견해 농사를 권면勸勉하는 제도가 있었다. 서진 문학가 속석束晳은 「권농부勸農賦」를 지었는데, 주와 현의 관리가 백성을 다스린 일 중에서도 권농은 상당히 미담 사례라고 했다. 소신신召信臣 같은 고대의 현명한 관리는 권농에 대한 좋은 일화를 남기기도 했다. 도연명은 당시 나이도 왕성할 때였고, 직무에 큰 흥미는 없었지만 권농 업무에 대해서는 상당히 열심이었다. 그는 농경을 직접 해본 경험도 있었고 근래에 창작의 열정도 높았기 때문에, 권농이라는 제재를 만나자마자 글로 쓰고 싶은 흥취를 억누르지 못했다. 이 일은 관방문고官方文告의 성격을 띠고 있기 때문에 그는 비교적 정중한 4언을 사용했고, 『시경』의 많은 농사시에서 전고를 취해 생동적이고 전아한 한 편의 시, 「권농」을 써냈다.

도연명의 이 시는 농가 학설의 전범이라 할 만하다. 그는 우선 농업의 기원을 탐색하고 고대 농업의 시조라고 불리는 후직을 찾아냈다. 그는 아득한 상고 시대에 백성이 무지하면서도 자족하며 살고 있었다고 말한다. 이때 농업은 아직 생겨나지 않았다. 나중에 백성의 지혜가 열린 후에 민생의 문제가 생겼다. 순박하던 민풍은 날로 변했고, 지혜 있는 자가 무지한 자를 능멸하고 약탈과 사기가 횡행했다. 이때 농업이 적시에 출현해 백성을 풍족하게 살 수 있게 했을 뿐 아니라, 근면한 농경 노동, 자력으로 자급자족하는 도덕관념까지 형성하게 되었다. 여기서 우리는 농업에 대한 도연명의 이해가 물질적인 면을 넘어 정신적인 면까지 포함하고 있음을 알 수 있다. 중국은 농업으로 세워진 나라다. 고대 중국의 걸출한 정치가 중에는 농업을 중시하지 않은 사람이 없다. 도연명은 『상서尙書』 「홍범洪範」에서 '여덟 가지 다스림(팔정)' 중 첫 번째는 '식食'이라고 말한 것을 생각했다. '식'은 농업에서 왔다. 그래서 농정農政은 팔정의 첫 번째가 된다. 그는 『시경』의 농사와 관계된 시들, 예를 들면 '빈풍豳風' 「칠월七月」, '주송周頌'의 「풍년豐年」 「재삼載芟」 「양사良耜」 등과 같은 작품을 자연스럽게 떠올렸다. 한 폭의 고대 순박한 농경도가 그의 붓끝에서 활짝 펼쳐졌다.

아득한 옛날	悠悠上古
최초의 백성이 있었지.	厥初生民
편안히 자급자족하며	傲然自足
순박함과 진실함을 지켰으나	抱樸含眞
꾀와 교활함이 생겨나자	智巧旣萌
물자 공급이 어려워졌다네.	資待靡因
누가 백성을 풍요롭게 해줄까?	誰其贍之
실로 철인에게 의존할 뿐이네.	實賴哲人
철인은 어떤 이인가?	哲人伊何
바로 후직이라네.	時惟後稷
백성을 풍요롭게 해준 것은	贍之伊何
실로 파종과 재배였지.	實曰播植
순임금도 몸소 밭을 갈았고	舜旣躬耕
우임금도 경작을 했네.	禹亦稼穡
멀리 주나라의 법전에도	遠若周典
팔정의 시작은 양식이라 했다네.	八政始食

따뜻한 은덕이　熙熙令音
들판에 가득 차　猗猗原陸
초목은 무성하게 자라고　卉木繁榮
부드러운 바람 맑게 퍼지네.　和風清穆
수많은 남녀는　紛紛士女
때를 놓치지 않고 바쁘게 힘쓴다.　趨時競逐
누에 치는 아낙은 한밤에 일어나고　桑婦宵興
농부는 들에서 잠을 잔다네.　農夫野宿

(「권농」)

이런 고대의 순박한 미풍양속은 감동적이다. 그러나 지금은 세상의 풍조가 진흙탕처럼 혼탁하고 우려스럽다. 지금이야말로 정말 권농을 해야 할 때다. 도연명은 마음이 무거워졌고, 어조도 간절해졌다.

계절은 바뀌며 지나가고　氣節易過
따뜻함은 오래 머물지 않는다.　和澤難久
기결은 아내와 밭을 갈고　冀缺攜儷
장저와 걸익은 함께 땅을 일궜다네.　沮溺結耦
저 지혜롭고 뛰어난 이들도　相彼賢達
농토에서 힘껏 일했다네.　猶勤壟畝
하물며 평범한 중생이　矧伊眾庶
소매를 끌고 뒷짐만 지랴.　曳裾拱手
인생은 부지런함에 달렸으니　民生在勤
부지런하면 궁핍하지 않으리라.　勤則不匱
안락함을 즐기고 편안함만 누리면　宴安佔逸
겨울에 무엇을 바라랴.　歲暮奚冀

곡식을 모아두지 않는다면 擔石不儲
주림과 추위가 함께 오리라. 飢寒交至
주위 부지런한 이를 둘러보면 顧余儔列
부끄럽지 않을 수 있으랴. 能不懷愧
(「권농」)

도연명은 향리를 돌아다니며 무슨 일이든 해야 했던 관원의 일보다 권농의 직무를 더 깊이 생각했다. 그는 풍속의 문제를 생각했다. 양진 사회는 귀족 계층을 형성한 데다 현학의 공허한 풍조가 유행하면서, 실무를 경시하고 허무와 무념을 숭상하는 풍조가 사인들뿐 아니라 보통 서민들에게도 큰 영향을 주었다. 농민 중에서 부유한 사람들은 귀족의 풍습을 따라 배웠기 때문에 농사일에 지장을 주거나 심지어 아주 농사를 못 하기도 했다. 도연명은 이에 대해 매우 애통한 감정을 느꼈다. 농민들이여, 절대로 귀족의 풍습을 따라 배우지 말고, 절대로 자신들의 생업에 소홀하거나 지장을 주지 마시오. 도연명은 진정한 농경도 진정한 배고픔도 경험했기 때문에 이런 절실함을 느꼈던 것이다.

마지막으로 그는 또 이런 생각을 했다. 번수가 농사일을 묻자 공자가 그를 소인이라고 비웃었던 일, 동중서가 학문에 빠져 3년이나 전원을 밟지 않았던 일 등을 거론하며 농사가 중요하지 않다고 반박할 수도 있다고. 게다가 향촌의 서민들 중에는 배운 사람들도 있어서 그들이 잠시 농경 노동을 하지 않는 데는 나름의 이유가 있었다.

공자는 도덕에 심취해
번수를 소인이라 여겼네.
동중서는 음악과 책을 좋아해
삼 년 동안 전원을 밟지 않았지.

만약 이처럼 세속에 초연할 수 있다면
높은 곳에 내 자취를 두어야 하리.
감히 옷깃을 여미어
그 덕을 공경하고 찬미하지 않겠는가?(「권농」)

도연명은 항상 이렇다. 모든 일에 대해 그는 극단을 추구하지 않는다. 그는 서민 계층에 가까운 지식인이기 때문에 지식인을 일반 서민들과는 구분해 대했다.

도연명이 주쾌주가 되었다가 금방 돌아왔던 일은 이 권농시의 창작과도 틀림없이 관계가 있을 것이다. 그는 농경 노동에 대해 이미 자신만의 철학을 형성하고 있었다. 이는 서민들의 농경을 경시하는 당시의 허황한 풍조 속에서 그가 독자적으로 농경에 대한 진정한 사상 기초를 세웠음을 말한다.

만약 원한다면 이 「권농」을 「도화원기桃花源記」「귀전원거歸田園居」 5수, 「계묘세시춘회고전사」 등의 시와 연관 지어 읽어봐도 좋을 것이다. 도연명이 이 권농시를 지은 것은 결코 우연이 아니다. 유가에서 비록 농업을 중시하긴 했지만 농업과 사회 풍속과 도덕의 관계에 대해 도연명만큼 이렇게 심도 있게 사고한 사람은 없다. 여기서 우리는 알 수 있다. 도연명은 자신의 신념에 투철한 사람이기도 하지만, 깊은 사고에도 능한 사람이라는 것을.

10장

환현의 막부로 출사하다

주쇄주를 그만둔 다음 해, 도연명이 서른 살일 때 아내가 세상을 떠났다. 「원시초조시방주부등치중」에서는 "스물에 세상의 험난함을 만나고, 서른엔 아내를 잃었네"라고 적었다.[11] 그렇지 않아도 곤궁한 생활이었는데, 그야말로 설상가상인 격이었다. 1~2년 후 두 번째 부인 적씨翟氏를 맞았다. 이 부인도 남들 모르게 덕을 베푸는 성격이라 남편의 뜻을 도울 수 있는 사람이었다. 그녀는 아마도 시상柴桑에 숨어 사는 사족 적탕翟湯의 집안사람인 듯하다.[12] 그들은 "남편은 앞에서 밭을 갈고, 아내는 뒤에서 김을 매는夫耕於前, 妻鋤於後" 생활을 했으며, 보통 농가와 다를 바 없었다. 도연명은 중년에 접어들면서 술에 흥미를 갖기 시작했다. 고단한 노동을 마친 후, 저녁이면 아내가 데워주는 술 한 병에 마당의 채소를 아무렇게나 뜯어 술안주 삼아 즐거운 마음으로 술을 마셨다. 취기가 오르면 생활은 다시 옛날의 평온함으로 복귀한 듯 느껴졌다. 이렇게 살아가며 부부가 해로하다 천수를 누리고 세상을 떠나면 그걸로 된 것 아닌가 하고 도연명은 생각하기도 했다. 그래서 주부에서 세 차례나 명을 내려 주의 주부관을 맡기려고 불렀을 때도 그는 사양하고 가지 않았다. 그렇게 몇 차례나 부름에 응하지 않은 일 때문에 '오류선생'이라는 그의 명성은 더욱 널리 드러났다.

조정의 정치는 이때가 상당히 중요한 전환점이었다. 동진 정치는 문벌 사족의 중심인물이 움직이는 정치였다. 당시 등장했던 정치의 중심인물로는 처음에 왕도, 유량 등이 있었고, 나중에 환온, 사안 등이 있었다. 그들은 내부적으로 권력을 잡고 정치의 중심축에 위치했으며, 외부적으로는 병권을 잡고 조정의 집권을 견제했다. 안팎으로 서로 견제하며 각 계파와 집단 간에 세력의 균형을 이루는 것이 동진 문벌 정치가 기본적으로 유지되는 방식이었다. 여기서 정치적 중심인물은 매우 중요한 역할을 한다. 그들은 반드시 매우 높은 정치적 명망이 있어야 하고, 전 계층의 사람들에게 강한 인격적 호소력도 갖추어야 한다. 예를 들면, 사안은 동산에 은거하고 있을 때 정치에 대해 별 계획이 없었는데, 민심이 그에게 쏠리며 사람들은 그를 백성을 구제할 수 있는 인물이라고 이미 기대하고 있었다. 여론은 "사안이 나오지 않는다면 백성은 어찌하랴"라고 호소하고 있었다.

도연명이 어렸을 때, 환온은 국면을 결정지을 수 있는 군사 분야의 중심인물이었다. 진 효무제(사마요司馬曜) 영강寧康 원년에 도연명은 아홉 살이었고, 환온이 죽으면서 전 조정과 사족 계층은 환온의 위협으로부터 벗어났다. 이후의 정치는 각 세력이 비교적 균형을 이루는 국면이었는데, 환온의 잔여 세력과 사안, 왕탄지 등 명사 정치 세력 사이에는 서로 긴장감이 도는 상태였다. 그러나 사안의 군사력이 강화되면서, 특히 태원太元 8년(383) '비수淝水 전쟁' 이후 사씨 가문의 정치권력은 정점에 달했다. 그리고 환씨 가문은 환활桓豁, 환충桓沖이 뒤이어 세상을 떠나면서 힘이 쇠약해졌다. 조정에서 생겨난 새로운 정치적 갈등은 사안과 사마도자司馬道子 사이의 갈등이었다. 비수 전쟁이 끝나고 3

년이 되던 해, 사안이 사망하고 사씨 가문도 급속하게 정치의 중심축에서 물러나고 있었다. 시인 사영운의 말에 따르면, 그의 조부이자 비수 전쟁의 공신 사현謝玄은 숙부 사안이 사망한 후 얼마 지나지 않아 고향으로 내려와 장원을 운영했다고 한다. 조정엔 사마도자의 권력이 날로 커지고 있었는데, 사영운의 표현을 빌리자면 "소인이 득세해 군자의 도가 쇠락하는" 상황이었다.[13] 도연명이 젊었을 때 출사에 대해 미온적인 태도를 가졌던 것은 아마도 당시 정국의 침체된 상황과도 관계가 있을 것이다. 태원 21년 도연명이 32세 때, 효무제 사마요가 죽었다. 태자 사마덕종司馬德宗이 즉위하고 사도, 회계왕 사마도자가 태부太傅가 되어 섭정했다. 사마도자의 측근이자 평소 무능하고 저열한 인격으로 소문난 문벌 인물 왕국보王國寶와 왕서王緖 등은 사족 사이에서도 평판이 매우 나빴는데, 이들이 정국을 주도하는 실력자가 되면서 조정의 정치는 칠흑같이 어두운 형국이 되었다. 안제 융안隆安 원년, 당시에 명망이 높던 명사들의 영수 왕공은 연주자사에 있을 때 예주자사 유해庾楷와 연합해 왕국보, 왕서를 토벌한다는 명분으로 거병했다. 사마도자의 섭정을 막으려는 의도였다. 사마도자는 형세가 불리하자 먼저 왕국보, 왕서를 죽여 왕공의 요구를 만족시켰고, 이에 명분이 없어진 왕공도 물러났다.

그러나 심각한 위협을 느낀 사마도자는 초왕譙王 사마상지司馬尙之의 건의를 받아들여 내외에 자신의 심복을 심었고, 예주자사 유해의 세력을 약화하려고 유해가 다스리던 예주를 네 개의 군으로 나누어 자신의 심복 왕유王愉에게 주고 그를 강주자사로 삼았다. 유해, 왕공, 은중감殷仲堪, 환현, 양전기楊佺期 등 남방 일대의 군벌은 연합해 반대를 표했다. 왜냐하면 사마도자의 이번 조치는 지방 세력을 점차 약화하고 자신의 중앙집권을 강화하는 출발점이었기 때문이다. 연합한 군벌은 왕공을 맹주로 뽑았으며, 사마도자를 토벌할 것을 결의했다. 이 거사에서 왕공은 사마원현司馬元顯에게 회유된 유뇌지의 배신으로 피살당했고, 유해도 정부군에 의해 격파당했다. 오직 환현만 조정의 군대를 물리치고 이번 거사의 진정한 승리자가 되었다. 사마도자 세력은 환현을 감히 어쩌지 못하고 그를 강주자사로, 양전기는 옹주자사, 은중감은 광주자사로 임명했다. 하지만 이들은 임명을 받아들이지 않고 환현을 맹주로 추대하고 심양을 근거지로 삼아 사마도자를 압박하며, 왕공을 배반한 유뇌지와 지방 세력 축소를 건의한 사마상지를 주살해야 한다고 요구했다. 사마도자가 어쩔 수 없이 은중감을 형주자사로 복직시키고 환현에게 형주의 4군을 관리하게 하자 환현 세력이 돌아갔다. 이제 환현은 사마도자에 대적할 수 있는 세력으로 성장한 것이다.

환현 세력이 급속도로 성장하고 심양 일대가 정치적 주목을 받던 이때, 오랫동안 농경 생활을 하며 은거하던 도연명이 관직으로 나와 환현의 막료가 되었다. 이때 그의 나이는 34세였다.[14] 일반적인 상황에서 도연명이 환현의 막부에 들어갔다면, 그것은 당연히 환현의 초빙에 의한 것일 것이다. 환현은 환온의 서자로 태어났지만 환온에게 가장 총애받았고, 결국 작위를 물려받았다. 환온이 죽은 후 조정에서 그가 만년에 역모의 의도가 있었다는 이유로 환현 형제들을 억압하자, 환현은 조정에 표表(황제에게 올리는 글)를 올려 진상을 밝혀달라고 요구하기도 했다. 이때 환현은 왕공, 은중감 등의 세력을 빌려 공개적으로 사마도자에게 대항해 실력 있는 새로운 세력으로 등장했다. 이런 모험을 통해 환현은 사마도자 무리의 무능함과 각 사족 정치 세력 간의 모순을 충분히 확인했다. 오랫동안 억누르고 있던 야심이 꿈틀거리기 시작한 환현은 아버지 환온이 못다 이룬 꿈을 잇고자 했다. 그는 아버지의 방식을 이어 사방에서 명망 있는 인재들을 불러모았다.

이 무렵 도연명은 관직 요청에 응하지 않아 명성이 더욱 높아졌고, 심양 일대에서 유명한 청년 은사가 되어 있었다. 그가 젊은 시절에 쓴 작품들도 이 무렵 점차 알려지기 시작했다.

통치자들은 인재를 모으는 방면에 경쟁 심리가 있다. 왕응지는 왕희지의 아들로, 문벌 사족 출신이며 본인 역시 명사였는데도 도연명은 그의 밑으로 들어가지 않았다. 그런데 지금 환현이 도연명을 영입한다면 이는 환현에게 자신의 정치적 명성을 과시할 수 있는 일이 된다. 게다가 환현도 문학에 어느 정도 애호가 있어서 줄곧 도연명을 염두에 두고 있었으니, 야심만만한 환현이 도연명을 자신의 막부로 데려오지 않을 이유가 있었겠는가?

도연명이 환현과 유유의 막부로 출사했던 당시의 진실한 심경은 우리가 마음대로 추측하기 어렵다. 세상 사람들이 이 일에 대해 의문을 제기할 때 송나라 사람 섭몽득葉夢得이 반박한 일이 있는데, 그는 "생명을 손상하지 않았다不傷生"라는 관점으로 도연명의 출사를 해석했다. 이 내용은 오인걸吳仁傑의 연보에서 인용했다.

상서좌승尙書左丞 섭몽득이 말했다.
"도연명은 융안 경자庚子년에 도읍에서 돌아오고, 다음 해 휴가를 마치고 강릉(형주의 중심 도시)으로 왔다. 형주자사는 융안 3년 환현이 은중감을 습격해 살해한 후 그 직위를 대신했으며, 황제위를 찬탈한 후에는 맡지 않았다. 도연명이 간 것은 융안 5년이니, 어찌하여 더 일찍 환현에게 가서 섬기지 않았을까? 『진서』 「도연명전」에는 '진군참군이 되었다'라고 전한다. 생각건대, 유유가 대형大亨 3년에 환현을 쫓아내고 나서 진군장군을 했는데, 어찌하여 더 일찍 유유를 섬기지 않았을까? 도연명이 환현, 유유 두 사람을 모두 섬겼던 것에 대해 세상에서는 의혹을 갖고 있는데, 이는 도연명을 깊이 아는 것이 아니다. 실제로 환현과 유유를 위해 일했는지 여부는 따지지 않으면서 도연명이 융안 이전에 천하에 큰 변고가 없을 때는 벼슬을 하지 않고 경자년에서 을사년까지 군신이 뒤바뀌고 인륜의 도가 뒤집어질 때는 벼슬을 했다 하는가? 심양 상류는 무력이 횡행했던 곳이고, 환현과 유유가 교전을 벌이며 드나들던 곳이다. 도연명은 절개를 보전하고 생명을 손상하지 않으면 족하다고 생각했기 때문에 섬기라고 하면 섬겨 경솔하게 칼끝을 범하지 않았고, 돌아가도록 내버려두면 돌아가 끝내 자신을 굽히지 않을 수 있었던 것이다. 어찌 절개를 가진 사인이 구차하게 그 틈을 엿보았겠는가?"(오인걸, 『도연명 연보陶淵明年譜』 「도정절선생 연보陶靖節先生年譜」)

이 글은 도연명이 환현, 유유를 섬긴 것이 두 효웅을 정면으로 거슬렀다가 해를 입는 일을 피하기 위해서였다고 말한다. 이런 해석은 어느 정도 일리가 있다. 도연명은 29세 때 주좨주를 사직하면서 전원에서 평생을 보낼 생각이었다. 그가 「음주」 제19수에서 "의연하게 나의 본분을 다하고자 마지막엔 전원으로 돌아왔네"라고 한 것은 주좨주를 사직할 때의 생각이다. 그래서 몇 년 동안 "남편은 앞에서 밭을 갈고, 아내는 뒤에서 김을 매는" 생활을 했고, 주부에서 다시 주부관으로 임명한 것에도 응하지 않았다. 이는 그가 어느 정도 결심한 것이라 할 수 있다.

그러나 이때 환현이 강릉에서 막부를 세우고 자신이 맹주가 되어 도연명을 초빙한 것은 주부에서 그를 임명한 것과 성격이 다르다. 당시 도연명은 비록 향리에서 어느 정도 이름이 알려지긴 했지만, 효웅들에 대항할 만한 대은사나 대명사는 아니었다. 게다가 환현 등은 꽤 흉포한 인물들이라, 예를 갖춰 도연명을 초빙하긴 했지만 도연명이 거절하기 어려웠다. 게다가 모친은 늙고 자식은 어리기 때문에 정말 깊은 산속으로 도망가 생활할 수도 없었다.

또 다른 측면에서 보자면, 이때는 환현이 반역의 생각을 드러내기 전이었기 때문에 당시 일반적인 사인들이 그에 대해 정확하게 판단하기 어려웠다. 그는 오랫동안 억압받았기 때문에 사람들의 동정을 받고 있었고, 이때 왕공, 은중감 등 명망 있는 사람들과 연대해 기병했기에 비록 조정에 모반하려는 혐의가 있긴 했지만, 당시 소성은 사마도자, 사마원현 부자의 통치하에 있고 어리고 우매한 안제는 그저 명목상 천자라는 것을 누구나 알고 있었다. 사마도자 부자는 섭정하며 전권을 휘둘렀고, 지방 세력을 약화해 모든 문벌 사족에게 위협적인 존재였다. 동진은 황제의 권력이 대단히 약한 시대였다. 환현이 왕국보, 왕서 일당의 등용을 반대하면서 황제의 처남 왕공의 처지를 대변해주고 유뇌지와 사마상지 등을 엄하게 처벌하라고 요구할 때, 이 일이 연쇄적으로 황제에게까지 해를 끼칠 것이라고는 아무도 진지하게 생각하지 않았다. 위진 시기 이래로 전란도 많았고 황위 찬탈도 많았기 때문에 어떤 것이 참이고 어떤 것이 거짓인지, 무수한 일들을 내부의 사람들도 자세하게 알 수 없었다. 환현이 훗날 황위를 찬탈하리라고 이때의 도연명이 어떻게 알았겠는가? 그는 향리에서 몸소 농사를 지으며 책을 읽던 사람으로 전장의 무인들과는 그다지 교제가 없었기 때문에 환현의 사람됨을 쉽게 알아볼 수 없었다.

게다가 환현이 당시 거사에서 보여준 능력은 사람들을 깜짝 놀라게 할 정도였다. 환현은 평소의 명망이 그리 고상하지 않았지만, 그래도 환씨 대사마大司馬의 아들로서 영웅의 기재奇才를 갖고 있었다. 사족의 소양이 점차 저급해지는 상황이라 사안 같은 인물은 찾기가 쉽지 않았고, 환현만이 혼란한 국면을 바로잡을 가능성이 가장 높았다. 당시의 황실로서는 도박하는 것과 마찬가지 상황이었다. 누구에게 의존한다고 해도 확실하게 안전을 보장받지 못했다. 조금 더 분명하게 말하자면, 도연명의 입장에서는 어쩔 수 없이 벼슬길에 나서면서도 행운을 기대하는 심리가 있었다. 소년 시절의 의협심과 구세제민의 포부를 완전히 포기하지도 않았거니와, 결국 이런 기회로 출사할 수밖에 없었기 때문이다. 세상이 혼란해지자 세상에 나아가고, 혼란이 극에 달하자 물러났다. 이것이 도연명의 개성과 절개에 부합하는 것이었다.

마지막으로 더 설명할 내용은 도연명과 환현의 교유 관계다. 맹가가 환온의 막부에서 환온의 중시를 받은 일을 도연명은 「진고정서대장군장사맹부군전」에서 상당히 자랑스럽게 서술했다. 환온이 죽은 후, 조정에서는 그가 만년에 반역의 뜻이 있었을 것이라 생각했지만, 실제로는 사건이 발생하지 않았고, 도연명은 그 일을 잘 알지 못했다. 증조부 도간도 군사적 권한을 쥐고 있었기 때문에 시기를 당한 게 아니었던가? 그래서 환온 만년의 문제는 도연명에게 그리 큰 영향을 주지 않았을 것이다. 두 가문의 계층을 비교하자면, 도연명과 환씨 가문의 계층 차이는 왕씨나 사씨 가문과의 차이보다 훨씬 더 작다. 또 도연명이 왕응지의 초빙을 누차 거절한 것도 왕응지 가문의 파벌에 대한 도연명의 반감이 작용했을 수 있다. 여기엔 각 가문 간의 모순도 있었을 것이다.[15]

위에서 서술한 여러 상황을 고려해볼 때, 도연명이 출사해 환현을 섬긴 것은 상당히 자연스러운 일이다. 비록 그가 자신을 위해 계속 농경 노동을 하지 못하고 전원에서 늙어 죽겠다고 한 초심을 지키지 못한 것은 안타깝지만, 이 역시 완전히 피동적인 상황은 아니었다. 또 환현이 도연명을 요청한 방식도 예절 면에서 왕응지에 비해 훨씬 더 격식을 갖추었을 것이다. 왕응지가 도연명을 초빙하려 한 것은 그저 도연명을 주군의 인재 한 사람으로 대우한 것인데, 환현은 아마도 패왕覇王이 천하의 어진 은사를 초빙하는 의식을 거행했을 것이다. 안연지의 「도징사뢰」에서는 "패왕의 허례, 주까지 풍습이 퍼졌네"라고 적었는데, 여기서 '패왕'은 환현을 말한다. 도연명이 환현을 섬겼던 일을 세상 사람들은 대부분 유감스러운 일이라고 여긴다. 그래서 『송서』에서도 도연명의 관직 경력을 서술하면서 그가 유유의 진군참군, 유경선劉敬宣(유뇌지의 아들)의 건위참군建威參軍을 했다고만 적고 환현을 위해 일했던 경력은 쓰지 않았다. 다만 뒷부분에 "젊은 시절 말단관리를 했는데, 거취의 족적이 깨끗하지 못했다" 구절로 대체했을 뿐이다. 안연지는 도연명과 좋은 친구 관계였기 때문에 "패왕의 허례, 주까지 풍습이 퍼졌네"라는 말로 도연명이 환현을 섬긴 일을 해석했다. 친구를 위한 일종의 변호의 방식이라 할 수 있다.

그러나 벼슬길에 나서는 그 순간부터 도연명의 마음은 모순으로 가득 찼다. 난세의 형국이 막 시작될 때 출사하면서 도연명은 나라를 위한 일도 할 만하다고 생각했고, 환현에 대해서도 어느 정도는 환상을 품고 있었다. 그랬기 때문에 그는 개인의 평온한 생활을 포기했고 "덕업을 높이고 닦는 것은 때에 맞게 쓰이려는 것이다"라는 교훈으로 스스로를 격려했지만, 마음속으로는 언제나 전원으로 돌아갈 생각을 하고 있었다. 다만 그때가 언제인지를 몰랐을 뿐이다.

도연명이 환현의 막부로 들어간 구체적인 상황이 어떠했고 그의 감상이 어땠는지는 아무런 기록이 없어 알 수 없다. 환현은 문학을 좋아했고, 그의 심복 은중문도 문학에는 상당한 자부심을 갖고 있었다. 그러나 도연명의 평소 성격은 글로 윗사람을 섬기거나 중대한 소재를 글로 쓰는 성향이 아니었다. 그저 폐부에서 진한 감정이 흘러나올 때 글을 쓸 뿐이었다. 친구들 간의 증답도 진정한 감정을 느끼거나 흥과 감개가 생겼을 때 적었다. 그래서 그는 환현, 유유, 유경선 등의 막부에서 그들을 섬기면서도 글로 그들의 덕을 칭송하거나 예찬하지 않았다.

또 도연명은 사람됨이 충후忠厚하고 어질며, 시풍에 고원한 흥취가 담겨 있어 글에 세사에 대한 원망이나 시비를 노골적으로 담지 않았다. 이는 그가 시인으로서 시비를 분별할 줄 모르기 때문도 아니고,

세상에 대한 견해가 없어서도 아니다. 도연명 문학의 중요한 연원은 완적, 혜강嵇康이고, 그는 혜강의 세상에 대한 풍자와 현실 비판의 정신을 진지하게 받아들였다. 하지만 도연명처럼 후덕한 성품의 시인이 만사가 모두 잘못된 사회를 대하며 사람과 일 하나하나를 겨냥해 화살을 날리는 것이 무슨 의미가 있겠는가? 눈앞의 모든 것은 그에게 슬픔과 애처로움을 남길 뿐이었다. 그도 현실을 폭로하고 비판하고 싶은 순간이 많았지만, 곧 모든 것이 부질없다고 느꼈다. 그는 현실에 대한 자신의 부적응과 회고의 정서, 전원에 대한 감상을 섞어 더욱 진하게 숙성시켰다. 그래서 몇 번의 벼슬살이에도 불구하고 그는 관직 생활에 대한 어떠한 기록도 남기지 않았다. 그가 일부러 언행을 신중하게 했던 것도 아니고 부정적인 말을 하지 않으려 했던 것도 아니다. 의도적으로 마음을 함축하거나 감추려고 했던 것도 아니었다.

상식적으로 생각하자면, 도연명의 이런 성격과 환현의 야심은 조금도 어우러질 가능성이 없었다. 환현은 그저 깨끗한 명망을 가진 사인을 자신의 막부에 두고 싶었을 뿐이다. 일반적인 예절에 비추어 봤을 때, 양쪽 모두 적당한 상황이었다. 도연명은 자신의 외조부가 환현의 부친 환온의 막부에 있을 때 "안색이 온화하고 단정했다色和而正"라고 했는데, 이 말 속에는 자신의 체험도 담겨 있다. 절박하게 매달리거나 아부하지 않았으며, 굴원이 초 회왕懷王에게 했던 것처럼 그렇게 강한 충성심으로 더러움과 타협하지 않는 태도를 취하지도 않았다.

그러나 도연명이 출사해 환현을 섬긴 일은 그의 일생의 경력에 영향을 미쳤다. 환현의 역모가 실패로 돌아간 후, 도연명은 비록 직접 연루되지는 않았지만 좋지 않은 여론의 영향을 받았다. 그가 나중에 유유를 섬겼던 것도 틀림없이 환현과 유사한 방법을 유유가 사용했기 때문일 것이다. 당시의 정황으로 볼 때, 도연명이 이때 유유의 막료 직책을 원했는지 아닌지는 차치하고, 그가 환현의 막부에 몸담았던 경력이 있었기 때문에 유유 측의 제의를 쉽게 거절할 수는 없었다. 몇 번에 걸친 도연명의 출사는 모두 어쩔 수 없는 상황에서 피동적으로 이끌린 것임을 알 수 있다.

11장

벼슬길에서의 상념

진 안제 융안 4년(400)은 경자년이었고, 도연명의 나이 36세가 되는 해였다. 5월에 환현의 막부에서 명을 받아 도성으로 사신을 갔던 시인은 강릉으로 돌아온 후 잠시 휴가를 얻어 설레는 마음으로 고향집에 다녀온다.

집으로 가는 시인의 마음은 기쁨으로 가득했다. 2년에 가까운 벼슬살이를 되돌아보니, 자신이 항상 피동적으로 어딘가에 끌려다닌 것 같았다. 허위로 가득하고 추악하며 서로 속고 속이는 이 세계의 내막은 이미 충분히 봤다. 후덕한 인품이라 세태에 대해 비판이나 비난을 거의 하지 않았던 그였지만, 말할 수 없는 슬픔을 자주 느꼈고, 오직 전원에 대한 그리움으로만 자신을 위로할 뿐이었다. '돌아가겠다歸去來兮'는 마음이 끊임없이 떠올랐다. 심지어 처음 벼슬을 한 그때부터 몇 년 동안 줄곧 모순과 선택의 심경으로 보냈다. 비록 돌아가 은거하겠다는 결심을 확정한 것은 아니었지만, 이번 고향집 방문은 최소한 그 세계에서 잠시 벗어날 수 있는 기회였다.

건강建康(지금의 난징南京)에서 출발한 후, 시인은 날마다 집에 도착할 날짜를 셌다. 곧 어머니의 곁으로 돌아갈 수 있고 형제들과 만나 즐거움을 나눌 수 있다고 생각하니 평온했던 마음도 참을 수 없이 뛰기 시작했다. 평소 차분한 그였지만, 지금은 배가 느리다고 끊임없이 재촉한다. 아침 일찍 출발해 저녁 늦게 배를 대는데, 해가 서산에 떨어진 후일 때도 많았다. 아스라이 노을빛이 뱃머리를 따라오기도 했다. 당시의 여정이 그리 좋았던 것은 아니다. 도적이 무시로 출몰하기도 했고, 구불구불한 물길에 때로는 암초가 숨어 있기도 했다. 하지만 도연명은 모든 것에 개의치 않았다. 오로지 고향과 가족을 보고 싶은 마음뿐이었다.

보고 싶다고 해서 금방 고향에 닿을 수 있는 것은 아니었다. 하늘이 갑자기 어두워지고 풍랑이 거세지면 어쩔 수 없이 규림規林에 배를 대고 궁벽한 마을에서 기다릴 수밖에 없었다. 시인의 심경은 날씨와 같이 어둡고 불안했다. 나룻배의 줄을 나무에 묶어놓고 기다리는 마음은 "버들가지 흩날리는 물가, 새벽바람 불고 잔월 비치네楊柳岸, 曉風殘月" 같은 감상이나 낭만이 아니었다. 방향을 잃어버린 채 길 위에 선 막막함과 두려움이었다. 큰 파도가 끊임없이 밀려와 물가 언덕의 진흙이 날리면 시인은 의식적으로 젖은 진흙의 냄새를 깊이 마시며 물가 언덕이 물결에 부딪혀 반짝이며 윤기 있게 빛나는 모습을 응시하기도 했다. 마치 농가에 새로 바른 진흙 담장을 바라보듯이. 이런 상상을 하면서 시인은 마음에 다소 여유가 생겨 저 끝없는 호숫가에 무성한 숲을 이룬 여름 나무를 감상했다. 2년간 자신을 짓누르던 막부 생활의 중압감이 조금씩 가볍게 느껴지면서 힘겹던 기억들도 마치 꿈속처럼 어렴풋하게 멀리멀리 떠나갔다.

오랫동안 잊었던 시흥詩興도 피어올라, 옛 시에서 고된 나그네 신세를 한탄하던 구절들이 머릿속에 떠올랐다. 도연명은 선실로 돌아가 작은 탁자에 엎드려 「경자세오월중종도환조풍어규림」 2수를 썼다.

돌아가는 길 걷고 걷다가	行行循歸路
고향집 바라보며 날짜를 세어보네.	計日望舊居
어머니 모시려니 가장 즐겁고	一欣侍溫顔
형제와 친구들 만나려니 또한 기쁘네.	再喜見友于
굽이굽이 물길 따라 노 저으니	鼓棹路崎曲
어느덧 해는 서산에 지네.	指景限西隅
강산이 어찌 험하지 않으랴만	江山豈不險
돌아가는 이는 앞길만 염려하네.	歸子念前塗
거세게 휘도는 바람에 내 기대는 어긋나	凱風負我心
노를 거두고 낯선 물가에서 기다렸지.	戢枻守窮湖
높은 숲은 끝없이 아득하고	高莽眇無界
여름이라 나무는 무성하게 자랐구나.	夏木獨森疏
떠도는 배, 고향이 멀다고 누가 말했는가?	誰言客舟遠
백 리 남짓 가까워졌네.	近瞻百里餘
아득히 여산이 보이나니	延目識南嶺
어느 길로 갈까 공연히 탄식하네.	空歎將焉如

예부터 떠돌이 신세 한탄했건만	自古歎行役
나는 이제야 비로소 알게 되었네.	我今始知之
산천은 얼마나 광활한가?	山川一何曠
풍랑은 예측하기도 어려워라.	巽坎難與期
높은 파도는 하늘 무너지듯 울어대고	崩浪聒天響
큰 바람은 쉬지 않고 불어댄다.	長風無息時
오랜 여정에 지쳐 고향 그리나니	久遊戀所生

어찌하여 이곳에 떨어져 있는가? 如何淹在茲
숲의 아름다움을 조용히 생각하니 靜念園林好
속세는 실로 벗어나고 싶어라. 人間良可辭
젊은 시절 그 얼마나 되랴. 當年詎有幾
마음을 따르리니 무엇을 의심하랴. 縱心復何疑
(「경자세오월중종도환조풍어규림」)

제1수는 고향집에 돌아가고 싶은 간절한 마음과 풍랑을 만나 규림에 든 일을 적었다. 도입부의 몇 구는 매우 소박한 서술이라 전혀 수식이나 가공이 없지만, 시인의 마음은 생생하게 표현되었다. "굽이굽이 물길 따라 노 저으니" 이하 네 구는 길에서 보는 풍경을 구체적으로 적었는데, 앞 네 구를 보충하는 느낌이다. 마지막 여덟 구에 이르러서야 풍랑을 만나 규림에 정박한 내용을 적었다. 앞에서 간절하게 돌아가고 싶은 마음을 충분히 적었기 때문에 풍랑을 만난 시인의 초조한 마음이 잘 표현될 수 있었다. 앞부분은 모두 뒷부분을 위한 전제 장치인데, 도연명의 이런 자연스럽고 소박한 서술 방식은 자신의 심경을 독자에게 한층 더 잘 드러나게 하는 기교의 하나라 할 수 있다.

제2수는 풍랑 때문에 길어진 여정을 한탄하는 내용이다. 여정을 한탄하다보니 벼슬길에 대한 염증과 귀은을 동경하는 마음이 다시 생겨난다. 주제의 측면에서 제1수에 비해 심화되었다. 광활한 산천과 규림의 호수에 하늘이 무너지듯 높은 파도가 치고 광풍이 쉬지 않고 불어대는 광경을 보면서, 시인은 다시 자신의 벼슬살이에 대해 막막한 느낌을 갖는다. 자신이 왜 이 길을 걷고 있는지 그 이유도 알 수 없는 느낌이다. 도연명은 "큰 뜻은 사해를 달리고, 날개를 활짝 펴고 멀리 날아오르길" 바라는 환상을 품었었다. 그러나 그것은 지난날의 꿈이었고, 일찌감치 흔적도 없이 사라져버렸다. 벼슬길은 도연명에게 무엇을 의미하는가? 그가 계속 이 길에 남아 있는 것은 무엇을 위해서인가? 도대체 무엇을 더 기대할 수 있단 말인가? 도연명은 끊임없이 스스로에게 물었지만, 그 답은 알 수 없었다. 그래서 그의 마음속엔 "오랜 여정에 지쳐 고향 그리나니, 어찌하여 이곳에 떨어져 있는가"라는 막막함이 생겨나고 있었다. 분명 자신만이 대답할 수 있는 문제였지만, 그는 마치 다른 사람에게 묻고 있는 것 같다.

도성에서 돌아온 후, 그는 고향집에서 한 해 넘게 머물렀다. 하지만 여전히 관가에 매여 있는 몸이라 휴가를 마치고 다시 강릉 환현의 막부로 복귀해야 했다. 다음은 「신축세칠월부가환강릉야행도구辛丑歲七月赴假還江陵夜行塗口」다.

삼십 년 한가로이 거하며	閑居三十載
세속과 떨어져 살았지	遂與塵事冥
시서에 늘 심취해	詩書敦宿好
숲 속엔 속된 정이 없네.	林園無俗情
어찌하여 이곳을 떠나가	如何捨此去
아득히 남형에 이르렀는가?	遙遙至南荊
초가을 달빛 아래 노 두드리다	叩枻新秋月
물가에 이르면 친구와 작별했네.	臨流別友生
찬바람 이니 어스름 저녁이 되고	涼風起將夕
밤 풍경은 고요하고 맑구나.	夜景湛虛明
환한 하늘 드넓고	昭昭天宇闊
강물은 티 없이 잔잔하다.	皛皛川上平
직무를 생각하면 잠잘 겨를도 없어	懷役不遑寐
깊은 밤에도 홀로 먼 길을 가네.	中宵尚孤征
벼슬 구하는 노래는 나의 일 아니요	商歌非吾事

예전처럼 아내와 밭을 갈려 하네. 依依在耦耕
관모 벗어던지고 옛집으로 돌아가 投冠旋舊墟
고관대작과 부귀영화 탐내지 않고 不爲好爵縈
오두막에서 참된 성품 길러 養眞衡茅下
내 명성 선하게 전해지길 바라네. 庶以善自名
(「신축세칠월부가환강릉야행도구」)

신축은 진 융안 5년(401)으로, 이때 도연명의 나이는 37세였다. 제목의 '부가赴假'는 휴가를 마치고 관부로 돌아와 환현의 막부에 보고했음을 뜻한다. 이 시는 집에서 강릉으로 돌아오면서 밤에 도구塗口라는 곳을 지나며 쓴 작품이다. 도구를 『도연명집』의 다른 판본에서는 '도중塗中'으로 표기하기도 했다. 소명태자의 『문선文選』에는 '도구'로 되어 있다. 당나라 사람 이선李善의 주에는 「강도江圖」를 인용해 "사양 현 하류로 110리를 가면 적기赤圻에 닿고, 적기에서 20리를 가면 도구에 닿는다"라고 했다. 이곳은 호북 악주鄂州에 있는데, 『여지기승輿地紀勝』 66권 '악주 도구' 조목 아래 주에 "강하의 남쪽 물길로 50리 밖에 있다. 일명 금구金口라고도 하는데, 도연명의 시에 「도구시」가 있다"라고 되어 있다.

첫 구의 '30년'은 실제 시간이 아니다. 『송서』 「은일전」에는 '30년'이라는 말이 자주 나오는데, 예를 들면 「종병전宗炳傳」에서도 "산과 계곡에 깊이 숨어 30년을 보냈다"라고 하고, 「공순지전孔淳之傳」에서도 "세상의 바깥을 그리워하며 30년을 보냈다"라고 했다. 이 '30년'은 은거했던 시간이 매우 길었음을 의미하는 말이다. 도연명이 여기서 말한 30년은 그가 환현의 막부에 몸담기 전 한거하며 글을 읽고 농사짓던 시간을 말한다. 그는 환현 막부에 가기 전 잠깐 주좨주를 한 적이 있지만, 금방 사직하고 돌아왔기 때문에 정식 출사로 생각하지 않았다. 그래서 도연명의 정식 출사는 환현 막부에 들어간 때부터 시작되었다고 할 수 있다. 환현이 도연명을 어느 정도 인정한 것은 틀림없다. 최소한 당시 상황으로 볼 때, 도연명은 환현의 신임에 의지해 더 높은 자리, 즉 위의 시에서 말한 '고관대작'에 오를 수 있었다. 그러나 그는 어쩌면 어떤 위기를 느꼈던 것 같다. 그래서 시의 마지막 네 구절에서 곧 관모를 벗어던지고 고향으로 돌아가 '고관대작'에 유혹당하지 않고 오두막에서 참된 성품을 기르며 선한 성품을 잘 보전하겠다고 말한 것이다. 도연명이 이렇게 말한 것은 어쩌면 환현에게 역모의 뜻이 있다는 것을 감지했기 때문일 수도 있다. 그래서 전원으로 돌아가 명성을 잘 보전하고 역모에 부역했다는 오명을 피하려고 생각한 것이다. 환현의 역모가 성공했다면 그도 당연히 환씨 왕조의 개국공신이 되었겠지만, 도연명은 그런 역할을 원하지 않았다.

이 당시는 손은孫恩의 난이 한참 기세를 올려 양자강 하류의 동남 지역이 무너졌을 때인데, 환현이 허장성세를 부리며 손은을 타도하겠다고 공언하고 있었다.• 그러나 그와 조정의 사마원현 등의 관계가 날로 악화되면서 사마원현, 유뇌지 등은 환현을 토벌하려고 은밀하게 준비하고 있었다. 도연명이 이 모든 상황의 은밀한 내막까지 깊이 알지는 못했을 것이다. 하지만 그도 막부에서 일하며 최소한 느낌은 있었을 것이며, 특히 도성에 사신으로 다녀오면서 어느 정도 조짐을 볼 수 있었을 것이다. 그래서 그는 이번 휴가를 마치고 돌아오면서 막부의 일에 대해 더욱 회의하고, 친구들과 헤어지면서도 거듭 망설였던 것이다. 시인은 이에 대해 막막한 느낌이 들었고, 계속 자신에게 물었다. "어찌하여 이곳을 떠나가 아득히 남형에 이르렀는가?"라고. 앞의 시 「경자세오월중종도환조풍어규림」 제2수에서는 인생에서 젊은 시절 그리 많

• 손은은 오두미도五斗米道의 도사로, 399년 난을 일으켜 회계 일대를 근거지로 세력을 키우다 402년 임해臨海 공격이 실패하자 자살했다.

지 않으니 마음 가는 대로 의심하지 말고 따르자고 말했다. 하지만 지금 또 자신의 바람과 어긋나는 일을 하면서 도연명은 자신이 큰 모순에 처해 있으며, 이런 상태로는 자신의 결심을 행동으로 옮기기 어렵다고 생각했다. 급박한 형세에도 용감하게 물러나거나 세상 사람들과 다른 행동을 하는 것은 본래 어려운 일이다. 지금 벼슬을 그만두고 돌아가는 일은 주관적인 면에서나 객관적인 면에서나 실행의 조건이 아직 무르익지 않았다. 하지만 도연명은 이렇게 물살에 휩쓸려 계속 떠내려갈 수도 없으며, 고관대작이란 허망한 유혹에 넘어갈 수도 없다고 생각했다. 물가에 도착해 노를 두드릴 때 "돌아가리라"라는 소리가 마음 속에서 다시 한번 세차게 울렸다.

도연명은 강릉에 도착한 후 형세가 더욱 악화되었음을 목격했다. 조정이 손은의 난을 진압하느라 서쪽을 돌아보지 못하는 틈을 타 환현은 군사력을 축적해 조정을 공격할 틈을 노리고 있었다. 도연명은 돌아가고 싶은 마음이 더욱 강렬해졌다. 그러나 이런 결정적인 시기에 억지로 사직한다면 불같은 성격의 환현은 더욱 분노했을 것이다. 이렇게 도연명이 심히 난처한 상황에 처해 있을 때, 모친이 돌아가셨다는 소식이 왔다. 그러자 그는 곧바로 환현의 막부에 사직을 고했다. 그리고 그가 상중에 남산의 밭을 일구고 있을 때 조정은 병사를 보내 환현을 공격했지만, 오히려 환현의 군사에 크게 패했다. 이 기세를 몰아 환현은 도성으로 진격해 무너뜨리고 스스로 상국초왕相國楚王이라 칭하며 원흥 2년 12월에 제위를 찬탈했다.

진 안제 원흥 3년(404) 2월, 유유, 유의, 하무기何無忌 등이 환현을 토벌하기 위해 의병을 일으켰다. 그들은 수차례의 전투에서 환현 군에 승리를 거두고 5월에는 환현의 대군을 대파했는데, 환현은 결국 촉 지역으로 도망쳤다가 익주도호에게 참수되었다. 환현을 토벌해 진을 회복하려는 전쟁을 치르며 유유의 세력이 급속도로 커져 새로운 군벌의 거물로 떠올랐다. 도연명은 그해 2월에 상복을 벗었는데, 유유가 강주 도독을 할 때 그의 부름을 받아 진군장군참군에 임명되었다. 도연명은 다시 집을 떠나 경구京口로 가서 취임했는데, 이때 곡아曲阿를 지나며 쓴 시가 「시작진군참군경곡아」다.

젊은 시절 세상 바깥에 관심을 두어　弱齡寄事外
마음을 거문고와 책에 맡겨두었다.　委懷在琴書
베옷을 입고도 즐거이 만족했고　被褐欣自得
쌀독이 자주 비어도 언제나 편안했네.　屢空常晏如
시운이 와 은연중에 잠시 닿아　時來苟冥會
말고삐 돌려 넓고 큰 길로 접어들었네.　踠轡憩通衢
책策을 들고 새벽 행장 꾸리라 명하고　投策命晨裝
잠시 전원과 멀어졌네.　暫與園田疏
외로운 배처럼 아득히 떠나가며　眇眇孤舟逝
돌아갈 생각은 끝없이 날 휘감네.　綿綿歸思紆
떠도는 길 어찌 멀지 않으랴.　我行豈不遙
오르막 내리막 천 리를 넘었네.　登降千里餘
내 눈 달라진 강과 길에 낯설고　目倦川塗異
내 마음 고향의 산과 물을 생각하네.　心念山澤居
구름을 바라보면 나는 새에게 부끄럽고　望雲慚高鳥
물가에 서면 노니는 물고기에 부끄럽네.　臨水愧遊魚
참된 생각 처음처럼 맘속에 간직하나니　眞想初在襟
행동에 얽매이리라 누가 말했던가?　誰謂形蹟拘
오로지 자연의 흐름에 맡기다가　聊且憑化遷
결국엔 나의 어진 집으로 돌아가리.　終返班生廬
(「시작진군참군경곡아」)

곡아는 현재의 장쑤江蘇 성 단양丹陽에 있다. 유유는 환현을 격파한 후 진군장군이 되었다. 도연명은 원래 환현의 막료였지만 2년 전 모친상으로 사직하고 돌아갔었기에 이번에 유유의 참군이 되는 것은 새로 세상으로 나오는 셈이다. 그래서 "시운이 와 은연중에 잠시 닿아 말고삐 돌려 넓고 큰 길로 접어들었네. 책을 들고 새벽 행장 꾸리라 명하고 잠시 전원과 멀어졌네"라는 말을 시에 적었다.

도연명이 유유의 막부에 들어간 동기와 이유에 대해서는 정확하게 알 수 없다. 그가 환현의 막부에 들어간 것도 자원은 아니었고 누차 전원으로 돌아가고 싶다는 뜻을 표했는데, 지금 환현의 패망에서 자신이 요행히 위기에서 벗어난 것을 알면서도 그는 왜 다시 유유의 막부에 들어갔을까? 내 생각에는 크게 두 가지 가능성이 있다.

첫째, 도연명에게 세상을 위해 쓰이려는 마음이 완전히 사라지지 않았기 때문이다. 그해에 지은 「정운停雲」「영목」 등의 시에는 동란을 안타까워하고 시대의 어려움을 구제하고자 하는 마음이 상당히 강하게 드러나 있다. 「시작진군참군경곡아」에서 "시운이 와 은연중에 잠시 닿아 말고삐 돌려 넓고 큰 길로 접어들었네"라고 한 말은 시인의 어떤 환상을 드러낸다. "은연중에 잠시 닿아"라고 한 것으로 보아 도연명 자신도 이번 일의 맹목성을 깊이 알고 있었다. 자신도 모르게 부딪혔을 뿐이라는 것이다.

둘째, 생명을 보전하고 생계를 해결하기 위해서다. 도연명은 원래 환현의 막료였다. 비록 심복은 아니었지만, 사신으로 도성에까지 다녀온 것을 보면 그가 환현 막부에서 단순하게 명사의 신분으로 환심을 사기 위해 있었던 것은 아니었다. 환현의 난이 실패한 후, 도연명은 비록 직접 연루되지는 않았지만 만약 유유의 부름을 거절했을 경우, 옛 주인을 그리워한다는 등의 의심을 받을 수 있고, 심지어 예측할 수 없는 화가 닥칠 수도 있었다. 그래서 이번에 유유가 불렀을 때, 그로서는 거절할 수 있는 명분이 전혀 없었다. 도연명은 차상위 계층의 가문 출신이다. 그의 문장과 덕행이 어느 정도 사회적 영향력을 갖고 있기 때문에 환현과 유유가 그를 막부로 초빙한 것이다. 그가 갖고 있는 제한적인 영향력은 당시 명문세족 출신의 명사들과는 다른 것이었기 때문에 그런 인물들처럼 유유 같은 군벌의 초빙 대상에서 비켜서 있을 자격이 없었다. 이것이 바로 도연명의 생애를 비극으로 만든 원인이다. 여기서 이야기한 두 가지 중 아마도 후자가 주요한 원인일 것이다.

도연명의 「잡시」 12수 중 제9수, 제10수, 제11수도 모두 진군참군으로 부임하면서 도중에 쓴 행려시行旅詩•다.

아득히 나그네 길 좇아 나서니	遙遙從羈役
마음은 하나건만 두 곳에 있네.	一心處兩端
눈물을 감추고 동쪽으로 떠가는 배	掩淚汎東逝
물결 따라 시간 따라 흐른다.	順流追時遷
해 저물어 성수星宿, 묘수昴宿 뜨더니	日沒星與昴
천상에 흐르던 것들 서산으로 넘어가누나.	勢翳西山巔
쓸쓸히 하늘 끝에 서서	蕭條隔天涯
가련히 고향집 밥상을 그리워하네.	惆悵念常餐
남으로 돌아가리라 사무치게 생각하건만	慷慨思南歸
길은 멀고 돌아갈 방법이 없네.	路遐無由緣
벼슬살이 그만두기도 어려우니	關梁難虧替
끊어진 소식 이 시에 전할 수밖에.	絕音寄斯篇

(「잡시」 제9수)

• '행려시'는 서정 주인공이 나그네가 되어 떠도는 중에 보고 느낀 내용을 쓴 작품을 말한다. 주로 자연의 아름다움이나 객수客愁, 고향에 대한 그리움, 심신의 고달픔 등을 표현한다.

한거하던 시절엔 격정이 있었으나　　閑居執蕩志
세월이 지나고 보니 남아 있지 않네.　　時駛不可稽
바쁜 집무에 쉬지도 못하다가　　驅役無停息
수레를 타고 동애로 갔네.　　軒裳逝東崖
배를 타고 동사의 일을 생각하는데　　泛舟擬董司
차가운 기운 가슴속까지 파고든다.　　寒氣激我懷
세월은 멈추지 않고 흐르니　　歲月有常御
내 여기 머문 지도 이미 오래.　　我來淹已彌
친구들과의 추억을 생각하니 마음 슬퍼져　　慷慨憶綢繆
이제 생각하니 오래 헤어져 있었네.　　此情久已離
세월은 흘러 십 년이 지났고　　荏苒經十載
잠시 남들에게 얽매여 있었구나.　　暫爲人所羈
내 집, 숲의 잡목에 뒤덮여버렸으리.　　庭宇翳餘木
문득 세월은 다 지나버렸네.　　倏忽日月虧
(「잡시」 제10수)

나 떠난 지 오래지 않았으나　　我行未云遠
돌아보니 찬바람에 슬퍼진다.　　回顧慘風涼
봄철이라 제비는 계절을 알고 돌아와　　春燕應節起
높이 들보를 스치니 흙먼지 이네.　　高飛拂塵梁
변방의 기러기는 쉴 곳 없어 슬퍼하며　　邊雁悲無所
하나씩 북쪽 고향으로 돌아가네.　　代謝歸北鄉
무리를 잃은 곤계鵾鷄는 못가에서 울어대며　　離鵾鳴清池
여름 지나고 가을 서리 맞고 있네.　　涉暑經秋霜
수심 가득한 이는 차마 말하지 못하고　　愁人難爲辭
아득히 봄밤만 길구나.　　遙遙春夜長

(「잡시」 제11수)

「잡시」 12수는 한 번에 창작한 것이 아니다. 이 점은 이미 많은 학자가 논한 바 있다. 이 몇 수의 행려시는 그가 만년에 과거를 회상하며 쓴 작품과 다르다. 왜냐하면 도연명의 작품에서 과거를 회상할 때는 어조의 전환이 분명하기 때문이다. 이 몇 수는 분명히 당시 상황에 대한 서술로, 어쩌면 같은 노정에서 쓴 것일 수도 있다. 노정의 방향은 동쪽이다. 이는 "눈물을 감추고 동쪽으로 떠가는 배" "바쁜 집무에 쉬지도 못하다가 수레를 타고 동애로 갔네"와 같은 서술에서 볼 수 있다. 그리고 계절은 날씨가 차가운 겨울에서 봄 사이다. 이는 "배를 타고 동사의 일을 생각하는데, 차가운 기운 가슴속까지 파고든다" "나 떠난 지 오래지 않았으나 돌아보니 찬바람에 슬퍼진다. 봄철이라 제비는 계절을 알고 돌아와 높이 들보를 스치니 흙먼지 이네"와 같은 구절에서 느낄 수 있다. 그리고 시의 서술에서 이번 여정이 상당히 먼 길이며 어떤 사명을 짊어진 길이라는, 심지어 위험한 길이라는 것을 알 수 있다. 도연명이 먼 노정을 다녔던 것은 다음의 몇 차례다. 한 번은 융안 4년(400) 환현의 막료였을 때 사신으로 도성에 간 것이고, 이때 돌아오면서 「경자세오월중종도환조풍어규림」을 썼다. 또 한 번은 원흥 3년(404) 갑진년에 유유의 진군참군이 되어 고향인 심양에서 경구로 내려간 것인데, 이때 「시작진군참군경곡아」를 썼다. 또 한 번은 의희 원년(405) 강주자사 유경선의 건위참군이 되었을 때다. 진 안제가 복위하자 유경선은 유유의 견제가 두려워 스스로 직위를 반납했는데, 도연명은 명을 받아 도성에 사신을 갔다. 이때 지은 시가 「을사세삼월위건위참군사도경전계乙巳歲三月爲建威參軍使都經錢溪」다.

다시 「잡시」를 살펴보면, 시의 "아득히 나그네 길 좇아 나서니, 마음은 하나건만 두 곳에 있네"라는 구절에서 이번 여정이 집에서 출발한 것이라는 점을 알 수 있다. “배를 타고 동사의 일을 생각하는데” 구절에 나오는 ‘동사’는 일반적으로 ‘유유’라고 알려져 있다. 루친리의 주에는 다음과 같은 내용이 있다.

“‘동사의 일을 생각하다擬董司’의 ‘의擬’ 자는 ‘예詣’ 자의 착오다. ‘예’는 최고 책임자를 찾아뵌 것이다. ‘동사’는 군사를 감독하는 사람이다. 『진서』「사현전謝玄傳」에 ‘다시 신에게 창을 들고 나아가 적장 동사를 치라 명하셨습니다’라는 구절이 있다. 『진서』「안제기安帝紀」에 따르면, 원흥 3년에 유유가 환현을 토벌해 사지절使持節과 도독양서연예청기유병팔주제군사(양주, 서주, 연주, 예주, 청주, 기주, 유주, 병주의 여덟 주를 관할하는 군사)가 되었다. 동사는 응당 유유를 가리킨다.”

물론 ‘의’ 자가 반드시 ‘예’ 자의 착오라고 볼 수는 없다. ‘의’ 자에 원래 ‘헤아리다’라는 뜻이 있다. 도연명은 이때 유유가 참군으로 임명한 것에 응한 것이라 내심 망설임도 있었고, 한번 해본다는 생각도 있었다. 유유에 대해 그는 잘 알지 못했다. 그래서 ‘헤아릴 의擬’ 자를 쓴 것일 수도 있다.

도연명은 벼슬길에 나와 약 10년간 부침을 거듭했다. 모친상으로 환현의 막부를 떠나 천만다행으로 화를 면하기도 했다. 그러다 모종의 객관적 상황과 주관적 판단이 더해지면서 다시 전원을 떠났는데, 앞날은 예측할 수 없고 마음속은 괴롭고 복잡하기 그지없다. 그래서 시 속에 긴 행려의 고단함과 고향을 그리워하는 마음을 가감 없이 적었다. “세월은 흘러 십 년이 지났고, 잠시 남들에게 얽매여 있었구나. 내 집, 숲의 잡목에 뒤덮여버렸으리. 문득 세월은 다 지나버렸네”와 같은 구절을 보면, 도연명이 세속의 벼슬길에 머물고 싶은 마음은 이미 사정거리에 도달한 화살처럼 힘이 약해지고, 귀은에 대한 염원만 더욱 간절해졌다. 이런 심경으로 새로운 여정을 시작했으니, 그의 우울함은 짐작할 만하다.

도연명은 유유의 막부에서 일정 기간 참군으로 복무하고, 다시 건위장군 유경선의 막부로 옮겨 복무했다. 이런 전근이 도연명 자신의 바람에서 나왔는지, 아니면 유유와 유경선 두 사람 사이의 인사 조정이었는지는 알 수 없다. 한 가지 알 수 있는 것은 유경선의 막부에 온 이후에도 도연명이 귀은을 바라는 마음은 예전과 다름없었다는 점이다. 의희 원년(405) 3월, 도연명은 여전히 건위장군 유경선의 참군이었다. 같은 달, 안제가 복위하자 유경선은 스스로 직위에서 물러났다. 도연명은 유경선을 위해 명을 받아 건강에 사신으로 갔고, 도중에 전계錢溪(지금의 안후이安徽 성 츠저우池州 구이츠貴池 구 메이건강梅根港) 일대를 지나다 「을사세삼월위건위참군사도경전계」를 썼다.

내가 이 땅을 밟지 않은 동안　　我不踐斯境
꽤 많은 세월이 쌓였구나.　　歲月好已積
아침저녁으로 산천을 바라보니　　晨夕看山川
모든 것은 옛것과 같아 또렷하네.　　事事悉如昔
가는 비 높은 수풀을 씻고　　微雨洗高林
맑은 바람은 하늘의 구름까지 닿겠네.　　清飆矯雲翮
삼라만상이 여전한 것을 보나니　　眷彼品物存
온화한 바람은 닿지 않는 곳이 없네.　　義風都未隔
나는 무엇을 위해　　伊余何爲者
이 일에 바삐 힘쓰고 있는가?　　勉勵從茲役
이 한 몸 얽매여 있다 한들　　一形似有制
마음속 본성은 바꿀 수 없으리.　　素襟不可易
날마다 꿈에 그리는 전원　　園田日夢想
어찌 오래 떨어져 있으랴.　　安得久離析
계곡의 배처럼 급한 세월을 생각하며　　終懷在壑舟

진실로 서리 내린 측백나무의 절개를 따르리라. 諒哉宜霜柏

(「을사세삼월위건위참군사도경전계」)

이 작품은 지금 볼 수 있는 도연명의 시 중에서 그가 벼슬살이를 한 기간의 마지막 행려시다. 도입부의 "내가 이 땅을 밟지 않은 동안 꽤 많은 세월이 쌓였구나. 아침저녁으로 산천을 바라보니 모든 것은 옛것과 같아 또렷하네"라는 구절을 보면, 도연명은 이전에 전계 일대를 지난 적이 있었다. 아마 그때도 도성인 건강을 가다가 도중에 지났을 것이다. 보다시피 도연명의 행적에는 우리가 모르는 부분이 많다.

도연명은 36세에 벼슬길에 나아가 환현, 유유, 유경선 등의 막부를 거쳤고, 동분서주하며 고된 행려에 힘쓴 6~7년 동안의 주요 창작 실적은 위에서 인용한 몇 편의 행려시다. 그의 행려시는 그가 벼슬했던 기간 동안의 사상을 보여주는 중요한 자료다. 우리는 이 기간 동안 시인의 가장 큰 사상적 특징이 모순의 돌출이라는 것을 볼 수 있다. 출사와 귀은의 선택은 가장 자주 등장하는 사상적 모순인데, 외부적 환경에 의해 이 모순은 더욱 복잡해진다. 관료사회의 추악함과 위험성은 그를 더욱 두렵게 했다. 「여자엄등소」에는 이런 말이 있다.

"성격이 고지식하고 재주는 둔해 세상 사람들과 자주 어긋나 세상에 화를 만든다고 스스로 생각했다性剛才拙, 與物多忤. 自量爲己, 必貽俗患."

개괄성이 강한 이 몇 마디는 그의 인생이 걸어온 길을 함축적으로 내포하고 있다. 그의 감회는 언어의 영역 밖에 담겨 있는데, 그의 사람됨이 얼마나 후덕하고 강직한지 보여준다. 또 시인은 세속에 물드는 것에 대한 두려움을 깊이 느꼈기 때문에 담백하고 깨끗한 마음과 순정한 자연의 본성을 지키기 위해 노력했고, 고상한 인격을 실현하고자 했던 다짐을 잃지 않으려 애썼다. 이것이 도연명이 이 시기에 수양했던 일들이다. 또 이 시기에 도연명은 소년 시절 마음속으로 다졌던 순박한 행위들을 '참됨眞'과 '순수함素'의 인격 이상으로 승화시켰다. 다음의 구절들이 그 예다.

"이 한 몸 얽매여 있다 한들 마음속 본성은 바꿀 수 없으리."(「을사세삼월위건위참군사도경전계」)

"참된 생각 처음처럼 맘속에 간직하나니, 행동에 얽매이리라 누가 말했던가?"(「시작진군참군경곡아」)

"오두막에서 참된 성품 길러, 내 명성 선하게 전해지길 바라네."(「신축세칠월부가환강릉야행도구」)

『시경』「대아大雅」에는 이런 구절이 있다.

"처음이 없었던 이는 없으나 끝맺을 수 있는 이는 드물다靡不有初, 鮮克有終."

선비가 처음 품었던 고결하고 향기로운 마음을 계속 유지할 수 없음을 탄식하는 말이다. 굴원은 「이소」에서 더욱 상심해 "향이 좋은 풀과 악취 나는 풀을 함께 두니 향초가 향기를 뿜지 못하는구나薰蕕同器, 蘭蕙不芳"라고 탄식했다. 서진 시인 육기陸機의 시 「위고언선증부爲顧彦先贈婦」에는 "도성에는 풍진이 많아 흰옷이 검게 변했네京洛多風塵, 素衣化爲緇"라는 구절이 있다. 화려하고 번잡한 성공의 땅에서 한 순박한 선비가 물들어가는 모습을 더욱 형상적인 언어로 묘사했다. 그가 입은 흰 적삼이 흙먼지에 찌들어 검은 옷처럼 변해가듯 자신도 모르게 마음의 색깔이 퇴색되는 것이다. 대시인 두보의 시에 "산에서는 샘물 맑았으나 산을 나오니 샘물 흐려졌네"(「가인」)라는 구절이 있다. 육기와 두보의 이 두 시는 선비의 맑은 품행이 점차 흐려지는 세태를 비유하는 말로 자주 인용된다. 남송의 시인 임진林稹은 두보의 시상을 약간 고쳐 항주杭州 영은靈隱의 냉천정冷泉亭을 이렇게 묘사했다.

"한 가닥 깊고 맑은 샘물 시인의 가슴을 적시니, 세월 흘러 찬물이 따뜻해져도 오직 그 자신만 알리라一泓清可沁詩脾, 冷暖年來只自知."

냉천의 물은 원래 맑고 차가워 사람의 마음을 시원하게 적셔주는데, 어쩌다 서호西湖라는 이 호화로운 곳에 흘러들어와 연일 고성방가와 요란한 가무에 젖다보니 이미 산중에 있을 때의 맑고 시원함을 잃었다는 말이다. 물이 무슨 허물이 있어 이런 신랄한 풍자를 당하겠는가? 시인의 본의는 세상의 선비들 중 "끝맺을 수 있는 이는 드물다"는 세태 풍자에 있다. 도연명은 세상에 나온 후 직접 보고 듣고 경험하면서 사회가 인간의 순박한 성정을 훼손한다는 것을 느꼈다. 그래서 수양의 필요성을 느꼈으며, '본성素襟'을 바꾸지 않고 '참된 생각眞想'을 버리지 않으려 노력했다. 도연명이 후에 관직을 버리고 귀은한 것은 다양한 원인이 종합적으로 작용한 결과지만, 그의 핵심적 관념은 완전한 인격미를 유지하기 위해서는 세속에 물들어 더러워지면 안 된다는 것이다. 「제종제경원문祭從弟敬遠文」에서는 "나는 일찍이 벼슬길에 들어서 세상일에 얽매였을 때 물결처럼 흐르듯 살다가 이룬 것도 없이 본래의 뜻을 잃을까 두려웠다余嘗學仕, 纏綿人事. 流浪無成, 懼負素志"라고 했다. 위에서 인용한 구절을 종합해보면, 도연명이 관직 생활을 하면서 스스로 다짐하고 경계했던 일상의 의지는 일반 사람들에게는 찾아보기 힘든 정도였다는 것을 알 수 있다. 이렇게 자각적인 수양 속에서 그의 덕성德性은 날로 선명해져갔다. 도연명의 일부 사상, 예를 들면 사생死生 관념 같은 문제들은 도가의 영향을 받았지만, 그의 행위와 실천의 큰 틀은 완전히 유가에 속했다. 『중용中庸』에 나오는 "덕성을 받들며 학문의 길을 간다"는 자세의 진정한 실현이라 할 수 있다.

자신의 주관적 바람과는 다르게 피동적인 관직 생활을 계속하면서, 전원에서 은일하겠다는 그의 염원은 더욱 명확해졌다. 행려시의 기본 주제는 이런 생활의 이상을 표현하는 것이었다. 시인은 이런 시를 통해 밭일을 하고 글을 읽던 지난날의 생활을 자주 회상하며 여전히 그를 기다리고 있을 전원을 그리워했다. 시간적으로나 공간적으로 거리가 있다보니 그가 묘사한 전원은 더욱 이상적이고 미적인 색채를 띠었다. 비록 도연명 스스로가 "어려서부터 세속의 기질과 맞지 않았고, 본래 성품이 산을 좋아했다少無適俗韻, 性本愛丘山"라고 했지만, 산수와 자연, 그리고 전원생활에 대한 그의 심미관은 여전히 발전 과정에 있었고, 따라서 어린 시절에 대한 그의 추억도 심미적 색채를 지니고 있었다. 어린 시절의 전원생활은 순박하고 자연적이었으며, 태어나고 자란 곳이라는 천연성을 갖고 있었다.

그는 사회에 나아가 벼슬길에 들어선 후에야 비교의 대상이 생겼고, 진정으로 산수자연과 전원생활의 가치를 발견해 자각적으로 은일을 그리워하는 시인이 되었다. 사실 산수자연의 심미적 가치는 현실사회와의 거대한 대비를 통해 선명하게 드러나게 되고, 생활 가치관 속에 주입된 후에야 이런 심미 의식을 진정으로 자각할 수 있다. 행려시를 통해 우리는 도연명의 자연미에 대한 심미 방식이 주로 고요하고 순정한 생활에 대한 이상을 기초로 수립되었다는 것을 알 수 있다. 행려를 하면서, 시인은 사실 두 가지 풍경 가운데에 처해 있다. 하나는 길에서 직접 보는 자연 풍경이고, 또 하나는 마음속에 간직해온 자연 풍경이다. 그의 시는 전자의 풍경에 대한 묘사와 감상이 많다. 예를 들면, "높은 숲은 끝없이 아득하고 여름이라 나무는 무성하게 자랐구나" "찬바람 이니 어스름 저녁이 되고, 밤 풍경은 고요하고 맑구나" "환한 하늘 드넓고 강물은 티 없이 잔잔하다" "아침저녁으로 산천을 바라보니 모든 것은 옛것과 같아 또렷하네. 가는 비 높은 수풀을 씻고, 맑은 바람은 하늘의 구름까지 닿겠네"와 같은 구절들이다. 묘사가 생동적이고 산수 경관의 분위기를 생생하게 표현했다. 하지만 시인 스스로가 "내 눈 달라진 강과 길에 낯설고, 내 마음 고향의 산과 물을 생각하네"라고 인정한 것처럼 그가 가장 아끼고 음미하는 것은 마음속에 존재하는 고향의 풍경이다. 이 구절은 도연명의 개성과 자연미에 대한 그의 감상 취향을 잘 반영하고 있는데, 이는 그의 생활 이상과 긴밀히 연관되어 있다.

마음속의 풍경이 너무나 아름다웠기 때문에 소년 시절 생활의 고단함과 은일이 가져올 생활의 문제는 행려의 여정 속에서 크게 희석되었다. 도연명은 일종의 심미적 체험 속에서 전원으로 돌아왔다고 말할 수도 있을 것이다. 당연히 이는 그의 선택이 엄숙하지 않았음을 의미하는 것은 아니다. 하지만 관념만 있고 감성적 심미 체험이 없었다면 그는 전원생활에 대해 생활로서의 이상을 수립하지 못했을 것이다.

12장

한거하며 부르는 고상한 노래

환현을 위해 도성에 사신으로 다녀온 후, 도연명은 천 리 길을 왕복한 노고를 인정받아 환현 막부로부터 1년의 긴 휴가를 얻었다. 그는 융안 4년(400) 5월에서 융안 5년(401) 7월까지 두 번 강릉에서 도성으로 돌아와 집에서 꽤 긴 시간을 한거했다.[16] 이 1년 동안의 생활은 도연명에게 꽤 만족스러웠다. 2년여의 벼슬살이로 도연명 가정의 경제 상황은 궁색함을 벗어나 그럭저럭 먹고살 만한 정도의 구색은 갖출 수 있었다. 환현 막부의 참군 신분은 비록 그에게 자신이 보이지 않는 끈에 묶여 있다는 느낌을 갖게 하긴 했지만, 도씨 집안의 부흥의 희망 역시 이곳에 있었다. 때로는 어쩔 수 없이 지역의 토호들과 왕래하면서 보게 되는 여러 의미를 담은 그들의 아첨 어린 눈빛이나, 어쩔 수 없이 듣게 되는 가식적인 아부의 말이 시인을 매우 불편하게 했을 것이다. 돌이켜 생각해보면 막부에서 마음이 잘 맞던 동료도 몇 있었다. 고요함에 만족스럽던 한거 생활의 끝자락에서 때로는 적막한 기분이 들기도 했고, 심지어 한거와는 다른 생활을 생각하기도 했다. 그 역시 한창 왕성하던 시기였기 때문이다.

도연명은 세상이 어지러워지기 시작할 때 관직을 시작했고, 이때는 세상의 혼란이 매우 심할 때였다. 관직 생활을 거치며 그는 이상에 많은 상처를 입었고, 그에게 돌아온 것은 시대의 혼란에 대한 연민의 정서였다. 시인은 비록 벼슬길에 매우 염증을 느끼고 있었지만, 유가의 도를 세상에 전해야 하는 지식인으로서 그의 가슴속 사회적 책임감은 세상에 대한 마음을 결연히 버리지 못하게 했다. 부슬부슬 봄비가 내리던 날, 그는 동헌의 창가에 앉아 새로 익은 술을 홀로 마시며 한가로움인지 슬픔인지, 희열인지 감상인지 말할 수 없는 기분을 느꼈다. 이런 정서는 점차 선율로 바뀌어 천천히 흘렀다. 소박하면서도 참신했다. 『시경』 '국풍國風'의 정신이 마음속에서 부활한 것이라고 시인은 느꼈다. 그것은 몇백 년 동안 『시경』의 풍아風雅에 심취했던 시인들이 되살리려 했지만 계속 실패했던 사언시의 소박하고 엄숙하면서도 활발하게 물결치던 선율이었다. 눈앞에 펼쳐진 경관과 시인의 마음은 자연스럽게 그 속에서 융화되었다. 그의 붓끝에 나타난 것은 이런 내용이었다.

뭉게뭉게 구름 모이더니　　靄靄停雲
부슬부슬 봄비 내리고　　濛濛時雨
천지 사방 온통 어둡고　　八表同昏
평지도 가로막혔네.　　平路伊阻
고요히 동쪽 마루에 앉아　　靜寄東軒
봄 술을 혼자 마시네.　　春醪獨撫
좋은 친구는 멀리 있으니　　良朋悠邈
머리를 긁으며 우두커니 보네.　　搔首延佇

구름이 뭉게뭉게 모이더니　　停雲靄靄

봄비 부슬부슬 내리고 時雨濛濛
천지 사방 온통 어둡고 八表同昏
평지가 강이 되었네. 平陸成江
술 있고 술 있어 有酒有酒
동쪽 창가에서 한가히 마시네. 閑飮東窗
보고픈 이를 그리나니 願言懷人
배와 수레로도 따라가지 못하네. 舟車靡從

동쪽 정원의 나무 東園之樹
가지가 무성하네. 枝條再榮
봄 나무 다투듯 피어올라 競用新好
내 마음 즐겁게 하네. 以怡余情
사람들은 말하지 人亦有言
해와 달이 빠르게 흘러간다고. 日月于征
언제 우리 가까이 앉아 安得促席
평생의 이야기를 나눌까? 說彼平生

훨훨 나는 새 翩翩飛鳥
내 뜰의 나무에서 쉬네. 息我庭柯
날개를 접고 편안히 앉아 斂翮閒止
아름다운 소리로 화답한다. 好聲相和
어찌 다른 이가 없으랴만 豈無他人
실로 그대를 몹시 그리워한다네. 念子實多
만나지 못할 이를 그리나니 願言不獲
맺힌 아픔을 어찌하리. 抱恨如何
(「정운」)

시의 앞 두 장은 의경意境과 내용, 정서가 완전히 일치한다.• 이런 중복은 유장하면서도 의미가 동일한 두 사람의 탄식을 듣는 것 같은 효과가 있다. 하지만 이 두 시의 여운은 다르다. 좋은 시는 아름다운 소리와 마찬가지라서 사람들은 또다시 감상하고 즐기고 반복적으로 이 명작의 구절을 읽고 음미하고 싶어한다. 하지만 이렇게 읽기가 중복되면 독자는 무의식중에 강박감이 생기고, 피로감을 느끼기 쉽다. 시에서의 반복은 다시 읽기에 대한 독자의 욕구를 저자가 직접 만족시키려는 의도에서 나왔기 때문에 독자의 강박감을 풀어주고 더욱 순수한 미적 체험으로 들어가게 한다. 첫 번째 장을 읽을 때는 의경, 내용, 정서에 대해 비교적 집중하고 주의하는데, 이 역시 시의 내면에 대한 체험이다. 그런데 두 번째 장을 읽을 때는 시인이 새로운 내용을 전개하지 않았기 때문에 독자는 내용을 파악해야 한다는 부담감에서 벗어나 앞 장과 달라진 분위기와 운율을 단순하게 느끼기만 하면 된다. 이런 작품을 읽을 때 전체적인 예술적 효과를 얻으려면 최소한 두 번은 반복해서 읽어야 한다. 첫 번째는 내용을 파악하고 두 번째에 비로소 그 분위기와 운율, 구조와 형식 등에 대해 좀더 음미하기 때문에 어쩔 수 없이 자유롭고 유쾌한 심미적 체험이 감소된다. 저자는 문장과 단락의 반복 속에서 분위기와 운율 등의 요소를 더욱 순정하게 가다듬으며 독자의 부담을 줄이고 한층 넓고 쾌적한 읽기의 공간을 창조한다. 도연명의 사언시가 표현하는 반복의 예술성은 『시경』의 '국풍'과 유사하며, 시인의 개성을 풍부하게 담고 있다. 높은 예술적 수법인 동시에 시인의 내면에 있는 선율이 자연스럽게 흘러나온 것이다. 시인으로서 도연명의 온 심령과 생활은 모두 서정적으로 바뀌었다. 도연명 시의 서정

• 위 인용 시의 제1장과 제2장은 구성만 도치되어 있을 뿐, 전체적인 시상과 흐름이 같다. 저자는 이것을 시인이 의도한 것으로 보고 있다. '의경'은 문학·예술 작품에 표현된 예술적 경지를 말한다.

적 예술성이 고도의 자연스러움을 지니고 일체의 수식을 배제한 이유도 여기에 있다.

「정운」의 제1·2장이 표현하는 경지는 몽롱한 색채를 띠고 있다. 시인은 봄비가 이어지는 계절을 묘사하고 있는데, 봄비는 어딘가 격리된 느낌을 주며, 이에 대한 시인의 태도가 기쁨인지 근심인지는 판단하기 어렵다. "뭉게뭉게 구름 모이더니 부슬부슬 봄비 내리고" "구름이 뭉게뭉게 모이더니 봄비 부슬부슬 내리고"의 구절에서는 따뜻하고 온화한 느낌이 흘러나오는 듯하다. 이런 느낌은 "고요히 동쪽 마루에 앉아 봄술을 혼자 마시네" "술 있고 술 있어 동쪽 창가에서 한가히 마시네"의 구절에서 더욱 구체적인 형상으로 바뀐다. 기후를 통해 조성된 고립과 단절의 느낌을 시인이 심리적으로 기꺼이 받아들이고 있는 것 같다. 왜냐하면 이런 태도가 시인 도연명의 성격에 부합하기 때문이다.

그러나 "천지 사방 온통 어둡고 평지도 가로막혔네"와 같은 아득한 배경에서 우리는 또 그의 우수와 초조함을 느낄 수 있다. 이런 감정은 "좋은 친구는 멀리 있으니, 머리를 긁으며 우두커니 보네" "보고픈 이를 그리나니, 배와 수레로도 따라가지 못하네"와 같은 구절에서 더욱 구체화되어 나타난다. 그러나 이런 구절들도 위에서 말한 정서의 전부를 담고 있지는 않다. 그것은 이런 정서가 생겨나게 한 원인의 하나일 뿐이며, 심지어 부차적인 원인이라고 할 수 있다. 중요한 것은 거시적인 배경에서 생겨난 더 복잡한 원인일 것이다. 지금 부슬부슬 이어지는 봄비는 그에게 온화함을 주는 동시에 전원 바깥세상의 어지러운 시국과 난리를 일깨워준다. 구체적으로 말하자면, 동남 지역 절반을 장악한 손은이 기의하며 일으킨 병란, 그리고 각 군벌 세력이 무력으로 대립하며 일대 충돌의 임계점에 돌입한 상황이다. 봄비는 그 자체로 시인에게 온화함을 주었지만, 또 시인에게 우수와 초조함을 연상하게 했다. 이는 시인의 마음속에 존재하는 모순, 즉 은거에 대한 본능적 동경과 사회적 책임감 사이의 모순을 반영한다. 시인은 봄비가 자신과 세상을 단절시켜주길 원했지만, 이 단절된 세상에 대해 자신도 멈출 수 없는 관심을 갖고 있었다. 그의 마음 깊은 곳에서 영원히 떨칠 수 없는 출사와 은거의 모순이 반영된 것이다. 도연명은 진솔한 사람이라 삶에 대한 자신의 인간적인 생각을 감추지 못했다.

「정운」의 제3·4장 역시 친구들에 대한 진한 그리움을 토로했지만, 배경이 되는 자연 경물은 이미 맑게 갠 봄날로 바뀌었다. 시인은 혼자 동쪽 정원을 거닐고 있다. 비 온 뒤 숲 속에 새로 핀 꽃과 부드러운 잎새는 맑고 깨끗했다. 시인은 울적한 마음이 즐거워지고 더없는 안락을 느끼고 있다. 도연명은 "봄 나무 다투듯 피어올라 내 마음 즐겁게 하네"의 구절로 인간과 자연의 관계에 대해 조화롭고 친근함 넘치는 묘사를 했다. 그러나 이렇게 자연 경물을 바라보는 마음은 곧 시간이라는 주제를 이끌어내며 시인을 무거운 감상에 빠지게 했다.

"사람들은 말하지, 해와 달이 빠르게 흘러간다고. 언제 우리 가까이 앉아 평생의 이야기를 나눌까?"

여기서 말하는 평생은 구체적인 옛일이 아니라, 그의 평생의 뜻, 출사와 은거에 대한 큰 절개를 말한다. 그들과 도연명은 말하지 않아도 마음이 통하는 지기다. 세상에 나가는 것과 숨어 은거하는 것의 기로에서 배회하는 시인은 자연스럽게 그들과 이야기를 나누며 자신의 처세를 고민한다. 제4장은 새소리가 울리는 이미지로 시작해 더욱 강렬한 정서로 주제를 강화하며 이 시를 마치고 있다.

「정운」을 짓고 얼마 지나지 않은 늦봄의 어느 날, 도연명은 시상의 동쪽 교외로 홀로 나가 대자연과 전원의 부드러움과 평화로운 아름다움을 맘껏 즐겼다. 그는 묵묵히 시간의 흐름을 느꼈고, 결국 고대의 철인들, 유구한 역사와의 감응이 자신도 모르게 생겨났다. 만물을 보며 그가 내면에서 느낀 감정은 그의 정서를 기쁘면서도 슬프게 했다. 이는 도연명이 한거 생활을 하면서 비교적 자주 느끼는 감정이기도 하다. 혼자 노닐다 집으로 돌아오니 만물은 비에 씻겨 깨끗하다. 그는 동헌에 앉아 「시운時運」을 썼다.

성큼성큼 계절은 흘러가고	邁邁時運
부드러운 아침 햇살 비친다.	穆穆良朝
나 봄옷 입고	襲我春服
동쪽 교외로 나가네.	薄言東郊
산에는 남은 구름 가시더니	山滌餘靄
하늘엔 어렴풋 구름의 흔적 걸려 있다.	宇曖微霄
바람은 남쪽에서 불어와	有風自南
새싹을 일으키네.	翼彼新苗

드넓고 잔잔한 호수	洋洋平澤
내 마음 씻어주니	乃漱乃濯
아득한 먼 곳	邈邈遐景
기쁘게 바라본다.	載欣載矚
마음 흡족해 말하노니	稱心而言
누구나 만족은 쉽다네.	人亦易足
이제 한 잔 들어	揮茲一觴
흔쾌히 즐거워하리.	陶然自樂

눈 들어 호수 바라보며	延目中流
아득히 맑은 기수沂水 생각하네.	悠想淸沂
모자 쓴 학동들 공부 마치고	童冠齊業
한가히 시를 읊으며 돌아오겠지.	閒詠以歸

나는 그 고즈넉함을 사랑해 我愛其靜
자나 깨나 그리워하네. 寤寐交揮
세대가 달라 아쉬워라 但恨殊世
좇을 수 없는 그 시절. 邈不可追

아침이나 저녁이나 斯晨斯夕
내 오두막에서 쉬네. 言息其廬
꽃과 화초는 제각각 줄지어 있고 花藥分列
숲엔 대나무들 빼곡히 서 있네. 林竹翳如
거문고는 침상을 가로질러 놓여 있고 淸琴橫床
탁주는 반 병 남았다. 濁酒半壺
황제와 요임금의 태평성대에는 이르지 못하니 黃唐莫逮
나 홀로 슬퍼하네. 慨獨在余
(「시운」)

이 시는 '시운', 즉 '사계절의 운행'으로 제목을 지었다. 비록 첫 구에 있는 시어를 제목으로 하는 『시경』의 방식을 따르긴 했지만, 전체 시의 의경을 음미해보면 '시운'이 이 시의 제목으로 아주 적당하다는 것을 알게 된다. 시인은 늦은 봄을 감상하다가 교외로 나가려는 흥취가 생겼다. 이것이 바로 계절의 흐름에 대한 상념이다. 그래서 시의 제1장은 계절의 흐름을 탄식하며 시작된다. 유유히 흘러가는 세월, 고요하고 맑은 새벽녘에 시인은 봄옷을 입고 성읍에서 교외의 들판으로 간다. 먼 산에는 겨울 내내 걸려 있던 안개와 놀이 깨끗하게 씻겨 있고, 하늘에는 몇 겹의 엷은 구름이 떠간다. 가벼운 바람이 남쪽에서 불어오면 밭에 있는 곡식의 새싹들이 나부낀다. 도연명의 시 중에는 이런 명구도 있다.

"평탄한 밭으로 먼 데서 불어오는 바람이 지나면 어여쁜 새싹에 생기가 돋는다平疇交遠風, 良苗亦懷新."(「계묘세시춘회고전사」)

오언시이기 때문에 더욱 선명하게 그려졌지만, 경지와 취향은 비슷하게 절묘한 맛이 있다. 더 확대해서 보자면, 곡식의 새싹 외에도 나무는 "동쪽 정원의 나무, 가지가 무성하네. 봄 나무 다투듯 피어올라 내 마음 즐겁게 하네"(「정운」)라고 묘사했고, 새는 "새로운 계절을 반기는 새들의 몸짓, 미풍은 따뜻한 기운을 싣고 온다鳥弄歡新節, 泠風送餘善"(「계묘세시춘회고전사」)라고 묘사했다. 자신이 느낀 바에 대해서는 "가는 비는 동쪽에서 불어오는데, 부드러운 바람이 함께하는구나"(「독산해경」 제13수)라고 적었다. 이런 구절들은 모두 시인이 자연에서 체득한 평화와 희열의 생기를 표현한 것이다. 도연명은 시의 말미에 자신이 전원에서의 은거를 선택했음을 표현했는데, 이는 관념으로 선택한 결과가 아니라 생활 속의 여러 감성적 체험으로 보완했음을 드러낸다. 자연과 전원의 경물에 대한 이런 느낌 덕분에 시인은 자연의 가치를 충분히 인식했고, 자신의 생활 태도에도 큰 영향을 받았다. 도연명은 성숙하고 탁월한 사상을 가진 시인이다. 순수한 사상가가 아니기 때문에 그의 사상 관념을 찾고 사상의 요지를 판단하는 것도 필요하긴 하지만, 여기에만 머물러서도 안 된다. 시인이 자신도 모르게 우연히 연 사상의 창문 하나하나를 통해 생활 내부의 진상을 살피고, 이 문으로 그의 시 세계에 들어가야 한다.

시인은 자신의 심신 모두를 자연 속에 융화시키면서 진정한 자유를 체험했다. 이것은 값어치를 따질 수 없는 수확이기 때문에 그는 현재에 진심으로 만족하는 사상이 생겨났다.

"마음 흡족해 말하노니, 누구나 만족은 쉽다네. 이제 한 잔 들어 흔쾌히 즐거워하리."

그러나 체험이 이렇게 자족하는 순박한 상태에 계속 머물 수는 없다. 시인은 자연스럽게 다른 생각을 연상하게 되고, 공자의 제자인 증점曾點을 떠올린다. 공자가 여러 제자에게 자신이 지향하는 바를 말하게 했을 때, 다른 사람들은 모두 자신의 정치적 포부를 말했는데, 오직 증점만 전혀 다른 생활 태도를 말했다.

"늦봄에 봄옷을 입고 관을 쓴 사람 대여섯 명과 아이들 예닐곱 명을 데리고 기沂에서 목욕하고 무舞에서 바람 쐬다가 시를 읊으며 돌아오겠습니다."

벼슬길에서 아직 벗어나지 못한 도연명으로서는 증점의 이런 생활 취향에 공감을 느꼈고, 오매불망 동경하는 마음을 갖게 되었다.

도연명은 역사, 특히 참된 순박함이 남아 있는 상상 속의 그 아득한 상고 시대에 곧바로 깊이 빠져들었다. 도연명은 증점을 회상하면서 곧 옛날을 생각하는 아득한 정서가 생겨났다. 제4장의 첫 여섯 구절이 묘사하는 한거 생활의 정경은 매우 아름답다. 생활에 대한 그의 심미적 취향이 평화로움, 원만함에 가까운 것임을 알 수 있다. 그러나 시인은 이 정경이 완전히 자신이 주관적으로 창조한 것이며, 실제로 의존할 수 있는 넓은 사회적 배경은 없다는 것을 깊이 알고 있었다. 사실상 바깥의 현실 세계는 혼란하고 어지러웠다. 생각이 여기에 미치자 도연명은 자신의 눈앞에 보이는 이 정경이 아득한 옛날 황제黃帝(헌원)와 당요의 시대에서 전해온 것이라 생각했다. 현실에서 역사로 빠져든 것인지, 아니면 역사에서 현실로 떨어진 것인지, 도연명은 장자의 호접몽과 같은 미망을 느꼈다.

시간은 흘러 6월이 되었다. 여름 내내 도연명의 심경은 봄처럼 그렇게 평온하지는 못했다. 서른일곱의 나이로 초목이 무성하게 자라는 계절을 맞으며 마음이 계속 고요할 수는 없었던 것이다. 곧 불혹에 접어드는 나이, 나라는 혼란스러운데 자신은 여전히 아무것도 이룬 것이 없다. 가정이나 국가나 자신이 모든 책임을 완전히 다했다고 할 수도 없는 처지였다. 심리적으로 볼 때, 1년간 한거한 이후 그는 정적인 마음이 동적인 상태로 전환되는 시점에 있었다. 북송 시인 진사도陳師道의 시 「한야寒夜」에 "오래 머물면 '동動'을 생각하지만 어려움과 우환을 만나면 후회가 온다留滯常思動, 艱虞却悔來"라는 구절이 있다. 벼슬을 그만두고 집에 머문 날이 오래되면 다시 벼슬길에 나가고 싶은 마음이 드는데, 또 벼슬하다가 어려운 일을 만나다보면 다시 절로 후회가 생긴다는 뜻이다. 방회方回는 『영규율수瀛奎律髓』에서 이 두 구절을 평하며 "사대부들이 항상 처해 있던 상태"라고 했다. 도연명도 벼슬길에 있을 때는 전원에서의 한거를 갈망하며 어려움을 토로하는 내용을 많이 적었지만, 결국 은거의 계획을 확정하지는 못했다. 그러므로 정적인 마음이 동적인 상태로 전환되는 것은 정상적인 심리라 할 수 있다. 1년의 긴 휴가가 끝나가자 도연명의 마음에는 흥분과 초조함이 자주 생겨났다. "큰 뜻은 사해를 달리고, 날개를 활짝 펴고 멀리 날아오르길 바랐다"는 소년의 이미지가 곧 중년이 되어가는 시인에게 떠오르는 듯했다. 뜨거운 햇볕이 내리쬐던 오전, 반짝이는 정원의 무궁화를 보며 시인은 젊음을 붙잡으려는 마음이 더욱 강렬해져서 마침내 충동적으로 이해의 세 번째 아시雅詩를 써내려갔다.

무성한 무궁화나무	采采榮木
여기에 뿌리를 내렸네.	結根於茲
새벽에 꽃잎 반짝이더니	晨耀其華
저녁 되자 사라졌다.	夕已喪之
인생도 잠시 맡겨진 듯하니	人生若寄
때가 되면 시든다.	顦顇有時
고요히 깊은 생각에 빠지니	靜言孔念
마음엔 슬픔이 차오르네.	中心悵而

무성한 무궁화나무 　采采榮木
여기에 뿌리를 맡겼네. 　於茲託根
무성한 꽃잎 아침에 피더니 　繁華朝起
슬퍼라, 저녁 되니 자취도 없네. 　慨暮不存
정절과 비겁은 사람에게 달려 있고 　貞脆由人
화와 복은 문이 따로 없다네. 　禍福無門
도가 아니라면 어찌 기대랴. 　匪道曷依
선이 아니라면 어찌 힘쓰랴. 　匪善奚敦

아, 어리석은 나는 　嗟予小子
천성이 고집스럽고 구차해라. 　稟茲固陋
지난날은 흘러갔고 　徂年既流
덕업은 옛날처럼 쌓지 못했다. 　業不增舊
여기에 뜻을 두고 쉬지 않았으나 　志彼不舍
이제는 술 취한 날들에 익숙해졌네. 　安此日富
나의 마음 　我之懷矣
괴로워 자책하네. 　怛焉內疚

옛사람들이 남긴 뜻을 　先師遺訓
내 어찌 버릴 텐가. 　余豈之墜
마흔에도 명성을 얻지 못하면 　四十無聞
두려워할 필요 없다 했지. 　斯不足畏
내 수레에 기름칠하고 　脂我名車
내 말에 채찍질해주오. 　策我名驥
천 리가 멀다지만 　千里雖遙
뉘라서 가지 않으리. 　孰敢不至

(「영목」)

「영목」의 주제는 「정운」 「시운」보다 명확하다. 시인은 한마디로 요약했다.

"장차 늙어감을 생각했다念將老也."

그러나 이는 순수하게 노년의 도래에 대한 두려움은 아니다. 젊음을 덧없이 보내고 아무런 성취 없이 늙을까 염려하는 내용이다. 옛사람들은 "마흔에도 명성을 얻지 못하면 두려워할 필요 없다 했지"의 구절을 근거로 이 시가 40세에 지어졌다고 판단했다. 그러나 전후의 구절을 자세히 음미해보면, 이 시구의 의도는 곧 마흔이 되니 늦기 전에 노력하라고 스스로를 권면하는 것이지, 자신이 지금 마흔이라는 말은 아니다. 또 시의 서문에는 "젊은 시절에 도를 들었지만, 백발이 되어도 이룬 것이 없다總角聞道, 白首無成"라는 구절이 있는데, 이 '백발'도 경계하는 말로서 장차 백발이 되도록 이룬 것이 없을까 두려워하는 것일 뿐, 지금 이미 백발임을 의미하는 것이라고 이해할 수는 없다. 시에는 생명이 덧없이 잠깐임을 슬퍼하는 내용이 있지만, 주요 정조는 역시 인생에 대한 적극적인 추구다. 도연명 윤리가치 생명관의 가장 대표적인 부분이다. 이 시의 음절은 앞의 두 시 「정운」 「시운」의 여유로움, 완만함과는 다르다. 더 급하고 빠르다. 하지만 여전히 사언시의 형식에는 부합한다. 『시경』의 '국풍'과 '소아' 작품에도 본래 강렬한 감정이 있었기 때문이다.

이 시는 주제가 명확하기 때문에 우리가 도연명의 사상을 깊이 이해하는 데 많은 도움을 준다. "인생도 잠시 맡겨진 듯" "도道" "선善" 등의 사상은 생명 의식과 도덕관념에 대한 도연명의 자각을 반영하고 있다. 도연명은 위진 현학의 자연철학 생명관의 영향을 받아 생명에 대한 인식이 상당히 이성적이다. 한위 시인의 계승자로서 도연명은 감성적인 방면에서 그들의 풍부한 생명 의식과 다양한 생명 정서를 이어받았다. 그래서 그는 고시의 저자, 삼조三曹, 완적, 혜강과 같이 때로는 격앙되고 때로는 감상에 빠졌으며, 때로는 초탈하다가 때로는 감정이 북받쳤다. 그리고 심지어는 허무 의식에 빠질 때도 있었다.

「영목」의 제1장은 시인이 생명의 물질성을 투철하게 인식한 후 생겨난 감상적인 정서를 표현했다. 이는 억제할 수 없이 본능적으로 생겨나는 인생에 대한 우환이라 할 수 있다. 시인은 이런 감정을 한껏 토로하고서야 마음속에서 해방감을 느낀다. 독자는 그의 작품을 읽으면서 그의 감정에 깊이 공감한다. 인생은 마치 기로에 선 듯 어디로 가야 할지 모르는 상황이다. 생명 의식을 자각한 후 허무에 빠져 도덕관념을 버릴 것인가, 아니면 물질적 향유를 버리고 도덕관념에 매진할 것인가? 도연명도 때로는 방임의 태도를 갖기도 했다. 예를 들면 「제인공유주가묘백하諸人共遊周家墓柏下」에서 가벼운 향락주의를 표현한 것처럼 말이다. 그러나 거시적인 관점에서 볼 때, 도연명은 적극적으로 생명의 의의를 찾고 있었다. 「영목」 제2장에서 그는 인생의 순간성을 느끼고 자립의 뜻을 세우며 도덕에 대한 자각을 추구했다. 신념을 지킬 것인지 세상과 타협할 것인지는 모두 자신의 의지로 결정한다. 착해서 복을 받고 악해서 화를 입고, 신이 선악을 판단해 인간에게 상벌을 행한다는 교조주의 설교는 근거 없는 말이다. 인생은 화초와 같이 잠깐 머물다 시들지만 그래도 사람은 화초와 다른 법, 화와 복이 느닷없다 하여 자신을 방치하고 아무렇게나 살 수는 없으니, 도에 귀의해 스스로 선업에 힘써야 한다. 도연명은 여기까지 적고 나서 정신을 더욱 가다듬고 확신에 찬 말투로 이렇게 말했다.

"도가 아니라면 어찌 기대랴. 선이 아니라면 어찌 힘쓰랴."

이 말은 스스로 깨우친 자각의 말일 뿐 아니라, 타인을 깨우치게 하는 언어라고도 할 수 있다.

도연명이 말하는 '도'와 '선'은 내면적 의미가 매우 풍부하다. 서문에서 "젊은 시절에 도를 들었지만, 백발이 되어도 이룬 것이 없다"라고 했을 때 그가 들었던 도는 바로 유가의 전통적인 생명 가치관으로, 그 요체는 "덕업을 높이고 닦는 것은 때에 맞게 쓰이려는 것"에 있다. 시에서 "도가 아니라면 어찌 기대랴"라고 한 도는 유가의 이런 행위로서의 도를 가리킨다. '선'은 모든 것이 '도'에 부합되는 행위의 준칙이다. 도연명이 도에 자신을 기대고 선을 앞세우는 것은 외부적인 약속이나 이해관계에 따른 것이 아니라 일종의 자각적 행위다. 은거와 출사를 막론하고 모두 여기서 말하는 원칙에 부합해야 한다. 그는 진정으로 자아를 주재할 수 있는 사람이 되었다.

「정운」「시운」「영목」, 이 세 편은 도연명 사언시의 최고봉이다. 사언시는 전국 시대에 거의 자취를 감추고 한대에 『시경』이 경전이 되면서 잠箴, 명銘, 송頌 등의 실용적 운문으로 변모해 시의 정신을 잃어버렸다. 한위 시인들도 때로는 복고 작품을 지었고 양진 시대에 아시 창작이 일시적인 풍조가 되기도 했지만, 자신의 정신과 개성적 취향을 표현한 이는 조조, 왕찬, 혜강, 세 사람뿐이다. 그중 조조의 사언시는 음률과 구식句式이 대부분 한악부漢樂府 사언을 따랐기 때문에 『시경』의 풍격과는 다소 차이가 있다. 동진과 서진의 사언시는 대부분 아송체雅頌體를 따랐기 때문에 전아함을 요지로 삼고 명리名理 학설과 칭송의 언사를 나열해 개인적 감정이 느껴지지 않는다. 도연명은 멀리로는 『시경』 '국풍' 작품들의 운치를 담으며 가까이로는 조조, 왕찬, 혜강, 세 사람의 사언시로 정신과 감정을 표현했던 창작 방식을 취해 뛰어난 창작 성취를 얻을 수 있었다. 도연명은 자주 복희씨 시대의 사람으로 자신을 비유했기 때문에 그 정신과 운치가 조조, 왕찬, 혜강, 세 사람보다 더 고풍스러웠을 것이다. 그래서 그가 『시경』을 모방한 것은 복고적인 문학 행위일 뿐 아니라 일상적 회고 정신의 표현이기도 하다. 이 역시 그의 사언시의 성공 원인 중 하나다.

도연명에게는 또 「화곽주부」 두 수가 있는데, 창화唱和의 대상과 시간이 명확하지 않다. 다만 시에서 묘사한 정경이 그가 초기에 관직을 그만두고 한거하던 상황과 비슷하다.

울창한 집 앞 숲은	藹藹堂前林
한여름 맑은 그늘을 감추어두었다.	中夏貯淸陰
남풍은 계절 따라 불어오고	凱風因時來
휘도는 바람은 내 품으로 들어온다.	回飆開我襟
어울림을 그만두고 한가로운 일로 노닐다	息交遊閑業
낮이나 밤이나 책과 거문고를 일삼는다.	臥起弄書琴
뜰의 채소는 넘치도록 자라는데	園蔬有餘滋
작년에 남은 양식 아직도 있네.	舊穀猶儲今
자신에게 바라는 것 참으로 한계가 있나니	營己良有極
과욕은 내가 흠모하는 바 아니라.	過足非所欽
조를 빻아 술을 담그고	舂秫作美酒
술이 익으면 나 한잔하리.	酒熟吾自斟
어린 아들 내 곁에서 노는데	弱子戲我側
말을 흉내 내지만 아직 소리가 아닐세.	學語未成音
여기에 참됨과 즐거움이 있어	此事眞復樂
잠시나마 부귀영화를 잊는다.	聊用忘華簪
아득히 흰 구름 바라보니	遙遙望白雲
옛 생각에 왜 이리 마음 무거워지는가?	懷古一何深

(「화곽주부」 제1수)

시에 묘사된 환경은 틀림없이 그가 젊은 시절 한거했던 옛집일 것이다. 「정운」「시운」「영목」 세 편의 시는 같은 장소가 배경이다. 도연명은 만년에 직접 경작하며 매우 힘겹게 가난과 추위를 견뎠다. 여기서 묘사한 정경은 그래도 약간은 여유가 있어 보인다. 게다가 "어린 아들 내 곁에서 노는데, 말을 흉내 내지만 아직 소리가 아닐세"라는 구절 역시 젊은 시절임을 나타낸다. 팽택령을 지내다가 사임할 때는 자식이 이미 장성해 있었다. "잠시나마 부귀영화를 잊는다"라는 말도 「계묘세시춘 회고전사」에 나오는 "나는 오로지 농토의 백성이로다" 구절처럼 아직 진정으로 벼슬을 그만두고 귀은했을 때의 말투는 아니다.

13장

팽택령을 사직하다

스물아홉 살에 잠깐 주좨주를 지낸 후 계속해서 환현, 유유, 유경선의 막료를 지내면서 도연명의 관직 생활은 잘 풀리지 않았다. 게다가 몇 차례 막부에서 일한 것이 전혀 주동적이 아니었다고 할 수는 없지만 기본적으로는 피동적이라서 빠져나가기 어려운 그물에 걸린 느낌이었다. 또 이때는 국가적으로도 혼란스러웠고 그의 고향 일대도 난리를 겪던 시기라 관직에 있던 도연명의 심경은 미루어 짐작할 수 있을 정도다. 그는 나중에 "더러운 그물망에 잘못 떨어져 단숨에 삼십 년이 지났지誤落塵網中, 一去三十年"라는 구절로 자신의 상황을 설명했는데, 이는 매우 사실적인 기록이다. 아쉽게도 후인들은 도연명의 관직 생활에 대해 자세히 알지 못하기 때문에 이 구절을 평소의 탄식으로 생각했다. 도연명의 생애와 구체적인 사적을 자세히 알 수는 없지만, 대강의 흐름은 그가 비교적 명확하게 서술했다.

「귀원전거歸園田居」 제1수를 보자. 첫 구절은 그의 초년 시절의 경력을 설명한다. "어려서부터 세속의 기질과 맞지 않았고, 본래 산을 좋아했다"라는 구절은 도연명 인생의 첫 번째 단락이다. 그가 어린 시절 집에서 학문을 익히며 덕업을 진작하면서 묵묵히 한거하며 영리를 추구하지 않고 자연을 사랑하는 생활을 했음을 보여준다. "더러운 그물망에 잘못 떨어져 단숨에 삼십 년이 지났지"라는 구절은 위에서 말한 것처럼 그의 관직 생활의 경력이다. 30년을 일설에는 상당히 오랜 기간이라는 뜻으로 해석하며, 일설에는 13년의 오류라고 해석한다. "새장 속의 새도 옛 숲을 그리워하고, 웅덩이의 물고기도 옛 연못을 생각한다. 남쪽 들판에 황무지를 개간하고, 순박한 본성을 지키고자 전원으로 돌아왔다羈鳥戀舊林, 池魚思故淵. 開荒南野際, 守拙歸園田"의 구절은 그가 팽택령을 사직한 후 은거 생활을 시작했을 때의 상황을 가리킨다. 왕홍, 단도제檀道濟 등이 예를 갖추어 방문하고, 조정에서 그를 저작좌랑에 임명하는 명을 내리기도 했지만, 그는 다시는 벼슬길에 나서지 않았다. 그래서 도연명의 인생은 젊은 시절의 한거, 장년 시절의 관직 생활, 중년에서 노년까지의 은거, 이렇게 세 단계로 나누어볼 수 있다.

관직 생활에 대해 도연명은 이미 상당한 피로감을 느끼는 상태였던 듯하다. 만약 도연명이 벼슬에 나간 일을 주동적 심리와 피동적 심리로 나누어 행위의 동기를 따져본다면, 그가 팽택령이 되어 임지에 갔을 때는 주동적 심리가 거의 사라진 상태였다. 그렇다면 그는 왜 이 길을 갔던 것일까? 한 가지 가능한 해석은 관직에 대한 미련이 조금은 남아 있었다는 것이다. 주지하다시피 대부분 피동적인 심리였다고 해도 도연명도 어쨌든 벼슬길을 들락날락하며 12~13년을 보냈다. 은거에 대한 염원이 자주 생겼지만, 그가 쉬고 싶다고 해서 즉시 쉴 수 있는 것도 아니었다. 또 생계에 대한 고려도 하나의 원인이라 할 수 있다. 막료의 수입은 매우 제한적이었지만, 현령은 훨씬 많은 수입이 보장되었다. 많은 은사가 은거하기 전에 현령직을 하는 경우가 많았는데, 이 역시 은거 이후의 생활을 위한 준비였다. 이것이 바로 『송서』「은일전」

에 기록된 도연명의 말, "다만 현령이나 하면서 은거할 때의 밑천을 삼으려 한다聊欲弦歌, 以爲三徑之資"라는 구절의 의미다. 도연명이 팽택령이 된 주요 동기는 여기에 있다. 스스로도 비교적 분명하게 말한 바 있다.

내 집은 가난해 경작을 해도 자급이 되지 않았다. 아이는 많아 집에 가득했지만 항아리에는 남은 양식이 없었고, 살아가는 데 필요한 물자를 구할 방법이 없었다. 친척과 친구들이 나에게 벼슬을 하라고 많이 권하니 혹하고 마음이 움직여 길을 찾아봤으나 얻지 못했다. 사방에 난리가 나자 제후들이 은덕을 베풀고 보살펴주었으며, 집안 숙부가 가난으로 고생하던 나를 작은 읍에서 쓸 수 있게 해주었다. 당시는 세상의 풍파가 진정되지 않아 멀리 가 일하는 것이 걱정되었는데, 팽택은 집에서 백 리 떨어진 데다 공전公田의 곡식으로 술도 담글 수 있어서 그곳의 자리를 얻었다. 며칠 지나자 문득 돌아가고 싶은 마음이 들었다. 어째서인가? 본래 성품이 자연을 닮아 억지로 애쓰지 못했기 때문이다. 주림과 추위에 비록 절박하긴 했지만, 내 뜻과 어긋나는 일이라 병든 것처럼 고통스러울 것이다. 지난날 세상일을 좇아 벼슬을 한 것은 모두 생계 때문이었는데, 마음이 슬프고 괴로워 평생 지켜왔던 신념에 부끄러웠다. 공전의 곡물 수확을 기다렸다가 옷깃을 여미고 조용히 떠나려 했는데, 정씨에게 시집간 누이가 무창에서 세상을 떠나는 바람에 달리는 말처럼 마음이 급해 스스로 관직을 그만두었다. 8월에서 겨울까지 팔십여 일을 관직에 있었구나. 일들이 마음 가는 대로 따른 것이라 글의 제목을 「귀거래혜」라 짓는다. 을사년 11월이다.(「귀거래혜사」 서문)

"혹하고 마음이 움직여 길을 찾아봤으나 얻지 못했다"라는 구절에서 보이듯 도연명은 현령이 될 수 있는 기회를 계속 찾고 있었다. 생계를 위해 벼슬하는 것은 옛사람들의 기준에서 도의에 부합하는 일이었다. 안연지의 「도징사뢰」도 도연명이 집이 가난해 벼슬을 구했던 일에 대해 매우 자세하게 설명했다. 하지만 현령이라는 자리도 그렇게 쉽게 얻을 수 있는 것은 아니다. 도연명은 서문에서 이 일에 대해 매우 진솔하게 서술하면서 그에게 이런 기회를 준 제후와 숙부에게 감사의 뜻을 표하기도 했다. 이를 보면 도연명은 사람됨이 매우 순박하고 진실하다. 그의 글은 구절마다 너무나 진실해서 조금의 꾸밈이나 과장도 없다. "사방에 난리가 나자 제후들이 은덕을 베풀고 보살펴주었으며會有四方之事, 諸侯以惠愛爲德"라는 구절에 대해서는 해석이 다양하다. 루친리의 주는 이렇게 말한다.

"사방지사는 사방의 대사를 경영하는 것이니, 유유 등이 기병해 왕위를 옹호한 것을 말한다. 『진서』「우담전虞潭傳」에는 '조정이 쫓겨 갔으나 우담은 세력이 약해 홀로 일어나지 못하고 버티며 사방 각지의 거병을 기다렸다'라고 하는데, 그 예증이다."

또 이런 말도 있다.

"제후는 유유 등을 가리킨다諸侯, 指劉裕等."(『도연명전』)

궁빈의 주는 다음과 같이 말한다.

"사방지사는 명을 받들어 멀리 다녀온 것을 말한다. 이공환李公煥의 주에서는 '건위가 되어 명을 받아 경도에 사신으로 다녀왔다'라고 한다."

또 이런 말도 있다.

"제후는 건위장군, 강주자사 유경선을 가리킨다."(『도연명집교전』)

전자의 학설이 비교적 합리적이다. 유유 등이 왕위를 옹호하려 했을 때 도연명은 진군참군이었기 때문에 응당 유유를 따라 경구로 갔어야 했다. 하지만 그랬다면 그는 현령도 되지 못했을 뿐 아니라 먼 객지에 가서 무슨 일을 겪었을지 모른다. 후에 유유가 유경선의 건위참군으로 그를 추천했으니, 이는 '제후'가 그에게 베푼 은혜인 셈이다. 그리고 유경선이 곧장 관직을 그만두었더라면 도연명의 벼슬길도 즉시 끝났을 것이다. 하지만 유유나 유경선은 도연명의 성실함과 그간의 고생에 대한 보상으로 그에게 현령으로 임직할 수 있는 자격을 주었다. 아마 그 과정에서 숙부인 도기의 도움도 받았을 것이다. 결론적으로 말해서 예장豫章 군에서 상급인 현이며 집에서 겨우 백여 리 떨어진 팽택 현은 사실 그에게 매우 좋은 자리였다. 팽택령이라는 직위 자체가 도연명에게는 매우 만족스러운 것이라고 할 수 있다.

벼슬을 그만둔 이유에 대해 도연명은 매우 분명하게 설명했다. 주좨주를 사직한 것과 마찬가지로 "벼슬아치 자리를 감당하지 못하겠다不堪吏職"는 것이다. 그는 주현의 벼슬자리에 대해 특히 참지 못하는 것 같았다. 당시 막료직은 비교적 우수한 인재들을 만나고 교류할 수 있었다. 그런데 주현의 벼슬아치들은 그리 뛰어난 인물이 없었고, 만나는 사람들도 안이나 밖이나 모두 통속적인 인물들이었다. 물론 도연명은 이런 일들을 그리 구체적으로 말하지 않았고, 단지 자신의 개성과 평소 추구하던 천진자연의 인격으로 관직을 그만둔 이유를 설명했을 뿐이다.

도연명은 생명을 '형形'(형체), '영影'(그림자), '신神'(정신)의 세 가지 경계로 나누었다. '형'은 물질적 생명과 그 욕구이며, '영'은 윤리적 가치의 표현, '신'은 자연과 도의 생명 경계, 즉 순수한 정신적 생명이다. 생계를 위해 출사하는 것은 물질적 생명의 요구를 따르는 것이므로 '형'의 영역에 속한다. 그런데 위의 인용문 중 "본래 성품이 자연을 닮아" 구절에서 말하는 것은 정신적 생명, 즉 '신'의 영역이다. 도연명은 이것을 또 "나己" "마음心"이라고 불렀으니, 즉 진정한 자아다. "주림과 추위에 비록 절박하긴 했지만, 내 뜻과 어긋나는 일이라 병든 것처럼 고통스러울 것이다"라고 했으니, 정신적 생명과 물질적 생명이 충돌했을 때 도연명은 결국 정신적 생명을 따르는 선택을 했다. 「귀거래혜사」에서 그는 이 문제에 대해 매우 분명하게 말했다.

> 돌아왔다. 전원이 황폐해지니 어찌 돌아오지 않으랴? 내 마음이 몸에 얽매여 부림을 받으니 어찌 이리 괴롭고도 슬픈가? 지난 일이라 말할 필요 없음을 느꼈으며, 다가올 일을 잘 따라야 한다는 것을 아네. 실로 길을 잃었으나 그리 멀리 가지는 않았으니, 지금이 옳고 지난날이 그르다는 것을 깨달았네.(「귀거래혜사」)

"내 마음이 몸에 얽매여 부림을 받으니"라는 구절은 13년 관직 생애와 생명의 모순에 대한 도연명의 총체적인 판단이다. 여기서의 "마음"은 '형' '영' '신' 중에서도 '신', 즉 정신과 같은 개념이다.

다른 글에서도 도연명은 자신이 관직을 그만둔 근본적 원인이 자신의 본성과 본래의 뜻에 있다고 말했다. 「귀원전거」의 "어려서부터 세속의 기질과 맞지 않았고, 본래 성품이 산을 좋아했다" "오래도록 새장 안에 갇혀 있다가 다시 자연으로 돌아왔네久在樊籠裡, 復得返自然" 구절도 마찬가지 설명이다. 「제종제경원문」에서도 다음과 같이 말했다.

> 나는 일찍이 벼슬길에 들어서 세상일에 얽매였을 때 물결처럼 흐르듯 살다가 이룬 것도 없이 본래의 뜻을 잃을까 두려웠다. 말채찍을 거두고 돌아오니 너는 나의 뜻을 알아주어 늘 함께 다니며 세상 사람들의 생각은 다른 곳에 두자고 염원했었지.(「제종제경원문」)

"본래의 뜻"은 본심, 즉 자연으로서의 순박한 성품이다. 도연명의 인생철학은 '참됨'을 추구하는 데 있다. "큰 뜻은 사해를 달리고, 날개를 활짝 펴고 멀리 날아오르길 바랐다" 구절에서 표현한 것도 참됨이며, "어려서부터 세속의 기질과 맞지 않았고, 본래 성품이 산을 좋아했다" 구절 역시 참됨에서 나왔다. 세상에 나오거나 은거하거나 그는 참됨을 거스르지 않았다. 그러나 이 '참됨'이라는 것은 벼슬하면서 실현하기는 어려운 것이다. 도연명이 13년간 관직 생활을 하면서 이에 대해 느낀 바가 깊었음은 말할 필요도 없다. 그의 오래된 모순과 고통도 모두 여기에서 왔다. 「여자엄등소」에서도 도연명은 아들에게 자신이 벼슬을 그만둔 이유를 말했다.

> 내 나이 오십을 넘었으니, 어려서는 가난으로 고생했고, 항상 집안이 어렵다보니 동서로 분주히 돌아다녔다. 성격이 고지식하고 재주는 둔해 세상 사람들과 자주 어긋나 세상에 화를 만든다고 스스로 생각했다. 애만 쓰다 세상을 등지고 떠나와 너희를 어려서부터 주리고 춥게 했구나.(「여자엄등소」)

"성격이 고지식하고 재주는 둔해 세상 사람들과 자주 어긋나"라는 말은 「귀거래혜사」의 "본래 성품이 자연을 닮아 억지로 애쓰지 못했기 때문이다"라는 말과 기본적으로 같은 의미다. 「여자엄등소」에서 도연명은 자신의 나이가 이미 오십이 넘었고, 팽택령을 사임한 때로부터 10여 년이 지났다고 했다. 그의 해석은 바뀌지 않았다. 우리는 왜 그의 진실한 말을 믿지 않고 자꾸만 새로운 해석을 찾으려 하는 것일까?

제3부

나, 자연으로 돌아가리라

14장

•

전원으로 돌아오다

도연명은 어린 시절에 직접 농경 생활을 해본 경험이 있다. 더러운 그물망에 잘못 떨어져 살았던 13년 동안 그는 계속 관직에 있었던 것은 아니고, 집으로 돌아와 한거하기도 했으며, 직접 경작을 하기도 했다. 「계묘세시춘회고전사」 2수는 원흥 2년 초봄에 집에서 지은 것이다. 이때 도연명은 아직 벼슬에 있었지만, 이미 전원으로 돌아가겠다는 생각을 갖고 있었다. 이 시는 지금까지 알려진 도연명의 작품 중 가장 초기의 경작시다.

예전에 남무 이야기를 들었지만	在昔聞南畝
그때 밭을 갈지는 못했다.	當年竟未踐
가난하기로는 안회 같은 사람도 있었다만	屢空既有人
봄이 오니 어찌 밭일을 피할 수 있으랴.	春興豈自免
새벽 일찍 수레에 짐을 싣고	夙晨裝吾駕
길에 막 들어서도 마음은 먼 데까지 내달린다.	啟塗情已緬

새로운 계절을 반기는 새들의 몸짓	鳥弄歡新節
미풍은 따뜻한 기운을 싣고 온다.	泠風送餘善
거친 땅은 찬 풀에 뒤덮여 있고	寒草被荒蹊
밭은 멀어 인적이 드무네.	地爲罕人遠
지팡이를 땅에 꽂은 노인은	是以植杖翁
아득히 떠나가 돌아오지 않는다.	悠然不復返
은거의 이치 세상의 상식에 부끄럽지만	即理愧通識
보전하는 정절은 어찌 하찮다 하랴.	所保詎乃淺

옛 스승의 유훈엔	先師有遺訓
도를 근심하고 가난함을 근심 말라 했네.	憂道不憂貧
바라보면 아득해 따르기 어렵지만	瞻望邈難逮
그 뜻은 오래도록 힘써 지키려네.	轉欲志長勤
쟁기 들고 즐겁게 때에 맞는 일을 하고	秉耒歡時務
웃으며 사람들에게 농사지으라 권한다.	解顏勸農人
평탄한 밭으로 먼 데서 온 바람이 지나면	平疇交遠風
어여쁜 새싹에 생기가 돋는다.	良苗亦懷新
비록 한 해 수확을 헤아릴 수는 없지만	雖未量歲功
농사일에 마음의 기쁨 커진다.	即事多所欣
밭 갈고 씨 뿌리다 간혹 쉬어도	耕種有時息
행인들 누구도 나루터를 묻지 않네.	行者無問津
해 지면 더불어 돌아가다	日入相與歸
한 병 술로 이웃 사람 위로하네.	壺漿勞近鄰
길게 읊조리며 사립문을 닫나니	長吟掩柴門
나는 오로지 농토의 백성이로다.	聊爲隴畝民

(「계묘세시춘회고전사」)

도연명의 이 농경은 실습의 성격이 있다. 첫 수의 첫 네 구절은 남무에서 농사를 지었던 옛사람 이야기를 알고 있었지만, 젊은 시절 벼슬 때문에 전원생활을 하지 못했음을 말한다. 그러나 지금은 생활에서의 빈곤 때문에 밭일을 하지 않을 수가 없다. 두 번째 수는 공자의 유훈을 말하고 있다. 즉 "군자는 도를 추구하지, 먹을 것을 추구하지는 않는다. 밭을 갈아도 굶주림은 그 가운데에 있으나, 학문을 하면 봉록이 그 가운데에 있다. 군자는 도를 근심하지, 가난함을 근심하지는 않는다君子謀道不謀食. 耕也, 餒在其中矣. 學也, 祿在其中矣. 君子憂道不憂貧"와 같은 의미다. 도연명 자신은 군자에 속하기 때문에 옛 스승의 유훈을 따를 뿐, 직접 농경을 할 필요는 없었다. 하지만 오랫동안 학문과 벼슬을 하다가 "세상일에 얽혀 이룬 것 없이 이리저리 흘러 다니기만 했다纏綿人事, 流浪無成."(「제종제경원문」) 그러다보니 도를 추구하는 것은 점점 더 요원해지고, 죽을 때까지 농사를 지으며 자급자족하는 생활로 돌아가고 싶어졌다. 이 시에서는 『논어』에 등장하는 식장옹植杖翁(지팡이 꽂고 농사짓던 은자), 장저, 걸익, 세 은자를 그리워한다. 제목에 회고라는 말이 들어가 있는 이유다. '회고전사'의 '전사田舍'는 농막을 말한다. 즉 농막에서의 회고, 농막에서 아득한 옛날의 일을 생각하는 것이다. 마지막 구절 "길게 읊조리며 사립문을 닫나니, 나는 오로지 농토의 백성이로다"는 제목의 의미가 담겨 있는 부분이다. 도연명의 회고는 좌사의 「영사」에서 구법을 배웠지만, 옛사람의 일을 읊으려는 것이 아니라 자신의 서정을 펼치는 데 주안점을 두었다. 도연명의 이 전원시는 정조가 비교적 경쾌하다. 이후의 침울하고 무거운 탄식이 담긴 전원시들과는 다르다.

도연명은 팽택령을 사직하고 정말로 전원에서 농사짓는 생활을 했다. 그가 지은 적지 않은 전원경작시에서도 근거를 찾을 수 있지만, 당시 그를 지켜본 사람들도 기록을 남긴 바 있다. 안연지의 「도징사뢰」에 다음과 같은 내용이 있다.

도를 지키며 세상과 어울리지 못했으니, 벼슬을 버리고 자신이 좋아하는 바를 따랐다. 세상의 어지러움에 몸을 담지 않고 그 바깥에 뜻을 두어 깊이 숨겨진 곳에 거처를 정하니, 사람들과 더욱 멀어지게 되었다. 논밭에 물을 대고 재배한 채소를 팔아 제사에 쓸 생선과 나물을 샀으며, 옷감과 장식을 짜 양식을 살 비용을 충당했다.(안연지, 「도징사뢰」)

이런 생활은 도를 지키며 고상하게 사는 미담이라고 말할 수도 있지만, 옆에서 보자면 다소 곤궁하고 어려운 삶이다. 그래서 당시 사람들은 그의 선택을 이해하지 못했다. 「제종제경원문」을 보면, 도연명도 오직 경원만이 그를 이해해 함께 어울렸을 뿐, 다른 이들의 수군거림은 아예 상대하지도 않았다고 말했다. 당시 친척과 친구들, 그리고 사회적 관계의 사람들도 도연명이 관직을 버린 일에 대해 평가가 엇갈렸다. 이렇게 보자면, 도연명이 시문을 통해 관직을 그만둔 자신의 심경을 고백한 것, 그리고 옛사람들이 빈궁을 견디며 지조를 지킨 일에 대한 감탄도 모두 그들의 평가에 대한 대답이었던 셈이다. 도연명이 벼슬을 그만둔 것은 세속에 영합하지 않는 용기 있는 행동이었고, 자신의 사상을 적극적으로 행동에 옮긴 일이었다.

귀은 초기의 도연명은 자신을 둘러싼 사상적 모순이 해결되었기 때문에 몸과 마음, 육체와 정신이 조화로웠고 즐거웠다. 「귀원전거」 5수는 이런 심경을 표현한 작품이다. 특히 제1수는 기쁨과 즐거움이 넘치는 전원을 표현했는데, 거의 도화원과 마찬가지다.

어려서부터 세속의 기질과 맞지 않았고 少無適俗韻
본래 성품이 산을 좋아했다. 性本愛丘山
더러운 그물망에 잘못 떨어져 誤落塵網中

단숨에 삼십 년이 지났지.	一去三十年
새장 속의 새도 옛 숲을 그리워하고	羈鳥戀舊林
웅덩이의 물고기도 옛 연못을 생각한다.	池魚思故淵
남쪽 들판에 황무지를 개간하고	開荒南野際
순박한 본성을 지키고자 전원으로 돌아왔다.	守拙歸園田
여남은 무 땅에 집터를 잡고	方宅十餘畝
초가집에 방은 여덟, 아홉 칸이라	草屋八九間
느릅나무, 버드나무는 늘어져 뒤 처마를 가리고	楡柳蔭後簷
복숭아나무, 자두나무 집 앞에 늘어서 있네.	桃李羅堂前
아련히 멀리 인가엔	曖曖遠人村
하늘하늘 집집마다 밥 짓는 연기.	依依墟裏煙
개들은 골목에서 짖어대고	狗吠深巷中
닭 울음소리 뽕나무 위에서 들려온다.	雞鳴桑樹顚
집 안엔 세상의 번잡함이 없고	戶庭無塵雜
빈방엔 한가함이 넘친다.	虛室有餘閒
오래도록 새장 안에 갇혀 있다가	久在樊籠裡
다시 자연으로 돌아왔네.	復得返自然

(「귀원전거」 제1수)

시인은 전원과 벼슬길을 대비하면서 자연에 몸을 맡기고 순박한 농촌으로 돌아간 자유의 정서를 충분히 표현했고, 아름다운 전원의 풍광을 노래했다. "오래도록 새장 안에 갇혀 있다가 다시 자연으로 돌아왔네" 구절을 읽으면 시인이 완전한 해탈 후의 가볍고 유쾌한 심경을 표현하고 있다는 느낌을 받는다. 두 번째 수는 전원에서 한가롭게 생활하는 일상의 정경을 묘사했다.

들판에 있으니 세상의 왕래 드물고　野外罕人事
외진 골목엔 찾아오는 마차도 없다.　窮巷寡輪鞅
대낮에도 사립문을 꼭 닫고　白日掩荊扉
빈방에서도 세상의 미련을 끊었다.　虛室絕塵想
때때로 먼 데 사는 이웃과　時復墟裏人
풀을 헤치고 오간다.　披草共來往
만나도 별스러운 말은 없고　相見無雜言
그저 뽕나무, 삼나무가 자랐다는 소리뿐.　但道桑麻長
뽕나무, 삼나무 날로 자라니　桑麻日已長
내 토지도 날로 넓어지네.　我土日已廣
다만 걱정은 서리와 싸락눈 내리면　常恐霜霰至
시들어 잡초더미처럼 될까봐.　零落同草莽
(「귀원전거」 제2수)

들판에서 거주했으니 도연명은 진정으로 평민의 생활을 한 것이다. 왜냐하면 당시의 사족들은 모두 성읍에서 살았기 때문이다. 도연명이 관직에 있을 때는 도연명 집안도 당연히 성읍 안에 살았다. 후한의 장형은 「귀전부歸田賦」라는 작품을 지었는데, 도연명의 작품에 나오는 "귀원전歸園田" "귀전歸田" 등의 어휘는 아마도 「귀전부」에서 차용했을 것이다. 도연명이 여기서 말한 귀원전거는 "원전거園田居"로 돌아왔다는 말이다. "원전거"는 「계묘세시춘회고전사」에 나오는 "전사田舍", 즉 농막을 가리키기도 하고, 또 통상적으로 말하는 농경지와 농원을 의미하기도 한다. 도연명의 집안은 관직에 종사하는 가문이었기 때문에 정식 거주지는 당연히 성읍 안에 있었다. 『송서』 「대옹전戴顒傳」을 보면, "문제 원가 2년에 조를 내려 왈, 통직산기시랑 대옹과 태자사인 종병을 새로 제수했으나 전원에 뜻을 두어 스스로 오두막을 찾았다"라는 기록이 있다. 동진 육조 시기에 사족들은 보통 성읍에 거주했는데, 대부분은 대규모의 장원을 보유하고 있었다. 이른바 은거라는 것은 사실 성읍에 있는 귀족들의 거주지를 벗어나 농촌의 장원으로 돌아가 거주하는 것이다. 관직에 종사하는 일족의 가장 큰 특징은 사인 간의 교제 활동이 많다는 점인데, 이는 사족의 일반적인 생활 방식이다. 전원은 사족이 거주하는 성읍에서 멀리 떨어져 있기 때문에 자연히 사족이 교제할 수 있는 환경과도 멀리 떨어져 있다. 「귀원전거」 제1수에서 도연명이 말한 "집 안엔 세상의 번잡함이 없고"라는 구절은 바로 그 세속의 교제 활동이 없음을 가리킨다. 이 '번잡함'은 제2수의 "들판에 있으니 세상의 왕래 드물고"에서 말하는 '세상의 왕래'이니, 그래서 도연명은 "외진 골목엔 찾아오는 마차도 없다"라고 한 것이다.•

도연명의 이 연작시는 은거를 시작한 후의 한가함, 경작, 음주, 산수자연에서의 유람 등과 같은 생활의 내용을 표현했는데, 거기에 시를 더하면 기본적으로 은거 생활의 전부를 포함하고 있다고 할 수 있다. 도연명이 이 연작시의 제목을 「귀원전거」라고 붙인 것은 자신의 은거 생애를 펼쳐 보이고 싶은 이유에서였다. 자신의 자유롭고 쾌적한 심경을 마음껏 적은 글인 동시에, 다른 한편으로는 귀은이라는 자신의 선택에 이의를 가진 사람들에 대한 대답이기도 했다. 때때로 그는 이런 힘겨운 농경 생활을 잘 버티라고 스스로 격려하기도 했다.

뽕나무, 삼나무 날로 자라니
내 토지도 날로 넓어지네.
다만 걱정은 서리와 싸락눈 내리면

• 저자는 「귀원전거」의 "원전거"를 도씨 집안이 소유한 장원으로 보고 있다. 도연명이 이 장원 내부의 농막에서 거주하며 장원의 토지에서 농사를 짓고 은거를 시작했다는 것이다.

시들어 잡초더미처럼 될까봐.(「귀원전거」 제2수)

길은 좁은데 초목은 길게 자라 道狹草木長
저녁 이슬에 내 옷자락이 젖네. 夕露沾我衣
옷 젖는 것은 아쉽지 않으나 衣沾不足惜
다만 내 마음 어긋나지 않기를. 但使願無違
(「귀원전거」 제3수)

비록 시인 자신의 선택이긴 했지만, 은거를 계속하기 위해서는 어려움을 극복해야 했다. 시인의 위 구절들은 모두 상징성을 띠고 있다. 도연명이 농막에서 거주하던 시기에 창작한 시들은 대부분 평담하고 한적한 풍격인데, 이는 그의 은거 생활 초기가 비교적 유쾌했음을 설명한다.

은거 생활 4년째에 도연명이 거주하던 농막에 화재가 발생했다. 이 화재 때문에 도연명은 경제적으로도 상당한 손실을 입고 정신적으로도 큰 타격을 받았다. 은거 생활 초기 몇 년 동안의 유쾌함과 즐거움도 상당 부분 잃어버렸다. 이때가 도연명 은거 생활의 전환점이라고 할 수 있다. 이후의 시에서는 더 격렬한 정서를 표현했고, 내용도 대부분 빈부에 대한 만감이 교차하는 심리, 그리고 빈궁함 속에서 지키는 절개에 대한 것들이었다. 「영빈사」 7수, 「음주」 20수 등의 시편이 바로 이런 심리에서 창작한 것들이다. 「무신세유월중우화」는 도연명의 시가 격렬한 정서로 전환되는 초반의 작품이다.

궁벽한 마을에 초가집 하나 얹어두고 草廬寄窮巷
화려한 가마의 인생은 기꺼이 사양했다. 甘以辭華軒
한여름 거센 바람 오래 불더니 正夏長風急

숲 속 내 집 불에 타 쓰러졌다. 林室頓燒燔
온 집에 벽 하나 남지 않아 一宅無遺宇
수풀 입구에 배 띄워 사네. 舫府蔭門前
그윽한 가을밤에 접어들어 迢迢新秋夕
아득한 저 달은 둥글어가는데 亭亭月將圓
열매와 채소는 다시 피어나건만 果菜始復生
놀란 새들은 아직 돌아오지 않는다. 驚鳥尚未還
한밤에 우두커니 생각에 빠져 中宵佇遙念
온 천지 사방을 둘러본다. 一盼周九天
젊은 날부터 고고한 지조를 품고서 總髮抱孤介
문득 사십 년을 보냈네. 奄出四十年
몸은 자연의 섭리대로 변해가도 形跡憑化往
심신은 오래도록 홀로 여유롭다. 靈府長獨閑
내 정절 강직하고 변치 않았으니 貞剛自有質
옥석도 이만큼 단단하지 않으리. 玉石乃非堅
우러러 동호계자東戶季子의 태평성대를 그리워하나니 仰想東戶時
양식은 남아돌아 밭에다 쌓아두고 餘糧宿中田
걱정 없이 배 두드리며 鼓腹無所思
아침이면 일어나고 저녁이면 돌아와 잠들었다지. 朝起暮歸眠
이런 세상 이미 만날 수 없으니 既已不遇茲
서쪽 밭에 물이나 주러 가야겠네. 且遂灌西園

(「무신세유월중우화」)

"궁벽한 마을에 초가집 하나 얹어두고 화려한 가마의 인생은 기꺼이 사양했다"라는 구절은 "들판에 있으니 세상의 왕래 드물고, 외진 골목엔 찾아오는 마차도 없다" "내 가난한 골목은 수렛길과 멀리 떨어져 친구들도 수레를 돌리고 찾지 못한다네" 구절과 유사한 내용으로, 모두 그가 은거를 시작한 처음 몇 년의 상황을 가리킨다. 이곳은 도연명이 살기에 그래도 꽤 편안했던 곳인데, 지금은 화재를 만나 거주할 공간이 조금도 남지 않았다. 한여름부터 초가을까지 도연명과 가족은 폐허가 된 농막 앞, 하천에 떠 있는 배에서 살았으니, 생활의 궁핍함이 어느 정도였을지 짐작할 만하다. 이런 곤궁함 속에서 시인은 외롭고 고고하게 살아온 인생을 회상하면서 곧고 강직한 정신으로 스스로를 다독였다. 이런 방식으로 그는 이성으로 자신을 억제하고 모순을 극복해 마음의 평화를 얻고, "몸은 자연의 섭리대로 변해가도 심신은 오래도록 홀로 여유"로운 인생철학을 얻었다. 우주의 섭리 속에서 생명은 여러 가지 순경順境과 역경, 곤궁과 순통順通을 만나게 되어 있지만, 이런 것들은 인간이 자신의 의지로 어쩌지 못하는 것들이다. 하지만 우리의 마음은 그렇지 않다. 스스로 주재할 수 있으며, 자유롭고 한가로운 상태로 둘 수도 있다. 이런 생명철학은 이번 화재로 곤궁을 겪으며 얻은 깨달음이라기보다는 시인의 일관된 사상이 다시 한번 표현된 것이라 할 수 있다. 그리고 시인은 상고 시대의 순박하던 "동호계자의 태평성대"를 떠올린다.• 그때 사람들은 사유의 개념도 없었고, 재산 문제로 근심할 필요도 없었다. 하지만 자신은 이미 이런 세상을 만나지 못했고, 그저 우릉중자于陵仲子처럼 밭에 물이나 주며 사는 수밖에 없었다.

그가 거하던 농막이 불탄 후에 다시 집을 지었는지는 알 수 없다. 배 위에서의 생활도 임시방편일 뿐이다. 배에서 생활한 목적도 어쩌면 약간의 재산을 지키려는 것일 수도 있다. 집이 불탈 때 그가 집 안에

• 동호계자는 『회남자淮南子』에 기록된 전설 속의 임금이다. 그가 다스리던 시대에는 땅에 물건이 떨어져도 누구 하나 줍지 않았고, 농기구와 양식을 그저 밭에 쌓아두었다고 한다.

서 양식이나 그 밖의 생산품, 생활용품 등을 가지고 나왔는지도 모른다. 어쩌면 이것이 그가 "양식을 그저 밭에다 쌓아두었던" 동호계자 시대의 전설을 떠올린 이유일 수도 있다. 또 다른 가능성은 농막이 불탄 후, 도연명이 시상의 옛집으로 돌아와 잠시 살았다는 것이다. 「환구거還舊居」는 이 일에 대해 쓴 시다.

예전에 내 집 상경에 있어	疇昔家上京
육 년 전에 떠난 곳 다시 돌아왔다.	六載去還歸
오늘 다시 와보니	今日始復來
슬픔이 넘쳐 가슴이 아파라.	惻愴多所悲
논밭은 옛 모습과 달라지지 않았지만	阡陌不移舊
마을과 집들은 간혹 바뀌었구나.	邑屋或時非
내 살던 옛집 거닐며 둘러보니	履歷周故居
이웃의 노인들 남아 있는 이가 드물다.	鄰老罕復遺
천천히 걸으며 옛 자취 찾아보니	步步尋往跡
어떤 곳은 꽤나 그대로일세.	有處特依依
인생 백 년을 흘러가면서	流幻百年中
추위와 더위, 날마다 서로 재촉하며 지나가지.	寒暑日相推
다만 내 생명 끝났을 때	常恐大化盡
기력이 쇠약해지지도 않았을까 걱정이네.	氣力不及衰
아서라, 생각일랑 멈추고	撥置且莫念
한 잔 가득 마시자.	一觴聊可揮

(「환구거」)

루친리의 주에는 "상경은 시상의 한 마을 이름이다. 이공환의 주를 보면 『남강지南康志』에 성에서 5리쯤 떨어진 곳에 상경이란 곳이 있는데, 도연명의 옛집이다'라는 말이 있다"라고 했다. 상경은 분명 도연명이 살던 관사가 있던 곳이다. 시에서 바뀌었다는 마을과 집은 성안의 집을 가리킨다. "마을과 집들은 간혹 바뀌었구나"라는 구절은 두보의 「추흥秋興」에 있는 "왕후의 저택은 모두 주인이 바뀌었네王侯第宅皆新主"와 같은 의미로, 마을 사람들에게 변고가 생겼음을 말한다. 이웃의 노인들은 오랫동안 함께 보았던 이웃들로, 단순한 농부가 아니라 관직에 있던 이들이다. "내 살던 옛집 거닐며 둘러보니"라는 구절로 보아 도연명 가족이 살았던 이 집은 규모가 작지 않았으며, 전원에서 은거하며 살던 집이 아니라 관직에 있던 당시의 거소였음을 알 수 있다. 도연명은 어려서부터 이 집에서 살았고, 중간에 벼슬 때문에 잠시 떠났었다. 이번 농막의 화재 때문에 어쩔 수 없이 성읍에 가까운 옛집으로 돌아왔지만, 이미 은거를 시작한 사람으로서 여기에 사는 것은 농사일에도 불편할 뿐 아니라 은거의 초심에도 어긋나는 일일 수 있다. 그래서 옛집으로 돌아온 이번 일은 도연명에게 조금도 즐겁지 않았다. 한두 해가 지난 후 도연명은 다시 성읍에 가까운 이곳을 떠나 남촌으로 이주했다. 시기를 고증해보면, 의희 7년, 농막이 불탄 지 3년 되는 해였다. 다음은 「이거移居」 2수다.

예전부터 남촌에 살고 싶었는데	昔欲居南村
좋은 집터라고 점괘를 본 것은 아니었다.	非爲卜其宅
순박한 성품의 사람들이 많다고 들어	聞多素心人
즐겁게 더불어 세월을 보내고 싶었다.	樂與數晨夕
이렇게 생각한 지 꽤 여러 해 되었지만	懷此頗有年
오늘에야 이렇게 옮겼다.	今日從茲役
누추한 내 집 넓을 필요 있겠는가?	弊廬何必廣
해진 침상과 자리로도 족하다.	取足蔽床席

이웃들은 수시로 찾아와　　　鄰曲時時來
고담준론으로 옛날의 일을 이야기한다.　　　抗言談在昔
좋은 글은 함께 감상하고　　　奇文共欣賞
의심 가는 내용은 함께 따져본다.　　　疑義相與析

봄가을에 화창한 날 많아　　　春秋多佳日
산에 올라 새로 쓴 시를 읊는다.　　　登高賦新詩
대문을 지나다 불러내고　　　過門更相呼
술 있으면 따라 마시지.　　　有酒斟酌之
농사일이 바쁘면 각자 돌아갔다가　　　農務各自歸
한가해지면 문득 생각난다.　　　閑暇輒相思
생각나 웃옷 걸치고 찾아가면　　　相思則披衣
주고받는 환담 질리지도 않는다.　　　言笑無厭時
이런 즐거움 어찌 좋지 않은가?　　　此理將不勝
함부로 이곳을 떠나지 않으려네.　　　無爲忽去茲
옷과 음식 꼭 장만해야 하나.　　　衣食當須紀
농사일은 날 속이지 않으리.　　　力耕不吾欺
(「이거」)

남촌은 농막에서 살던 때에 비해 더 북적이는 곳이라 예전의 농가 마을처럼 농민들만 사는 것이 아니라 사인들이 많이 거주했다. 그러나 남촌 역시 전원 지역이었기 때문에 어떤 사람은 도연명처럼 은일하는 사람이었고, 간혹 서민 신분의 지식인도 있었다. 남촌은 도연명의 장원 농지에서 비교적 가까웠을 것이다. 도연명은 이곳에서 농사를 지으며 은거했다. 이공환의 주에는 "남촌은 율리栗里다"라고 되어 있다. 도연명은 이번 이주 이후 세상을 떠날 때까지 줄곧 남촌에서 살았다. 「음주」

「영빈사」 등의 시는 남촌으로 이주한 이후에 지은 것이다. 「영빈사」 제2수에서 도연명은 남촌 오두막에서의 생활 모습을 묘사했다.

차가운 한 해의 끝자락에 　淒厲歲云暮
베옷을 안고 집 앞 처마에서 햇볕을 쬐네. 　擁褐曝前軒
남쪽 밭에는 남은 채소가 없고 　南圃無遺秀
북쪽 뜰에는 메마른 가지만 가득하네. 　枯條盈北園
술병을 기울여도 한 방울도 남지 않고 　傾壺絶餘瀝
부엌을 봐도 연기가 나지 않는다. 　闚竈不見煙
시서는 자리 안팎에 가득하지만 　詩書塞座外
날 저물도록 연마할 겨를도 없네. 　日昃不遑研
나의 한거는 공자께서 진陳에서 만난 곤경과 다르니 　閑居非陳厄
자로가 노여워 뵙고 올린 말이 맘속에 생겨나네. 　竊有慍見言
어떻게 내 마음 위로할까? 　何以慰吾懷
지난날 수많은 현인에 의지하리라. 　賴古多此賢
(「영빈사」 제2수)

도연명이 젊은 시절을 보낸 상경의 옛집에는 「정운」 「여자엄등소」에서 보이듯 "동원東園" "동헌東軒" "동창東窓" "북창北窓"이 있었다. 그런데 남촌에는 "전헌前軒" "남창南窓" "북원北園"이 있다. "베옷을 안고 집 앞 처마에서 햇볕을 쬐네"나 "시서는 자리 안팎에 가득하지만" 구절을 보면 그의 집이 얼마나 비좁고 누추한지 알 만하다. 「이거」에서 "누추한 내 집 넓을 필요 있겠는가?"라고 말한 상황과 비슷하다.

도연명의 경작지는 집 안의 농원과 남촌 두 곳 말고도 서전西田, 하손전下潠田 두 곳이 더 있다. 이 두 곳은 도연명이 평소 거주하는 곳은 아니지만, 농사를 지을 때 종종 거주하며 수확을 하기도 했던 곳이다.

「경술세구월중어서전확조도庚戌歲九月中於西田穫早稻」는 서전에서 수확한 일을 쓴 시다.

인생이 따라야 할 도가 있으니　　人生歸有道
입을 옷과 먹을 음식이 그 시작이라.　　衣食固其端
뉘라서 이를 돌보지 않고　　孰是都不營
스스로 편안할 수 있으리.　　而以求自安
초봄부터 농가의 일상 바빴으니　　開春理常業
한 해의 수확 볼 만하구나.　　歲功聊可觀
새벽이면 나가 세세한 일부터 힘쓰고　　晨出肆微勤
해가 지면 곡식을 지고 돌아왔지.　　日入負禾還
산중엔 서리와 이슬 많아　　山中饒霜露
바람과 공기, 계절보다 먼저 차가웠네.　　風氣亦先寒
농가가 어찌 고단하지 않으랴?　　田家豈不苦
이 고생을 벗어날 길이 없네.　　弗獲辭此難
사지는 참으로 피곤하건만　　四體誠乃疲
또 다른 병환이 없기만을 바랐다.　　庶無異患干
손발을 씻고 처마 밑에서 쉬다　　盥濯息簷下
술 한 말에 굳은 얼굴과 마음을 편다.　　斗酒散襟顏
농부로 은거한 장저와 걸익의 높은 뜻　　遙遙沮溺心
천 년 지나 나에게 이어지는구나.　　千載乃相關
다만 원하기는 오래도록 이와 같아　　但願長如此
농사일로 한탄하지 않게 되길.　　躬耕非所歎

(「경술세구월중어서전확조도」)

「귀거래혜사」에서는 "농부가 나에게 봄이 왔다고 알려주면 곧 서주西

疇에 가 일하리라. 혹 휘장 친 수레를 끌고, 혹 한 척의 배를 저어 깊디 깊은 계곡을 찾아가기도 하며, 험하디험한 산을 오르기도 하리라"라고 했다. 여기서 말하는 서주는 서전이다. 서전은 속칭이고, 서주는 도연명이 글에서 고상하게 표현한 말이다. 이곳에 있는 도연명의 밭은 그가 사는 곳에서 꽤 먼 곳이고, 산속에 있다보니 수레나 배를 타고 가야 했다. 그곳에 도착하면 농사철이라 아예 머무르는 일이 많았다. 집도 낡고 누추한 데다 산속이라 바깥보다 훨씬 추웠다. 도연명은 작물을 수확하고 돌아와 피곤한 몸을 녹이고 온기를 얻으려고 처마 밑에 앉아 술을 마시기도 했다. "손발을 씻고 처마 밑에서 쉬다 술 한 말에 굳은 얼굴과 마음을 편다"는 구절이 이런 상황이다. 작은 오두막은 낡아 실내도 깊지 않았고, 넓은 방이나 마루도 없었다. 담장 앞 처마 밑만 다소 널찍해 마당을 맞대고 바깥 풍경도 볼 수 있었다.

성읍에 있는 도연명의 주택은 비교적 넓었던 것 같다. 「여자엄등소」에는 "오뉴월 중에 북창 아래에 누웠는데 서늘한 바람이 간혹 스쳐 지나가면, 나는 복희씨 시대의 사람인가 하고 자주 말하곤 했다"라는 구절이 있고, 「정운」에는 "술 있고 술 있어 동쪽 창가에서 한가히 마시네"라는 구절이 있는데, 모두 옛 주택에서 쓴 글이다. 그의 농원에 있던 농지도 꽤 컸던 모양이다. "여남은 무 땅에 집터를 잡고 초가집에 방은 여덟, 아홉 칸이라. 느릅나무, 버드나무는 늘어져 뒤 처마를 가리고, 복숭아나무, 자두나무 집 앞에 늘어서 있네"라는 구절이 있다. 그래서 도연명은 농사도 지으며 한거할 곳으로 여기를 택했다. 「귀원전거」 제5수는 이곳에서 술을 마시는 모습을 다음과 같이 묘사했다.

"새로 익은 술을 거르고 닭 잡아 이웃을 부른다. 날 저물어 방 안이 어두우니 싸리불 피워 등잔불 대신하네. 즐거움이 무르익으니 짧은 저녁이 아쉬워라. 어느덧 새벽이 밝아오네漉我新熟酒, 只鷄招近局. 日入室中闇, 荊薪代明燭. 歡來苦夕短, 已復至天旭."

이런 묘사를 "손발을 씻고 처마 밑에서 쉰다"는 구절과 비교해보면 이 집의 넓이가 어느 정도 되는지 가늠할 수 있을 것이다. 도연명은 하루를 고되게 일하고 나서 저녁이면 돌아와 씻은 후에 처마 밑에 앉아 집에서 담근 술로 마음을 풀었다. 여느 평범한 농부와 다름없는 모습이다. 주위에는 다른 농가가 모여 있었고, 그들도 농부들이었다. 도연명은 자신이 직접 농경을 경험한 후에 농민의 생활에 대해 깊은 동정을 느끼기도 했다.

"산중엔 서리와 이슬 많아 바람과 공기, 계절보다 먼저 차가웠네. 농가가 어찌 고단하지 않으랴? 이 고생을 벗어날 길이 없네."

그러나 그 동정 뒤에는 자력으로 의식주를 해결하는 생활에 대한 찬탄이 이어진다.

"사지는 참으로 피곤하건만, 또 다른 병환이 없기만을 바랐다."

여기서 말하는 병환이란 명리를 추구하며 생기는 여러 이해관계에 얽힌 일을 말한다. 즉 도연명이 「여자엄등소」에서 "성격이 고지식하고 재주는 둔하니 세상 사람들과 자주 어긋나 세상의 화를 만든다고 스스로 생각했다"고 한 그 "세상의 화"다.

「병진세팔월중어하손전사확丙辰歲八月中於下潠田舍穫」은 그의 또 다른 토지인 하손전에서 수확한 일을 묘사했다.

경작에만 의존하는 가난한 살림	貧居依稼穡
일하러 동쪽 숲 언저리로 간다.	戮力東林隈
봄 일 고되다 말하지 마라.	不言春作苦
품은 뜻 저버릴까 늘 고심한다.	常恐負所懷
사전은 추수를 기다리다	司田眷有秋
곡식 익었다고 전해오니 내 마음도 흐뭇해.	寄聲與我諧
오래 배고프던 나는 처음으로 배부를 생각에 기뻐	飢者歡初飽

옷가지 챙겨 입고 새벽닭 울기를 기다린다.　束帶候鳴雞
노를 저어 잔잔한 호수를 건너고　揚楫越平湖
물결 따라 맑은 계곡을 돌아간다.　汎隨淸壑回
아무것도 없는 황량한 산속　曖曖荒山裡
원숭이 울음소리 나른하고도 처량한데　猿聲閑且哀
슬픈 바람은 깊은 밤을 사랑하고　悲風愛靜夜
숲 속의 새는 새벽녘을 좋아한다.　林鳥喜晨開
나 이곳에 와　曰余作此來
화성이 열두 번 기울었네.　三四星火頹
내 몸과 나이 이미 늙어가지만　姿年逝已老
밭일 버려두지 않았네.　其事未云乖
옛날 삼태기 멨던 노인에게 말씀드리고　遙謝荷蓧翁
잠시 그를 따라 은거해볼까?　聊得從君棲
(「병진세팔월중어하손전사확」)

서전의 지리적 위치는 농원이나 남촌의 서쪽일 것이다. "일하러 동쪽 숲 언저리로 간다"는 구절을 보면 하손전은 농원의 동쪽이며, 서전과는 다른 방향임을 알 수 있다. 이곳 농지에서 일하는 농부를 그는 '사전'이라고 불렀는데, 도연명 집안을 대신해 밭을 관리하는 사람이다. 그가 도연명에게 와서 하손전 일대의 곡식이 다 익었다고 하자 도연명은 그 말을 듣고 매우 기뻐한다. 이 밭과 도연명이 평소 거주하는 농원 사이에는 호수가 하나 있다. 배를 타고 이 호수를 건너고 다시 계곡을 따라 들어가면 황량한 산이 있고, 그곳에 도연명 집안의 농원과 밭이 있다. 이곳은 서전 일대보다 더 외지고 황량한 곳이라 밤이면 원숭이 울음소리도 들을 수 있다. 새벽이 와 숲 속의 새가 울어대면 맑은 새소리를 따라 도연명의 마음도 즐거워진다. 그리고 그는 하손전에서 경작한 일을 회상한다. "나 이곳에 와 화성이 열두 번 기울었네" 구절에 대해 루친리의 주는 "화성이 열두 번 떨어졌다는 것이니, 다시 말해 이미 12년이 되었음을 말한다. '성화星火'는 화성을 가리킨다"라고 해석했다. 의희 원년에 전원으로 돌아와 은거한 후로부터 병진년, 즉 의희 12년까지는 정확하게 12년이 지났는데, 도연명은 해마다 이곳에 와서 경작하고 수확도 했다. 이를 보면 도연명은 은거를 시작할 때부터 직접 경작해왔음을 알 수 있다. 그는 「유회이작」에서 "꽤 능숙한 농부가 되었으나 흉년을 만났다"라고 자칭하기도 했는데, 이는 사실적인 기록이다.

15장

신선과 의협을 생각하다

도연명이 팽택령을 사직하고 전원으로 돌아온 귀은 초기는 그의 창작에서 풍요로운 기간이었다. 「귀원전거」 등의 작품 외에도 그는 「독산해경」 13수를 썼다. 다음은 제1수다.

초여름 초목은 자라고
집 주위로 나무들 더욱 무성해졌다.
새들도 깃들 나무가 있어 즐겁듯
나도 내 집을 사랑한다.
밭 갈아 이미 파종했으니
독서의 시간이 왔다.
내 가난한 골목은 수렛길과 멀리 떨어져
친구들도 수레를 돌리고 찾지 못한다네.
즐거이 봄 술을 마시려고
뜰의 채소를 딴다.

가는 비는 동쪽에서 불어오는데,
부드러운 바람이 함께하는구나.
『목천자전』 이야기를 두루 훑어보며
『산해경』의 그림을 흐르듯 살펴본다.
위아래로 온 우주를 나 보았으니
즐겁지 아니한가?(「독산해경」 제1수)

도연명의 시에서 "가난한 골목"이니 "누추한 골목"이니 하는 말은 모두 농원의 농막을 말한다. 여기서 "내 가난한 골목은 수렛길과 멀리 떨어져 친구들도 수레를 돌리고 찾지 못한다"라고 한 것은 「귀원전거」 제5수의 "들판에 있으니 세상의 왕래 드물고, 외진 골목엔 찾아오는 마차도 없다"라는 구절과 같은 의미다. 고요한 초여름의 어느 날, 정원에선 초목이 무성하게 자라고, 나무들은 집 주위를 빽빽하게 둘러싸고 있다. 파종을 끝낸 도연명은 서늘한 바람이 스치는 북쪽 창문 아래에 앉아 있는데, 마음은 마치 세상과 멀리 떨어진 곳에 있는 듯하다. 지금 그의 마음은 까마득히 먼 곳까지 날아가 돌아오지 않고 있는 것 같다. 최근 며칠간 책을 뒤적였는데, 그중에서도 곽박郭璞이 주를 단 삽도본 『산해경』과 급총汲塚에서 출토된 주 목왕周穆王 이야기를 적은 『목천자전』이 가장 마음을 움직였다. 마치 그 속에서 온 우주의 흥미로운 모습을 다 본 듯한 느낌이었다. 도연명의 마음은 자신도 모르게 책 속으로 빠져들었다. 상고 시대부터 전해오던 이야기, 골목마다 입에서 입으로 떠돌던 전설, 그리고 세상의 신비로운 이야기를 수집한 사람들이 적어놓은 각종 서적에서 신선의 일과 기이한 내용을 끊임없이 읽었다. 전해오는 한나라의 시나 위 무제 조조, 조식, 완적, 장화, 그리고 동진의 곽박, 유천 등의 시에도 유선遊仙에 대해 적지 않은 환상이 표현되었다. 도연명은 어린 시절부터 지식인으로서의 이성이 충만했기 때문에 잡스러운 소문이나 신비롭고 허황한 귀신 이야기는 귀담아듣지 않았다. 하지만 문인들의 화려한 필치로 흥미진진하게 전개되는 신선 세계에 대한 창작은 거부할 수 없이 사람을 끌어당기는 힘이 있었다. 나이 일고여덟 시절에는 아직 겁약한 나이라 죽음이라는 비밀이 있다는 것을 알게 되자 무한한 두려움을 느꼈다. 죽으면 어떤 느낌이 들까? 너무나 무서운 일이었다. 매일 밤 칠흑 같은 어둠의 장막을 바라보면 마치 끝없는 심연에 빠진 것만 같았다. 다른 이들에게 들은 말로는 늙지 않고 오래 사는 신선도 있다는데, 신선이 되는 것은 배울 수 있다고 한다. 이것은 얼마나 큰 위안이 되는 소식인가? 후에 나이를 더 먹고 생각도 더 자라서 죽음에 대한 공포심도 사라지고, 신선의 이야기가 어떤 것인지도 알게 되었다. 옛날부터 전해오던 이 이야기가 모두 거짓이며 요즘 사람들이 배우고 있는 불로장생의 신선술이 다 어리석은 짓이라고는 감히 단언할 수 없지만, 지금 『목천자전』이나 『산해경』의 그림을 마주하니 신선에 대한 환상이 또 사실처럼 느껴진다. 그것이 사실이든 거짓이든, 상상에 한번 빠져보면 또 어떠하랴. 최근 시에 대한 흥취에 자주 빠지는데, 눈앞의 이런 좋은 글감들을 어찌 버리겠는가? 어쨌거나 이 무렵은 한가한 시간을 보내고 있는 중이었다.

『산해경』은 곳곳에 기묘하고 흥미로운 이야기로 가득 차 있다. 그러나 가장 도연명의 흥미를 끄는 것은 서방 곤륜현포崑崙懸圃와 그곳에 살고 있다고 전해지는 서왕모西王母(중국 신화에 나오는 신녀의 이름)의 신화다. 『목천자전』에 나오는 목왕이 서쪽으로 다니다가 왕모와 만나는 대목은 이런 신화들 중에서도 가장 풍부하고 기묘하다. 도연명은 시적 언어로 시인의 상상력을 충분히 발휘해 이 신화를 재창조했다.

까마득한 옥산의 누대, 노을 위로 아름답게 떠올라 玉臺凌霞秀
서왕모의 웃는 얼굴 곱게 비추네. 王母怡妙顔

천지와 함께 생겨났으니　天地共俱生
그녀의 나이 얼마인지 아는 이가 없네.　不知幾何年
우주의 신령스러운 변화는 끝이 없고　靈化無窮已
서왕모의 거처는 이 산 하나가 아니라지.　館宇非一山
흥겹게 취해 새 노래 한 자락 부르나니　高酣發新謠
어찌 속세의 소리에 비할까?　寧效俗中音
(「독산해경」 제2수)

아득한 괴강의 산　迢遞槐江嶺
현포 언덕이라고 부른다네.　是謂玄圃丘
서남쪽으로 곤륜산이 보이는데　西南望崑墟
그 광채와 기세는 세상에 비할 바가 없네.　光氣難與儔
우뚝 솟은 구슬나무는 환히 빛나고　亭亭明玕照
출렁이는 요수는 맑게 흘러가네.　落落清瑤流
애석해라, 주목왕을 따라　恨不及周穆
팔준마 수레를 타고 노닐지 못하나니.　託乘一來遊
(「독산해경」 제3수)

훨훨 나는 서왕모의 삼청조　翩翩三青鳥
깃털 빛이 기이하고도 아름다워라.　毛色奇可憐
아침에는 서왕모의 사신이었다가　朝爲王母使
저녁이면 돌아와 삼위산에 깃드네.　暮歸三危山
나도 이 새를 따라　我欲因此鳥
서왕모에게 간청을 드려볼까?　具向王母言
세상에는 바라는 바 없고　在世無所須
오직 좋은 술과 오래 사는 것뿐.　惟酒與長年

(「독산해경」 제5수)

찬란히 빛나는 삼주수는 粲粲三珠樹
적수의 남쪽에서 자라고 寄生赤水陰
우뚝 솟아 바람을 맞는 계수나무는 亭亭凌風桂
여덟 그루로 숲을 이루었네. 八幹共成林
신령스러운 봉황은 구름을 헤치며 춤추고 靈鳳撫雲舞
신비한 난새는 옥구슬 소리로 노래한다. 神鸞調玉音
이 모든 것 비록 세상에선 보물이 아닐지라도 雖非世上寶
서왕모의 마음은 흡족하게 얻었다네. 爰得王母心
(「독산해경」 제7수)

도연명이 묘사한 이 신선 세계는 신비하고 아름다우면서도 밝고 고요하다. 여기에서 시인은 생명에 대한 자신의 상상을 마음껏 풀어내며 시인으로서 풍부한 정신세계를 펼쳤다. 이런 작품들이 보여주는 경쾌한 정조와 아름다운 풍격을 보면 시인의 심경이 매우 유쾌할 때 창작된 작품들일 것이다. 도연명의 정신은 점차 이성적인 면으로 발전했다. 생명에 대한 도연명의 체험은 생명의 물질성을 중시하다가 점차 윤리 가치를 중시하게 되고, 다시 자연의 섭리에 맡기는 생명관으로 한 걸음씩 발전해갔다. 시 「형영신形影神」에서 그는 달관적인 태도로 생사의 변화를 바라보며 생명의 물질성에 집착하는 것을 비판했다. 그러나 「독산해경」에서 그는 장생에 대한 환상을 여과 없이 표현했다.

예부터 모든 이가 죽었으니 自古皆有沒
그 누가 영원한 생을 얻으리오. 何人得靈長
죽지도 않고 늙지도 않고 不死復不老

만년이 지나도 여전한 생명.	萬歲如平常
죽지 않는 적천의 물을 나에게 마시게 하고	赤泉給我飮
늙지 않는 원구의 나무를 나에게 맛보게 하라.	員丘足我糧
해와 달과 별과 노닐지니	方與三辰遊
내 생명 어찌 급히 사라지랴?	壽考豈渠央

(「독산해경」 제8수)

그러나 도연명은 이런 환상으로 인해 미혹에 빠지지 않았고, 신선 가류를 따르지도 않았다. 그가 실현할 수 없는 사랑을 이성으로 배척한 것처럼 신선 세계는 그에게 초여름 서늘한 바람이 스치고 지나가는 북창 아래의 백일몽 같은 것이었다.

그러나 새로운 그림을 펼쳐 새로운 이야기를 보았을 때, 그는 생명 속의 어떤 감각이 뜨거워지는 것을 느꼈다. 그것은 호협豪俠의 감정이었다. 과보夸父, 정위精衛, 형천刑天의 이야기에서 그는 강렬한 공명을 느꼈다.

과보는 큰 포부를 호언장담하더니	夸父誕宏志
태양과 달리기를 겨루었다.	乃與日競走
태양이 저무는 우연에 오자	俱至虞淵下
승부는 없는 것이나 마찬가지였지.	似若無勝負
신의 능력은 너무나 기묘해	神力旣殊妙
강물을 부어 마신들 어찌 충분했으랴?	傾河焉足有
지팡이로 남긴 자취 숲이 되었으니	餘跡寄鄧林
그의 공로 죽어서도 남아 있네.	功竟在身後

(「독산해경」 제9수)

『산해경』「해외북경海外北經」에는 이런 대목이 있다.

"과보가 태양과 달리기 경주를 했는데, 해가 저물었다. 과보는 갈증이 나 물을 마시려고 했다. 황하와 위수의 물을 마셨는데, 황하와 위수의 물이 부족해 북쪽으로 가 대택의 물을 마시려 했으나 도착하지도 못하고 갈증으로 길에서 죽었다. 지팡이를 내버렸더니 등림鄧林이 되었다."

이 신화가 담고 있는 의미에 대해 많은 평론가가 각기 다른 해석을 했는데, 나는 이런 말을 한 바 있다. 과보가 태양과 달리기 경주를 한 이야기는 선민先民들이 시간을 초월하고 생명의 순간성을 극복하고자 하는 환상을 표현한 것이라고. 도연명의 시는 이 신화의 의의에 대해 해석하지 않았다. 다만 그는 이 신화가 표현하는 생명에 대한 아득한 느낌에 공감을 느꼈을 뿐이다. 그는 과보의 신비한 힘, 그리고 생명의 극단을 추구하는 비범한 경지를 강조했다. 정위와 형천에 대해 그가 공감을 느낀 것 역시 이런 도전을 긍정하는 마음에서 나왔다.

신비한 새 정위는 나뭇가지를 물어 와	精衛銜微木
푸른 바다를 메우려 했네.	將以塡滄海
형천은 방패와 도끼를 들고 춤을 추어	刑天舞干戚
그 용맹한 정신 아직도 남아 있다.	猛志故常在
이들처럼 근심에 빠지지 말지니	同物旣無慮
죽은 뒤라면 다시 후회도 못 한다네.	化去不復悔
헛되이 지난날에 큰 뜻을 두었구나.	徒設在昔心
어찌 좋은 때를 기다릴 수 있으랴.	良晨詎可待

(「독산해경」 제10수)

『산해경』「북산경北山經」에는 다음과 같은 기록이 있다.

"발구산 꼭대기에 뽕나무가 많았다. 그곳에 새가 있는데, 형상이 까마귀와 같다. 머리에 무늬가 있고, 부리는 희며, 다리가 붉었다. 이름을 정위라고 하는데, 울부짖듯 울었다. 염제의 어린 딸인 여왜女娃가 동해에서 놀다가 물에 빠져 돌아오지 못해 정위가 된 것이다. 항상 서산의 나무와 돌을 입에 물고 동해를 메우려 했다."

또 「해외서경海外西經」에는 이런 기록이 있다.

"형천은 황제와 신의 자리를 놓고 싸웠다. 황제가 형천의 머리를 베어 상양常羊의 산에 묻자 형천은 젖꼭지로 눈을 삼고 배꼽으로 입을 삼아 방패와 도끼를 휘두르며 춤을 추었다."

정위와 형천은 과보와 마찬가지로 자신보다 더 강력하고 거대한, 그래서 감히 대항하기 어려운 상대를 대적하면서도 두려워하지 않고 목숨을 건 항전을 했다. 그들은 변화해 이물異物이 되었지만, 자신의 뜻은 항상 간직하고 있었다. 육체는 비록 훼손되고 절멸했지만, 정신은 영원히 꺾이지 않았다. 도연명은 비록 신선 세계를 동경하긴 했지만, 정신적 가치에 대한 추구를 육체보다 훨씬 더 중요하게 생각했다. 바로 이러한 점 때문에 그는 영웅들의 도전적 행위를 긍정적으로 보았던 것이다. 이런 긍정은 초윤리적인 것이며, 순수하게 개체로서의 원칙에서 출발한 것이다.

도연명은 『산해경』에서 선의 세계를 읽었으며, 동시에 협의 세계를 읽어냈다. 그는 이 두 가지 정신을 함께 포용해 자신의 정신세계를 더욱 풍부하게 했다.

16장

「의고擬古」

도연명의 「의고」 9수에 대해 유유가 진나라 왕조를 찬탈한 사건의 감회를 쓴 것이라는 학설이 예전부터 있었다. 그래서 도연명 시의 연대를 추정하는 학자들은 대부분 이 연작시를 유유가 진나라 왕조를 찬탈한 후의 작품으로 보고, 창작 연대를 영초 원년, 또는 영초 2~3년이라고 했다.[17] 그러나 이런 학설은 이 9수의 시에서 직접적인 근거를 찾은 것이 아니라, 도연명이 진나라와 송나라의 교체기에 틀림없이 느낀 바가 많았으리라는 선입견을 갖고 「의고」처럼 주제가 불분명한 작품을 이런 쪽으로 가정했을 뿐이다. 이 가정은 매우 확정적인 것이어서 오래전부터 지금까지 이 시에 대한 학자들의 해석은 이 틀을 벗어난 적이 거의 없다. 여기에는 사람들이 갖고 있는 윤리 관념이 어느 정도 작용했다. 도연명과 같은 대시인이 진나라와 송나라의 왕조 교체기를 거치며 시에서 아무런 표현도 하지 않았다면 너무나 유감이라는 생각 말이다. 뭔가 표현은 하고 싶지만 분명하게 표현하기는 어려운 상황이었기 때문에 의고시의 형식으로 말했다는 의견은 논리적으로도 납득이 간다.

그래서 원래 이 시는 도연명의 작품 세계에서 고정적인 위치가 없었는데, 지금은 왕조 교체기에 쓰인 것으로 거의 확실하게 추정되고 있다. 이 9수의 작품은 창작 배경에 대해 직접적인 근거가 없으면서도 확실한 것처럼 추정되고 있기 때문에 이 글에서는 다른 방향으로 창작 배경을 탐색해보겠다.

시의 내용만 놓고 「의고」 9수에 대해 논한다면, 이 시는 틀림없이 도연명이 노년에 전원에 은거한 후, 관직을 추구했던 일생의 여러 일을 의고의 형식으로 회고하며 당시의 정치적인 형세에 대해서도 언급한 작품이라 할 것이다. 9수의 마지막 작품은 분명 사마휴司馬休가 기병했다가 패망한 의희 11년의 일을 쓴 것이다. 창작 연대도 이때부터 진나라가 망할 때까지의 기간이다.

「고시십구수」와 위진 시인들의 시에서 나그네의 한탄은 매우 중요한 주제다. 도연명의 이 9수 중에 제7수와 제9수를 제외한 일곱 작품은 모두 나그네의 이야기를 시로 썼다. 이 시의 제목이 「의고」가 된 것도 아마 이런 이유 때문일 것이다. 그동안 많은 학자가 도연명의 의고시는 육기 등의 의고시처럼 구성과 어휘를 모의하지 않고 자기 자신의 창작을 했다고 말했다. 이는 맞는 말이다. 하지만 의고시이기 때문에 이 역시 고시의 장법章法을 모방하기는 했다. 도연명은 한위 이래 시가의 체재와 원류에 대해 손바닥 보듯 환히 알고 있었기 때문에, 고시를 모방하면서도 형식을 따라 하지 않고 자연스러운 운치를 만들어낼 수 있었고, 약간의 변화를 주어 자신만의 시를 만들어냈다. 이 9수의 시가 전형적인 사례다. 여러 평론 중에서도 방동수方東樹가 말한 "도연명의 의고시는 옛 시인들의 시격을 빌려 자신의 시를 지었다"(『소매첨언昭昧詹言』 1권)라는 말이 가장 정확하다. 옛 시인들의 시격을 빌렸기 때문에 나그네의 이야기를 쓰면서도 자신의 행려시와는 풍격이 다르다. 행려시는 사실적인 내용을 쓰는 글이기 때문에 여행 중에 느낀 감상이나 자연

경물을 바라보며 얻는 생각 등을 쓴다. 시의 내용도 작가가 경험한 실제의 일이다. 의고시는 대부분 비흥比興(은유)의 수법을 사용하고, 감정 표현에 중점을 둔다. 시인은 자신의 마음속에 잠복해 있는 중요한 몇 가지 감정의 문제를 개괄해 '사물에 기탁해 마음을 전하는托物言志' 방식으로 써낸다. 그래서 이런 시들은 시인이 길에서 겪은 실상을 반영한다는 점에서 행려시에 비해 더 중요한 가치가 있다.

어쩌면 낮잠에서 막 깬 시간일 수도 있다. 조용한 막부의 객사에서 도연명은 한나라 때의 고시 필사본을 손 가는 대로 펼쳐 보다가 고시 「행행중행행行行重行行」「명월교야광明月皎夜光」을 읽게 되었고, 문득 감상에 빠졌다.

"가고 가고 또 떠나가고, 그대와 생이별합니다. 만 리를 서로 떨어져 각자 하늘 끝에 있네요行行重行行, 與君生別離. 相去萬餘里, 各在天一涯."

"떠나가 날로 멀어지니 의대衣帶는 날로 느슨해집니다. 뜬구름이 해를 가려 나그네는 돌아올 생각도 하지 못합니다相去日已遠, 衣帶日已緩. 浮雲蔽白日, 遊子不顧返."

"지난날 함께 공부했던 친구는 높이 성공해 큰 날개를 활짝 펼쳤건만, 손잡아 이끌어줄 생각은 않고 남겨진 발자국처럼 날 버리는구나昔我同門友, 高擧振六翮. 不念攜手好, 棄我如遺跡."

이런 구절들이 오랫동안 머릿속을 떠나지 않고 맴돌았다. 이런 여운에서 벗어나기 위해 시인은 새로운 창작을 하고 싶어졌다. 의고시의 창작 동기는 이렇게 생겨났다. 도연명은 조식, 완적, 육기 등 고시의 영향을 분명하게 받은 시인들을 떠올렸고, 그들의 시집을 여러 번 반복해 읽었다. 조식과 완적은 창조적인 시각에서 고시를 학습해 개인적 서정을 성공적으로 표현했고, 시사詩史의 발전에도 기여했다. 그런데 육기의 「의고」 12수는 원작의 내용과 줄거리에서 크게 벗어나지 못하고 답습했으며, 언어적인 표현에 변화를 주기는 했지만 진정한 창작이라고 하기는 어려웠다. 도연명은 고시를 모방하면서도 자신의 감정과 생각을 꾸밈없이 표현하고 싶었다. 그래서 조식과 완적의 방식을 선택했다. 자신이 평소에 구사하던 창작 방식과 크게 다르지 않았다. 다음은 「의고」 제1수다.

창 아래 무성하게 자란 난초 　榮榮窗下蘭
집 앞 수북이 늘어진 버드나무. 　密密堂前柳
처음 그대와 이별할 때는 　初與君別時
오랫동안 떠나리라 말하지 않았네. 　不謂行當久
집 떠나 만 리의 나그네 되어 　出門萬里客
길에서 좋은 친구를 만났다. 　中道逢嘉友
말하지 않아도 마음 먼저 취한 듯 젖어들고 　未言心先醉
술잔은 주고받지도 않았지. 　不在接杯酒
난초는 마르고 버드나무도 시들더니 　蘭枯柳亦衰
결국 나 약속의 말 저버렸구나. 　遂令此言負
젊은이들에게 고하노니 　多謝諸少年
사귐을 깊이 하지 않으려네. 　相知不忠厚
의기에 목숨을 바쳐도 　意氣傾人命
헤어져 멀어지면 무엇이 남으랴. 　離隔復何有
(「의고」 제1수)

이 시는 오랫동안 귀향하지 못한 나그네의 수심과 그가 체험한 세상의 인심에 대한 내용이다. 첫 구절의 "창 아래 무성하게 자란 난초, 집 앞 수북이 늘어진 버드나무"는 처음 집을 떠날 때의 정경을 회상하는 것인데, 『시경』 '빈풍' 「동산東山」에 나오는 "예전 내가 떠날 때는 버들가지 흩날리더니昔我往矣, 楊柳依依"와 같은 필법이다. 그런데 뒤에 나오는

"난초는 마르고 버드나무도 시들더니"를 보면, 이 두 구절은 비흥의 성격을 갖고 있다. 또 한나라 사람들의 고시는 첩자疊字를 사용한 묘사가 많은데, 예를 들면 "푸르고 푸른 물가의 풀, 울창한 정원의 버들靑靑河邊草, 鬱鬱園中柳" "푸르고 푸른 무덤 위의 측백나무, 높이 쌓인 계곡의 바위더미靑靑陵上柏, 磊磊澗中石" 같은 구절들이다. 도연명의 의고시도 자주 첩자를 사용했다. 예를 들면, 제3수의 "사뿐히 새로 온 제비들, 짝지어 내 집으로 날아온다翩翩新來燕, 雙雙入我廬", 제4수의 "까마득한 백 척 누각에 오르니迢迢百尺樓", 제6수의 "푸르고 푸른 계곡의 나무蒼蒼谷中樹", 제7수의 "구름 사이로 흰 달빛, 잎 사이로 반짝이는 꽃망울이여皎皎雲間月, 灼灼葉中華" 같은 구절들이다. 고시의 수사 기법을 학습했기 때문에 전혀 다른 시대의 작품이지만 한 말 문인들의 고시와 유사한 풍격을 표현할 수 있었다.

세 번째 구절의 "그대"는 보통 나그네 소재 시의 관례에서는 당연히 그의 아내를 가리킨다. 도연명은 난세에 출사했기 때문에 원래는 그리 오랫동안 벼슬할 생각이 없었다. 그래서 그는 벼슬길에 오른 뒤 자주 돌아가고 싶다고 생각했던 것이다. 그러나 주관적이기도 하고 객관적이기도 한 여러 조건으로 인해 관직에 머문 시간이 계속 길어졌다. 자신을 굽히고 벼슬길에 나섰고 여러 번 모시는 주인을 바꾸게 된 상황이었으니, 그의 진퇴와 처신 문제는 그리 자유롭지 못했다. 당시 시인은 반복되는 정국의 변화 속에서 자신이 몸을 뺄 수 없게 될까봐 자주 염려했다. 그래서 "처음 그대와 이별할 때는 오랫동안 떠나리라 말하지 않았네"라는 구절이 나온 것이다.

다음에 이어지는 구절을 보면, 이 나그네는 고향을 떠나 만 리 타향에서 친구 하나 없이 고독하게 있다가 새로운 벗을 사귀게 된다. 처음에는 두 사람이 모두 의기투합해 말하지 않아도 마음이 통해 술잔 없이도 취할 정도로 친해졌다. 그러나 한번 생각해보자. 누군가가 고향을 멀리 떠나 낯선 환경에서 혼자 생활할 때는 당연히 새로운 친구를 사귀어 의지하고 싶어한다. 그러나 갑자기 맺어진 우정은 견고하지 못해 결국 마른 난초와 버들가지처럼 시들어버린다. 나그네는 이런 일들을 겪으며 세상의 실상에 대해 분명한 인식이 생겼다. 그래서 그 후 자신과 사귀고 싶어하는 젊은이들을 만났을 때는 그들을 쉽게 신뢰하지 않았던 것이다. 그래서 "젊은이들에게 고하노니, 사귐을 깊이 하지 않으려네"와 같은 말이 나왔다. 그는 안다. 이런 사람들은 처음 친구가 되었을 때는 죽음을 무릅쓰고 불 속이라도 뛰어들 것 같지만, 일단 헤어지고 나면 모든 것이 연기와 구름처럼 흩어져 아무것도 남지 않는다. 도연명의 이 시는 바로 이런 세태에 대해 쓴 것이다. 마치 왕유王維의 시 「작주여배적酌酒與裴迪」에 나오는 "세상 인정 뒤집히는 것이 출렁이는 파도와 같네人情翻覆似波瀾"라는 구절처럼. 그는 자신이 벼슬길에서 만난 여러 상황을 이 구절 속에 농축시켜, 뜨거웠다 곧 식어버리는 세태와 인정에 대한 체험을 표현했다. 이른바 "좋은 친구" "젊은이들"은 구체적으로 가리키는 대상이 있는 것이 아니라 다양한 인간관계에 대한 자신의 인식을 담은 말이다. 도연명이 관직을 버리고 귀은한 일에 대해 지금까지 많은 사람이 정치적 원인으로만 해석해왔다. 예전에는 유유가 진나라 황실을 찬탈한 것에 대한 불만이라고 해석하다가, 요즘에는 대부분 암흑 같은 현실에 대한 불만이라고 해석하고 있다. 이런 것들도 당연히 그의 귀은을 재촉한 원인일 것이다. 그러나 어떤 일이 일어날 때는 단순한 몇 가지 정치적 세력, 또는 정치적 사건뿐만 아니라 여러 요인이 복합적으로 작용한다. 도연명이 관직을 버리고 귀은한 일 역시 수많은 요인이 종합적으로 작용한 결과다. 그가 관계라는 사회생활 속에서 간파한 세태와 인정의 실상도 그중 하나다.

다음은 「의고」 제2수다.

집을 떠나 새벽 일찍 수레를 매어　辭家夙嚴駕
무종으로 간다.　當往志無終
그대 지금 어디 가는가?　問君今何行
장사 가는 길도 아니요, 전장 가는 길도 아니라네.　非商復非戎
듣자하니 무종의 전주田疇가　聞有田子泰
절개와 의리를 가진 선비 중의 선비라 한다.　節義爲士雄
이 사람은 이미 오래전에 죽었지만　斯人久已死
고향에선 그 유풍을 익힌다고 하지.　鄉里習其風
생전에도 세상에 이름이 높았고　生有高世名
죽어서도 끝없이 명성 전해진다.　既沒傳無窮
미친 듯 쏘다니는 이는 배우지 마라.　不學狂馳子
그 명성 그래야 백 년 이내이니.　直在百年中
(「의고」 제2수)

이 시는 공을 세우고 위업을 이루겠다는 그의 환상을 썼다. 도연명은 시인이자 철학자였고, 의협심을 지닌 사람이었다. 청대 시인 공자진은 "광기와 의협심, 또 온화하고 전아했지"라는 명구로 도연명의 개성을 묘사했는데, 매우 적절한 설명이다. 「의고」 제2수의 "집을 떠나 새벽 일찍 수레를 매어"는 의협심에, 제8수의 "젊은 날 강하고 굳세어"는 광기에 가깝다. 이 두 수는 세상에 대한 많은 감개를 담고 있다. 하지만 이 감개가 모두 유유의 진나라 찬탈에 대한 불만이라고 해석할 수는 없다. 진나라 말기 정치적 대란으로 황실이 위태롭게 흔들릴 때 제위 찬탈을 기도했던 이가 많았는데, 유유는 후에 제위에 올랐을 뿐이었다. 당시는 혼란의 시대였고, 기강과 인륜이 무너지던 시대였다. 지식인의 한 사람으로서 이러한 시대에 태평성대처럼 계급적 질서에 순응하고 근면하게 자리를 지키며 점차적으로 성장하는 것은 불가능했다. 뭔가 큰 공훈을 세워야만 현실을 개진해나갈 수 있다는 것을 그는 너무나 잘 알았다. 그래서 그는 형가, 전주, 정영, 저구 등 절개와 의협의 성격이 강한 이들을 대단히 숭배했다. 그가 『산해경』에 나오는 정위, 과보 등의 신화 인물을 동정했던 것도 마찬가지 원인에서 비롯된 것이다. 큰 공은 세우지 못했고 본인의 성격은 광기와 의협심이 있었으니, 자연스럽게 그는 "긴 칼 차고 홀로 천하를 떠돌았네撫劍獨行遊"라는 환상을 갖게 되었고, 장주, 백이, 숙제 같은 인물을 숭배하게 되었다. 이 두 작품은 광기와 의협이라는 차이가 있지만, 모두 도연명이 평생 간직했던 인격의 투영이다.

도연명의 마음은 강인하면서도 부드러웠다. 의협을 숭배했던 인물을 이야기하고는, 곧 필법을 바꾸어 사람과 제비의 우정이라는 감동적인 이야기를 썼다. 다음은 「의고」 제3수다.

2월에 반가운 비를 만나고	仲春遘時雨
이른 우렛소리 동편에서 울리니	始雷發東隅
겨울잠 자던 것들 저마다 놀라고	衆蟄各潛駭
초목은 바람에 사방으로 흩날린다.	草木從橫舒
사뿐히 새로 온 제비들	翩翩新來燕
짝지어 내 집으로 날아온다.	雙雙入我廬
옛집 여전히 남아 있으니	先巢故尙在
서로 더불며 옛집으로 돌아왔구나.	相將還舊居
헤어진 이후부터	自從分別來
집 안의 뜰은 날마다 황폐해졌지.	門庭日荒蕪
내 마음은 돌보다 견고하니	我心固匪石
그대의 마음은 어떠한가요?	君情定何如

(「의고」 제3수)

한위 시인들은 새의 이미지를 자주 시에 썼다. 『고악부古樂府』에서도 새가 이야기하는 시가 있는데, 예를 들면 「오생烏生」에서는 악동의 탄환에 맞아 죽은 까마귀의 혼령이 넋두리하고, 「염가하상행艶歌何嘗行」에서는 고니 한 마리가 병이 나자 다른 한 마리가 그를 짊어지고 날아가려 해도 그러지 못하는 이야기를 썼다. 이 두 시의 내용은 모두 슬프고 애절하다. 또 「염가행艶歌行」에서는 객지에서 전전하던 형제가 제비에 자신들의 신세를 비유한다. "훨훨 나는 집 앞의 제비, 겨울엔 숨었다가 여름 되니 나타났네. 우리 형제 두세 사람, 객지를 전전하는구나翩翩堂前燕, 冬藏夏來見. 兄弟兩三人, 流宕在他縣"라는 구절이 있다.

건안 시기의 시인 왕찬, 조식도 사람과 새가 사랑하는 이야기를 시로 썼다. 도연명의 시도 이런 전통을 계승했기 때문에 새는 매우 중요한 이미지로 등장한다. 도연명의 이 시는 한위 시인들의 구성과 비슷하기 때문에 민가民歌의 풍격도 갖고 있다. 시는 제비가 옛 둥지로 돌아온다는 줄거리를 차용해 전원으로 돌아가고 싶은 도연명의 마음을 묘사했다. 삼월에 마침 적절하게 비가 내리고 천둥도 친다. 땅속에서 수많은 곤충이 기어 나오고, 초목들도 바야흐로 싹이 움트기 시작하니 대자연의 생기가 피어난다. 이를 보는 시인의 가슴속에 고향으로 돌아가고 싶은 갈망이 절로 피어오른다.

이런 전개는 비比(비유)의 수법이기도 하고, 부賦(직접적인 묘사나 설명)의 수법이기도 하다. 시에서 훨훨 나는 한 쌍의 제비는 도연명 자신을, 제비가 옛 둥지로 돌아가는 모습은 자신의 귀향 의지를 상징했다. 제비는 또 도연명이 아직 은거하지 않았을 때의 친구이기도 하다. 세상 인정이 뒤집히는 세태 속에서 도연명은 제비에게서 우정을 찾았다. 제비야말로 신의가 있어 믿을 수 있고 거짓을 모르기 때문이다. "헤어진 이후부터 집 안의 뜰은 날마다 황폐해졌지"라는 구절에 나오는 헤어짐은 실제로 제비와 헤어진 일을 가리키기도 하고, 시인 자신이 관직 때문에 전원에서 멀어졌음을 의미하기도 한다. "집 안의 뜰은 날마다 황폐해졌지"라는 구절은 제비의 눈으로 도연명의 옛집이 날로 쇠락해지고 있음을 보고 쓴 것이다. 마지막 구절 "내 마음은 돌보다 견고하니, 그대의 마음은 어떠한가요?"는 제비가 화자가 되어 도연명에게 물어보는 상황이다. 마치 "난 그대 집의 정원이 날로 황폐해져도 괜찮으니 계속 그곳에 내 둥지를 두렵니다. 하지만 그대의 마음은 어떤 생각인가요?"라고 묻는 듯하다. 도연명은 이때 여전히 관직에 있었기 때문에 제비가 이런 질문을 한 것이다. 당시 도연명의 마음속에 있던 모순을 반영한 구절이다.

제4수는 시인이 유랑 길에 오래전의 전쟁터를 지나며 쓴 시다.

까마득한 백 척 누각에 오르니　　迢迢百尺樓
바라보는 사방의 경치 선명하네.　　分明望四荒
저녁엔 돌아오는 구름의 집　　暮作歸雲宅
아침엔 날아드는 새들의 집.　　朝爲飛鳥堂
온 산하가 한눈에 가득하고　　山河滿目中
평원은 망망하게 펼쳐져 있다.　　平原獨茫茫
옛날 공명을 좇던 사람들　　古時功名士
뜨거운 마음으로 여기서 싸웠지만　　慷慨爭此場
하루아침에 백 년이 지나가니　　一旦百歲後
모두 북망산으로 돌아가 묻혔지.　　相與還北邙
송백은 베이고　　松柏爲人伐
봉분은 높기도 하고 낮기도 하구나.　　高墳互低昂
폐허가 된 무덤은 주인이 없으니　　頹基無遺主
흩어진 영혼은 어디에 있는가?　　遊魂在何方
부귀영화 실로 귀하다만　　榮華誠足貴

가련하고 슬프도다. 亦復可憐傷

(「의고」 제4수)

「의고」의 초반 몇 수의 내용은 성공에 대한 희망과 기회를 기대하는 마음이 대부분이다. 그것은 이 시들이 기본적으로 옛 행려시의 형식을 빌려 시인이 사회생활을 하며 얻은 여러 감개를 표현했기 때문이다. 이 시는 높은 곳에 올라 경관을 둘러보며 감개를 토로하는 한위 시대 시의 한 전형을 채용했다. 『진서』 「완적전阮籍傳」에는 완적에 대한 이런 일화가 기록되어 있다.

"때로 마음 내키는 대로 홀로 수레를 몰았는데, 길로 다니지 않았다. 길이 없어 끝난 곳에 이르면 갑자기 크게 통곡하다가 돌아왔다. 일찍이 광무산에 올라 초나라와 한나라가 싸웠던 곳을 보다가 탄식하며 '시대에 영웅이 없어 애송이가 명성을 얻었구나'라고 했다. 무뢰산에 올라서는 도읍을 바라보며 탄식하다가 「호걸시豪傑詩」를 지었다."

위에서 인용한 도연명의 시가 바로 이런 유형에 속했다. 어쩌면 실제로 높은 누각이 있어서 거기에 올라 끝없는 들판을 둘러보며 감개를 표현한 것일 수도 있다. 시인은 이 일대가 옛날 영웅들의 격전지였다는 것을 알고 둘러보는데, 누가 승자였고 패자였는지도 이미 알고 있다. 하지만 누가 이기고 졌는지에 상관없이 지금은 모두 자연의 법칙에 따라 죽어 북망산의 한 줌 흙이 되었다. 부귀영화가 비록 존귀하지만 결국엔 모두 어떻게 되었으며, 또 슬퍼할 것 무엇인가? 그는 사후에 모든 것이 적멸한다는 논리로 살아서 분투하는 인생의 일을 부정했다. 조식의 「공후인箜篌引」에도 유사한 주제가 표현되었다.

"거센 바람이 해를 날려 해는 서쪽으로 내몰리네. 왕성한 시절 다시 오지 않으리니, 백 년이 삽시간에 스쳐 간다. 살아서 화려한 저택에 살았으나, 죽어 무덤으로 돌아가네. 옛사람들 뉘라서 죽지 않았나? 운명을 안다면 무엇을 또 근심하랴."

도연명 같은 철인이 부득이하게 세속의 길에서 분주히 세월을 보내다 결국엔 모두 허사로 돌아갔으니, 그에게 이런 감개가 생기는 것도 족히 이해할 수 있다.

현실이 자신의 바람과 어긋나 공명이 무상하다거나 인생이 덧없다는 등의 감상이 생길 때마다 시인은 이상과 이상 속의 인물들에게 자신의 희망을 기탁했다. 완적은 「영회」 82수에서 신선과 기인의 형상에 자신의 바람을 담았는데, 도연명도 이런 영향을 받아 「의고」에서 높은 뜻을 가진 인물에게 감정을 기탁했다. 시의 정취는 완적에 비해 더 깊고 높게 느껴진다.

동방에 한 선비 있어	東方有一士
의복은 항상 남루했네.	被服常不完
한 달 동안 아홉 끼를 겨우 먹고	三旬九遇食
관 하나로 십 년을 썼네.	十年著一冠
고생이 이보다 심할 수 없건만	辛苦無此比
늘 얼굴빛이 좋네.	常有好容顏
나 그를 보고 싶어	我欲觀其人
새벽부터 강 건너고 관문을 넘었네.	晨去越河關
청송이 길가에 늘어서 있고	青松夾路生
흰 구름은 처마 끝에 머무네.	白雲宿簷端
나 일부러 찾아온 걸 알고	知我故來意
거문고를 가져와 날 위해 연주하네.	取琴爲我彈
먼저 「별학別鶴」을 타더니	上絃驚別鶴
나중엔 「고란孤鸞」을 뜯네.	下絃操孤鸞
머물러 그대와 살고 싶어라	願留就君住

지금부터 날 추워질 때까지. 從今至歲寒

(「의고」 제5수)

첫 구절 "동방에 한 선비 있어"는 조식의 「잡시」 "남국에 아름다운 사람 있어南國有佳人" 구절이나, 완적의 「영회」 "서방에 아름다운 사람 있어西方有佳人" 구절을 본뜬 것이다. 그러나 분위기는 더 무겁고 깊어졌다. 고난을 견디며 자신의 뜻을 버리지 않는 고결한 선비를 형상화했는데, 이 사람은 의복도 남루하고 10년 동안 모자도 한 개뿐이었지만, 얼굴빛은 늘 온화했다. 도연명은 분명히 그에게 남들보다 뛰어난 것이 있을 것이라 생각하고 그를 따라다니며 추운 겨울을 함께 나려고 한다. 「별학」 「고란」은 모두 고난 속에서도 지조를 지킨다는 의미가 담겼다. 『악부시집樂府詩集』 58권은 최표崔豹의 『고금주古今注』에 나오는 다음 구절을 인용했다.

"「별학조別鶴操」는 상릉의 목자가 지었다. 처를 맞아 5년이 지났는데 자식이 없자 부형이 그를 위해 새로 처를 얻어주려고 했다. 처가 듣고 한밤에 일어나 문에 기대 슬피 흐느꼈다. 목자가 듣고 창연히 슬퍼하며 거문고를 가져와 노래를 불렀다. 후인이 이를 악장으로 만들었다."

「고란」은 곧 「이란離鸞」이니, 거문고 곡조의 이름이다. 『서경잡기西京雜記』에는 "경안세慶安世는 나이 15세에 성제成帝의 시랑이 되었다. 북과 거문고에 능해 「쌍봉雙鳳」 「이란」을 연주할 줄 알았다"라고 기록되어 있다. 도연명의 평생의 뜻은 부귀영화를 버리고 시련을 견디며 절개를 지키는 것이다. 그래서 그가 숭배했던 인물도 대부분 이런 사람들이다. 그는 나중에 「영빈사」 7수를 지었는데, 「의고」 제5수에서 이미 그 전조가 보인다. 그러나 이 시는 표현 기법에서 이전 시들에서 나타나는 신선을 찾는다거나 높은 경지에서 세속을 내려다보는 등의 정취를 답습했다. 중반부의 "나 그를 보고 싶어" 이하 몇 구절이 바로 이런 필법이다.

도연명이 감개를 느낀 발단은 완적, 혜강과 비슷하지만, 그 귀결은 다르다. 완적, 혜강은 환상에 빠지며 화려함을 구사하지만, 도연명은 화려한 환상을 배제하고 시련 속에서 자신의 지조를 지킨다. 그가 지닌 이상의 높고 험준한 경지는 범인들이 감히 따를 수 있는 바가 아니다. 그러나 인생의 이치를 깨닫고 안신입명安身立命을 추구하는 그가 시련 속에서 지조를 지키지 않는다면 어디에 자신을 맡기겠는가?

「의고」 제6수는 시인이 자신과 비슷한 생각을 가진 이를 찾아 집을 나서려 했으나, 결국엔 그것이 진정으로 가능한 것인지를 회의하다 그만두는 내용을 적었다. 이 시에 나타난 도연명의 심리에 대해서는 제2장 '문벌과 신분'에서 비교적 상세하게 논했으니 참고하길 바란다.

푸르고 푸른 계곡의 나무
겨울이나 여름이나 늘 이렇게 푸르렀지.
해마다 서리와 눈보라를 견뎠나니
누가 나무더러 세월을 모른다 하랴.
세상 사람들의 말은 질리게도 들었으니
임치로 가 친구를 사귀려네.
직하에는 담론가가 많으니
그에게 물어 내 의혹을 풀련다.
짐 챙긴 지 이미 몇 날이 지났고
가족에게 인사도 했다.
가려고 문을 나서다 다시 멈추어
돌아와 앉아 홀로 생각에 빠진다.
길이 멀어 두렵지는 않으나
남들에게 속임 당할까 걱정이라.
만에 하나 마음에 흡족함이 없다면

영원히 세상에 웃음거리가 되겠지.
마음에 품은 생각 말로 하기 어려우니
그저 그대를 위해 시나 지어 부를밖에.(「의고」 제6수)

「의고」 제7수는 전형적으로 완적의 풍격과 유사한 작품으로, 결국엔 좋은 시절도 잠깐이니 한껏 즐기라는 주제다.

날은 저물고 하늘엔 구름 한 점 없는데	日暮天無雲
춘풍에 따뜻한 기운 실려 오네.	春風扇微和
아름다운 사람은 이 맑은 밤을 사랑해	佳人美清夜
새벽까지 술 마시고 노래하네.	達曙酣且歌
노래가 끝나니 탄식은 길어	歌竟長歎息
이를 보며 마음 크게 아파라.	持此感人多
구름 사이로 흰 달빛	皎皎雲間月
잎 사이로 반짝이는 꽃망울이여.	灼灼葉中華
어찌 좋은 시절 한 번 없으랴만	豈無一時好
오래 머물지 못하니 어찌하랴.	不久當如何

(「의고」 제7수)

아름다운 사람은 대체로 인생이 짧으니 젊어서 즐기자는 내용이다. 당나라 때 무명씨의 「금루의金縷衣」를 연상시킨다.

"그대여, 황금 비단옷 아끼지 마오. 젊은 시절 누리기를 아끼지 마오. 꽃 피어 꺾을 만할 때 꺾어야지, 꽃 지고 괜히 빈 가지만 꺾지 마오."

도연명도 관직 생활 중에 이런 연회와 향락의 상황을 자주 접했다. 그러나 그는 지조와 절개의 가치관을 신봉했고, 인생이 짧음을 잘 알았다. 눈앞의 좋은 술과 아름다운 노래를 즐기며 청춘의 한 시절을 즐긴다고 해도 언제나 세상에는 도처에 위기가 잠복하고 즐거움이 끝나기도 전에 슬픔이 시작된다는 것을 깨닫고 있었다.

「의고」 제9수는 다음과 같다.

장강 변에 뽕나무 심어 種桑長江邊
삼 년 지나 이제 따려 했건만 三年望當採
나뭇가지 막 무성해지는데 枝條始欲茂
갑자기 천지 산하 변해버렸네. 忽值山河改
가지와 이파리는 부러지고 시들고 柯葉自摧折
그루터기마저 뽑혀 바다 위를 떠다니네. 根株浮滄海
봄누에는 먹이도 없는데 春蠶旣無食
누구에게 겨울옷을 의지하리. 寒衣欲誰待
고원에 뿌리를 심지 못했거늘 本不植高原
이제 다시 후회해 무엇하랴. 今日復何悔
(「의고」 제9수)

이 시는 이미지가 선명하고 생동적이며 어려운 언어도 구사하지 않았지만, 기탁의 수법으로 썼기 때문에 숨겨진 의미가 무엇인지 추측하기가 쉽지 않다. 이런 예술적 처리 방식은 완적으로부터 왔다. 즉 "말은 귀와 눈의 반경 안에 있지만, 감정은 우주의 어딘가에 기탁했다"(종영, 『시품』)라고 말한 바와 같다. 형상은 분명하고 확실해 대부분 보고 들을 수 있는 사물이지만, 연상이 가리키는 바는 멀리 사물의 바깥에 있다는 것이다. 사실 이런 방법은 굴원의 「이소」에서 비롯되었는데, 사마천은 「이소」를 평하며 이런 말을 했다.

"그가 글에 쓴 것은 작은 것이지만 가리키는 의미는 대단히 크며,

가까운 곳에서 예를 들고 있지만 드러난 의미는 심원하다."(『사기』「굴원열전」)

이런 방법은 굴원이 처음 시작해 조식, 완적이 계승한 후 예술적 전통이 되었는데, 도연명도 이런 전통의 계승자다.

이 시가 기탁한 내용에 대해 황문환黃文煥의 『도시석의陶詩釋義』와 진항陳沆의 『시비흥전詩比興箋』은 모두 진나라 황실의 멸망을 쓴 것이라고 보았다. 다만 구체적인 부분만 약간 다르다. 황문환은 "삼 년 지나 이제 따려 했건만"이라는 구절에 집착했다. 그는 이 구절이 유유가 동당東堂에서 진나라 황제를 시해하고 낭야왕琅琊王 덕문을 세웠다가 3년 후에 겁박해 선양 받은 것을 가리킨다고 했다. 진항은 또 이렇게 말했다.

"이는 진나라 황실이 망한 이유를 한탄한 것이다. 사마씨가 개국할 때 튼튼한 기반이 없었는데, 동진으로 다시 옮기면서 더욱 기반이 없어졌다. 하증何曾이 일찍이 한탄하고 간보干寶가 후에 글로 썼다. '고원에 뿌리를 심지 못했거늘 이제 다시 후회해 무엇하랴'라고 했으니, 이 시를 쓴 것은 이런 사실을 안 것이다. 중요한 의미는 마지막 두 구절에 있으니, 지도를 다 펼치자 비수가 나타난 격이다."•

간보의 『진기총론晉紀總論』에서도 "사마씨가 처음 왕조를 세울 때 주나라처럼 그렇게 합리적이지 못했는데, 후에 서진이 망한 원인도 결국 여기에 있다"라고 했다. 신하 된 자가 자신이 몸담은 왕조를 이렇게 말하는 것은 매우 보기 드문 경우다. 이는 동진의 정통성과 황권이 사족들의 눈에도 그리 존엄하지 않았음을 설명한다. 그러나 도연명이 이런 사학가의 관점으로 진나라 황실의 멸망을 바라보면서 애초에 진나라의 건립이 안정적이지 않았다는 의견을 시로 표현해야만 했을까? 아마

• '지도를 다 펼치자 비수가 나타났다'는 말은 자객 형가가 진시황을 암살하려 한 고사에서 나온 말이다. 형가는 지도 속에 비수를 숨겼다가 지도를 보여주려고 펼쳤고, 비수가 나오자 진시황을 공격했다. 즉 여기서는 결정적인 내용이 마지막에 있음을 뜻한다.

도 이것은 또 다른 문제일 것이다. 이처럼 진나라 왕조를 전면적으로 부정했다고 보는 것은 도연명에게 그다지 적합하지 않다. 진나라 황실이 유유에게 겁박당했는데, 도연명은 유유의 잘못은 전혀 거론하지 않으면서 모든 책임을 사마씨 왕조에게 돌렸을까? 그렇다면 도연명의 도의는 어디에 있는가?

궁빈의 『도연명집교전』에서는 사마휴가 거병해 유유에 대항했다가 실패한 일을 가리킨다고 보았다. 사마휴는 진나라 안제 의희 8년에 형주, 옹주, 양주, 진주, 영주, 익주의 6주 군사를 거느리는 평서대장군이 되었고, 의희 11년이 되자 거병해 유유에게 대항했는데, 이 기간이 3년이었다. 궁빈의 이 학설은 앞에서 말한 두 학설보다 납득이 간다. 도연명은 당시 사람이라 사마휴가 3년간 군사를 경영하며 유유에게 대항했던 전 과정이나 실패의 필연성에 대해서도 잘 알았을 것이다. 사마휴 개인의 패망에 대해서는 그다지 탄식할 일이 아니지만, 이 사건은 진나라 황실에 직접적인 충격을 주었다. 왜냐하면 그는 실력으로 진나라 황실을 유지시킬 수 있는 종실 최후의 중신이었기 때문이다. 만약 더 실력을 키우고 분위기가 무르익었을 때 행동했더라면 최소한 어느 정도 시간이 지난 후에 유유와 세력이 비등해지면서 황실의 멸망을 지연시킬 수 있었을 것이다. 시간이 지나면 상황도 바뀔 수 있었을 텐데, 그때 패망하는 바람에 진나라 황실은 최후의 기반마저 뿌리째 흔들려 정말 바람 앞의 등불 신세가 되고 말았다. 황실도 이 사건의 여파로 유유에게 더욱 공격을 받았다. "가지와 이파리는 부러지고 시들고, 그루터기마저 뽑혀 바다 위를 떠다니네. 봄누에는 먹이도 없는데, 누구에게 겨울옷을 의지하리"라는 구절을 궁빈은 동진 황실이 세력을 다하고, 조정은 의지할 데가 없어졌음을 비유한 것이라 해석했다.

이들 모두 사마휴의 세력 기반이 약했고, 준비도 부족했으며, 경거망동했음을 비판했다. 즉 시의 "고원에 뿌리를 심지 못했거늘 이제 다시 후회해 무엇하랴"라는 구절이다. 이 시는 진나라 황실에 대한 깊은 우려를 표현한 것이므로 창작 시기는 틀림없이 진나라가 멸망하기 전이다. 이런 내용들은 도연명이 당시 진나라 황실의 운명에 관심이 많았음을 설명한다. 그가 진나라 왕조에 조금도 관심이 없었다는 견해는 이치에 맞지 않는다.

17장

복희씨에 대한 상념과 도화원 이야기

도연명이 묘사한 도화원 이야기의 실상에 대해 고금의 많은 학자가 저마다 다양한 탐구를 했다. 그중 오계동만五溪峒蠻과 연관 짓는 탐구는 비교적 합리적인 해석이었다.• 그 외에도 여러 가지 사상이나 의식과 관련해 제기된 해석들, 예를 들면 유토피아 이상향 사상 같은 경우는 이 이야기에 대한 가장 일반적인 해석 방식이다. 그리고 이 두 가지는 자주 하나로 결합된다. 그러나 나의 견해로는 청나라 사람 심덕잠沈德潛의 학설이 가장 믿을 만하다.

> 이것은 복희씨에 대한 상념이니, 그 유무를 판별하는 것은 지나친 일인 것 같다.(심덕잠, 『고시원古詩源』 8권)

• 오계동만은 후베이 성, 쓰촨 성, 구이저우 성이 교차하는 지역에 거주하는 소수 민족의 총칭이다. 전한 초기 이곳에 무릉武陵 군을 설치했는데, 근대 사학자 천인커 선생을 필두로 많은 학자는 도연명의 도화원 이야기가 오계동만 사람들의 실제 이야기일 수도 있다는 가능성을 제기했다.

복희씨에 대한 도연명의 생각은 그의 생명에서 중요한 일부분이다. 그는 「여자엄등소」에서 직접적으로 말한 바 있다.

어려서 거문고와 글을 배워 이따금 한적하게 즐겼는데, 책을 펴서 읽다가 마음에 얻어지는 바가 있으면 즐거워 밥 먹는 것을 잊곤 했다. 나무에 녹음이 바뀌고 때에 따라 우는 새소리가 바뀌기도 했으니, 또 환하게 기쁨이 생겼다. 오뉴월 중에 북창 아래에 누웠는데 서늘한 바람이 간혹 스쳐 지나가면, 나는 복희씨 시대의 사람인가 하고 자주 말하곤 했다.(「여자엄등소」)

궁빈의 『도연명집교전』에는 도연명의 이 말에 대해 다음과 같은 주석이 나온다.

『세설신어』 「용지」에 대사마 환온이 "사상謝尙이 북창 아래에서 발돋움하고 비파를 연주할 때 하늘의 신선이라는 생각이 절로 들었다"라고 했다. 도연명이 북창 아래에서 스스로 복희씨 시대의 사람인가 하고 말한 것과 사상이 북창 아래에서 하늘의 신선이라는 생각이 든 것은 같은 느낌이라 할 수 있는데, 모두 진나라 사람들의 천진스럽고 자족적인 심미 정취를 나타낸 것이다.(궁빈, 『도연명집교전』)

이 두 인물의 일화는 상당히 이미지가 비슷하다. 도연명이 사상을 따라 했을 가능성도 배제할 수 없다. 그러나 "하늘의 신선"과 "복희씨 시대의 사람"은 이미지가 완전히 다르다. 전자에는 당시 현학 명사들이 추구하던 고매하고 탈속적인 환상이 담겨 있으며, 고문 사족들의 우월감이 잠재되어 있다. 게다가 사상이라는 당시의 일류 문벌 명사가

한 행위의 의미가 환온이라는 동급의 문벌 인물에 의해 품평되어 알려진 것은 당시 명사들 사이에서 표방되고 유행하던 것이 이런 풍격이었음을 보여준다. 이것은 현학 명사들에게 일종의 연출이라 할 수 있다.

반면 도연명의 "복희씨 시대의 사람"이라는 말은 정말로 천진스럽다. 순수하게 그의 개인적 인생이 신심으로 삶방하는 표현이며, 어떤 표방이나 유행 같은 의미가 담겨 있지 않다. "하늘의 신선"이라는 말이 고귀하고 모두 우러러보는 귀족적 풍류라면, "복희씨 시대의 사람"이라는 말은 한소 가문 빈한한 지식인들의 진솔한 환상을 표현하며, 그 속에는 당시의 현실 사회에 대한 부정의 의미도 어느 정도 담겨 있다.

"복희씨 시대의 사람"은 도연명 인생의 이상향이며, 이상적 사회에 대한 동경이 깊어지면서 나온 말이다. 순박한 인격의 원만한 실현, 특히 순박한 인물의 행복한 생활, 이런 것들은 오직 진실하고 순박한 사회에서만 얻을 수 있다. 이런 의미에서 순박한 사회에 대한 도연명의 이상은 순박한 인격에 대한 바람과 동경에서 나온 것이라 할 수 있다. 아마도 대부분의 사회사상은 모든 개인이 추구하는 인생의 모습에 뿌리박고 있으며, 각 개인의 사회적 이상의 공약수가 군체의 사회적 이상을 형성할 것이다. 미감이 각 개인의 심미적 행위 속에 존재하는 것처럼, 구체적인 사회적 이상도 단지 인생에 대한 개인적 추구 속에서만 존재한다. 이것 역시 심미적 행위다. 도연명에게서 상고 시대의 순박한 사회라는 이상에 대한 심미적 행위는 각종 생동적인 문학적 이미지를 형성한다. 개인적 체험을 통해서 이런 복희씨의 시대는 황홀한 형상으로 도연명에게 존재하며, 은밀하게 생명의 희열과 괴로움을 만들어낸다.

아침이나 저녁이나

내 오두막에서 쉬네.

꽃과 화초는 제각각 줄지어 있고
숲엔 대나무 빼곡히 서 있네.
거문고는 침상을 가로질러 놓여 있고
탁주는 반 병 남았다.
황제와 요임금의 태평성대에는 이르지 못하니
나 홀로 슬퍼하네.(「시운」)

「시운」은 늦은 봄 도연명이 혼자 있을 때 떠오른 '기쁨과 한탄이 교차하는' 심경을 시로 쓴 것이다. 대자연은 그에게 가장 큰 평화를 주었고, 음주와 공자의 제자들이 기수에서 목욕하는 이야기에 대한 동경은 그에게 희열을 주었다. 또 지금 오두막에서 거하며 큰 만족을 느끼고 있다. 물론 이런 인생도 만족을 느낄 수 있지만, 진정한 개인의 행복은 오직 이상적인 사회에서만 원만하게 실현될 수 있다. 「무신세유월중우화」에서 시인은 상고 시대 사람들의 순박한 인심에 대해 이렇게 상상했다.

"우러러 동호계자의 태평성대를 그리워하나니, 양식은 남아돌아 밭에다 쌓아두고 걱정 없이 배 두드리며 아침이면 일어나고 저녁이면 돌아와 잠들었다지. 이런 세상 이미 만날 수 없으니, 서쪽 밭에 물이나 주러 가야겠네."

이 시의 내용은 "황제와 요임금의 태평성대에는 이르지 못하니, 나 홀로 슬퍼하네"라는 구절의 내용과 같은 느낌이다. 이 구절은 이상사회에 대한 환상이며, 고독한 체험이다. 다른 이들은 이런 생각을 하지 않았을 것이다. 게다가 황제와 요임금의 태평성대가 다시 실현될 가능성도 전혀 없다. 그래서 도연명은 자신이 상고 시대 순박한 사회의 유민이라는 생각까지 하게 된 것이다. 그는 「오류선생전」에서도 이런 심경을 드러냈다.

찬하여 말한다. 검루의 처는 이렇게 말했다.

"빈천 때문에 슬퍼하지도 않았고, 부귀 때문에 급급하지도 않았다."

그 말을 깊이 생각해보면 이 사람이야말로 그와 같은 사람이 아니겠는가? 술 마시고 시를 지으며 그 뜻을 즐기나니, 무회씨의 백성인가, 갈천씨의 백성인가?(「오류선생전」)

무회씨, 갈천씨의 시대는 복희씨의 시대나 황제, 요임금의 시대보다 더 순박하고 진실한 상고 사회다. 도연명이 진심으로 동경하는 것은 이런 사회에서 즐겁게 만족하고 천진스럽게 살아가는 인생의 상태다. 심지어 그는 인류 초기의 순진함을 찬미하기도 했고, 그래서 '아득한 상고 시대'에 대해 막연한 그리움을 갖기도 했다.

아득한 옛날
최초의 백성이 있었지.
편안히 자급자족하며
순박함과 진실함을 지켰다.(「권농」)

도연명이 보기에는 사회가 후대로 갈수록 순박한 풍속이 점점 더 사라져갔다. 황제, 요임금의 시대 이후에 도연명이 동경했던 것은 하·은·주 삼대였다. 삼대는 황제와 요임금의 시대에 비하면 진정으로 순박한 시대라고 말하기는 어렵지만, 그래도 순박한 사회에 가까웠고, 사람들의 마음에도 순박함이 남아 있었다. 이 시기에 등장한 성현들은 도연명에게 퇴폐적으로 변해가는 풍속을 구제한 사람들이나 마찬가지였다. 그들은 사회를 위해 구세제민의 방안을 제시했다. 그 예로 「권농」에서 도연명은 후직이 사람들에게 농사를 가르친 것이 바로 구세제민의 방안이라고 보았다.

꾀와 교활함이 생겨나자
물자 공급이 어려워졌다네.
누가 백성을 풍요롭게 해줄까?
실로 철인에게 의존할 뿐이네.

철인은 어떤 이인가?
바로 후직이라네.
백성을 풍요롭게 해준 것은
실로 파종과 재배였지.
순임금도 몸소 밭을 갈았고
우임금도 경작을 했네.
멀리 주나라의 법전에도
팔정의 시작은 양식이라 했다네.(「권농」)

삼대 이래의 성현들이 사회를 위해 모든 노력을 기울인 것을 도연명은 풍속을 회복하고 순박하고 천진한 사회로 되돌릴 수 있는 조치라고 생각했다.

복희와 신농의 시대는 지나간 지 오래	羲農去我久
온 세상에 천진함을 회복한 이는 드무네.	擧世少復眞
노나라의 늙은이가 혼자 애써	汲汲魯中叟
미봉하여 사람들을 순박하게 했지.	彌縫使其淳
봉황은 비록 오지 않았으나	鳳鳥雖不至
예악은 잠시 새로워졌네.	禮樂暫得新
수사의 은미한 소리 끊어진 후	洙泗輟微響
떠돌다 미친 진나라에 이르렀네.	漂流逮狂秦

시서는 무슨 죄인가? 詩書亦何罪
하루아침에 재가 되었네. 一朝成灰塵
세심한 여러 원로 區區諸老翁
학문에 정성껏 애썼으나 爲事誠慇懃
어쩌다 아래 세대에서는 단절되어 如何絶世下
누구 하나 육경을 가까이하지 않는가? 六籍無一親
(「음주」 제20수)

여기에서 유가와 유가 경전에 대한 도연명의 인식이 어떠했는지 볼 수 있다. 유가와 유가 경전은 상고 시대의 순박한 도가 사라진 후 사회 구제의 유일한 희망이지만, 진시황 때 광란의 분서갱유 사건으로 인해 실패로 돌아갔다. 그래서 도연명의 사회사와 인물사는 크게 진나라를 중심으로 두 개로 나뉜다. 진나라 이전은 그래도 풍속을 미봉하고 사회를 구제할 수 있는 좋은 방안을 제시하는 성현들이 있었다. 그런데 진나라 이후에는 오직 경전과 문헌을 지키는 유생들밖에 없었다. 시에 나오는 "세심한 여러 원로"가 바로 이들이다.

중도中都는 장안, 낙양 일대로, 주나라의 옛 지역이며, 성현들이 살던 곳이다. 그래서 도연명은 이 지역을 매우 동경했다. 그러나 도연명 시대에 이곳은 요진姚秦의 점령지였다. 의희 13년, 유유가 진나라를 정벌해 장안을 격파했다. 강주자사 좌장군 단소는 양장사羊長史를 관중關中으로 파견해 축하했고, 도연명이 이때 시를 써 그에게 증정했다. 제목은 「증양장사」다.

나 하·은·주 삼대 후에 태어나 愚生三季後
황제와 우순虞舜의 태평성대를 분연히 그리워하네. 慨然念黃虞
천 년 전의 일을 아는 것은 得知千載外

바로 옛사람들의 글 덕분이니　　正賴古人書
현명하신 성왕들의 발자취는　　賢聖留餘跡
일마다 모두 중도에 남아 있구나.　　事事在中都
몸과 마음으로 둘러보려 늘 생각했지만　　豈忘遊心目
동쪽의 황하와 관소는 넘을 수 없었다네.　　關河不可逾
온 천하가 이미 하나가 되었으니　　九域甫已一
장차 배와 수레 장만해 찾아가려네.　　逝將理舟輿
그대 먼저 떠난다는 말을 들었으나　　聞君當先邁
병을 얻어 함께 가지 못하겠네.　　負痾不獲俱
길이 만약 상산을 지난다면　　路若經商山
나를 위해 잠시만 머물러　　爲我少躊躇
상산의 사호 어른들에게　　多謝綺與甪
그들의 혼백 이제 어떤지 안부를 여쭈어주게.　　精爽今何如
자줏빛 버섯은 누가 다시 따랴.　　紫芝誰復採
상산의 깊은 계곡 오래도록 황폐해졌으리라.　　深谷久應蕪
수레 타는 벼슬살이 우환을 면치 못하나　　駟馬無貰患
빈천한 삶 속에는 즐거움이 계속된다오.　　貧賤有交娛
「사호가四皓歌」 마음에 새겨두어도　　淸謠結心曲
사람을 만나지 못함은 시대가 멀기 때문일세.　　人乖運見疏
세대가 지나도 나 가슴에 품고 있나니　　擁懷累代下
글은 끝났지만 내 마음 모두 펼치지 못하네.　　言盡意不舒
(「증양장사」)

출장 가는 이를 전송하며 쓴 시이지만, 삼대 후에 태어났다고 탄식하고 황제, 순임금의 시대를 그리워하는 것은 그만큼 도연명이 황제, 순임금의 시대를 각별하게 생각했음을 보여준다. 시는 유유가 관중을 수복한 사건을 “온 천하가 이미 하나가 되었으니”라고만 표현하고 넘어갔지만, 양장사의 이번 출행에 대해서는 성현들의 유적지를 마음껏 다닐 수 있다고 부러워한다. 도연명은 이 제목을 통해 성현들의 옛 지역인 ‘중도’에 대한 동경과 ‘상산사호商山四皓’의 유적지에 대한 상상을 한껏 표현했다. 왜냐하면 황제, 순임금의 순박한 시대가 몰락한 후 이런 성현들과 은자, 고사들만이 순박한 사회에 대한 이상을 유지하고 있었기 때문이다. 성현의 특징은 ‘세상을 구제하려 했다兼濟’는 것이고, 은자와 고사의 특징은 ‘내면의 선을 지킨다獨善’는 것이다. 도연명도 세상을 구제하는 이상이 없었던 것은 아니었기 때문에 자신의 작품 속에 성현의 이미지를 담기도 했다. 하지만 그는 소년 시절부터 조용하고 고요한 분위기를 좋아하고 내면의 선을 지키는 성향에 가까웠기 때문에 은일, 고사, 빈사 등이 그의 작품 속에서 더욱 중요한 인물이 된다. 「선상화찬扇上畫贊」은 이 계통에서 중요한 인물들을 모두 열거했다.

하조장인荷蓧丈人, 장저, 걸익, 오릉중자於陵仲子, 장장공張長公, 병만용丙曼容, 정차도鄭次都, 설맹상薛孟嘗, 주양규周陽珪.

삼황오제의 도는 아득한 옛일 三五道邈
순박한 민풍은 날로 사라졌네. 淳風日盡
아홉 문파들이 시비를 따지며 九流參差
부상했다가 스러지기도 했지. 互相推隕
외형은 사물의 성질 따라 변하고 形逐物遷
마음엔 절대적인 기준은 없네. 心無常準
그리하여 달관한 이들은 是以達人
때때로 몸을 숨겼지. 有時而隱
공자는 사지로 부지런히 힘쓰지 않고 四體不勤

오곡도 구분할 줄 몰랐는데　五穀不分
초연한 하조장인은　超超丈人
주야로 김을 매는구나.　日夕在耘
아득한 옛날 장저와 걸익　遼遼沮溺
함께 밭을 갈며 즐거움이 넘쳤네.　耦耕自欣
사람과 새가 서로 놀라지 않고　人鳥不駭
뭇 짐승들과도 함께 어울렸다네.　雜獸斯群
지극한 오릉중자는　至矣於陵
기개가 드넓어　養氣浩然
부귀영화를 가벼이 여기고　蔑彼結駟
기꺼이 채마밭에 물을 줬네.　甘此灌園
장장공 한 차례 관직에 나갔다가　張生一仕
일을 핑계로 돌아왔지.　曾以事還
더불 수 없음을 생각하고는　顧我不能
깨끗이 속세를 떠나왔네.　高謝人間
고상한 병만용은 벼슬길에서도　岩岩丙公
벼랑을 보자 돌아왔네.　望崖輒歸
교만하지도 욕심내지도 않았으나　非驕非吝
앞길이 험난했기 때문이라지.　前路威夷
정차도는 세상과 맞지 않아　鄭叟不合
천변에서 낚시를 드리우다　垂釣川湄
옛 친구와 숲 아래에서 술잔을 나누며　交酌林下
청담과 미언을 다했다 하네.　淸言究微
설맹상은 학문이 깊은 이　孟嘗游學
조정의 법령이 마침 느슨하기에　天網時疏
지혜로운 옛 친구들 그리워　眷言哲友

베옷을 떨치고 함께 속세를 떠났네. 振褐偕徂
훌륭하도다, 주양규 美哉周子
병을 칭하고 한가히 은거했구나. 稱疾閑居
깨끗하고 고상한 경지에 마음을 맡기고 寄心淸尙
그윽이 홀로 즐거워했네. 悠然自娛
어스름 그늘 드리운 사립문에 翳翳衡門
샘물이 용솟음치나니 洋洋泌流
거문고와 책이 있으니 曰琴曰書
이리 보고 저리 보며 벗 삼는구나. 顧眄有儔
강물을 마시면 그걸로 족하니 飮河旣足
그 외엔 모두 필요 없네. 自外皆休
아득히 천 년 일을 생각하며 緬懷千載
고독했던 은자들에게 마음을 맡기네. 托契孤遊
(「선상화찬」)

이 화찬은 찬贊 문체를 사용해 은일로 이름난 여덟 명의 사적을 찬술했다. 도연명의 인생 이상도 이 속에 표현되었다. 이 글의 기본적인 주제는 상고 사회의 순박한 풍속에 대한 그리움이다. 시인은 삼황오제 때의 도가 점점 사라지고 있다고 말한다. 하·은·주 삼대 이후의 사회는 순박함이 점차 시들해지고, 결국에는 전혀 남지 않을 것이라고 생각한다. 춘추전국 시기의 유가, 도가, 음양가, 법가, 명가, 묵가, 종횡가, 잡가, 농가 등 아홉 가지 유파의 학술이 비록 사회를 위해 여러 처방을 제시했지만, 그 경지는 각각 높고 낮음이 달랐다. 도연명은 그중 유가와 도가를 숭상했는데, 그 속에서도 사람들의 학술적 수준은 천차만별이었으며, 제각각 장단점이 다른데 도에 통달하지 못하다보니 공연히 서로가 서로를 공격하는 상황에 이르게 되었다. 사람들의 행적도 상황에 따라 바뀌니, 옳고 그름에 대한 기준을 정하기도 어려웠다. 이런 상황에서 순박한 사회적 이상은 실현되기 어려웠고, 고상하고 도에 통달한 사람들은 스스로 내면의 선을 지키는(독선기신獨善其身) 방향으로만 정진하고 은일을 추구했다. 그들은 안빈낙도하며 스스로 경작을 통해 의식주를 해결했다. 그중 장저, 걸익은 "주야로 김을 매고" "함께 밭을 갈며 즐거움이 넘쳤다." 오릉중자는 부귀공명을 경시했고, 밭에 물을 주면서도 생활에 만족했다. 이 모든 것을 도연명은 우러러보았다.

위에서 서술한 것처럼 도연명의 사회적 이상과 인생의 이상은 매우 분명하다. 도연명에게 인생 최고의 이상은 순박함과 진실함이다. 이것이야말로 도연명이 동경하는 행복한 인생이다. 그러나 이런 행복한 인생은 무회씨, 갈천씨, 복희씨와 황제, 요임금, 삼황오제의 시대에나 가능한 것이다. 현대인의 역사관에서 보자면 이런 황금시대는 인류의 몽상일 뿐이다. 하지만 도연명은 이를 믿어 의심치 않았다. 이는 도연명에게 역사관이라기보다는 일종의 신앙이라고 하는 것이 좋을 것이다. 도연명은 불교를 믿지 않았으며, 유교에 대해서도 상당히 냉정한 판단을 갖고 있었다. 그래서 표면적으로 볼 때, 도연명은 매우 이성적인 사람이다. 그러나 여기서 우리는 의외로 도연명의 비이성적인 신앙을 볼 수 있다. 이런 신앙으로 인해 도연명은 상고 시대의 순박한 사회와 순박한 사람들에 대해 확고한 믿음을 갖게 되었다.

도화원은 '황당지세黃唐之世'(황제와 요의 시대)에 대한 환상의 산물이다. 도화원 사회의 기본적인 특징은 순박한 풍습이며, 도화원 사회라는 허구를 만들어낼 수 있었던 것은 상고 시대의 순박한 풍습에 대한 그의 신앙 덕분이었다. 위에서 말한 바와 같이 상고 사회의 순박함이 사라진 이후에도 순박함을 지키려는 사람들은 계속 있었다고 도연명은 생각했다. 이것이 「선상화찬」에서 말한 고사들의 은일의 계보다. 이런 인물들은 진시황의 광기에 빠진 폭정의 시대에도 있었는데, 예를 들면 상산사호가 있다. 「도화원기」에서 그는 상산사호가 진나라의 폭정을 피해 달아난 일화로 도화원 사람들의 행위를 해석한다.

진시황의 폭정이 세상을 어지럽혀	嬴氏亂天紀
어진 사람들은 세상을 피해 숨었네.	賢者避其世
황석공黃石公, 기리계綺里季는 상산으로 가고	黃綺之商山
이伊들도 멀리 떠나갔다.	伊人亦云逝
그들의 발자취 점차 사라지고	往跡浸復湮
지나간 길들도 폐허가 되었다.	來逕遂蕪廢
서로 부르며 힘써 밭을 갈고	相命肆農耕
날 저물면 함께 돌아가 쉰다.	日入從所憩
뽕나무, 대나무 짙은 그늘을 드리운 땅에	桑竹垂餘蔭
계절 따라 콩과 기장을 심는다.	菽稷隨時藝
봄엔 누에가 긴 실을 뽑아내고	春蠶收長絲
가을엔 오곡이 익어도 세금이 없다네.	秋熟靡王稅
길은 황폐해 오가기 어렵고	荒路曖交通
닭과 개 울음소리 들린다.	鷄犬互鳴吠
제사 그릇은 옛 예법 그대로인데	俎豆猶古法
입은 옷도 새로 지은 것이 없네.	衣裳無新製
어린아이들은 노래하며 쏘다니고	童孺縱行歌
노인들은 즐거이 찾아다니며 노네.	斑白歡遊詣
풀이 무성해지면 계절이 따뜻한 걸 알고	草榮識節和
나무가 시들면 찬바람 불 때인 걸 아네.	木衰知風厲
달력도 책도 없지만	雖無記曆誌
사계절이 바뀌면 어느새 한 해가 지나네.	四時自成歲

기뻐하고 즐거움이 넘치니　　怡然有餘樂
지혜를 어디에 쓸 것인가?　　于何勞智慧
신기한 종적 오백 년 동안 감춰져 있더니　　奇蹤隱五百
하루아침에 신선 세계처럼 열렸구나.　　一朝敞神界
순박함과 경박함은 이미 근원이 다른 법　　淳薄既異源
도화원은 곧 깊이 감춰졌네.　　旋復還幽蔽
세상의 선비들 물어볼지라도　　借問遊方士
세속 바깥의 일을 어찌 헤아리랴.　　焉測塵囂外
원하노니 세상의 경박한 풍습을 딛고　　願言躡輕風
높이 올라 나와 마음 맞는 이를 찾을 수 있기를.　　高舉尋吾契
(「도화원기」)

도연명이 보기에 상고 시대의 순박함은 인간의 본성에 부합하는 것이다. 인성은 본래 사심 없는 자족이 가능했으나, 지혜와 계교가 생기면서 사람들은 순박하고 진솔한 인생의 행복을 떠나 서로 속고 속이는 계교의 함정에 빠지게 되었다. 하·은·주 삼대 이후의 정치는 지혜와 계교의 기초 위에서 발전했기 때문에 경전과 공자 등의 성현이 사회의 순박함을 잠시 회복하게 했지만, 결과적으로 큰 소득은 없었다. 사회는 돌이킬 수 없는 어둠과 혼란에 빠졌고, 정치도 점점 더 정도를 벗어났다. "삼황오제의 도는 아득한 옛일, 순박한 민풍은 날로 사라졌네"라는 구절이 바로 이런 상황을 표현한 것이다. 이런 추세는 진나라에 와서 절정에 달했다. 그래서 상산사호와 도화원의 사람들은 도망이라는 길을 선택한 것이다. 그들의 도망은 순박한 인격을 유지하기 위한 것이었다. 도화원 사람들은 처자식과 마을 사람들을 데리고 세상과 단절된 이곳에 왔기에 순박한 사회를 지킬 수 있었다. 정치에서 멀리 벗어났기 때문에 외부 사회처럼 서로 속고 속이는 방향으로 발전하지 않았고, 자연스럽게 상고 사회의 순박한 상태로 돌아갈 수 있었다. 이는 인성에 대한 도연명의 확신을 보여준다. 도화원 사회는 인류가 자연에 적응하며 순박한 천성에 따라 건립된 사회로, 자연계의 절기에 완전히 순응해 농사짓고 베 짜며 살아가는 곳이다. 그들의 문명화 정도는 완전히 상고 사회 수준이며, 오래된 제사 용기와 소박한 의복까지 옛 모습을 간직하고 있었다. 전설에 따르면, 황제 헌원씨가 율력을 제정했다고 하는데, 도화원 사회는 역법조차도 없다. 이렇게 본다면 도연명이 지어낸 이 사회는 황제, 요임금의 시대보다 더 오래전이다. 철저하게 순박한 사회이며, 전설 속의 무회씨, 갈천씨의 시대에 비견된다. 도화원은 실로 도연명에게 순박한 사회와 인생에 대한 이상의 산물이라 할 수 있다.

도연명이 서술한 도화원 이야기는 '기記'도 있고 '시詩'도 있는데, '기'가 주고 '시'는 부다. 기와 시는 각각 독립적인 두 가지 문체다. 기는 소설가의 문체와 완전히 허구적인 필법을 구사하며, 창작 의도와 주제를 전혀 드러내지 않는 아주 자족적인 문체다. 마치 한 폭의 그림을 액자에 집어넣어 아무도 액자 밖의 배경을 신경 쓰지 않게 하는 것과 같다. 나는 이것이 매우 성숙한 소설 예술이라 생각한다. 물론 도연명의 의도는 소설 창작에 있지 않았을 것이며, 다만 허구의 순수성을 유지하기 위해 자연스럽게 소설의 예술적 법칙에 따르게 되었을 것이다. 이와 비교해보면 「도화원기」 시는 이 허구의 이야기에 대한 일종의 주석과 같아서, 이 이상국을 구상한 사상적 동기를 설명하고 있다.

「도화원기」의 매력은 도연명이 허구의 원칙을 완벽히 따르면서 독립적이고 자족적인 소설 속의 세계를 만들었다는 데 있다.

진나라 태원 연간의 일이다. 무릉 군에 고기 잡는 일을 하는 사람이 있었다. 그는 시내를 따라가다가 길을 잃어버렸다. 문득 복숭아

꽃이 활짝 핀 숲에 도달했는데, 좁은 물가에 수백 보 길이로 다른 나무는 하나도 없이 신선한 향초들이 아름답게 피어 있고, 꽃잎이 분분히 떨어졌다. 어부는 심히 이상하게 여겨 앞으로 나아가 그 숲의 끝까지 가려 했다. 숲은 물이 솟아나는 곳에서 끝났는데, 산이 하나 있었고 산에는 작은 동굴이 있었다. 동굴 속에는 마치 환한 빛이 있는 것 같았다. 어부는 배에서 내려 입구를 따라 들어갔다. 처음엔 매우 좁아 겨우 사람이 들어갈 정도였는데, 몇 걸음 더 걸어가니 갑자기 환하게 길이 열렸다. 땅은 평탄하고 넓었으며 집은 반듯하게 늘어서 있고, 좋은 전답, 아름다운 연못, 뽕나무와 대나무 등이 있었다. 논밭의 두렁이 서로 이어지고, 개와 닭의 울음소리를 서로 들을 수 있었다. 그 가운데로 왕래하며 경작하는 사람들을 보니 남자나 여자나 입은 옷이 모두 바깥 사람들과 같았다. 누런 머리 노인이나 더벅머리 아이나 모두 기쁘고 즐거워했다. 어부를 보더니 크게 놀라 어디서 왔느냐고 묻기에 그들에게 모두 대답했다. 자신들의 집으로 오라고 청해 술을 준비하고 닭을 잡아 식사를 대접했다. 마을에 이런 사람이 있다는 소식을 듣고 모두 와서 이것저것 물어보았는데, 한 사람이 말하기를 "조상들이 진나라 때의 난리를 피해 처자식과 마을 사람들을 데리고 세상과 단절된 이곳에 왔는데, 다시는 나가지 않았더니 바깥세상과 멀어졌습니다"라고 했다. 지금은 어느 시대냐고 묻는데, 한나라도 알지 못하고 위나라, 진나라는 말할 것도 없었다. 어부가 하나하나 들은 바를 다 말해주었더니 모두 탄식하며 아쉬워했다. 다른 사람들도 각각 자기네 집으로 초청했는데, 모두 술과 음식을 내놓았다. 며칠을 머물다가 가겠다고 말하자 그중 한 사람이 말하길 "바깥세상 사람들에게 말할 만한 일은 아닙니다"라고 했다. 어부는 동굴을 나가서 자기의 배를 찾아 원래 왔던 길을 따라 나오며 장소마다 기록했다. 군에 도착하자, 어부는 태수를 찾아가 이와 같은 사정을 이야기했다. 태수는 곧 사람을 보내 어부를 따라가게 했는데, 나오면서 기록했던 대로 찾았지만 헤매기만 할 뿐 끝내 다시는 길을 찾지 못했다. 남양의 유자기劉子驥라는 사람은 절개가 높은 사람인데, 그 이야기를 듣고 기뻐하며 찾아가려고 했으나 찾지 못하자 결국 병을 얻어 죽었다. 그 후에는 이곳을 찾는 사람이 없었다.(「도화원기」)

도화원 사회가 바깥 사회와 다른 점은, 하나는 순박하고 고풍스러운 사회이고, 다른 하나는 서로 속이는 사회라는 점이다. 이런 사회는 착한 사람들의 마음속에만 존재하는데, 현실 사회와의 거리는 지척지간일 뿐이다. 하지만 이 지척지간에 건널 수 없는 큰 강이 놓여 있다. 사람의 마음이 순박함과 참됨으로 돌아가는 것은 찰나의 일이지만, 많은 사람으로 구성된 사회는 그렇게 되기가 어렵다. 도연명은 "황제와 요임금의 태평성대에는 이르지 못하니 나 홀로 슬퍼하네"라고 했다. 그래서 현실에서 도화원 사회의 이상을 실현할 생각은 하지 못했다. 그가 일생 동안 동경했던 순박한 사회와 순박한 인생은 단지 환상에서 존재할 뿐이었다. 그래서 그는 도화원 사회를 '세상과 단절된 곳'으로 설정했다. 어부의 한 번의 방문은 어쩌면 사람들의 마음속에 있는 희미한 한 가닥의 빛이 이상적인 나라를 비추고 있다는 상징일 수도 있다. 황정견의 시에 "본심은 해와 달과 같으나, 이로움에 대한 욕심이 그를 갉아먹는다本心如日月, 利慾蝕之旣"(『산곡내집山谷內集』 제4권 「봉화문잠증무구편말다견급이기견군자운호불희위운奉和文潛贈無咎篇末多見及以旣見君子雲胡不喜爲韻」)라는 구절이 있다. 이런 어둠을 만드는 것은 사람들의 마음속 탐욕이다. 어부는 공을 세우기 위해 "태수를 찾아가 이와 같은 사정을 이야기했다." 태수는 자신이 통치하는 지역 안에 이런 알려지지 않은 세계가 있다는 것을 알고 사람을 보내 찾게 했다. 이는 정치권력이 순박한 사회로의 침입을 의미한다. 계교와 탐욕은 사회의 순박함을 사라지게 한 원인이다. 도연명의 필법은 이처럼 자연스러우면서도 교묘하게 도화원 세계가 세상 사람들에게 열리지 않은 근본적인 원인을 드러낸다.

'복희씨 시대의 사람'이나 '황제, 요임금의 시대'가 상고 시대의 역사를 향한 상상이라면, 도화원은 시간적인 거리를 빌려 만들어낸 환상이라고 할 수 있다. 「도화원기」는 도연명이 이상적인 세계를 현재에 재현하려는 시도였다. 도연명과 황제, 요임금의 시대 사이에는 뛰어넘을 수 없는 시간의 간극이 있지만, 도화원 사람들과는 동일한 시간대에 처하면서 공간적으로는 상당히 떨어진 거리에 처하게 되었다. 공간적 거리감을 표현할 더 좋은 방식을 찾지 못해 도연명은 변환의 방식을 채용했다. 이 변환은 몇 가지 과정을 거쳐 완성된다. 첫째, 어부가 길을 잃어버렸다가 문득 복숭아꽃이 활짝 핀 숲에 도달했는데, 좁은 물가에 수백 보 길이 펼쳐지는 단계다. 이 구절에서 중요한 점은 두 가지인데, 하나는 '잃어버림'이고, 또 하나는 '문득'이다. 이는 앞으로 기이한 지경을 만나게 될 징조이며, 놀랍고 신비한 느낌이다. 둘째, 그가 외부에서 도화원으로 진입하는 통로를 신비하고 황홀하게 묘사한 점이다.

"산에는 작은 동굴이 있었다. 동굴 속에는 마치 환한 빛이 있는 것 같았다. 어부는 배에서 내려 입구를 따라 들어갔다. 처음엔 매우 좁아 겨우 사람이 들어갈 정도였는데, 몇 걸음 더 걸어가니 갑자기 환하게 길이 열렸다. 땅은 평탄하고 넓었으며 집은 반듯하게 늘어서 있고, 좋은 전답, 아름다운 연못, 뽕나무와 대나무 등이 있었다. 논밭의 두렁이 서로 이어지고, 개와 닭의 울음소리를 서로 들을 수 있었다. 그 가운데로 왕래하며 경작하는 사람들을 보니 남자나 여자나 입은 옷이 모두 바깥 사람들과 같았다. 누런 머리 노인이나 더벅머리 아이나 모두 기쁘고 즐거워했다."

도연명의 묘사는 이렇게 선명했다. 하지만 이렇게 갑자기 환해진 도화원 세계는 마치 호리병 속에 세상이 있는 듯한 신화 전설 속의 신선 세계로 설정되었다. 도연명은 여기서 우리에게 이 세계의 허구성을 은근히 암시하고 있다. 「도화원기」 시에서 도연명은 신선 세계의 형식을 빌려 직접적으로 이 공간의 단절성을 표현한다.

"신기한 종적 오백 년 동안 감춰져 있더니 하루아침에 신선 세계처럼 열렸구나. 순박함과 경박함은 이미 근원이 다른 법, 도화원은 곧 깊이 감춰졌네. 세상의 선비들 물어볼지라도 세속 바깥의 일을 어찌 헤아리랴. 원하노니 세상의 경박한 풍습을 딛고, 높이 올라 나와 마음 맞는 이를 찾을 수 있기를."

우리는 여기서 도화원 세계가 외부 세계보다 더 주동적이라는 점을 볼 수 있다. 표면적으로 볼 때는 어부가 우연히 도화원 사회를 만난 것이다. 「도화원기」에도 이렇게 쓰여 있다. 그러나 사실상 이는 도화원 사회가 외부를 향해 주동적으로 문을 열었다가 이곳과 바깥세상이 전혀 이질적인 곳이라는 것을 발견하고 다시 자동적으로 문을 닫은 것이다. 현실에서의 마을은 이렇게 주동적으로 문을 열고 닫는 기능이 없다. 사람들이 찾기 힘든 외진 곳에서도, 그곳 사람들은 외부인이 찾아와 소란을 피우며 마을의 순박함과 조용함을 깨지 않기를 바란다. 하지만 그곳은 외부 세계가 자신을 찾는 것을 거절할 능력이 없다. 그러나 도화원은 이런 특수한 기능이 있다. 도화원 세계는 놀라운 환상의 세계인 것이다. 도연명은 더 적합한 방식을 찾지 못해 신선 세계의 모습으로 이를 묘사했다. 이후에 도화원 고사를 쓴 시들, 예를 들면 왕유의 「도원행桃源行」도 도화원을 신선 세계로 묘사했다. 그러나 사실 이 두 시 사이에는 본질적인 차이가 있다. 도화원 세계는 도연명이 일생 동안 상상한 순박한 사회에 대한 이상이다. 단지 신선 세계의 형식을 차용했을 뿐이다.

도연명의 작품은 무엇 하나 내면세계의 진실한 사상과 감정, 꿈을 쓰지 않은 것이 없는, 그야말로 성정性情의 문학이다. 성리학 용어로 말하자면, 성천性天(성품과 하늘이 합일된 상태로, 유가의 이상적인 인격)의 일을 쓴 것이다. 그러므로 도연명의 일생의 창작은 고도의 통일성을 갖고 있다. 그의 모든 작품은 서로 주석이 될 수 있다. 「도화원기」는 표면적으로 보기에는 매우 신기하지만, 그 내부에는 도연명 일생의 사상이 담겨 있기 때문에 다른 작품들과도 거의 서로 통한다. 본래 도연명의 전원시가 표현하는 기본 주제는 순박한 인격과 순박한 전원생활이다. 「귀원전거」 5수에도 도화원의 흔적이 보인다.

여남은 무 땅에 집터를 잡고
초가집에 방은 여덟, 아홉 칸이라.
느릅나무, 버드나무는 늘어져 뒤 처마를 가리고
복숭아나무, 자두나무 집 앞에 늘어서 있네.
아련히 멀리 인가엔
하늘하늘 집집마다 밥 짓는 연기.
개들은 골목에서 짖어대고
닭 울음소리 뽕나무 위에서 들려온다.(「귀원전거」 제1수)

때때로 먼 데 사는 이웃과
풀을 헤치고 오간다.
만나도 별스러운 말은 없고
그저 뽕나무, 삼나무가 자랐다는 소리뿐.(「귀원전거」 제2수)

새로 익은 술을 거르고

닭 잡아 이웃을 부른다.
날 저물어 방 안이 어두우니
싸리불 피워 등잔불 대신하네.
즐거움이 무르익으니 짧은 저녁이 아쉬워라.
어느덧 새벽이 밝아오네.(「귀원전거」 제5수)

또 「계묘세시춘회고전사」에는 다음과 같은 구절이 있다.

평탄한 밭으로 먼 데서 온 바람이 지나면
어여쁜 새싹에 생기가 돈는다.
비록 한 해 수확을 헤아릴 수는 없지만
농사일에 마음의 기쁨 커진다.
밭 갈고 씨 뿌리다 간혹 쉬어도
행인들 누구도 나루터를 묻지 않네.
해 지면 더불어 돌아가다
한 병 술로 이웃 사람 위로하네.
길게 읊조리며 사립문을 닫나니
나는 오로지 농토의 백성이로다.(「계묘세시춘회고전사」)

이런 부분은 「도화원기」에 서술한 세계와 너무나 비슷하고, 필법도 매우 유사하다. 도화원 사회는 바로 도연명의 전원에 대한 관념의 연장선이라 할 수 있다.

결론적으로 상고 시대의 순박한 사회, 도연명 자신의 순박한 인생, 현실 속의 전원생활과 허구의 도화원 세계, 이 모든 것은 도연명의 인생에서 하나로 이어져 그의 예술 세계 속에서 혼연일체로 결합되어 있다.

18장

「음주飮酒」

「음주」 20수의 창작 연대에 대해 구즈, 루친리 등은 진나라 원흥 2년인 403년으로 보고 있다. 그들의 주요 근거는 제16수의 "어느덧 불혹에 가까워졌지만"이라는 구절이다. 불혹에 가깝다는 것은 40세가 되어간다는 의미이므로 루친리는 이 시를 39세의 작품으로 본 것이다. 그러나 이는 정확한 근거라고 할 수 없다. 우선 「음주」 제16수 전문을 보자.

젊은 날엔 세상과 어울림도 없이
오직 육경에서 노닐며 즐거웠네.
어느덧 불혹에 가까워졌지만
언제나 제자리, 이룬 바가 없네.
빈궁한 절개만을 굳세게 지키며
추위와 주림은 질리도록 견뎌왔네.
누추한 오두막엔 슬픈 바람이 스치고
황량한 잡초만 앞뜰을 뒤덮네.

베옷을 걸치고 긴 밤 지새우나니
새벽닭도 울지 않네.
인재를 알아본 유공도 세상에 없으니
결국 내 마음 깊이 묻혀버리겠네.(「음주」 제16수)

시인은 자신이 어렸을 때, 교유를 좋아하지 않고 유가 경전에만 빠져 있었다고 말한다. "오직 육경에서 노닐며 즐거웠네"라는 말 속엔 젊어서 학문과 덕업을 쌓아야 한다는 생각이 담겨 있다. 그래서 그 뒤에 "어느덧 불혹에 가까워졌지만 언제나 제자리, 이룬 바가 없네"라는 말이 이어진 것이다. 세월은 쉬지 않고 흘러 어느덧 나이 사십에 가까워졌지만, 자신이 벼슬길 방면으로 전혀 이룬 것이 없음을 발견했다. 결국 곤궁 속에서도 절개를 지키고자 귀은하는 길을 선택해 지금까지 굶주림과 추위에 시달리고 있다. 이 몇 구절은 사실 「제종제경원문」의 "나는 일찍이 벼슬길에 들어서 세상일에 얽매였을 때 물결처럼 흐르듯 살다가 이룬 것도 없이 본래의 뜻을 잃을까 두려웠다. 말채찍을 거두고 돌아오니 너는 나의 뜻을 알아주어 늘 함께 다니며 세상 사람들의 생각은 다른 곳에 두자고 염원했었지" 구절과 거의 같은 의미가 담겨 있다. "어느덧 불혹에 가까워졌지만 언제나 제자리, 이룬 바가 없네"라는 구절은 확실히 회상의 말이며, 벼슬길로 분주하던 젊은 시절에 대한 개괄이다. 그래서 구즈, 루친리 등이 "어느덧 불혹에 가까워졌지만"의 구절로 이 시의 창작 연대를 추정한 것은 근거가 될 수 없다.

도연명은 의희 7년 상경에서 남촌으로 주거지를 옮겨 늙어 죽을 때까지 그곳에서 살았다. 도연명은 자신이 살았던 주거지 몇 곳에 각각의 호칭을 붙였다. 「귀원전거」에 나오는 "원전거"는 "깊은 골목深巷" "가난한 골목窮巷"으로 호칭했는데, 모두 그곳이 외진 야외에 위치했음을 가리킨다. 남촌은 지역으로 보자면 교통의 요지에 좀더 가깝고, 사인들이 거주하기도 한다. 그러나 집 자체는 원전거보다 더 누추하고 거주에 불편한 초가 오두막이었기 때문에 도씨 가문의 조상들이 물려준 농원인 원전거에 비할 바가 아니었다. 「음주」 제5수에는 "사람들 사는 곳에 초막을 지었지만, 수레와 말 울음소리 시끄럽지 않네結廬在人境, 而無車馬喧"라는 구절이 있는데, 이것은 매우 사실적인 기록이다. "사람들 사는 곳"은 그곳이 적지 않은 사교 활동이 이루어지는 지역임을 말한다. 다만 그가 사람들과의 교류를 사절했기 때문에 "수레와 말 울음소리 시끄럽지" 않았던 것이다. 만약 원전거처럼 외진 곳이었다면 그가 일부러 세속을 피할 필요도 없었을 것이다. 옛 친구가 찾아와도 "내 가난한 골목은 수렛길과 멀리 떨어져 친구들도 수레를 돌리고 찾지 못한다네"라고 할 정도이기 때문이다. 그래서 도연명은 원전거에 대해 쓸 때, 지역이 외지다는 것만 언급하고 집이 허름하다는 말은 거의 하지 않았다. 그런데 남촌에 대해 쓸 때는 집이 낡고 누추함을 항상 말했다. 「이거」 제1수에서는 "누추한 내 집 넓을 필요 있겠는가? 해진 침상과 자리로도 족하다"라고 말했다. 「음주」 연작시를 보면, 집이 허름하다는 말이 여러 번 등장한다.

누더기로 오두막에 산다고
고고한 삶은 아니라며.(「음주」 제9수)

누추한 오두막엔 슬픈 바람이 스치고
황량한 잡초만 앞뜰을 뒤덮네.(「음주」 제16수)

또 「영빈사」 제6수에서도 "장중위는 가난한 삶을 사랑해 집 주위에 온통 쑥대만 자라 있었지仲蔚愛窮居, 遶宅生蒿蓬"라고 했다. 만년에 그가 거주한 곳이 매우 누추했음을 말한 것이다. 이는 「음주」 연작시의 창작 연대가 도연명이 의희 7년 남촌으로 이주한 후임을 증명한다.

앞에서 서술한 바와 같이, 도연명의 귀은은 그 자신에게 중요한 인생의 선택이자 대단한 용기였으며, 그로 인해 내외적으로 많은 여론, 즉 중의衆議에 직면해야 했다. 선택은 비록 한순간이지만, 계속 흔들리지 않으려면 사상과 행동 방면에서 끊임없이 인내하며 견디는 노력이 필요하다. 귀은하기 전에는 귀은을 선택하는 것이 하나의 추구였지만, 귀은한 이후에는 견디는 것이 하나의 중요한 문제로 대두된 것이다. 그래서 도연명의 시와 문장 대부분은 그의 이 중요한 인생 선택에 대한 해설과 설명이라고도 할 수 있다. 「음주」 20수의 주요 내용도 그가 자신의 인생을 전반적으로 술회하며 자신의 확고한 신념을 말하는 것이다. 앞에서 제16수 "젊은 날엔 세상과 어울림도 없이"와 제19수 "지난날 긴 배고픔에 괴로워" 구절을 인용했는데, 이 시들이 바로 벼슬길에서 귀은할 때까지의 인생 전반을 회고한 작품이다. 제10수는 젊은 날의 행려를 회상하는 내용인데, 역시 이러한 내용에 속한다.

지난날 먼 길을 떠나	在昔曾遠遊
동해 끝까지 갔었지.	直至東海隅
길은 멀고 긴데	道路迥且長
바람과 파도가 앞길을 막았지.	風波阻中塗
누가 시켜 이렇게 떠났던가?	此行誰使然
아마도 굶주림에 내몰렸으리라.	似爲飢所驅
온 힘을 쏟아 배부름을 구했다면	傾身營一飽
약간의 여유로움도 있었으련만	少許便有餘
이 길 내 명성을 해칠까 두려워	恐此非名計
수레를 멈추고 돌아와 은거한다네.	息駕歸閑居

(「음주」 제10수)

이 시는 젊은 날 그가 다녔던 험난한 여정을 회상하는데, 종전에 썼던 행려시들과 호응한다. 그는 자신이 예전에 배부름을 구하다가 벼슬길로 빠졌고, 결국엔 다행히 되돌아왔다고 했다. "수레를 멈추고 돌아와 은거한다" 구절은 팽택령을 사직한 일을 말한다. 제9수는 이웃 농부가 말고삐를 끌어 입신양명의 벼슬길로 돌아가라고 권하지만, 그가 자신의 확고부동한 초심을 다시 말하는 내용이다.

이른 새벽 문 두드리는 소리 들려
황급히 옷을 걸치고 문을 열었네.
그대는 누구인가 물었더니
마음 착한 농부 하나 있었네.
술 한 병 들고 멀리서 인사왔다는데,
세상과 등지고 산다며 날 이상하다 하네.
누더기로 오두막에 산다고
고고한 삶은 아니라며
세상은 서로 동화되는 것을 귀하게 여기니
당신도 흙탕물 속에서 머리 감으라 하네.
어르신의 말에 깊은 느낌 얻었으나
내 타고난 성품은 어울리기 어렵네.
말고삐를 돌려 되돌아갈 수는 있지만
내 뜻과 어긋나면 어찌 미혹이 아니겠는가?
지금의 술자리나 즐기시오.
내 수레는 되돌릴 수 없다오.(「음주」 제9수)

이웃 농부는 비록 벼슬하는 사람은 아니지만, 관직에 있다는 것의 이익에 대해 잘 알고 있다. 게다가 세상에서 존경하는 은사들도 대부분 풍요로운 물질생활을 누리고 있다는 것도 알고 있다. 당시 보통 문벌들이 말하는 귀은이라는 것은 사실 자신들의 귀족 장원으로 돌아가는 것일 뿐이다. 풍요로운 물질생활에 대한 향유가 귀은 때문에 줄어드는 것이 아니라 더 많은 시간 동안 산수자연의 풍광에 도취하며 음악, 여색, 기름진 요리를 즐겼다. 예를 들면, 사안이 동산에서 은거했던 것이 바로 이런 것이었다. 이런 은거는 '고서高棲'라고 불렸다. 노인은 도연명에게 당신처럼 쓰러져가는 오두막에서 누더기 같은 옷을 입고 가난하게 살았던 은거가 어디에 있겠느냐고 말한다. 이어서 그는 세속에 섞여 어울리며 함께 흘러가야 한다는 논리로 도연명을 설득한다. 그러나 도연명에게 귀은의 가장 큰 원인은 인격의 순박함을 지키려는 것이었다. 도연명은 자신 인생의 좌우명을 밝히지 않을 수 없어 "말고삐를 돌려 되돌아갈 수는 있지만 내 뜻과 어긋나면 어찌 미혹이 아니겠는가?"라고 말했다. 또 「귀거래혜사」에서 "주림과 추위에 비록 절박하긴 했지만, 내 뜻과 어긋나는 일이라 병든 것처럼 고통스러울 것이다"라고 한 것도 이러한 의미다. 도연명의 인생 신념은 얼마나 견고한가? 이는 보통 사람들은 따를 수 없는 것이다. 그의 마음은 흔들린 적이 없다.

이런 견고한 신념은 사상적 자원이 필요하다. 그 하나는 빈궁함을 견디며 절개를 지켰던 고사들이다. 「음주」 제11수의 안회와 제12수의 장지張摯가 바로 이런 유형에 속하는 인물들이다.

안회는 어진 사람이라 부르고	顔生稱爲仁
영계기는 도가 있다고 말하지만	榮公言有道
안회는 가난한 데다 오래 살지도 못했고	屢空不獲年
영계기는 늙도록 긴 굶주림에 시달렸네.	長飢至於老
비록 후세에 이름은 남겼으나	雖留身後名

평생 고단하고 힘들었지. 一生亦枯槁
죽은 후의 일이야 어찌 알랴. 死去何所知
마음 편안하면 그만인걸. 稱心固爲好
몸뚱이 천금같이 잘 지켜도 客養千金軀
죽고 나면 그 귀한 몸도 사라진다. 臨化消其寶
벌거벗고 매장한들 어찌 미워하랴. 裸葬何必惡
사람들 그 뜻을 깨달아야 하리. 人當解意表
(「음주」 제11수)

안회는 어질었고, 영계기는 도가 있었다. 하지만 안회의 쌀독은 늘 비어 있었고, 영계기는 오래도록 굶주림에 시달렸다. 이런 인생의 길을 선택한 것이 단지 후세에 이름을 남기기 위한 것이었다면 그것은 의미가 없다. 왜냐하면 사후의 일은 아무것도 알 수 없기 때문이다. 중요한 것은 살아서 마음이 편안한 것이다. 그는 자신이 가난을 견디며 절개를 지키는 것은 진실한 본래 자신의 성품을 거스르고 싶지 않기 때문이지, 명성을 얻기 위한 것이 아니라고 했다. 이런 말은 강주자사 단도제가 그를 찾아와 나눈 대화를 연상시킨다. 단도제는 이렇게 말했다.

"현자가 세상에 처함에 천하에 도가 없으면 숨고 도가 있으면 이른다고 했소. 지금 그대는 문명의 세상에 살고 있는데, 어찌 이렇게 힘들게 사는가?"

도연명은 대답했다.

"제가 어찌 현자가 되길 바라겠습니까? 뜻이 미치지 않을 뿐입니다."

이는 사실상 은거로 명성을 얻어 현자가 되려는 세인들의 생각을 부정한 것이다. 자신은 성품에 따라 행동하는 것이지, 원래부터 명성을 얻으려는 뜻이 없었다는 것이다. 도연명은 당시에도 후대에도 은사로 일컬어진다. 그러나 이것은 사람들이 은사라는 사회적 배역으로 그를 인식하고, 또 그의 이미지를 각색한 것일 뿐이다. 사실 도연명 자신에게 귀은은 단지 자신이 마음속으로 바라는 바를 따른 선택일 뿐이다. 반드시 은사가 되겠다고 말한 적도 없다. 두보의 「견흥遣興」 제3수에 "도연명은 세상을 피한 늙은이라 도에 통달하지 못했네. 그가 지은 시집을 보니 고단함과 힘겨움 한스럽네陶潛避世翁, 未必能達道. 觀其著詩集, 頗亦恨枯槁"라고 했다. 「음주」 제11수의 "비록 후세에 이름은 남겼으나, 평생 고단하고 힘들었지" 구절을 차용한 것이다. 일반적인 해석은 두보가 도연명의 시풍을 너무 건조하다고 평한 것으로 보는데, 이는 옳지 않다. 여기서의 의미는 도연명이 시를 쓸 때 인생의 고단함을 너무나 한스러워했다는 것이다. 그래서 두보는 도연명이 도에 통달하지 못했다고 말했다.

제12수는 한나라 때 장지, 양륜楊倫이 관직을 버린 일에 자신을 비유한 내용이다.

장지는 단 한 번 벼슬을 하고　長公曾一仕
꿋꿋한 절개 때문에 좋은 시기를 놓쳐　壯節忽失時
두문불출하고　杜門不復出
평생 세상에 나가지 않았네.　終身與世辭
양륜은 대택으로 돌아왔으니　仲理歸大澤
고아한 풍격 여기에 있음을 알겠다만　高風始在茲
한번 갔으면 그만인걸　一往便當已
어찌 다시 의혹에 빠졌던가.　何爲復狐疑
그만두자, 말해 무엇하리.　去去當奚道
세상이 나를 속인 지 오래니　世俗久相欺
거리의 낭설에 휩쓸리지 말고　擺落悠悠談

내가 가는 은거의 길을 따르리라. 請從余所之
(「음주」 제12수)

장지는 장석지張釋之의 아들이다. 『한서』「장석지전」에 따르면, "그 아들 장지는 자가 장공이다. 관직을 대부까지 지냈는데, 그만두었다. 당시 세상을 받아들일 수가 없어 죽을 때까지 벼슬을 하지 않았다"라고 되어 있다. 위 인용 시의 첫 네 구절은 이 일을 읊은 것이다. 또 『후한서後漢書』「유림전儒林傳」에 따르면, "양륜은 자가 중리仲理다. 군의 문학연文學椽이 되었는데, 뜻이 당시 세상과 맞지 않아 관직을 버리고 주군의 명을 다시 듣지 않았다. 대택에서 강의를 해 제자가 천여 명에 이르렀다"라고 되어 있다. 이 두 사람의 사적은 도연명과 매우 비슷하다. 그래서 도연명도 이 내용으로 스스로를 독려했다. 그는 생각했다. 일단 이 길을 선택했으면 의혹을 갖지 말아야 한다. 세속의 수많은 말은 다 돌아볼 필요가 없다. 이는 세상의 여론에 초연할 수 있는 그의 용기를 보여준다.

도연명은 세속의 혼탁한 물결에 휩쓸리지 않고 중심을 잡는 독립적 존재가 되기를 원했으며, 자신의 인생 선택에 대해 확고한 신념을 표현했다. 옛사람들에게서 도덕적 준거를 배울 뿐 아니라 은유를 통해 더 구체적인 설명을 하기도 했다. 그는 『논어』에서 공자의 덕을 소나무의 형상에 비유했던 방법을 차용하기도 했다.

무리를 잃은 새 한 마리 불안에 떨며
날 저물도록 홀로 날고 있네.
머물 곳 찾지 못해 배회하며
온밤 내내 울며 맴도네.
애타는 소리는 어둠 속으로 울려 퍼지고

하염없이 펄럭이며 방황하네.
외로이 서 있는 소나무 한 그루 만나
날개를 접고 살며시 깃드네.
거센 바람에 꽃잎 모두 떨어졌지만
넓은 그늘은 변함이 없네.
몸 의지할 곳 이미 얻었으니
천 년토록 떠나지 않으리라.(「음주」 제4수)

"무리를 잃은 새 한 마리"는 도연명의 또 다른 시 「귀조」에 나오는 "외로운 새孤鳥"를 말한다. 「영빈사」에 나오는 "뒤처져 숲을 나서는遲遲出林翮" 새이기도 하다. 이 외로운 새의 형상은 홀로 외롭게 정절을 지키는 자신의 고독을 비유한다. 도연명은 여기서 매우 서정적인 필치로 올바른 인생의 길을 모색하는 자신의 어려움을 토로하며, 외로운 소나무의 모습으로 전원에 돌아와 가난을 견디며 절개를 지키는, 그리고 선을 추구하되 명성을 좇지 않는 자신의 인생 신념을 비유했다. "몸 의지할 곳 이미 얻었으니 천 년토록 떠나지 않으리라"라는 마지막 구절은 도연명의 가장 깊은 내면의 선서인 것이다.

주지하다시피 국화는 도연명의 문학에서 매우 중요한 상징물이다. '도연명의 국화陶公菊花'라는 말이 세상에 널리 알려져 있을 정도다. 마찬가지로 소나무 역시 도연명의 생명의 표상이며, 그의 시문에 자주 등장한다. 이에 대해 원나라 오사도吳師道가 「오례부시화吳禮部詩話」에서 언급한 바 있다.

도연명이 「귀거래혜사」에서 "집 앞 오솔길은 황폐해지는데 소나무와 국화는 아직 남아 있네"라고 했고, 아래에 다시 "햇살은 어스름해지며 곧 저물어가는데, 나는 외로운 소나무 어루만지며 배회한다"라고 했다. 황폐한 길과 어스름 햇살 아래 소나무를 두었으니 그 뜻을 알 수 있다. 또 그는 외로운 소나무를 말하기 좋아했는데, 예를 들면 "겨울 산에 아름다운 고송 한 그루" "동쪽 뜰에 푸른 소나무, 무성한 잡풀에 그 모습 파묻혔더니" 구절이 있고, 또 "숲에 있을 때는 아는 이가 없더니, 홀로 선 모습에 사람들이 감탄하네" 구절도 있다. 모두 스스로를 비유한 것이다. 사람들은 도연명이 국화를 사랑한 것만 알지, 이는 알지 못한다.(오사도, 「오례부시화」)

오사도가 언급한 시 중 하나는 「음주」 제8수다.

동쪽 뜰에 푸른 소나무	青松在東園
무성한 잡풀에 그 모습 파묻혀 있더니	衆草沒其姿
된서리에 다른 풀들 시들자	凝霜殄異類
높은 가지 우뚝 드러났네.	卓然見高枝
숲에 있을 때는 아는 이가 없더니	連林人不覺
홀로 선 모습에 사람들이 감탄하네.	獨樹衆乃奇
술병 들고 찾아가 차가운 가지 어루만지며	提壺撫寒柯
때때로 먼 곳을 바라보네.	遠望時復爲
우리의 인생 몽환 속에 있으니	吾生夢幻間
어찌 속세에 묶여 끌려다니랴.	何事紲塵羈

(「음주」 제8수)

"차가운 가지 어루만지며" 구절은 의미가 심원하다. 「귀거래혜사」의 "외로운 소나무 어루만지며 배회한다" 구절이 도연명의 깊은 뜻을 담고 있다는 오사도의 의견의 정확한 근거가 된다. 도연명의 작품은 주제가 매우 집중되어 있고, 치밀한 상호텍스트성Intertextuality을 갖고 있다.

외로운 새, 소나무, 국화 외에 고결한 난초 역시 도연명이 애용한 이미지다. 다음은 「음주」 제17수다.

앞뜰에 그윽이 피어난 난초 幽蘭生前庭
향기 머금고 맑은 바람 기다리네. 含薰待淸風
맑은 바람 가벼이 불어오면 淸風脫然至
잡초 속에서 확연히 돋보이네. 見別蕭艾中
먼 길 가다가 옛길 잃고 헤맬 때 行行失故路
눈앞의 길을 따라가도 혹 통하기도 하련만 任道或能通
깨달음을 얻었다면 옛길로 다시 돌아와야 하나니 覺悟當念還
새가 사라지면 좋은 활도 버리는 법이니라. 鳥盡廢良弓
(「음주」 제17수)

이 시는 처음부터 은유가 등장하는데, 첫 네 구절의 은유와 뒤 네 구절의 사실적 서사가 서로 어울리지 않는 것 같지만, 사실은 한나라 때 고시의 풍격을 가장 잘 체현했다. "먼 길 가다가 옛길 잃고 헤맬 때" 이하 네 구절은 「귀거래혜사」의 "실로 길을 잃었으나 그리 멀리 가지는 않았으니, 지금이 옳고 지난날이 그르다는 것을 깨달았네" 구절과 비슷한 의미다. 자신이 세상에 얽매이며 오랜 시간 이룬 것 없이 방황하다 이제야 벼슬길에서 몸을 돌려 전원으로 돌아감을 말한다. 도연명은 이 주제를 언제나 생각했고, 죽을 때까지 잊은 적이 없다.

"새가 사라지면 좋은 활도 버리는 법이니라" 구절은 『사기』 「회음후전淮陰侯傳」의 "높이 나는 새가 사라지면 좋은 활을 감춘다"를 차용한 것인데, 다음의 상황을 말하는 것이다. 도연명은 유유의 진군참군이 되었다가 유경선의 건위참군이 되었는데, 모두 유유와 관계된 자리였다. 심지어 팽택령이 된 것도 유유의 배려가 있었을 가능성이 높다. 그래서 그는 유유가 패업을 이루는 것을 보면서 이런 왕조 교체기의 위험한 정국에서 자신의 소신을 어기지 못하면서도 심각한 위기감을 느꼈다. 이런 걱정은 함부로 말할 수도 없었기 때문에 그는 평소 시나 문장에서 귀은을 말하면서도 이런 말은 언급하지 않았다. 그러나 위의 시에서 시인은 난초에 자신을 비유하며 귀은에 대한 또 다른 마음을 토로했다. 이렇게 보면 『송서』「도연명전」에서 "증조부가 진나라를 보좌했던 재상이므로 다시 다음 왕조에 몸을 굽히는 것을 부끄럽게 생각했다. 고조의 왕업이 점차 흥성하면서 다시는 벼슬을 하고 싶지 않았다"라고 한 말이 전혀 근거 없는 것은 아니다.

도연명의 은거 상황을 보면, 의희 4년 농원이 불에 타 생활이 힘들어진 이후부터 그의 마음은 다시는 귀은 초기처럼 유쾌해지지 않았다. 「음주」 서문은 만년의 이런 심경을 드러낸다.

> 나는 한거하며 즐거운 일이 적었는데, 또 근래에는 밤이 길어져 우연히 좋은 술이라도 얻으면 마시지 않는 밤이 없었다. 내 그림자를 보며 홀로 마시다 갑자기 더 취하기도 했다. 취한 후에는 문득 시 몇 구절을 적으며 혼자 즐겼는데, 그러다보니 시를 적은 종이가 점점 많아졌다. 글에 따로 설명이나 순서도 없이 그저 친구에게 부탁해 옮겨 적게 해 즐거운 웃음거리로 삼았을 뿐이다.(「음주」 서문)

은거에 대한 자신의 선택을 그는 한 번도 후회하지 않았다. 이것은 그의 뛰어난 점이다. 하지만 사람의 마음은 이런 빈곤하고 고독한 생활 속에서 자연스럽게 적적하고 쓸쓸한 마음에 젖게 되어 있다. 이때 그의 마음을 치유할 수 있는 것을 들자면, 물질로는 술이고 정신으로는 지조를 지키는 마음, 우주의 질서를 따르는 인생철학이니, 이 두 가지를 종합하면 '술과 도道'라 할 수 있다.

쇠락과 번영은 정해진 자리가 없이	衰榮無定在
서로 함께 이어진다네.	彼此更共之
밭에서 오이를 심던 소평邵平의 신세	邵生瓜田中
어찌 동릉후東陵侯 시절에 비하랴.	寧似東陵時
추위와 더위는 서로 교차하니	寒暑有代謝
인생의 길도 매양 이와 같다네.	人道每如兹
현명한 이들은 이 이치를 깨달아	達人解其會
지나간 일에 의혹을 갖지 않으니	逝將不復疑
문득 한 잔 술 얻으면	忽與一觴酒
아침저녁으로 들고 즐긴다오.	日夕歡相持

(「음주」 제1수)

도연명에게 술과 도는 상통하는 것이다. 그는 「연우독음」에서 "오랜 친구가 나에게 술을 주며 마시면 신선이 될 것이라 말했지. 한 번 마셔보니 모든 생각이 멀어지고, 한 잔 더 하니 문득 하늘도 잊어버리네. 하늘이 어찌 여기를 떠났겠는가? 참된 이치에 맡기니 앞세우는 바가 없을 뿐이네"라고 적었다. 사람이 사회생활을 하다보면 세파에 물들기 마련이라, 머릿속이 기계적인 사고방식으로 가득 차게 된다. 술을 마시면 이런 기계적인 사고방식을 떨치게 되고, 잠시나마 사람을 순박하고 진실한 상태로 돌려주며, 사람과 사람 사이를 소통시켜 갈등을 해소시킨다. 물론 음주가 사람의 인격을 바꾸는 것은 아니며, 술이 사고와 허위를 치유하는 약도 아니다. 그러나 쓸쓸한 인생 속에서 스스로를 달랠 무언가가 없는 도연명으로서는 자신도 모르게 술에 대한 신앙과도 같은 마음이 생겨나고, 술로 자신의 인생관을 표현하게 되었다. 다음은 「음주」 제13수와 제14수다.

늘 함께 있는 두 나그네	有客常同止
지킴과 버림에 대한 생각 확연히 다르네.	趣舍邈異境
한 사람은 늘 홀로 취해 있고	一士長獨醉
한 사람은 평생 맑게 깨어 있네.	一夫終年醒
깨어 있으나 취했으나 서로 웃으며 대하지만	醒醉還相笑
말을 해도 서로 이해하지 못하네.	發言各不領
구차하게 얽매여 사니 얼마나 어리석은가.	規規一何愚
홀로 고고하니 빼어나게 보이네.	兀傲差若穎
술에 취한 나그네에게 말 전하노니	寄言酣中客
날 저물면 등불 환히 비추며 노니세.	日沒燭當炳

(「음주」 제13수)

내 취향을 잘 아는 오랜 친구 있어	故人賞我趣
술병을 들고 서로 찾아다니네.	挈壺相與至
소나무 아래에 자리를 깔고 앉아	班荊坐松下
몇 잔 마시다보면 벌써 취해 있네.	數斟已復醉
이 늙은이 두서없이 말하며	父老雜亂言
따르는 술에도 격식을 잊어버렸네.	觴酌失行次
자기 자신도 알지 못하는데	不覺知有我
만물이 귀한 것을 어찌 알랴.	安知物爲貴
자신이 머무는 자리도 찾지 못하니	悠悠迷所留
술 가운데에 깊은 묘미가 있네.	酒中有深味

(「음주」 제14수)

도연명은 자신에게 두 개의 자아가 있다고 느꼈다. 하나는 깨어 있는 나그네이고, 또 하나는 취해 있는 나그네다. 둘 다 자신의 말을 하고 있지만, 누구도 서로를 설득하지 못한다. 그러나 사실 도연명이 더 좋아하는 것은 술 취한 나그네로서의 자아다. 세상과 사회는 사람을 단절시키고 고립시키지만, 술은 이렇게 단절되고 고립된 사람들을 소통하게 해주고 너와 나의 구분을 없애준다. 이것이 바로 술의 깊은 의미이고, 술에 담긴 도다. 위진 시대에 음주는 하나의 사상적인 성향을 담은 행위이며, 때로는 자연을 숭상하는 도가 사상을 구현한다. 『한서』「유협전遊俠傳」'진준陳遵'에는 한나라 때 양웅揚雄이 "「주잠酒箴」을 지어 성제에게 풍간諷諫을 올렸는데, 그 글은 주객酒客과 법도사가 논박하는 내용이다"라고 기록되어 있다. 여기서 법도사는 유가를 신봉하는 유생이다. 도연명이 음주를 숭상하는 것은 당시 자연을 숭상하는 사상을 체현하고 있음을 보여주는 증거다. 양웅의 화법을 빌리자면, 도연명은 주객이라 할 수 있을 것이다.

「음주」 20수는 매 편마다 음주에 대해 쓴 것은 아니지만, 도연명이 인생의 모순을 말하고 자신의 사상과 원칙을 말할 때면 자연스럽게 술의 주제로 전환된다. 사람들이 술을 들고 그를 찾아와 학문과 이치를 물을 때도 많다. 그럴 때면 그는 한나라 양웅에게도 이런 일이 있었음을 떠올린다.

양웅은 천성이 술을 좋아했으나　　子雲性嗜酒
집이 가난해 얻을 곳이 없었지.　　家貧無由得
때로 호사가들 덕을 보곤 했는데　　時賴好事人
술 들고 찾아와 의혹을 풀어달라 했네.　　載醪祛所惑
술 한 잔에 그를 위해 이치를 따지면　　觴來爲之盡
질문에 대답을 못 한 적 없었지.　　是諮無不塞

간혹 말하지 않을 때도 있었으나　　有時不肯言
나라를 정벌하는 일을 물을 때뿐이었네.　　豈不在伐國
어진 자가 마음을 쓰는 것은　　仁者用其心
세상에 있을 때나 은거할 때나 다르지 않다네.　　何嘗失顯默
(「음주」 제18수)

도연명은 어떤 일을 물어봐도 모두 기꺼이 대답해줄 수 있었지만, 다른 나라를 공격하는 불의한 일은 언급 자체를 꺼렸다. 『한서』「동중서전董仲舒傳」에 이런 기록이 있다.

"듣기로는 노공이 유하혜柳下惠에게 '내가 제나라를 공격하려는데 어떤가'라고 하니 유하혜가 '안 됩니다'라고 했다. 그러고는 돌아와 근심하는 빛을 띠더니 '내가 듣기로 다른 나라를 공격하는 일은 어진 이에게 묻지 않는다고 했는데, 이런 말이 어찌 나에게 미치는가'라고 했다."

위에서 인용한 제17수의 "깨달음을 얻었다면 옛길로 다시 돌아와야 하나니, 새가 사라지면 좋은 활도 버리는 법이니라"의 두 구절과 연관 지어보면, 이 두 구절은 사실 유유가 제위를 찬탈하려고 한 일을 암시하고 있는 것이다. 여기서 우리는 도연명도 자신의 정치적 입장이 있음을 알 수 있다. "복희와 신농의 시대는 지나간 지 오래"로 시작하는 「음주」 제20수에서도 도연명은 세상의 도와 순박한 민풍이 날로 훼손됨을 걱정하며 술을 마셨다. 유가의 도가 사라지고 사람들이 자신의 이익에만 몰두하는 것을 보며 그의 심경은 날로 격해졌다.

어찌다 아래 세대에서는 단절되어　　如何絕世下
누구 하나 육경을 가까이하지 않는가?　　六籍無一親
종일 수레를 몰아 명리를 찾는 이는 있지만　　終日馳車走
나루터를 묻는 현인은 보이지 않는다.　　不見所問津

다시 통쾌하게 술 마시지 않는다면　　若復不快飮
머리 위 망건은 괜히 쓴 것이라네.　　空負頭上巾
다만 어리석고 틀린 말 많더라도　　但恨多謬誤
술 취한 늙은이라 그대 용서해주오.　　君當恕醉人
(「음주」 제20수)

머리 위에 망건을 쓴 것은 유생의 표시이며, 유가의 도를 가리킨다. 그러나 지금은 뜻밖에도 술을 거르는 용도로만 사용하고 있다. 이는 세상을 구제하는 유가의 역할에 대해 도연명이 이미 완전히 절망했음을 설명한다. 이런 말을 했다는 것 자체는 혜강이 탕왕, 무왕, 주공, 공자를 모두 싸잡아 힐난했던 것과 크게 다르지 않다.• 그래서 말을 마치고 그 자신도 놀라서 "술 취한 늙은이라 그대 용서해주오"라는 구절을 얼른 변명처럼 덧붙였다. 그가 은밀하게 유유의 제위 찬탈 음모를 풍자했다는 분석과 연계해보면, 이 구절의 의미는 더욱 풍부해진다.

「음주」 연작시에서 도연명은 생사의 문제를 여러 차례 거론했다. 이 역시 이 연작시가 만년에 창작되었음을 입증하는 근거다.

• 탕왕, 무왕, 주공, 공자는 모두 유가의 성현들이다. 죽림칠현竹林七賢의 한 사람인 혜강이 이들을 힐난한 것은 후에 쿠데타로 정권을 찬탈한 사마씨 일파의 부도덕함과 그들이 내세우는 명교의 허위성을 공격하려는 의도였다.

제4부

진정한 벗들과의 교류

19장

가난한 선비들의 이야기

도연명은 은거한 지 10여 년이 지나자 생계가 날로 어려워졌다. 이런 상황은 「음주」 20수에서도 이미 표현되었다. 술을 마시는 것조차도 자주 할 수 없었던 것이다. 나중에는 심지어 쌀이 떨어지는 상황까지 갔다. 그래서 그는 어쩔 수 없이 친척에게 쌀을 얻었다. 이 일을 도연명은 「걸식乞食」이라는 제목의 시로 썼다.

굶주림이 찾아와 나를 몰아내니	飢來驅我去
어디로 가야 하나 알지 못하겠네.	不知竟何之
가고 가다가 이 마을에 와	行行至斯里
문 두드리며 어눌한 말 꺼낸다.	叩門拙言辭
주인은 내 처지 이해해	主人解余意
어찌 헛걸음하겠느냐고 베푸시네.	遺贈豈虛來
종일 환담하다 저녁이 되니	談諧終日夕
술을 가져와 어느덧 술잔을 기울이네.	觴至輒傾杯

정을 나누는 기쁨에 새로운 즐거움을 알아	情欣新知歡
말하다 읊조리다 시까지 짓게 되니	言詠遂賦詩
그대에게 주모 같은 은혜를 느꼈지만	感子漂母惠
나 한신 같은 재주 없어 부끄럽다오.	愧我非韓才
어떻게 감사할까 마음속에 새기며	銜戢知何謝
저승에서라도 보답을 바치고자 하네.	冥報以相貽

(「걸식」)

도연명의 친척 어른 중 한 명인 도범이 일찍이 가난한 명사 왕수령을 도와주려고 쌀을 보냈다가 가문이 미천하다고 거절당한 적이 있다. 지금 도연명은 고사의 신분으로 가난에 시달리고 있다가 어쩔 수 없이 직접 쌀을 얻으러 나왔는데, 누구에게 가야 할지도 모르겠다고 말한다. 상식적으로 도연명이 구걸할 대상은 당연히 고관대작이 아닐 것이며, 사족의 명사도 아닐 것이다. 아마 향리에서 약간 신분이 있고, 어느 정도 면식도 있는 지주일 것이다. 도연명이 비록 감격한 마음에 시를 쓰긴 했지만 상대방이 시를 잘 아는 것 같지 않으니 상대를 찬양하며 높이는 말을 약간 첨가했다. 이 시는 상대방에게 바치는 시처럼 보인다. 그렇게 볼 때, 「걸식」이라는 제목은 다소 실례가 되는 말이다. 아마도 시를 지을 때는 다른 제목이었는데, 나중에 문집으로 엮으면서 이 제목으로 바꿨을 수도 있다. 아니면 읽는 이가 한정되어 있다는 생각에 있는 그대로 사실적인 내용을 적었을 수도 있을 것이다. 어쨌든 이 시에는 다른 시들처럼 그의 사상이나 은유가 담겨 있지는 않다. 상대방이 일반적인 친구일 뿐, 함께 도를 추구하거나 글을 주고받는 문인이 아니었는데도 이런 환대와 도움을 받았기 때문에 도연명은 감격의 말 외에는 다른 어떤 말도 하지 못한다. 주인의 이해심과 친절함 때문에 도연명도 궁색함을 떨치고 저녁까지 환담을 나누고 "정을 나누는 기쁨에 새로운 즐거움을" 알았다. 그러나 도연명도 마지막 구절에서는 저승에서 보답하겠다는 말을 했다. 이는 아마도 상대방이 자신의 철학을 이해하는 사람이 아니기 때문에 진심으로 편안하게 그의 호의를 받을 수 없었음을 설명한다. 안연지가 도연명과 헤어지면서 2만 전錢을 준 적이 있는데, 도연명은 그때 매우 편안하게 그 돈을 받았다. 저승에서 보답하겠다는 등의 말은 절대 하지 않았을 것이다.

도연명은 일생 동안 가난한 생활을 벗어난 적이 없다. 가난은 도연명 문학의 매우 기본적인 주제라고 할 수 있다. 그러므로 가난을 토로하는 말에 근거해 작품의 창작 연대가 언제라고 추정하는 것은 그다지 신빙성이 없다. 그러나 그의 만년은 거의 비참한 지경이었고, 젊은 날의 평범한 가난과는 비할 바가 아니었다. 그는 젊었을 때 농사로 자급자족하는 일에 자신이 있었다. 「권농」에서도 이런 생각이 보인다. 또 「계묘세시춘회고전사」의 "옛 스승의 유훈엔 도를 근심하고 가난함을 근심 말라 했네. 우러러보면 아득해 따르기 어렵지만, 그 뜻은 오래도록 힘써 지키려네" 구절에서도 이런 신념을 드러냈다. 귀은 초기 도연명은 생활이 그럭저럭 괜찮았기 때문에 농경으로 자급자족하는 생활에 대해서도 자신감이 충만했다.

「귀원전거」 제1수에서는 "남쪽 들판에 황무지를 개간하고"라고 말했고, 제2수에서는 "만나도 별스러운 말은 없고 그저 뽕나무, 삼나무가 자랐다는 소리뿐. 뽕나무, 삼나무 날로 자라니 내 토지도 날로 넓어지네"라고 했다. 집안의 장원인 원전거에 있던 시기에 그는 적지 않은 토지를 개간했고, 수확도 틀림없이 괜찮았을 것이다. 그것은 그가 관직에 있을 때 받았던 봉록이 생활과 생산의 중요한 자본이 되었기 때문에 가능한 일이었다. 그가 한 개간도 당연히 그 한 사람이나 가족이 호미를 들고 밭을 매는 식이 아니라 지주로서 사람을 부리는 식이었을 것이다. 그리고 남촌으로 이주했을 때 역시 도연명은 자급자족에 자신감이 있었다. 그래서 "옷과 음식 꼭 장만해야 하나, 농사일은 날 속이지 않으리"라고 했다. 그러나 만년의 시에서는 수확이 좋지 않아 추위와 굶주림에 시달린다는 말을 많이 적었다. 다음의 시는 「원시초조시방주부등치중」이다.

찌는 열기는 타는 듯 뻗쳤고	炎火屢焚如
논밭엔 명충이 들끓었네.	螟蜮恣中田
비바람 사방에서 몰아쳐 오고	風雨縱橫至
수확은 세금 낼 만큼도 채우지 못했지.	收斂不盈廛
여름 땡볕 아래에선 긴 굶주림을 견디고	夏日抱長飢
겨울밤엔 이불 없어 잠들지도 못했다오.	寒夜無被眠
저녁이면 새벽닭 울기를 기다리고	造夕思雞鳴
새벽이면 해 저무는 저녁 되기를 바랐다오.	及晨願烏遷

(「원시초조시방주부등치중」)

시 「유회이작」 서문에는 다음과 같은 내용이 있다.

묵은 곡식은 다 먹었고, 햇곡식은 아직 나지 않았다. 농부로는 꽤 익숙해졌지만, 흉년을 만나 앞날은 까마득한데 근심이 끊이지 않는다. 풍년의 수확은 바라지도 않는데, 아침저녁의 세간과 끼니도 간신히 변통했다. 열흘 전부터 굶주림 걱정을 면하게 되었는데, 한 해는 저물어가고 마음속 울분을 한탄하나니, 지금 내가 말하지 않는다면 후손들은 어디서 듣겠는가.(「유회이작」 서문)

도연명 집안의 가난을 초래한 주요 원인은 흉년이다. "논밭엔 명충이 들끓었네"라는 말을 보면, 최근 몇 년 동안 시상 일대에 명충이 창궐했던 모양이다. 그래도 도씨 집안이 고관을 배출한 가문인데 해충 재해도 견뎌내지 못했다는 것은 집안 형편이 상당히 심각한 지경에 이르렀다는 것을 설명한다. 궈은 생활이 처음에는 도연명에게 매우 큰 즐거움을 주었다고 해도 지금 그에게 이런 생활을 지탱하게 해주는 것은 오직 신념뿐이었다. 도연명은 이런 상황에서도 가난을 견디며 지조를 지킨다는 자신의 인생관을 다듬어나갔다. 「유회이작」이라는 제목에서 '회會'는 빈곤한 생활 속에서 그가 이런 인생관을 깨우쳤음을 가리킨다. 사람들의 보편적이고 평범한 생활 문제를 바탕으로 세운 견해이며, 그는 이 서술을 통해 자신과 같이 빈곤의 어려움을 겪는 사인 군자들에게 깨달음을 전하고 싶었다.

어린 시절 집안의 가난을 만나	弱年逢家貧
늙도록 오랫동안 굶주렸다.	老至更長飢
콩과 보리도 실로 탐나는 터에	菽麥實所羨
어찌 감히 달고 기름진 음식을 바라랴.	孰敢慕甘肥
배고픔이라면 한 달 아홉 끼 먹은 자사에 뒤질까?	惄如亞九飯
무더위에도 겨울옷만 질리도록 입었네.	當暑厭寒衣
세월 흘러 한 해는 다 저무는데	歲月將欲暮
얼마나 괴롭고 마음 슬펐던가?	如何辛苦悲
죽을 베푼 검오黔敖의 마음 선한 것인데	常善粥者心
소매로 얼굴 가리고 거절한 이는 심히 안타깝네.	深恨蒙袂非
무례하게 베풀었기로 어찌 노여워하랴.	嗟來何足吝
스스로를 망쳐 헛되이 죽지 않았는가?	徒沒空自遺
이 사람이 넘치는 행동하길 내가 바랐으랴.	斯濫豈攸志
가난에도 굳센 지조를 늘 지켰기 때문이리라.	固窮夙所歸
굶주림에도 기꺼이 생을 버렸으니	餒也已矣夫

지난날에 내 스승들이 많았네. 在昔余多師
(「유회이작」)

도연명은 여기에서 "늙도록老至"이라는 표현을 썼다. 최소한 나이 쉰 이후의 말투다. 「잡시」 제6수에 "예전 어른들의 말씀을 들으면 늘 귀를 막고 듣기 싫어했다. 어찌하다 나이 오십이 되니, 문득 이미 이 일들을 직접 겪었구나昔聞長者言, 掩耳每不喜. 奈何五十年, 忽已親此事"라고 했는데, 여기서 말하는 "이 일들"이 바로 늙어 죽는 일을 가리킨다. 도연명은 일생 동안 가난 속에서 살아왔지만, 젊은 시절과 늙은 후는 그래도 달랐다. 젊은 날엔 단지 '집안이 궁핍한' 것이었지만, 늙어서는 '오랫동안 굶주린' 것이었다. 오랫동안 굶주리며 세모를 맞으니 그의 마음이 오죽하겠는가? 그러나 바로 이때 도연명은 『논어』에서 말하는 "군자는 곤궁을 굳게 지키나니, 소인은 곤궁하면 넘치는 행동을 한다君子固窮, 小人窮斯濫矣"는 이치를 진정으로 깨닫고, 무엇이 '굳게'이고 무엇이 '지키는' 것인지를 알게 되었다.

이러한 인생의 이치를 그가 다시 깨달았을 때 그의 빈사 계보는 이미 형성되었다. 「유회이작」 서문에서 "지금 내가 말하지 않는다면 후손들은 어디서 듣겠는가"라고 했는데, 이 말은 「영빈사」 7수의 서문이라고 볼 수도 있을 것이다. 도연명의 「영빈사」 7수는 좌사의 연작시 「영사」의 체재를 부분적으로 차용했다. 좌사의 「영사」 제1수는 자신의 일생을 읊었는데, 도연명의 「영빈사」 제1수, 제2수도 자신의 빈사로서의 생애를 서술했다. 제1수는 "외로운 구름" "외로운 새"에 자신을 비유했다.

만물은 저마다 기댈 곳 있으나
오직 외로운 구름은 의지할 이 없네.
아득히 허공에서 사라져버리니

언제나 남은 자취 볼 수 있으랴.
아침놀이 밤안개를 열고 비칠 때
새들은 서로 짝지어 날아간다.
뒤처져 숲을 나서는 새 한 마리
저녁이 되기 전에 다시 돌아오는구나.
힘껏 옛길을 지키나니
어찌 추위와 주림이 없으랴.
지음이 없네.
그만두어라, 슬퍼해 무엇하리.(「영빈사」 제1수)

도연명은 의지할 곳 없이 떠다니는 외로운 구름과 늦게 숲을 나서는 외로운 새에 자신을 비유했다. 외로운 신세와 처량한 감정이 가득 담겨 있는데, 이는 도연명의 한소 신분과도 관계가 있을 것이다. 도씨 집안은 국가에 공훈이 있는 가문이긴 하지만, 당시의 문벌제도에 따르면 서인 신분에 군공이 있는 가문 정도였을 뿐, 당시의 문벌 사족 계층으로는 진입하지 못했다. 도연명이 벼슬길에 늦게 들어가 일찍 나왔던 것도 그의 한소 신분과 무관하지 않다.[18] "힘껏 옛길을 지키나니"라는 구절은 한소 빈사로서의 원래 신분에 만족하며 사는 것을 말한다. 어떤 학자는 이렇게 말하기도 했다.

"도연명의 63년 인생 중에 벼슬길에 있었던 시기는 매우 짧다. 처음 관직에 나간 것이 29세 때이니 약관의 나이로 벼슬을 시작하는 사족 자제들에 비해 늦다. 귀은했을 때는 겨우 41세였고, 이후 22년간 다시는 벼슬길에 발을 들여놓지 않았으니, 이 또한 일반 사람들이 벼슬을 그만두는 나이보다 이르다."[19]

"뒤처져 숲을 나서는 새 한 마리, 저녁이 되기 전에 다시 돌아오는구나"라는 구절은 바로 이런 상황에 대한 형상적인 비유다.

제2수에서 도연명은 자신의 가난한 일상생활의 모습을 서술했다.

차가운 한 해의 끝자락에
베옷을 안고 집 앞 처마에서 햇볕을 쬐네.
남쪽 밭에는 남은 채소가 없고
북쪽 뜰에는 메마른 가지만 가득하네.
술병을 기울여도 한 방울도 남지 않고
부엌을 봐도 연기가 나지 않는다.
시서는 자리 안팎에 가득하지만
날 저물도록 연마할 겨를도 없네.
나의 한거는 공자께서 진에서 만난 곤경과 다르니
자로가 노여워 뵙고 올린 말이 맘속에 생겨나네.
어떻게 내 마음 위로할까?
지난날 수많은 현인에 의지하리라.(「영빈사」 제2수)

날은 춥고 한 해가 저문다. 도연명은 베옷을 걸치고 집 앞 처마에서 햇볕을 쬔다. 집 앞뒤의 채마밭에는 찬바람에 흔들리는 마른 가지 외에 아무것도 없다. 술병 속에는 한 방울의 남은 술도 없고 굴뚝에는 연기가 나지 않으니, 가족이 불만과 불평을 쏟지 않을 리 없다. 이때의 도연명의 마음은 극도로 처량했다. 이런 회포는 오직 고대의 빈사들에게서만 위로받을 수 있다.

영계기는 공자와 동시대 사람으로, 서진 황보밀皇甫謐의 『고사전高士傳』에 기록이 있다.

영계기가 어떤 사람인지는 알지 못한다. 사슴 가죽을 끈으로 묶어 입고 북과 거문고를 연주하며 노래를 불렀다. 공자가 태산을 유람

할 때 그를 만나 물었다.

"선생은 무엇이 즐거우십니까?"

영계기가 대답했다.

"나의 즐거움은 매우 많습니다. 하늘이 만물을 만들 때 오직 사람을 귀하게 했는데 내가 사람이 되었으니 이것이 첫 번째 즐거움이요, 남녀를 구별함에 남존여비라 해 남자를 귀히 여기는데 내가 남자가 되었으니 이것이 두 번째 즐거움이요, 사람으로 태어나 해와 달도 못 보고 강보를 못 벗어나고 죽은 이도 있는데 나는 이미 90년을 살았으니 이것이 세 번째 즐거움입니다. 가난은 선비에게 항상 있는 것이며, 죽음은 사람에게 마지막인 것입니다. 변하지 않는 이치에 거하며 마지막을 기다리니 어찌 즐겁지 않겠습니까?"

(황보밀, 『고사전』)

영계기가 말한 세 가지 즐거움에서 남자가 된 즐거움은 요즘의 시각으로 보자면 남권주의 성향이 있는 것인데, 이를 제외한 나머지 두 가지 즐거움, 즉 사람으로 태어난 즐거움과 장수한 즐거움은 모두 합리적이다. 가난을 항상 있는 것으로, 죽음을 마치는 것으로 생각하는 것은 매우 달관한 사상이다. 영계기의 사상이 도연명에게 미친 영향은 크다. 도연명은 시 「신석神釋」에서 "우주의 큰 물결에 실려 가면 기쁘지도 두렵지도 않으리라. 내 목숨 사라지면 사라질지니, 거듭 홀로 깊이 염려하지 마라縱浪大化中, 不喜亦不懼. 應盡便須盡, 無復獨多慮"라고 했는데, 이는 영계기의 사상에서 영향을 받은 것이다. 수많은 고사와 빈사 중에서도 도연명은 영계기를 가장 존경해 '영공榮公'이라는 존칭으로 그를 불렀다. 「음주」에서는 "영공은 도가 있다고 말한다榮公言有道"라고 했고, 「영빈사」에서는 "영수榮叟"라고 그를 호칭했다.

영계기 어르신은 늙어 노끈으로 허리춤을 묶고	榮叟老帶索
즐거이 거문고를 탔으며	欣然方彈琴
원헌原憲은 뜯어진 신발을 신고	原生納決履
맑은 소리로 상나라 시를 노래 불렀다.	淸歌暢商音
태평성대가 지나간 지 오래	重華去我久
빈사는 대대로 끊이지 않는다.	貧士世相尋
해진 옷에 팔꿈치를 감추지 못하고	弊襟不掩肘
명아주 풀죽으로 연명해 술 한 잔 못 마신다.	藜羹常乏斟
어찌 가벼운 가죽옷 입을 줄 모르겠는가?	豈忘襲輕裘
의롭지 않은 이득은 바라지 않기 때문이네.	苟得非所欽
자공子貢은 논변에 능하지만	賜也徒能辨
은거하는 내 마음 이해하지 못한다네.	乃不見吾心

(「영빈사」 제3수)

영계기와 함께 노래를 불렀다는 원헌은 공자의 제자로, 그 역시 빈사다. 그의 동학 자공이 호화로운 수레를 타고 그를 찾아갔을 때 원헌이 직접 문을 열어주었는데, "소매를 들면 팔꿈치가 드러나고, 신발을 신으면 뒤꿈치가 터졌다"고 한다. 자공이 그에게 무슨 병이 있느냐고 물었다. 왜 이런 모습으로 사느냐는 말이었다. 원헌은 자신에게는 아무 병도 없고, 단지 가난할 뿐이라고 대답했다. 원헌이 이렇게 인의가 사라진 세상에서 호화로운 수레를 타는 것을 참을 수 없다고 하자 자공이 부끄러운 빛을 띠고 떠났다. 그는 "느린 걸음으로 지팡이를 끌고 상송商頌을 부르며 돌아갔다. 소리가 천지에 내리는데, 마치 금석을 치는 것 같았다." 『한시외전韓詩外傳』에 이 이야기가 전한다. 가난하면서도 자족하고 구차하게 부귀를 구하지 않으며 호탕하고 시원하게 사는 인물을 도연명은 매우 좋아했다.

검루 선생도 『고사전』에 기재된 인물이다.

검루 선생은 제나라 사람이다. 청렴과 절제로 수신하고, 제후의 벼슬을 구하지 않았다. 노공공魯恭公이 그가 어질다는 소문을 듣고 예로써 사신을 보내 곡식 삼천 종을 하사하며 재상으로 삼고자 했는데, 그가 받지 않았다. 제왕이 또 예를 바치며 황금 백 근을 주어 경으로 초빙하려 했는데, 또 가지 않았다.(황보밀, 『고사전』)

도연명 자신도 주부의 명을 세 번 고사하고, 후에 또 팽택령도 사직했다. 의희 말에 조정이 저작랑으로 임명했을 때도 가지 않았다. 특히 마지막 조정의 명을 거절한 것은 노공공이 검루를 재상으로 초빙했을 때와 제왕이 경으로 초빙했을 때 거절한 행동과 유사하다. 그래서 도연명이 영계기, 원헌을 칭송한 후에 세 번째로 읊은 사람은 검루 선생이다.

빈천을 즐거이 받아들인 이	安貧守賤者
예부터 검루가 있었다고 전해지지.	自古有黔婁
높은 작위에도 연연하지 않고	好爵吾不縈
후한 재물을 보내도 응대하지 않았네.	厚饋吾不酬
수명이 다해 세상 떠난 후에	一旦壽命盡
해진 옷은 그를 덮기에도 부족했지.	蔽覆仍不周
가난의 고통을 어찌 몰랐겠는가?	豈不知其極
도를 해치지 않았기에 그는 걱정하지 않았네.	非道故無憂
그 후로 천 년이 지났으나	從來將千載
이와 같은 사람은 다시 보지 못했네.	未復見斯儔
아침에 인의와 더불어 살면	朝與仁義生

저녁에 죽어도 다시 무엇을 구하랴. 夕死復何求

(「영빈사」 제4수)

검루는 가난하기가 씻어낸 듯 아무것도 없었다. 유향劉向의 『열녀전列女傳』에 따르면, 그가 세상을 떠났을 때 증자와 문하의 사람들이 조문을 갔다. 마루에 오르자 시신을 덮는 천이 그의 몸 전체를 다 덮지 못하는 것이 보였다. 이런 생활은 가난의 극치가 아닐 수 없다. 그러나 그는 평생 인의를 벗 삼으며 살았으니, 어찌 안타깝지 않겠는가? 천 년이 지나도 이렇게 높은 절개를 지닌 이는 다시 만나기 어려우리라.

「영빈사」에 등장하는 나머지 인물은 모두 한나라 때 사람이다. 도연명이 한나라의 역사 사적에 매우 밝았음을 볼 수 있다. 제5수에서는 "원안袁安은 큰 눈에 갇혔지만, 대범하게 남에게 시키지 않았네. 완공은 돈이 들어오자 그날로 벼슬을 버렸네袁安困積雪, 邈然不可干. 阮公見錢入, 卽日棄其官"라고 했다. 『여남선현전汝南先賢傳』에 원안에 대한 기록이 있다.

"그때 원안이 낙양을 지나다 머물고 있었는데, 큰 눈을 만났다. 낙양령이 순시를 하러 나갔다가 원안의 집 대문에 이르렀다. 길이 없는 것을 보고 원안이 이미 죽었다 말하고 눈을 치우고 집에 들어가보게 했다. 원안이 꽁꽁 언 채로 누워 있는 것을 보고 왜 나가지 않았느냐고 물었더니, 그는 '큰 눈에 사람들이 모두 굶고 있는데, 내가 사람들에게 시키는 것은 옳지 않다'라고 말했다. 낙양령은 그를 어질다 여기고 효렴으로 천거했다."

완공은 알려진 사적이 없다. 일정한 수입이 생기자 벼슬을 그만두고 떠났다고 하니 도연명이 팽택령을 사직한 것과 매우 흡사하다. 한나라 때는 장중위라는 빈사도 있었다. 가난했지만 글을 잘 썼고, 항상 청빈하게 살며, 집에는 쑥대가 사람보다 높이 자라 있었다고 한다. 그러나 그를 알아주는 사람이 없어 세상에서 오직 유공劉龔만이 그를 인정해주었다. 그래서 도연명은 이렇게 읊었다.

장중위는 가난한 삶을 사랑해 仲蔚愛窮居
집 주위에 온통 쑥대만 자라 있었지. 繞宅生蒿蓬
숨어 세상과 왕래를 끊었건만 翳然絶交遊
그의 시는 너무나 뛰어났지. 賦詩頗能工
온 세상에 그를 아는 이가 없으니 擧世無知者
오직 한 사람 유공뿐. 止有一劉龔
이 사람은 어찌 이리 유별난가? 此士胡獨然
실로 비슷한 이가 드물다. 實由罕所同
고집스럽게 자신의 뜻에 만족하니 介焉安其業
그 즐거움은 인생의 궁달窮達에 있지 않다네. 所樂非窮通
세상의 일은 순박한 본성대로 따르나니 人事固已拙
오직 오래도록 그를 닮고 싶어라. 聊得長相從
(「영빈사」 제6수)

장중위는 세상에 지음이 적었다지만, 그래도 결국 유공이 그를 알아주었다. 그러나 도연명의 행위를 진정으로 아는 사람은 없었다. 실로 "지음이 없네. 그만두어라, 슬퍼해 무엇하리"의 마음이 아닐 수 없다.

마지막으로 읊은 빈사는 황자렴黃子廉이다.

옛날 황자렴은 昔在黃子廉
관모를 털고 있다 명주를 다스렸는데 彈冠佐名州
하루아침에 관리를 사직하고 돌아오니 一朝辭吏歸
가난한 생활 비할 바가 없었다. 淸貧略難儔
흉년 든 해에 어진 처는 마음이 사무쳐 年飢感仁妻

그를 보며 눈물만 흘렸다지. 泣涕向我流
대장부 비록 큰 뜻이 있다 해도 丈夫雖有志
진실로 처자식을 걱정한다네. 固爲兒女憂
혜손이 그를 만나 탄식하며 惠孫一晤歎
후한 재물을 주었지만 결국 받지 않았네. 腆贈竟莫酬
가난의 힘겨움을 누가 말했던가? 誰云固窮難
아득한 옛사람들을 배워야지. 邈哉此前修
(「영빈사」 제7수)

젊은 날 벼슬에 나갔다가 후에 사직하고 귀은한 인물인 황자렴. 그는 도연명과 행적이 유사한 인물이다. 가난을 견디며 귀은하는 것은 원래 남자의 기개라고도 할 수 있지만, 아내가 아무 말도 하지 않고 그를 향해 눈물만 흘리고 있으니, 시인도 처자식 걱정을 하지 않을 수 없었던 것이다. 시인의 말 못 할 미안함이 시 속에 담겨 있다.

도연명의 「영빈사」는 좌사의 「영사」와 같은 체재다. 비록 옛사람을 읊고 있지만, 사실 자기 자신을 읊는 것과 마찬가지다. 그래서 빈사들의 이야기는 사실상 도연명 자신의 이야기인 셈이다.

20장

율리 남촌의 문사들

도연명은 은거를 시작하고 몇 년 동안 사람들과의 교유를 거의 끊고 세상과 단절된 생활을 했다. 그와 왕래한 이들은 대부분 마을의 농사짓는 촌로들이었다. 이런 상황은 「귀원전거」 제2수에 생동적으로 묘사되어 있다. 그러나 의희 7년 남촌으로 이주한 후, 사람들과의 교유가 조금씩 많아졌다. 남촌은 율리를 말한다. 여산의 남쪽이고, 배산임수의 명당이며, 풍경도 수려한 곳이다. 도연명이 살았던 집은 당나라 때도 남아 있었다. 당나라 시인 백거이白居易는 「방도공구택訪陶公舊宅」이라는 시 서문에서 자신이 도연명의 사람됨을 매우 존경한다며 이렇게 말했다.

"여산을 노닐다 시상을 거쳐 율리를 지나며 그 사람이 생각나 집을 방문했다遊廬山, 經柴桑, 過栗里, 思其人, 訪其宅."

시의 내용은 이러하다.

"시상의 옛 마을 율리의 옛 산천. 울타리 아래 국화는 보이지 않고, 다만 언덕에 연기만 남아 있네. 자손의 소식은 듣지 못했으나, 친족이 떠나지는 않았구나. 도씨 성을 만날 때마다 내 마음 의연해지네柴桑古村落, 栗里舊山川. 不見籬下菊, 但餘墟中煙. 子孫雖無聞, 族氏猶未遷. 每逢姓陶人, 使我心依然."

이 시를 보면 도연명은 남촌으로 이주한 후 계속 이곳에서 살았고, 당대에도 그의 자손은 이 일대에 모여 있었다는 것을 알 수 있다. 청나라 시인 운경惲敬이 여산을 유람하면서 남촌의 지리를 고찰한 적이 있는데, 『정절집서후靖節集書後』에 다음과 같이 적었다.

"내가 일찍이 여산을 유람하다가 율리라는 곳을 찾았는데, 결국 가게 되었다. 그 지역은 서남쪽으로 시상이 있고, 동북쪽으로 상경을 바라보니, 여산의 남쪽 기슭이다. 선생은 처음에 상경에 살다가 후에 시상으로 이사했고, 율리에 잠시 거주하다 다시 시상으로 돌아왔다."

운경의 이 기록에 따르면, 남촌은 잠시 거주했던 곳이고, 만년에는 시상의 옛집으로 돌아와 살았던 것 같다. 남촌 일대에는 도연명처럼 전원에서 은거하는 사인들이 꽤 있었는데, 도연명도 그들과 교유가 많았다. 다음은 「이거」 제2수다.

예전부터 남촌에 살고 싶었는데
좋은 집터라고 점괘를 본 것은 아니었다.
순박한 성품의 사람들이 많다고 들어
즐겁게 더불며 세월을 보내고 싶었다.
이렇게 생각한 지 꽤 여러 해 되었지만
오늘에야 이렇게 옮겼다.
누추한 내 집 넓을 필요 있겠는가?
해진 침상과 자리로도 족하다.
이웃들은 수시로 찾아와
고담준론으로 옛날의 일들 이야기한다.
좋은 글은 함께 감상하고

의심 가는 내용은 함께 따져본다.

봄가을에 화창한 날 많아
산에 올라 새로 쓴 시를 읊는다.
대문을 지나다 불러내고
술 있으면 따라 마시지.
농사일이 바쁘면 각자 돌아갔다가
한가해지면 문득 생각난다.
생각나 웃옷 걸치고 찾아가면
주고받는 환담 질리지도 않는다.
이런 즐거움 어찌 좋지 않은가?
함부로 이곳을 떠나지 않으려네.
옷과 음식 꼭 장만해야 하나.
농사일은 날 속이지 않으리.(「이거」 제2수)

도연명이 "순박한 성품의 사람들"이라고 부르고, 또 함께 시와 글을 감상할 수도 있으며, 의심 가는 내용을 함께 따져보고, 봄가을로 날이 좋으면 함께 산에 올라 시를 읊는 사람들이니, 당연히 이들은 문인 학사들일 것이다. 그중에는 은거하며 관직에서 불러주길 기다리는 사람도 적지 않았으니, 은진안殷晉安이 그중 한 명이었다. 그의 이름은 경인景仁으로, 원래는 진안晉安 군의 남부장사를 지냈기 때문에 심양에 살았다. 후에 벼슬이 유유의 태위참군이 되어 동하東下로 이사했다. 그는 심양에 있을 때 남촌에 거주하면서 도연명과 자주 만났으며, 매우 사이가 좋았다.

좋은 교유는 나이의 많고 적음에 있지 않으니 遊好非少長

만난 후에는 다정한 마음 모두 쏟았네. 一遇盡殷勤
함께 묵고 순수한 대화 주고받으며 信宿酬淸話
더 절친한 사이가 되었음을 알았지. 益復知爲親
작년에는 남촌에 집을 두어 去歲家南里
잠시 이웃이 되었기에 薄作少時鄰
지팡이 짚고 맘대로 노닐며 負杖肆遊從
밤낮을 잊고 오래 머물기도 했다. 淹留忘宵晨
세상에 나설지 물러날지 각자 입장이 달라 語默自殊勢
우리 헤어지게 되리라 알고는 있었네. 亦知當乖分
불현듯 이별이 다가와 未謂事已及
그대 떠나는 날 바로 올봄이구나. 興言在茲春
가벼이 바람처럼 서쪽에서 왔다가 飄飄西來風
유유히 구름처럼 동쪽으로 떠나네. 悠悠東去雲
천 리 밖 떨어진 산천이라 山川千里外
환담하며 가깝게 지내기는 어려우리. 言笑難爲因
인재는 세상에 숨지 않으니 良才不隱世
강호엔 빈천한 이가 많다네. 江湖多賤貧
만약 그대 지나갈 날이 있다면 脫有經過便
여기 친구가 있음을 생각해주오. 念來存故人
(「여은진안별與殷晉安別」)

은진안이 가족을 데리고 심양에서 살기 시작한 것은 도연명이 남촌에 오기 전이었을 것이다. 도연명은 "작년에는 남촌에 집을 두어"라고 했는데, 이 말은 작년에 남촌에서 살았다는 말이 아니라 작년에 남촌으로 이사 와 살기 시작했다는 말이다. 루친리의 「도연명사적시문계년」은 이 시가 의희 8년, 즉 남촌으로 이주한 이듬해에 지어졌다고 했다.

도연명과 은진안 두 사람이 이웃이 된 시간은 1년 남짓이었기 때문에 시에서는 "잠시 이웃이 되었기에"라고 말했다. 또 "좋은 교유는 나이의 많고 적음에 있지 않으니"라는 구절로 볼 때, 은진안은 도연명보다 나이가 아래일 것이다. 이 시는 그가 남촌에서 동년배 혹은 후배 문인들과 덕담으로, 술과 글로 어떻게 교유했는지를 보여준다. 이렇게 친구들과 "지팡이 짚고 맘대로 노닐며 밤낮을 잊고 오래 머물기도" 하는 일들은 도연명의 은거 생활에 큰 즐거움을 주었다. 그래서 은진안 같은 친구들이 떠나간 후에 도연명은 그들이 좋은 관직을 찾았기 때문에 즐겁기도 했지만, 한편으로는 깊은 이별의 아쉬움이 생기기도 했다. 좋은 친구는 동쪽으로 흘러가는 구름과도 같아서 서쪽에서 부는 바람에 갑자기 떠나가버린다. 천 리 멀리 떨어진 산천이니 언제 다시 만나 환담할까 기약도 없다. 그대 같은 인재는 오래도록 하급관료로 묻혀 있지는 않을 것이네. 강호에는 나 같은 빈천한 사람이 원래 많은 법. 우리가 지금 멀리 떨어져도 이 하찮은 사람을 기억해주면 좋겠네. 만약 이곳을 다시 지나게 된다면 잊지 말고 날 찾아주게. 도연명은 정이 깊은 사람이라 친구와의 이별도 이렇게 진지하게 썼다. 그의 서정의 풍격은 「고시십구수」, 건안 시인의 작품을 계승했다. 그리고 당대 시인들에게 영향을 주었다. 당시의 이별시는 현언의 느낌이 많이 가미되었고, 언어적인 면에서 상호 모방도 심했다. 이별을 쓰면서도 가식적인 감정을 적었다. 그래서 도연명의 이런 자연스러운 서정은 완전히 새로운 풍격이라 할 수 있었다.

도연명의 또 다른 친구 방참군龐參軍은 남촌에 살았던 것 같다. 도연명 문집에는 「답방참군」이라는 제목의 시가 사언, 오언 각각 한 수씩 있다. 다음은 오언시 「답방참군」이다.

그대가 보내준 시를 두 번 세 번 보며 그만 읽으려 해도 그만두지 못했다. 그대와 이웃이 되고 나서 계절은 겨울에서 봄으로 바뀌었는데, 진실하게 대하다보니 어느덧 친구가 되었구려. 속담에도 "몇 번만 얼굴을 맞대면 오랜 친구가 된다"라고 하는데, 하물며 우리의 정은 이보다 더하지 않은가? 세상의 일이 잘 어긋나니 헤어짐을 말하게 되었네. 이별을 말한 양주의 탄식처럼 이 어찌 보통 슬픔이랴. 나는 여러 해 동안 병이 있어 글을 쓰지 못하네. 본래 건강하지 못한 데다 늙으니 병이 그치지 않는다. 문득 『주례周禮』의 서로 오가는 것이 예의라는 말에 의거해 이제 이별 후에 그리움의 인사로 삼겠네.

서로 아는 사이라고 어찌 꼭 오래되어야 하랴.	相知何必舊
초면에도 수레 덮개를 기울이며 대화한다니 이 말을 증명하리라.	傾蓋定前言
내 취향 알아주는 이가 있어	有客賞我趣
자주 내 집의 뜰을 찾아온다.	每每顧林園
대화는 마음이 맞아 속된 내음이 없고	談諧無俗調
건네는 말마다 성인의 경전 같네.	所說聖人篇
간혹 몇 말 술을 마시는 날에도	或有數斗酒
편안하게 마시며 절로 즐겁네.	閑飮自歡然
나는 실로 그윽이 은거하는 처사	我實幽居士
다시 동분서주 다닐 인연이 없네.	無復東西緣
천지 만물 새로워져도 사람만은 옛날과 같아 좋으니	物新人惟舊
붓을 들어 자주 소식 전하세.	弱毫夕所宣
우리의 우정 만 리 밖이라도 닿으련만	情通萬里外
몸이 강산에 가로막히네.	形跡滯江山
그대 부디 신체를 아끼시오.	君其愛體素

오가며 만날 날 그 언제이련가.　　來會在何年

(「답방참군」)

또 사언시 「답방참군」은 다음과 같다.

방씨는 위군참군을 지냈는데, 강릉에서 경성으로 사신을 가다 심양을 지나며 만나 시를 주었다.

오막살이 비록 누추해도　　衡門之下
거문고가 있고 책이 있네.　　有琴有書
연주를 하고 시를 읊나니　　載彈載詠
나 여기서 즐거움을 얻네.　　爰得我娛
어찌 다른 재미 없으랴만　　豈無他好
즐거움은 오직 은거뿐이라네.　　樂是幽居
아침이면 밭에 물을 주고　　朝爲灌園
저녁이면 오두막집에 누워 쉰다네.　　夕偃蓬廬

사람들에겐 보배라도　　人之所寶
나에겐 귀하지 않기도 하네.　　尙或未珍
좋아하는 바가 다르면　　不有同愛
어찌 친해질 수 있으랴.　　云胡以親
나는 좋은 친구를 찾다가　　我求良友
참으로 나에게 맞는 이를 만났네.　　實覯懷人
기쁜 마음 심히 즐거워　　歡心孔洽
서로 가까이 사는 이웃이라네.　　棟宇惟鄰

내가 좋아하는 사람은　伊余懷人
덕행을 즐거워하고 애쓴다네.　欣德孜孜
나에게 좋은 술이 있으니　我有旨酒
그대와 더불어 즐기리라.　與汝樂之
좋은 말을 건네며　乃陳好言
새로 지은 시를 적으리라.　乃著新詩
하루라도 만나지 않으면　一日不見
어찌 생각나지 않으랴.　如何不思

싫증도 없이 즐거이 노닐다　嘉遊未斁
그대와 곧 헤어져야 하는구나.　誓將離分
길에서 그대를 보내나니　送爾于路
술을 마셔도 즐겁지 않네.　銜觴無欣
섭섭해라, 강릉 가는 친구여　依依舊楚
아득해라, 서쪽으로 흘러가는 구름이여　邈邈西雲
이 사람 먼 길 떠나가면　之子之遠
언제 다시 다정한 말 주고받을까?　良話曷聞

예전 우리 이별할 때　昔我云別
꾀꼬리 막 울 무렵이었지.　倉庚載鳴
이제 자네를 만나니　今也遇之
싸락눈 휘날리고 있네.　霰雪飄零
의도왕宜都王께서 명을 내려　大藩有命
사신으로 경성에 가라 하셨으니　作使上京
어찌 편안함 생각하지 않으랴만　豈忘宴安
번왕의 일들이 조용하지 않구려.　王事靡寧

겨울의 햇볕 어둑하게 비치고	慘慘寒日
바람은 거세게 부네.	肅肅其風
나란히 떠가는 배들	翩彼方舟
강 가운데로 서서히 흘러가네.	容裔江中
멀리 가는 이여, 열심히 노력하게.	勖哉征人
시작할 때 마지막을 생각해야지.	在始思終
좋은 시절에도 신중하고	敬茲良辰
그대 신체를 잘 보전하게.	以保爾躬

(「답방참군」)

이 두 시에서 거주 환경을 묘사한 부분은 "내 취향 알아주는 이가 있어 자주 내 뜰의 숲으로 찾아오네" "어찌 다른 재미 없으랴만 즐거움은 오직 은거뿐이라네. 아침이면 밭에 물을 주고, 저녁이면 오두막에 누워 쉰다네" 두 구절이 있다. 원문의 "오두막집蓬廬"은 「이거」의 "폐려弊廬"와 비슷한 의미로 누추한 집이라는 뜻이고, "밭에 물을 주고"라는 말은 밭일을 한다는 의미다. 만약 도연명이 상경의 옛 관사에 살았더라면 편안히 한거하며 세월을 보냈지, 직접 농사를 짓지는 않았을 것이다. 그래서 여기서 쓴 오두막집은 율리 남촌을 가리킨다.

또 사언시에서는 "기쁜 마음 심히 즐거워, 서로 가까이 사는 이웃이라네"라는 구절이 있고, 오언시의 서문에는 "그대와 이웃이 되고 나서 계절은 겨울에서 봄으로 바뀌었는데, 진실하게 대하다보니 어느덧 친구가 되었구려"라는 구절이 있다. 이 내용을 보면 도연명과 방참군이 2년 동안 서로 왕래했다는 것을 알 수 있다. 이 두 시의 창작 연대에 대해 사언시에 나오는 방씨가 위군참군이 되어 강릉에서 경성으로 사신을 간 일과 "의도왕께서 명을 내려 사신으로 경성에 가라 하셨으니" 구절을 근거로 여러 사람이 고증했다. 도주는 경평 원년 도연명이 59

세 때 지었고, 사언, 오언이 같은 시기의 작품이라고 했다. 루친리는 오언시를 원가 원년 봄에, 사언시를 원가 원년 겨울에 지었다고 했는데, 루친리의 학설이 비교적 합리적이다.(『도연명집』) 오언시는 방참군이 2년 동안 이웃으로 지내다가 참군이 되어 심양을 떠나 강릉으로 갈 때 썼다. 방참군이 먼저 도연명에게 시를 써서 보냈는데, 도연명은 오랫동안 병 때문에 답시를 쓰지 못했다고 서문은 전한다. 그러다가 "그대가 보내준 시를 두 번 세 번 보며 그만 읽으려 해도 그만두지 못했다"고 할 정도로 마음이 편치 않아 결국엔 화답시를 쓴 것이다. 방참군의 시도 꽤 잘 쓴 작품일 것이다. 사언시는 방참군이 심양을 떠난 후, 의도왕의 명으로 강릉에서 경성으로 사신을 가면서 다시 예전에 살던 곳을 지나다가 찾아왔을 때 써준 증답시다. 시에서 도연명은 그들이 이웃으로 지낼 때의 상황을 회상했는데, "나는 좋은 친구를 찾다가" 이후 네 구절이다. 이별을 쓰면서 그는 먼저 이번에 잠시 만났다가 헤어지는 일을 썼다. 바로 "싫증도 없이 즐거이 노닐다 그대와 곧 헤어져야 하는구나. 길에서 그대를 보내나니, 술을 마셔도 즐겁지 않네"의 몇 구절이 그 내용이다. 그리고 "예전 우리 이별할 때, 꾀꼬리 막 울 무렵이었지" 구절에서 지난번 이별했던 일을 썼는데, 이는 오언시에서 묘사한 이별의 상황이다. "이제 자네를 만나니, 싸락눈 휘날리고 있네"는 지금 만난 상황이다. 그래서 루친리의 '한 번은 봄, 한 번은 겨울'이라는 학설은 맞다. 하지만 "예전" "이제"의 구절로 보면 1년에 두 번 이별한 것은 아닌 것 같다.

사언시 「답방참군」의 마지막 두 단락은 주의할 만하다. 도연명의 시는 시국에 대해 언급하는 일이 매우 드물다. 벼슬길로 멀리 떠나는 이에게 시를 써서 보내더라도 그들의 관직이나 일에 대해서는 매우 냉담하게 표현한다. 자신이 관직에서 바쁠 때도 주로 전원에 대한 그리움을 말했지, 시국에 대해서는 잘 언급하지 않았다. 그러나 이 시는 경성으로 떠나는 방참군을 전송하며 "의도왕께서 명을 내려 사신으로 경성에 가라 하셨으니, 어찌 편안함 생각하지 않으랴만, 번왕의 일들이 조용하지 않구려"라고 말했는데, 시국에 대한 그의 관심을 드러낸 것이다.

마지막 장은 떠나는 방참군에게 마음 깊은 곳에서 우러나는 안부와 당부를 전하며, 동시에 열심히 근무하라고 격려하는 내용이다. "좋은 시절에도 신중하고, 그대 신체를 잘 보전하게"라는 구절은 매우 인상적이다. 좋은 시절이 무슨 의미일까? 도연명은 「화유시상和劉柴桑」에서도 이별하면서 "좋은 시절 내 마음에 담고"라고 했는데, 이때의 "좋은 시절"은 마음이 편안하던 시절을 가리킨다. 지금의 "좋은 시절"이 만약 이별의 날을 가리키는 것이라면 이별의 마음이 왜 좋은 시절인 것인지, 신중하라는 말은 왜 또 했는지 알 수 없다. 결론적으로 지금의 좋은 시절은 방참군이 혼란한 시국 속에서 위로는 국가를 위해 충성하고 아래로는 군주를 위해 근심을 해소시키며, 그 가운데에서 큰 공을 세울 수 있기를 바란다는 의미일 것이다. 이런 여러 의미가 있어 그는 "좋은 시절에도 신중하고"라고 한 것이다. 국가에는 언제나 많은 일이 벌어지고 정치와 군사의 형세도 늘 복잡하기에 도연명은 자기보다 나이 어린 친구에게 자신을 잘 지키라고 당부한다.

이 두 편의 시는 도연명의 만년의 생활을 보여준다. 예순 살 전후에 도연명은 신체적으로 예전보다 심하게 나빠져서 "본래 건강하지 못한데다 늙으니 병이 그치지 않는다"라고 했으며, 시나 글도 많이 쓰지 못했다. 그런데 방참군에게 보낸 두 편의 시를 보면 시인의 서정적 필치도 여전하고, 풍격은 더 자연스러움에 접근했다. 오언시는 뛰어난 명구도 만들었다. 예를 들면, "우리의 우정 만 리 밖이라도 닿으련만, 몸이 강산에 가로막히네"라는 구절은 진실하고도 심금을 울린다.

남촌 일대에는 상당수의 문인 학사들이 모여 있었는데, 도연명은 그중에서도 가장 명망 있는 사람 중 한 명이었다. 사천에서 모임을 가진 것은 도연명이 처음 발기한 정식 단체 활동이었다. 이 활동을 많은 학자는 왕희지 등이 영화永和 9년 난정蘭亭에서 가진 집회를 모방한 것으로 보는데, 그럴 가능성도 있다. 게다가 왕희지의 「난정집서蘭亭集序」처럼 도연명의 「유사천遊斜川」 시와 서문도 매우 농후한 생명 의식을 표현한다. 다음은 서문의 내용이다.

증성曾城은 사방에 무엇 하나 인접하지 않고 홀로 언덕 위에 우뚝 서 있어 곤륜산의 증성을 생각나게 하니 참 좋은 이름이로구나. 바라보며 즐기는 것으로는 부족해 문득 시를 짓는다. 해와 달이 떠가는 것 슬프고, 내 나이 머무르지 않으니 마음 아프다.(「유사천」 서문)

시에도 이런 구절이 있다.

새해가 되니 나이는 어느덧 오십 開歲倏五十
내 인생 곧 돌아가 영원히 쉬겠지. 吾生行歸休
이를 생각하니 마음 불안해 念之動中懷
때를 놓치지 않고 여기서 노닐고 싶어라. 及辰爲茲遊
(「유사천」)

또 이런 구절도 있다.

알 수 없나니, 지금 지나가면 未知從今去
또 이런 즐거움 다시 올 수 있을까? 當復如此不
술은 반쯤 취했건만 마음은 한껏 풀어져 中觴縱遙情

천 년의 시름 잊었네. 忘彼千載憂
오늘 아침의 즐거움 맘껏 누리자. 且極今朝樂
내일일랑 내 바라는 바 아니니. 明日非所求
(「유사천」)

쉰 살 전후로 도연명이 생사의 문제를 많이 생각했다는 것은 앞에서 말한 바 있다. 이번 사천으로의 유람에는 인생에 대한 우환 의식도 담겨 있지만, 동시에 대자연 속에서 근심을 해소한다는 의미도 담겨 있다. 이런 점도 왕희지가 말한 난정 집회와 유사한 부분이다. 다른 한편으로 남방의 향토사회에서는 원래 정월에 오락 활동이 많은데, 특히 산수자연 속에서 노는 일이 많다. 게다가 동진의 사인 사회는 집단으로 노는 습관이 있다. 도연명은 젊은 시절부터 그림자를 벗 삼아 혼자 노는 성격이었기 때문에 자주 "외로운 구름" "외로운 새" 등으로 자신을 비유하곤 했다. 하지만 만년에는 남촌, 시상 성안의 문사들과 교왕도 잦고 함께 놀러 다니는 일도 많았다. 이번 사천 모임은 그중 규모가 가장 큰 집회였다.

이번 단체 집회에 참가한 사람들의 신분에 대해 도연명은 서문에서 두 번 언급했다. 하나는 "두세 명의 이웃과 함께 사천을 유람한다與二三鄰曲, 同遊斜川"라는 구절이고, 또 하나는 "각각 나이와 관적에 따라 그날을 기록한다各疏年紀鄉里, 以記其時日"라는 구절이다. 첫 번째 구절에서는 참가자가 많지 않다는 것을 알 수 있는데, 이들은 모두 남촌에 거주한다. 하지만 남촌에 산다고 해도 모두 토착민이라면 굳이 "각각 나이와 관적에 따라"라고 말할 필요는 없다. 이는 남촌 일대의 거주자들 중에 은진안처럼 외지에서 온 사람도 있었기 때문이다. 예를 들면, 심양삼은 중 도연명만이 심양 사람이었고, 나머지 두 사람 중 유유민은 팽성彭城 사람, 주속지는 안문雁門 사람이었다. 여기서 남촌 사회의 성격을 엿볼 수 있는데, 이곳은 결코 토착적인 촌락이 아니었으며, 각지의 사인이 모여 있는 공동체였다. 남촌에서 그렇게 많은 사람이 도연명과 함께 좋은 글을 감상하고 의심 가는 내용은 함께 따져보며 산에 올라 새로 쓴 시를 읊을 수 있었던 이유도 여기에 있다. 한층 더 대담한 가상을 해보자면, 어쩌면 남촌은 도연명을 영수로 하층 문사들이 집체를 형성했을 수도 있다.

은거를 통해 명성을 얻어 관직에 나가려는 사람들도 있었지만, 도연명은 은거하면서 조금도 공리적인 목적이 없었다. 하지만 세속적으로 말하자면, 그의 은거 역시 어느 정도 사회적 영향력을 갖고 있다. 은사로서 그의 명성은 날로 커졌다. 소통의 『도연명전』에는 다음과 같은 기록이 있다.

> 그때 주속지가 여산으로 들어가 혜원 스님을 스승으로 모시고, 팽성 사람 유유민도 광산으로 몸을 옮겼으며, 도연명도 조정의 명에 응하지 않았다. 이들을 심양삼은이라 부른다.(소통, 『도연명전』)

도연명이 유유민, 주속지 두 사람과 교유한 구체적인 시간은 고증할 수 없다. 도연명과 유유민의 교유는 팽택에서 귀은한 초기였던 것 같은데, 이때 유유민도 시상령을 사직하고 여산에서 은거했다. 다음의 시는 도연명의 「화유시상」이다.[20]

그대 있는 강산으로 날 부른 지 오래지만	山澤久見招
어찌하여 나 계속 주저했나.	胡事乃躊躇
단지 친구였던 까닭에	直爲親舊故
따로 떨어져 살겠노라 말하지 못했네.	未忍言索居
좋은 시절 내 마음에 담고	良辰入奇懷

지팡이 짚고 서쪽 밭의 오두막으로 돌아간다. 挈杖還西廬
길은 황폐해 다니는 이가 없고 荒塗無歸人
간혹 폐허가 된 집도 보인다. 時時見廢墟
초가지붕은 이미 고쳐두었고 茅茨已就治
새로 일군 밭이나 다시 갈아야겠구나. 新疇復應畬
동풍의 차가운 기운 엄습하니 谷風轉淒薄
봄 술로 주리고 피곤한 몸 녹여볼까? 春醪解飢劬
연약한 딸아이라 아들 같지는 않지만 弱女雖非男
다정하게 위로하니 없는 것보다는 나을 걸세. 慰情良勝無
허둥대며 살다보니 세상의 일과는 棲棲世中事
세월이 갈수록 소원해지네. 歲月共相疏
밭 갈고 베 짜서 쓸 만큼 얻으면 족할 뿐 耕織稱其用
넘치게 얻은들 어디에 필요하랴. 過此奚所須
이렇게 살다가 백 년 지나면 去去百年外
육신이며 이름이며 흔적도 없이 사라지리라. 身名同翳如
(「화유시상」)

첫 네 구절은 팽택령을 사직하기 전의 심경이다. 그는 자신이 오랫동안 귀은을 생각했으면서도 왜 지금까지 일이 미뤄졌는지를 말하고 있다. 그것은 그의 친구가 계속 관직에 머물기를 원했기 때문이었는데, 생계도 도모하면서 공명도 추구해야 한다는 것이었다. 그는 그 성의를 차마 저버리지 못해 은거를 바로 시작하지 못했다. 여기서 말하는 상황은 「귀거래혜사」의 "친구들이 나에게 관리가 되라고 자주 권하니" 구절의 내용과 같은 상황이다. "좋은 시절 내 마음에 담고, 지팡이 짚고 서쪽 밭의 오두막으로 돌아간다"라는 구절은 「귀거래혜사」의 "좋은 시절 생각하며 홀로 간다. 때로 지팡이 세워두고 밭일을 하리라. 동쪽 언덕에 올라 휘파람 불며 맑은 물 흐르는 강변에서 시를 지으리라懷良辰以孤往, 或植杖而耘耔. 登東皐以舒嘯, 臨淸流而賦詩" 구절과 비슷하다. 여기서 말하는 좋은 시절은 성공적으로 귀은하는 날을 가리키며, 마음도 그냥 마음이 아니라 편안하고 자유로운 마음을 말한다. 또 「귀원전거」 제4수에는 다음과 같은 구절이 있다.

"오랫동안 산과 호수에서 노닐고, 숲과 들판을 맘껏 다니며 즐거웠네. 아들과 조카를 데리고 다니며 덤불을 헤치고 폐허로 가기도 했네. 무덤 사이를 서성이며 보니 옛사람들의 거처 어렴풋하여라. 우물과 아궁이는 그 자리에 남았는데, 뽕나무와 대나무는 썩은 밑둥뿐久去山澤遊, 浪莽林野娛. 試攜子侄輩, 披榛步荒墟. 徘徊丘壟間, 依依昔人居. 井竈有遺處, 桑竹殘朽株."

그런데 「화유시상」에도 "길은 황폐해 다니는 이가 없고, 간혹 폐허가 된 집도 보인다"라는 구절이 있으니 비슷한 상황을 쓴 것이다. "초가지붕"은 「귀원전거」에서 "초가집에 방은 여덟, 아홉 칸"이라는 구절의 그 초가와 같다. "새로 일군 밭이나 다시 갈아야겠구나" 구절이 말하는 것은 「귀원전거」의 "남쪽 들판에 황무지를 개간하고"에서 말하는 상황이며, "내 토지도 날로 넓어지네" 구절에서 넓어진 토지다. 이 시에서 비교적 해석이 어려운 부분은 "연약한 딸아이라 아들 같지는 않지만, 다정하게 위로하니 없는 것보다는 나을 걸세"라는 구절이다. 리천둥의 『도연명작품계년陶淵明作品系年』에서는 도연명이 56세에 사망했다는 량치차오의 학설에 동의하면서, 도연명은 「귀원전거」 창작 이후에 아들을 낳았고, 그전에는 딸만 있었다고 말한다. 그래서 "연약한 딸아이" 두 구절을 도연명 자신의 이야기로 보고 있다. 이는 다소 견강부회의 여지가 있는 학설이다. 내 생각에는 전통적 학설인 오인걸의 주석이 정확하다고 본다. 이 두 구절은 아들이 없고 딸만 있는 유유민을 위로하는 내용이다. 유유민의 작품에서도 그가 아들이 없다고 개탄하는 내용이 있어서 도연명이 여기 화답하는 시에서 위로의 말을 적은 것이다.

이 시의 전개는 처음부터 열 번째 구절 "새로 일군 밭이나 다시 갈아야겠구나"까지 벼슬을 버리고 내려와 은거하며 농사짓는 내용이다. 그다음 "동풍의 차가운 기운 엄습하니"의 두 구절은 계절의 흐름에 대한 아쉬움과 술 생각이고, "연약한 딸아이" 두 구절은 유유민에 대한 위로, 그리고 "허둥대며 살다보니"에서 끝까지는 서로에 대한 위로의 말이다. 이렇게 볼 때, 이 시의 구조는 매우 명확하다. 팽택령을 사직하고 집안의 장원으로 내려와 막 은거하기 시작한 초기의 작품으로 단정할 수 있다. 도연명과 유유민의 교유도 이 무렵에 시작된 것이다.

「수유시상酬劉柴桑」은 이때보다 훨씬 더 나중에 쓴 작품이다.

외진 곳에 사니 일상의 물품도 부족하고	窮居寡人用
때때로 계절이 바뀐 것도 잊곤 한다.	時忘四運周
뜰에 낙엽이 많아져	櫚庭多落葉
이미 가을 왔음을 나 쓸쓸히 알았네.	慨然知已秋
새로 난 아욱은 북쪽 담장 밑에 무성하고	新葵鬱北墉
곡물은 남쪽 밭에서 잘 자라네.	嘉穟養南疇
지금 나 즐기지 않으면	今我不爲樂
내년을 다시 기약할 수 있을까?	知有來歲不
아내에게 명해 아이들 데리고	命室攜童弱
좋은 날 먼 길 한번 떠나볼까?	良日登遠遊

(「수유시상」)

"외진 곳에 사니 일상의 물품도 부족하고" 구절은 「귀원전거」 제2수의 "외진 골목엔 찾아오는 마차도 없다" 구절과 비슷한 의미다. "곡물은 남쪽 밭에서 잘 자라네" 구절에서 남쪽 밭은 「계묘세시춘회고전사」에서 "예전에 남무 이야기를 들었지만"의 "남무"이며, 「귀원전거」의 "남쪽 들판에 황무지를 개간하고"의 "남쪽 들판"이다. 시의 제목에 있는 고전사, 원전거, 남무는 모두 같은 곳인데, 도연명 집안의 가장 큰 농지다. 이런 근거로 봤을 때, 이 시는 틀림없이 원전거로 돌아와 은거를 시작했을 때의 작품이다.

도연명의 전체 문집에서 주속지와 관계된 작품은 「시주속지조기사경이삼랑시삼인공재성북강례교서示周續之祖企謝景夷三郎時三人共在城北講禮校書」 하나뿐이다.

병든 몸으로 오두막에 누웠더니　負痾頹簷下
종일 즐거운 일 하나 없더라.　終日無一欣
약 기운에 간혹 괜찮아지면　藥石有時閑
내가 좋아하는 이들 떠오르네.　念我意中人
떨어진 거리는 그리 멀지 않지만　相去不尋常
길이 까마득하니 어찌 따라갈까?　道路邈何因
주속지는 공자의 학문을 강술하니　周生述孔業
조기와 사경이가 호응해 모였네.　祖謝響然臻
천하에 도가 쇠락한 지 어느덧 천 년이나　道喪向千載
오늘 아침에 다시 여기에서 들려온다.　今朝復斯聞
마구간은 강론할 만한 장소가 아니지만　馬隊非講肆
이들 교서에는 열심이로구나.　校書亦已勤
늙은 몸이나 마음에 흡족한 바 있어　老夫有所愛
그대들과 이웃으로 지내고 싶네.　思與爾爲鄰
제군들에게 말 전하고 싶나니　願言謝諸子
나를 따라 영수潁水 강변에서 허유許由처럼 은거하게나.　從我潁水濱
(「시주속지조기사경이삼랑시삼인공재성북강례교서」)

첫 두 구절은 「영빈사」의 "차가운 한 해의 끝자락에 베옷을 안고 집 앞 처마에서 햇볕을 쬐네" 구절과 의미가 비슷하다. "약 기운에" 두 구절은 오언시 「답방참군」 서문의 "본래 건강하지 못한 데다 늙으니 병이 그치지 않는다" 구절, 그리고 「여자엄등소」의 "친구들은 날 놔두지 않고 매번 약과 침으로 치료해준다" 구절과 의미가 가깝다. 루친리의 주에 따르면, 주속지가 강주자사 단소의 요청으로 강주 성북에서 『예기』를 강론한 것이 의희 12년의 일이므로 도연명이 이 시를 쓴 시간은 그해 도연명의 나이 52세 때라고 한다. 이 학설은 따를 만하다. 주속지가 『예기』를 강론하는 것에 대해 도연명은 다소 부정적이었다. 왜냐하면 단소가 진심으로 유학에 관심이 있는 게 아니라 단지 형식적일 뿐이라는 것을 도연명은 알고 있었기 때문이다. 그래서 그들에게 이런 하등의 무익한 일을 하지 말고 주부를 떠나 남촌에 와서 자기와 함께 전원에서 은거하길 희망했다. 그러면 남촌의 은일 문인 집단의 규모도 더 확대할 수 있는 일이었다. 말하자면 의기투합할 수 있는 동지를 영입하려는 것이다.

도연명 시집의 맨 마지막에는 한 수의 연구聯句가 있는데, 도연명, 음지愔之, 순지循之 세 사람이 돌아가며 시구를 이은 작품이다. 이 두 사람의 성씨와 생애에 관해서는 알려진 바가 없다. "저 가난한 처사를 생각하니" 구절을 보면 도연명이 만년에 남촌에서 은거할 때 이 시를 지었고, 그렇다면 이 두 사람도 남촌에 거주하던 문사였음을 알 수 있다. 이 작품은 기러기를 읊은 작품이다.

우는 기러기 바람 타고 날아올라	鳴雁乘風飛
가는 곳이 그 어디냐.	去去當何極
저 가난한 처사를 생각하니	念彼窮居士
어찌 탄식하지 않을 텐가.	如何不歎息

(도연명)

비록 구만 리 창공을 날아오르려 해도 雖欲騰九萬
무슨 힘을 빌려 박차 오를 건가? 扶搖竟何力
멀리 왕자교王子喬를 부르려고 遠招王子喬
구름수레 준비했네. 雲駕庶可飭
(음지)

짝을 돌아보며 배회하다 顧侶正徘徊
아쉬워하며 하늘 끝으로 날아오르네. 離離翔天側
서리와 이슬 내려 어찌 힘겹지 않으랴만 霜露豈不切
힘찬 양 날갯짓 아까워하지 않네. 徒愛雙飛翼
(순지)

높이 솟아난 가지 하나 高柯擢條幹
멀리서 보니 하늘색과 같다네. 遠眺同天色
보지 못했다면 생각을 마라. 思絕慶未看
공연히 미혹만 생길 테니. 徒使生迷惑
(도연명)
(「연구」)

도연명 문집에는 「귀조」라는 제목의 시가 한 수 있고, 또 「음주」 제4수에도 "무리를 잃은 새"라는 내용이 있는데, 모두 위의 작품과 관련이 있다. 앞에서 「음주」 연작시는 남촌으로 이주한 후의 작품이라고 말했다. 「귀조」의 창작 연대는 확정할 수 없지만, 은거 이후라는 점에는 의심할 여지가 없다. 그중에 "훨훨 날아 돌아오는 새, 숲을 따라 배회하네. 어찌 하늘길 오르려 생각하랴. 즐거이 옛 둥지로 돌아가려네. 옛 친구는 비록 가고 없지만, 쟁쟁한 새소리 함께 어우러지네翼翼歸鳥, 馴林徘徊. 豈思天路, 欣反舊棲. 雖無昔侶, 衆聲每諧"라는 구절이 있다. 여기서 말하는 옛 친구는 도연명의 실제 옛 친구, 즉 그가 귀은하기 전의 친구와 친척을 가리킨다. 그들 중에는 이미 세상을 떠난 사람도 있지만, 대부분은 아직도 벼슬길에 있다. "쟁쟁한 새소리 함께 어우러지네"라는 말은 남촌에서 새로 사귄 문사들, 즉 서로 의기가 맞는 동지들이 함께 잘 지내고 있음을 의미한다. 이들이 바로 주속지, 유유민을 비롯한 남촌의 문사들이다.

또 「귀조」에 나오는 "훨훨 날아 돌아오는 새, 날갯짓을 거두고 찬 가지에 내려앉네. 날아도 넓은 숲 떠나지 않고, 까마득한 가지 끝에서 잠자네翼翼歸鳥, 戢羽寒條. 遊不曠林, 宿則森標" 구절은 「음주」 제4수의 "외로이 서 있는 소나무 한 그루 만나 날개를 접고 살며시 깃드네. 거센 바람에 꽃잎 모두 떨어졌지만, 넓은 그늘은 변함이 없네" 구절과 비슷한 이미지를 사용했다. 또 순지의 "짝을 돌아보며 배회하다" 구절은 「귀조」의 "짝을 돌아보며 울다가 시원한 나무 그늘에 제 몸을 맡기네顧儔相鳴, 景庇淸陰" 구절, 그리고 "옛 친구는 비록 가고 없지만, 쟁쟁한 새소리 함께 어우러지네" 구절과 같은 맥락의 내용이다.

세 사람은 각자 표현하는 내용이 조금씩 다르다. 도연명은 집으로 돌아가는 새의 형상을 빌려 은일을 지키고자 하는 자신의 뜻을 표현했고, 음지는 "구만 리 창공을 날아오르려 해도"와 같은 구절에서 보이듯 크고 높은 포부를 표현했다. 하지만 시운이 자신과 맞지 않아 박차고 오를 수 있는 힘을 빌리지 못하고, 결국 신선에 대한 동경으로 바뀌었다. 순지도 높이 날고자 하는 의지를 표현했다. 그리고 다시 도연명은 "높이 솟아난 가지 하나, 멀리서 보니 하늘색과 같다네"라고 했는데, 이 말은 "외로이 서 있는 소나무 한 그루 만나 날개를 접고 살며시 깃드네" 구절과 사실상 같은 의미로, 기러기의 입장에서 앉을 곳을 본 것이다. "보지 못했다면 생각을 마라. 공연히 미혹만 생길 테니" 구절은 어떤 의미인지 파악하기 어렵다. 마지막 네 구절은 첫 네 구절의 내용을 이으면서 음지와 순지의 내용을 교정하는 말일 수도 있다. 말하자면 "공연히 미혹만 생길 테니" 이 구절은 음지가 쓴 "멀리 왕자교를 부르려고 구름수레 준비했네" 구절 때문에 쓴 것이라는 말이다. 공명을 추구했지만 성공하지 못하자 신선을 좇으려는 음지의 생각에 대한 비판이다. 도연명은 「형영신」에서도 신선을 추구하는 신비주의 가치관에 일침을 가한 적이 있다.

『진서』「은일전」에는 도연명의 만년의 교유에 대한 기록이 있다.

> 오래지 않아 저작랑의 벼슬을 받았으나 그는 가지 않았고, 주군에서 온 관리들의 방문도 모두 거절했다. 그의 고향 사람 장야張野와 친구 양송령羊松齡, 방준龐遵 등이 술을 차리고 그를 부르거나, 혹 그를 불러 함께 술자리에 가면 비록 주인을 모르더라도 기뻐하며 화내는 기색 없이 크게 취한 후에야 집으로 돌아왔다. 매우 깊은 수준의 학문을 얻지는 못했지만, 오직 농지의 막사로 가거나 여산으로 유람을 다닐 뿐이었다.(『진서』「은일전」)

여기서 말한 그의 고향 사람 장야는 『연사고현전蓮社高賢傳』에 기록이 있다.

"장야는 자가 내민萊民으로, 심양 시상에 살았고, 도연명과 혼인으로 맺어진 관계다. 장야는 유교와 불교에 모두 학식이 있으며, 특히 글이 뛰어났다. 성품이 효성스럽고 우애가 있었으며, 전답과 저택은 모두 동생들에게 주었고, 맛있는 음식은 모든 친척과 나누었다. 주에서 수재로 천거되었고 남중랑부공조, 주치중, 산기상시를 제수받았으나, 모두 가지 않았다. 여산에 들어가 승려 혜원을 모시고 유유민, 뇌차종과 함께 불교를 받들었다. 혜원이 세상을 떠나자 사영운이 명을 쓰고 장야는 서문을 써 처음으로 문하생이라 칭하니, 세상 사람들이 그 뜻에 탄복했다. 의희 14년, 가족과 이별하고 방에 들어가 단정히 앉아 세상을 떠났다. 나이 예순아홉이었다."

도연명 문집에는 「세모화장상시歲暮和張常侍」라는 시가 있는데, 도주의 『도정절선생집』에서는 장야에게 화답한 시라고 하고, 『정절선생연보고이靖節先生年譜考異』에서는 장야의 조카 장전張詮에게 화답한 시인 것 같다고 했다. 또 다른 친구 양송령은 도연명의 시 「증양장사」에 나오는 양장사를 가리킨다. 그는 의희 13년 유유가 진나라를 정벌한 것을 축하하러 강주자사 단소의 명을 받아 관중으로 갔다. 그래서 도연명이 「증양장사」를 지어 그에게 준 것이다. 그리고 방준은 「답방참군」의 방참군과는 다른 사람이다. 대부분의 학자는 「원시초조시방주부등치중」에 나오는 그 방주부龐主簿라고 말한다. 또 소통의 『도연명전』에 따르면, 강주자사 왕홍이 도연명을 만나고 싶어했는데, "도연명이 일찍이 여산에 갔는데, 왕홍이 도연명의 친구 방통지龐通之에게 술상을 차려놓고 길 중간인 율리 사이에서 그를 부르게 했다"라고 한다. 그 밖에도 『도연명집』에는 「수정시상酬丁柴桑」「오월단작화대주부五月旦作和戴主簿」「화곽주부」「화호서조시고적조和胡西曹示顧賊曹」 등의 시가 있는데, 이 시의 주인공들의 생애는 잘 알려지지 않았다. 그중 「화곽주부」 2수는 젊은 시절 잠시 관직을 쉴 때 은거하며 쓴 작품이고, 나머지 시는 모두 만년의 작품일 것이다. 이 사람들은 대부분 도연명이 귀은한 이후에 교유했던 친구들이고, 아마도 그중에는 율리 남촌의 이웃에 살았던 사람도 있을 것이다.

21장

안연지의 방문

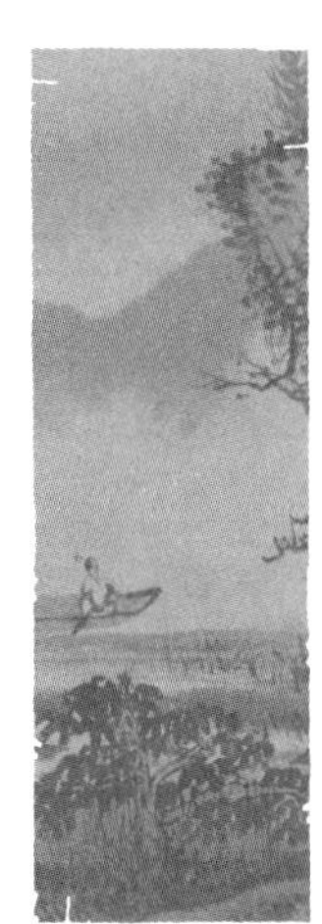

도연명과 동시대의 저명한 문학가 중에 연배가 그와 비슷한 사람으로 사혼謝混과 은중문이 있다. 심약의 『송서』 「사영운전론謝靈運傳論」에서는 동진 후기 현언 시풍을 씻어낸 공로를 언급하면서 이렇게 말했다.

"은중문이 비로소 손작과 허순의 시풍을 변혁시켰고, 사혼이 태원 시기의 풍조를 크게 바꾸었다."

후에 종영이 『시품』의 서문을 쓰면서 동진 후기 현언시 풍조를 씻어 낸 시인들을 언급할 때도 "의희 때에 와서 사혼이 찬란히 그 작풍을 이었다"라고 했다. 사혼의 일생을 보면 도연명과 그리 교유가 없었다. 그는 권문세가의 한복판에 있던 당시 명사들의 영수였고, 도연명은 심양 남리에 살던 은일 시인이었기 때문이다. 두 사람은 사회적 지위의 차이가 현저했기 때문에 교유할 가능성이 별로 없었다. 은중문은 일찍이 환현 막부의 중요 인물이었고, 환현이 제위를 찬탈한 이후에는 더욱 큰 공훈이 있었기 때문에 도연명이 막부에 있던 당시 두 사람은 틀림없이 서로 알고 있었다. 그러나 도연명은 내면을 중시하고 자신을 내

세우지 않는 성격이기 때문에 그가 문학적으로 뛰어나다는 것을 환현과 은중문이 몰랐을 가능성도 많다. 환현 막부에서 문인 명사들을 모집한 적이 있었는데, 그중 몇 사람과 도연명은 왕래가 있었던 터라 이런 관계는 당시 도연명의 명성이 알려지는 데 영향을 주었다.

사실 동진 후기 현풍을 혁신했다고 종영과 심약이 칭찬한 주요 작가 사혼, 은중문은 전하는 작품이 많지도 않을뿐더러 여전히 현학의 공허한 시풍을 담고 있고, 경물의 변천을 보며 세월을 한탄하는 상투적인 내용이 많았다. 다만 도연명과 그보다 약간 나중에 나온 포조만이 한위 문학의 정신을 제대로 계승해 당시의 공허한 미감과는 구분되는 충실한 미감을 만들어냈다. 그러나 그들은 모두 한소 가문 출신이었기 때문에 문벌을 중시하는 당시 문단에서 주목받기 어려웠다. 종영은 그를 이렇게 평가했다.

"재능은 뛰어나지만 사람이 미천해 당시에 묻혀버렸다."

도연명은 당시 유명한 은사로 명성이 있었기에 포조보다 조금 더 좋은 상황이었다. 하지만 그가 어울렸던 사람들은 심양 일대 지역에 머물거나 유랑하는 하층 문인들이었고, 왕씨, 사씨를 중심으로 하는 당시 문벌 집단과는 전혀 관계가 없었다. 당시에는 승려 혜원이 있는 여산으로 승려, 속인을 비롯한 각계 문학 명사들이 모여들었는데, 이들의 출신 성분은 비교적 복잡했다. 이 중에는 사영운 같은 문벌 명가도 있었다. 이 문학 단체는 도연명과도 어느 정도 관계가 있었고, 도연명의 문학적 영향력이 확대되는 데도 작용했다. 그러나 어쨌든 종교 단체였기에 도연명과는 사상적으로 간극이 있었고, 이런 이유로 더 깊은 교유로 발전하지는 못했다.

후세의 문학사 연구자들은 도연명과 사영운을 자주 함께 거론한다. 당대에 도연명이 가장 주목받았던 부분은 전원에서 은거하는 생활에 대한 묘사가 담긴 작품이었기 때문에 이 부분은 문학적 내용이나 심미적인 면에서 사영운의 산수시와 연결되는 부분이 있다. 그래서 도연명과 사영운을 연원으로 하는 산수전원시 계보가 만들어졌다. 사실 두 사람은 산수전원에 대한 심미적 취향이 크게 다르고, 언어적인 풍격도 차이가 있다. 도연명이 심취한 것은 마음이 고도의 평화를 느끼며 정신과 감정이 안락과 기쁨을 얻는 산수자연이다. 이 산수자연이 순박한 인류의 생활과 연계되면서 인문적인 성격을 만들어낸다. 사영운은 산수자연 중 새롭고 특별한 요소를 중시하고, 그것들을 발굴하려는 마음이 있다. 또 산수자연을 빌려 강렬한 정치적 실의의 정서를 해소하려는 특징도 있다. 문학적 수식 기법 면에서 도연명은 자연스러우면서 오묘한데, 사영운은 자연을 숭상하지만 문학적으로 인공적인 취향에 가깝다. 사영운도 여산 사단의 인물이고, 혜원에게 "마음이 복잡하다心雜"라는 평을 들은 적이 있다. 그는 『대품열반경大品涅槃經』 번역에도 참여했고, 불학 논문인 「변종론辨宗論」과 혜원을 위한 작품인 「불영명佛影銘」을 쓰기도 한, 매우 독실한 불교도이자 불교에 조예가 깊은 학자다. 도연명과 사영운 두 사람은 사상적인 면에서 공통적인 경향이 있지만, 거시적인 면에서 본다면 차이가 크다. 사영운은 도연명보다 나중 사람이고, 백련사의 제현諸賢들, 또 정치적·문학적으로 교류가 많았던 안연지를 통해 도연명을 알았을 가능성이 높다. 어떤 학자들은 사영운의 시가 도연명 시의 영향을 받았다고 주장하기도 하지만 문헌으로 볼 때, 두 사람이 왕래했다는 어떤 정보도 찾을 수 없다. 그리고 또 한 가지, 원가 초기 유의경이 편찬한 『세설신어』에는 원가 10년 세상을 떠난 사영운의 사적은 기록되어 있지만, 원가 4년 세상을 떠난 도연명의 사적은 기록되어 있지 않다. 아무래도 근본적인 원인은 도연명의 명성이 사영운에 크게 미치지 못한다는 사실에 있다. 이 모든 것은 문벌과 한소 계층의 차이라는 현실과 관계가 있다.

이런 상황으로 볼 때, 도연명은 당시 문벌이 주류인 문단에서 실력을 인정받기 힘들었다고 봐야 할 것이다. 그래서 안연지와 도연명의 우정은 더욱 귀중하고 특별해 보인다. 후대의 관점으로 보면, 안연지와 도연명의 교유가 당연히 안연지에게 훨씬 더 영광스러운 일이지만, 당시 유송 문단의 상황에서는 안연지의 방문이 도연명 생애에 매우 중요한 사건임이 분명하다. 『송서』「도연명전」은 이 일에 대해 특별하게 기록했다.

> 예전에 안연지는 유류劉柳의 후군공조를 지냈는데, 심양에서 도연명과의 우정이 각별했다. 나중에 시안군수가 되어 그곳을 지나갈 때, 날마다 도연명을 방문했다. 매번 찾아가면 반드시 취할 때까지 마셨다. 떠나가면서 2만 전을 도연명에게 주었는데, 도연명은 모두 술집에 주고 무시로 찾아가 술을 마셨다.(『송서』「도연명전」)

안연지는 자가 연년延年이다. 그의 집안은 동진 초기 북방에서 강남으로 내려왔는데, 증조부 안함顔含은 진나라 황실을 따라 강남으로 와 광록대부까지 지냈다. 조부 안약顔約은 영릉태수를 지냈고, 부친 안현顔顯은 호군사마를 지냈다. 선조들의 공훈으로 보자면, 그의 가문은 도연명 가문보다는 못하지만 그래도 정통 사족에 속하는 집안이었다. 다만 최상층 문벌에 들지 못할 뿐이었다. 게다가 안연지는 어린 시절 집안 형편이 매우 청빈했다. 『송서』「안연지전顔延之傳」에는 "어려서 부모를 여의고 가난해 성곽 벽에 붙어살았는데, 집이 심히 누추했다"라고 되어 있다. 여기서의 성곽은 건강 성곽을 말한다. 주지하다시피 동진 남조의 사족과 서민들은 거주지를 구분했다. 안연지의 어린 시절 거주 조건은 서민에 가까웠다. 이런 상황인 데다 안연지 본인이 또 매우 술을 좋아하다보니 젊은 시절에는 행동거지를 그다지 돌보지 못했다. 왕씨나 사씨 문중의 사람들이 명망이나 명성을 그렇게 주의했던 것과는 반대였고, 혼인이나 관직도 별로 만족스럽지 못했다. 그가 처음 벼슬을 시작한 것은 오국내사를 지냈던 유류의 행참군이었다. 유류는 당시 차상위층 정도의 사족이었는데, 그의 막료로 시작했으니 안연지도 그리 명망 있는 출신은 아니었던 것이다. 그래서 그는 나중에 유류의 아들 유담劉湛이 조정에서 권세를 부리는 것을 보고 자조적인 말투로 이렇게 말했다.

"내 관직이 올라가지 않아도 응당 경대부 집안의 말단관리는 되겠군."

이런 상황을 보면 그의 관직 생활의 출발이 탁관 부류라는 것을 알 수 있다. 여러 면에서 안연지의 신분 계층은 도연명과 비교적 가깝다. 이것이 두 사람이 서로 가깝게 된 이유 중 하나다. 문학적인 면에서 안연지는 당시의 주류에 속했다.

"문장의 아름다움이 당시 최고였다."(『송서』「안연지전」)

의희 12년에 유유는 북벌에 성공했고, 당시 예장공 세자의 중군행참군이었던 안연지는 사신이 되어 낙양으로 가면서 도중에 시를 두 편 지었는데, 문장이 아름다워 사회謝晦, 부량傅亮에게 높은 평가를 받았다. 안연지의 문학적 명성은 대략 이때쯤부터 알려지기 시작했고, 이렇게 문단의 중심에 들어가게 되었다.

안연지가 처음 도연명과 알게 된 것은 의희 11년(415)에 유류의 후군참군을 할 때였다. 그리고 유류가 강주자사가 되어 나갈 때 안연지는 후군공조가 되어 그를 따라 강주로 갔는데, 강주의 치소治所가 마침 심양에 있었다. 안연지의 「도징사뢰」는 다음과 같이 말한다.

> 그대 고고히 은거한 이후로 나 한가할 때가 많아서 우리 즐겁게 만나며 대문 나란한 이웃이 되었습니다. 밤새 노닐다 날이 밝으면 잠들기도 했는데, 배도 수레도 필요 없었지요.(안연지, 「도징사뢰」)

도연명은 이때 율리 남촌에 거주하고 있었기 때문에 안연지가 심양 남리에 있다는 것을 알 수 있었다. 그리고 앞에서 말한 것처럼 이곳은 이 지역과 외지의 문사들이 모여 있는 곳이었다. 당시의 안연지는 비록 재직 중인 몸이었지만 직무가 한가했기 때문에 많은 시간을 도연명과 어울릴 수 있었다. 그들의 상황은 은진안, 방참군 등이 도연명과 교제했던 것과 비슷했다. 안연지는 아직 문학적 명성을 얻기 전이었고, 도연명은 창작적으로 이미 매우 성숙한 시인이었기 때문에 도연명과 장시간 접촉하는 것은 안연지의 시의 예술성이 성숙해지는 데 어느 정도 영향을 주었다. 「도징사뢰」에서 보이는 바와 같이 도연명의 인품과 생활, 학문, 문학에 대해 안연지는 매우 잘 알고 있었다. 그래서 두 사람의 만남에서 문학적인 교류는 매우 중요한 부분이었다. 「이거」에서 "좋은 글은 함께 감상하고, 의심 가는 내용은 함께 따져본다"라고 했는데, 이런 일은 두 사람의 만남에서 늘 있는 일이었다.

동진의 시풍은 오랫동안 현학의 공허함과 난삽함에 빠져 있었고, 시인들의 창작 능력도 쇠퇴하고 있었다. 은중문, 사혼 등이 잠깐 청신한 기운을 되살리며 당시 문단에 새로운 풍격을 제시했다. 도연명의 작품은 풍부한 문학적 형상성을 펼치며 「고시십구수」와 건안 시인들의 예술적 표현력을 새롭게 회복했다. 안연지의 시는 기본적으로 서진 이래 수사를 중시하는 일파에 속한다. 그러나 그는 사영운과 마찬가지로 사물 묘사의 극치를 추구한다. 이 점은 틀림없이 도연명의 문학이 그에게 미친 영향 덕분일 것이다. 안연지가 이듬해에 지은 명작 「북사낙시北使洛詩」「환지양성작시還至梁城作詩」는 대부분 행려의 감정을 썼는데, 경물 묘사가 청신하고 뛰어난 명구가 많다. 예를 들면, "음산한 바람이 차가운 들판을 흔드니 나부끼는 구름에 하늘이 어두워진다陰風振涼野, 飛雲瞀窮天" "고국에는 교목이 많고, 빈 성에는 찬 구름만 모여든다故國多喬木, 空城凝寒雲"와 같은 구절은 도연명 행려시의 영향을 많이 받은 것이다.

도연명에게도 안연지처럼 성격이 진솔하고 호방한 문단의 후배와 교류하는 것은 매우 귀하고 즐거운 일이었다. 안연지가 가져온 외부 문단의 풍격은 사실 예술적으로 이미 성숙한 도연명에게 그리 큰 필요는 없었지만, 그가 가져온 문단과 정계의 소식은 오랫동안 은거하고 있던 도연명에게 꽤 흥미로운 것이었다. 술 마시고 시를 논하는 일 외에 두 사람은 인생의 처세와 그 방식에 대해서도 의견을 교류하고 서로 격려했다. 안연지와 도연명은 성격이 통하는 부분이 있었는데, 둘 다 강직하고 진솔한 편이었다. 다만 안연지는 가끔 내키는 대로 행동하거나 재능을 믿고 오만할 때가 있었고, 도연명은 이미 도에 깊이 심취해 부드러운 기품이 드러났다. 두 사람은 서로를 잘 이해했기 때문에 자주 서로에게 충고의 말을 했다.

> 지난날 우리가 술자리에서 술잔을 들고 서로 충고했던 것을 생각합니다. 홀로 올바른 사람은 위험을 맞게 되고, 지극히 반듯한 사람은 훼방을 맞게 된다고 했지요. 그래서 현명한 이는 물러서고 나서는 일을 결정할 때 이전에 있었던 일들을 살펴봅니다. 멀리서 교훈을 찾을 필요 없다는 나의 권고에 그대도 수긍했지요. 그대는 곧 정색하며 마음속의 말을 했습니다. 세상 사람들과 다르게 하면 곧 허물이 생기고, 기세를 거스르면 먼저 쓰러진다고요. 신체와 재주는 건실하지 않고 영예로운 명성도 사라질 날이 있다 했습니다. 그대의 현명한 말들 이제 영원히 사라졌으니, 누가 내 잘못을 보고 충고해줄까요?(안연지, 「도징사뢰」)

이런 말은 정말 마음 깊은 곳에서 우러나는 진심 어린 대화다. 안연지는 도연명이 고고하게 세상에 나가지 않는 것을 보고 이렇게 말했다. 홀로 강직함을 지키려는 사람은 위험에 빠지게 되고, 지나치게 반듯한 사람은 쉽게 세상과 단절된다고. 옛날 현명한 사람들은 모두 자신을 굽힐 줄도 알았고, 자신의 고결함을 지키면서도 자유롭게 세상에 대응했다고. 안연지가 이렇게 충고한 것은 도연명이 다시 세상에 나가 활동하기를 바라는 마음이 있었기 때문이다. 도연명은 이 말을 듣고 걱정을 금치 못했다. 그는 즉답을 하지는 않았지만, 안연지의 오만함과 지나친 자신감에 대해 비슷한 방식으로 충고했다. 쉽게 화를 당하니 세속의 감정을 좇지 말라고, 다른 이들의 기세를 건드리면 먼저 공격받아 다치게 된다고, 신체와 재주는 자신의 것이 아니며 영예와 명성도 믿을 만하지 않다고 했다. 이것은 도연명의 일관된 사상으로, 그의 작품에서 반복해 표현되었던 내용이다. 안연지의 서술을 보니 도연명이 자주 친구들과 이야기를 나누고, 이런 사상을 말했음을 알 수 있다. 도연명은 사회적 성공에 몰두하는 친구에게는 늘 이런 말을 참지 못했다. "세상 사람들과 다르게 하면 곧 허물이 생기고, 기세를 거스르면 먼저 쓰러진다"고 안연지에게 일깨워준 말을 보면 도연명은 안연지의 결점을 매우 잘 이해하고 있었다. 『송서』「안연지전」에는 그가 재주를 믿고 오만했던 일화들이 많이 소개되어 있는데, 앞에서 소개한 유담을 풍자했던 말도 그중 하나다. 또 부량에게 잘못했던 일도 있는데, 이 역시 그의 성격을 반영한다. 그가 후에 좌천되었던 일도 이런 성격과 관계가 있다.

당시 상서령 부량이 자신의 글이 아름다워 따라올 자가 없을 것이라 생각했는데, 안연지가 자신의 재능을 믿어 그보다 아래라고 인정하지 않으니 부량이 심히 미워했다. 여릉왕廬陵王 유의진劉義眞이 문학을 매우 좋아해 안연지를 대단히 후하게 대우했는데, 서선지徐羨之 등이 그의 특출함을 의심하자 매우 불쾌하게 여겼다. 안연지는 소제가 즉위한 후 정원랑이 되었고, 중서랑을 겸직했으며, 옮겨 원외상시로 있다가 조정을 나가 시안태수가 되었다. 영군장군 사회가 안연지에게 말했다.

"예전에 순욱荀勖이 완함阮咸을 미워해 시평始平 군으로 내쫓았는데, 지금 그대가 또 시안태수로 가니 이시二始라 하겠군요."

황문랑 은경인殷景仁도 그에게 말했다.

"이른바 속인들은 능력 있는 준걸을 미워하고, 세상은 문아한 선비의 흠집을 찾는다는 것이군요."(『송서』「안연지전」)

후에 여러 풍파를 겪으면서 안연지는 젊은 시절 도연명이 자신에게 해준 충고를 깨달았기 때문에 더욱 값지게 생각했다. 그래서 도연명이 죽은 후에 자신도 모르게 "그대의 현명한 말들 이제 영원히 사라졌으니, 누가 내 잘못을 보고 충고해줄까요?"라고 탄식한 것이다.

안연지와 도연명의 두 번째 만남은 유송 경평 2년(424), 약 10여 년이 지난 후였다. 안연지는 이미 재능에 대한 자만심으로 부량에게 미움을 받았고, 사영운, 승려 혜림과 여릉왕 유의진에게 의탁했던 일로 서선지 등에게 질투를 샀다. 소제가 즉위한 후 유의진이 권력을 잃자 사영운은 영가태수로 좌천되었고, 안연지는 시안으로 쫓겨나 태수가 되었다. 시안은 지금의 광시廣西 좡족 자치구 구이린桂林이다. 안연지는 임지로 가는 길에 건강에서 거슬러 강서로 갔는데, 심양을 지나면서 다시 도연명을 찾아갔다. 갈 길이 바빴고 머물 수 있는 시간이 짧았기 때문에 안연지는 거의 매일 도연명과 만났다. 아마도 그가 머문 곳은 그가 예전에 도연명과 "대문 나란한 이웃이 되었다"고 했던 그 옛집일 것이다. 두 사람에게 재회의 기쁨은 대단했다. 하법성何法盛의 『진중흥서晉中興書』에는 "안연지가 시안 군의 태수가 되어 심양을 지나면서 늘 도연명의 집에서 새벽부터 어두워질 때까지 술을 마셨다"라고 적혀 있다. 떠나면서 안연지는 도연명에게 2만 전을 주었는데, 도연명은 그 돈을 모두 술집에 맡겨놓고 아무 때나 찾아가 술을 마셨다. 도연명과 안연지 두 사람의 교유는 당시 문단에서 이미 유명한 미담이 되었다.

안연지는 유송 문단에서 가장 명성 있는 문학가였다. 안연지와 사영운은 그들보다 나이가 아래인 포조와 함께 후대의 문학사가들에게 '원가 삼대가元嘉三大家'라고 불렸고, 남조의 역사가들은 두 사람을 '안사顔謝'라고 칭했다. 안연지와 도연명의 교유는 당시 문단에서 매우 드문 사례였고, 도연명이 당시에 문학적으로 명성을 얻는 데도 크게 영향을 미쳤다. 원가 4년 도연명이 세상을 떠나자 안연지는 「도징사뢰」를 지어 그의 은일 행위와 고상한 인격에 대해 처음으로 서술했다.

안연지의 「도징사뢰」는 주로 도연명의 은일과 절개를 찬미하면서 그가 지켜낸 은거 생활의 가치를 높이 평가했다. 그는 또 도연명이 고대의 고사들과 비견할 수 있는 진정한 은자이며, 처음엔 정절을 지키는 것 같지만 나중에는 타락을 면치 못하는 당시 거짓 은자들의 행태와는 달랐다고 말했다. 그의 은거는 말세의 세속인들에게 귀감이 될 수 있는 일이라는 것이다.

귀한 옥은 너무나 아름다우니 성벽 아래 연못에 널린 보석과 다르며, 계수나무와 산초나무는 실로 향기로우니 정원의 숲에 열린 열매와도 다르다. 어찌 그것들이 깊고 먼 곳에서 얻었기 때문이겠는가? 아마도 성질이 다르기 때문일 것이다. 그러므로 다리가 없는데도 와 있는 것들은 쓰임이 있어 다른 이에게 맡겨진 것이요, 줄지어 따라와 남들 위에 선 자들은 사람들이 경박하다고 말한다. 소보巢父와 백성자고伯成子高의 지조 있는 행동이나 백이와 사호의 높은 절개를 보면, 그들은 요임금, 우임금을 향리의 노인장으로 대했으며, 주나라, 한나라를 치錙, 수銖처럼 가볍게 여겼다. 그러나 세대가 너무나 멀리 와버려서 사람들은 찬란한 정신을 다른 세상의 일로 생각하니, 아름다운 전통은 자취를 감추고, 향기로운 흐름도 끊어져버렸다. 어찌 애석하지 않으랴. 비록 지금도 은거하는 이들이 있지만, 사람마다 자신의 기준이 있어서 처음엔 고된 길을 가지만 중도에 그만두고 다른 길로 가는 자가 많다. 어찌 옛 현인들이 남긴 희미한 여운을 밝히고 잔물결을 크게 일으킬 수 있으랴.(안연지, 「도징사뢰」)

이 글은 사실 도연명이 은거를 계속하며 조정의 부름도 거절한 일에 대한 일종의 해석이라고 할 수 있다. 여기서 비유로 든 사물은 옥 중에서도 최고 "귀한 옥璿玉"이며, 나무 중에서 가장 귀한 "계수나무와 산초나무"다. 안연지는 이 사물들로 도연명의 고상한 인품을 찬미했다. 도연명이 세상에 나가지 않고 은거한 것은 그가 의도적으로 세상 사람들과 다르게 행동하려 한 것이 아니라 성품이 고결하다보니 실제로 속된 세상과는 함께 흘러가지 못했기 때문이다. 그런데 어떤 인물이 덕망 있고 실로 뛰어나고 자신도 그것을 안다면 군주가 특별히 그의 재능을 보아 불러주어야 한다. 하지만 풍문으로 듣고 누구보다 먼저 군주에게 가는 자는 진정한 인재가 아닐 때가 종종 있다. 안연지는 여기서 『한시외전』의 이야기를 차용했다. 진평왕이 강에서 노닐다 마음이 즐거워 "어떻게 현자를 얻어 이 즐거움을 나눌까?" 하자, 선부船夫가 곧 무릎을 꿇으며 진언했다.

"무릇 구슬은 강과 바다에서 나고, 옥은 곤륜산에서 납니다. 이 발도 없는 것들이 군주 앞까지 오는 것은 군주가 좋아하기 때문입니다. 선비가 발이 있는데도 오지 않는 것은 아마도 군주가 선비를 좋아하는 마음이 없어서일 것입니다. 선비가 없음을 근심하지 마소서."[21]

이렇게 볼 때 도연명이 세상에 나가지 않고 은거한 것은 그의 고결한 성품 때문인 것 같지만, 사실 가장 근본적인 원인은 세상에 진정으로 현자를 좋아하는 이가 없기 때문이다. 여기서 안연지는 당시 진송 사회에 대한 불만을 완곡하게 표현했다. 그는 자만심과 정직한 성격, 그리고 정치적으로 노선을 잘못 선택한 이유 때문에 많은 풍파를 겪어야 했다. 처음엔 유의진이 패망해 시안태수로 좌천되었고, 원가 3년엔 또 유담에게 미움을 받아 유담이 팽성왕 유의강에게 모략하는 바람에 영가태수로 좌천되었다. 거기서 울분에 찬 마음으로 죽림칠현의 일을 쓴 「오군영五君咏」을 지었다. 유담과 유의강은 안연지의 글이 불손하다고 대로해 그를 처벌하려고 했는데, 송 문제 유의륭劉義隆이 결국 절충적으로 처리했다. 안연지는 결국 면직되어 "동리에서 칩거하며 세상의 일에 참여하지 않은 것이 7년이었다." 이를 보면, 안연지가 「도징사뢰」를 지을 때는 관직 생활이 순탄하지 않고 실의한 때라, 회재불우懷才不遇(재주를 품고 있으나 세상과 만나지 못함)의 마음 때문에 자신의 감개를 도연명에게 토로한 것이다. 여기에 두 사람의 공통점이 있다. 안연지의 일생도 물러나 은거하려는 마음이 없었던 것은 아니다. 그는 「시안군환도여장상주등파릉성루작시始安郡還都與張相州登巴陵城樓作詩」에서 높은 곳에 올라 회고하며 이렇게 적었다.

"먼 곳에서 부는 바람에 슬픔 이나니, 아득한 천 리를 바라보며 가슴 아파라. 만고의 지난 일이 밀려오고, 백 세대의 오랜 일들 출렁이며 떠오른다. 남은 이와 죽은 이는 누구인가? 뛰어난 절개는 명숙한 선비에게 있다네. 옛사람을 좇아 돌아가 뽕나무와 대나무 심게나凄矣自遠風, 傷哉千裏目. 萬古陳往還, 百代勞起伏. 存沒竟何人, 炯介在明淑. 請從上世人, 歸來藝桑竹."

그는 동리에서 칩거할 때 농사를 직접 했던 것 같다. 「중석하형양달성론重釋何衡陽達性論」에는 이런 내용이 있다.

"농사에 힘쓰느라 산간 전답에서 몸이 바쁘네. 농가에선 틈을 아끼나니, 노인네와 짝이 되어 일하네. 곡식을 얻으려면 경작과 목축에 힘써야지. 한 해 수확을 셈하는데, 고상한 이치는 말하지 않네薄從歲事, 躬斂山田. 田家節隙, 野老爲儔. 言止穀稼, 務盡耕牧. 談年計耦, 無聞達義."

이런 말들은 도연명의 「귀원전거」「이가移家」 등의 구절을 떠올리게 한다. 이는 문학적·사상적인 면에서 안연지가 도연명의 영향을 받았다는 근거가 된다. 이렇게 볼 때, 안연지의 「도징사뢰」는 세상을 원망하고 풍자하려는 의도가 확실히 담겨 있다. 그리고 유송 신왕조가 건립된 시점에서 안연지는 "소보와 백성자고의 지조 있는 행동이나 백이와 사호의 높은 절개를 보면, 그들은 요임금, 우임금을 향리의 노인장으로 대했으며, 주나라, 한나라를 치, 수처럼 가볍게 여겼다"는 고담준론을 펼쳤다. 이는 상당히 대담한 발언이다. 그가 도연명을 "진나라의 징사徵士 심양 도연명"이라고 칭한 것과 연결해 생각해보면, 안연지는 도연명이 새로운 왕조를 섬기지 않겠다는 마음으로 관직을 하지 않은 것으로 보고 있다. 소통의 『도연명전』에는 "원가 4년 다시 관직을 받았으나 세상을 떠났다"라고 기록되어 있다. 전에 단도제가 강주자사로 임명되어 갈 때도 도연명에게 관직으로 나오라고 설득했던 것은 그가 송나라 조정이 찾는 인재였다는 것을 설명한다. 안연지는 이런 상황을 매우 잘 알고 있었기 때문에 위에서 한 말이 그냥 괜히 한 말은 아니다. 『송서』「은일전」에서 볼 수 있듯이 진송 교체기에는 스스로 은자라고 자처하는 이가 매우 많았다. 그러나 안연지는 "비록 지금도 은거하는 이들이 있지만, 사람마다 자신의 기준이 있어서 처음엔 고된 길을 가지만 중도에 그만두고 다른 길로 가는 자가 많다"라고 하며 당시에 진정한 은자는 많지 않다고 생각했다. 그래서 그는 소보와 백성자고, 백이와 사호의 지조 있는 행동과 높은 절개는 너무 많은 세대가 지나 이미 그 정신이 다른 세상의 일처럼 되었다고 한탄한다. 이 한탄은 "참됨을 숭상하는 기풍이 사라진 후 허위 풍조가 크게 흥했다眞風告逝, 大僞斯興"는 도연명의 한탄과 같다. 이런 세상의 풍조 속에서 진정 높은 절개를 지닌 고사는 쉽게 남의 눈에 띄지 않을 것이다. "아름다운 전통은 자취를 감추고, 향기로운 흐름도 끊어져버렸다"는 구절이 이런 의미다. 그래서 안연지는 도연명이 벼슬을 거절하고 은거하는 행위를 더욱 강조했다.

"처음에 주부의 명을 세 번 거절했다가 팽택령이 되었다. 도를 지키며 세상과 어울리지 못했으니, 벼슬을 버리고 자신이 좋아하는 바를 따랐다. 세상의 어지러움에 몸을 담지 않고 그 바깥에 뜻을 두어 깊이 숨겨진 곳에 거처를 정하니, 사람들과 더욱 멀어지게 되었다."

그는 도연명이야말로 이 시대의 진정한 은사라고 평가했다. 안연지의 「도징사뢰」는 도연명의 은자로서의 형상을 확립하는 데 매우 중요한 역할을 했다. 이때부터 남북조, 당대에 이르기까지 도연명의 이미지는 주로 고상한 은자였다.

안연지의 이 글은 함의가 매우 풍부하고 세상에 대한 풍자와 자신에 대한 은유가 담겨 있어 은자의 표본으로 세우려는 마음이 강하다. 이 역시 안연지와 도연명이 서로 공감하는 부분이 있다는 점을 설명하는데, 이 공감이 이 글의 창작 동기이자 성공의 비결이라 할 수 있다. 안연지는 도연명의 구체적인 생활 모습과 인생관에 대해 매우 상세하게 알고 있었다. 두 사람의 관계가 매우 가까웠고, 또 안연지가 도연명의 시와 문장을 많이 읽었기 때문이다. 「도징사뢰」의 몇몇 구절은 도연명의 글을 요약하거나 풀어놓은 것이다. 예를 들면, "어려서는 노는 것을 좋아하지 않았고, 자라서는 깨끗한 본성을 지니고 있었다. 학문을 했지만 전문인으로 칭하지는 않았고, 글을 쓸 때는 뜻이 전달되면 족했다. 사람들과 함께할 때도 주로 혼자 있었고, 다른 사람과 말할 때도 자주 침묵했다"의 몇 구절은 「오류선생전」에서 도연명이 직접 서술한 내용과 상당히 비슷하다. 또 "시를 짓고 돌아오며 홀로 고고히 지조를 지켰다. 초연하고 드넓은 행동은 그의 본심에서 어긋난 바가 없었다. 깊은 계곡에서 물을 긷고, 숲 속에 집을 짓고 지붕을 이었다. 새벽이면 안개가 일고 저녁이면 노을이 비추었으며, 봄이면 따뜻했고 가을이면 서늘했다. 책을 늘어놓고 술과 거문고를 놔두었다" 구절도 사실 「귀거래혜사」 등의 글에서 필요한 내용을 부분적으로 풀어 쓴 것이다. 그리고 안연지는 도연명이 은거하면서 옛일을 좋아하는 취향, 세속과 어울리지 않으려는 정신을 체득했다고 강조했다.

> 세상 만물은 고고한 존재를 귀하게 여기니, 사람이라면 본래 절개를 지키며 홀로 서야 한다. 그대의 인생이 어찌 시대를 만나 그렇게 된 것이며, 대대로 그렇게 살아왔기 때문이겠는가? 이 사람은 옛날을 바라보며 은사들의 절개를 물려받았도다.(안연지, 「도징사뢰」)

> 영예를 두려워하고 옛것을 좋아했으며, 자신의 생활은 검소했지만 뜻을 둔 일에는 신중하게 행동했다.(안연지, 「도징사뢰」)

도연명은 옛일을 좋아하는 취향이 대단히 농후했다. 하·은·주 삼대와 고대 성현, 고사들을 매우 깊이 동경하고 흠모했다. 도연명은 「영빈사」에서 "지음이 없네. 그만두어라, 슬퍼해 무엇하리"라고 한탄했다. 도연명의 정신에 대한 안연지의 서술은 상당한 심도가 있다. 은거하며 세상에 나가지 않았던 도연명, 자신을 알아주는 사람이 없다고 한탄했던 도연명으로서는 안연지의 두 차례 방문이 기쁘고 고맙지 않을 수 없었다. 안연지야말로 도연명의 지음이라 할 수 있을 것이다.

그러나 그와 도연명 사이에는 사상적인 차이가 분명하게 존재한다. 문학적으로 안연지가 걸었던 길은 당시 사족 문학의 주류 풍격이었기 때문에 도연명과의 차이가 더욱 크다. 그래서 도연명의 문학적 성취에 대해 그는 충분한 평가를 할 수 없었다. 이런 면에서 도연명은 진정 자신의 진가를 알아주는 참된 지음을 만나지 못한 것이다.

22장

왕홍과 단도제의 방문

도연명이 남촌으로 이주한 후, 그가 은거한다는 사실이 점점 사람들의 주목을 받았고, 은자로서의 명성도 점점 더 널리 알려졌다. 당시 은자들을 천거하는 제도에 따라 이런 인물들은 주군의 장관들이 천거해야 할 책임이 있었다. 그를 천거해 초빙에 성공하면 그 공로는 그들의 몫인데, 만약 은거하던 자가 초빙에 응하지 않더라도 현자를 천거했다는 미명美名은 그들에게 남게 된다. 당시 이렇게 주부의 천거를 받았거나 조정에서 명을 내려 초빙한 사람들을 징사라고 불렀다. 안연지가 도연명에게 쓴 뇌문의 제목이 「도징사뢰」이고, 본문에서도 "진나라의 징사 심양 도연명"이라고 적은 것이 이런 이유다. 또 『송서』 「은일전」의 「왕홍지전王弘之傳」에도 "외조부 징사 하회에게 양육되었다"라고 되어 있다. 조금 더 높여 부르는 호칭은 '징군徵君'이었는데, 강엄江淹이 『잡제雜題』에서 도연명의 작품을 모의하면서 제목을 「의도징군전거擬陶徵君田居」라고 지은 것이 그 예다. 이런 인물들은 당연히 주군의 장관들이 각별히 주의할 수밖에 없다. 도연명은 평생 그랬지만, 특히 관직을 버리고 전원으로 돌아간 이후에는 이런 주군 장관들의 관여에서 완전히 벗어날 수 없었다.

그러나 그의 기본적인 태도는 최대한 피하는 것이었다. 『진서』「도연명전」에서는 "주군에서 온 관리들의 방문을 모두 거절했다"라고 했다. 이 말은 당연히 매우 많은 것을 포함하고 있는데, 도연명을 만나고자 하는 주군의 장관들을 그가 최대한 피했던 상황임을 알 수 있다. 심양삼은의 한 사람이었던 주속지는 도연명과 조금 달랐다. 『송서』「은일전」의 「주속지전周續之傳」에는 "강주자사가 매번 부를 때마다 주속지는 높은 절개를 생각하지 않고 항상 그를 따라다녔다"라고 되어 있다. 그는 이전에도 자사 단소의 청에 부응해 강주 성북에서 『예기』를 강독하고 교서한 적이 있다. 이런 태도는 출처의 도에 벗어나는 일이라, 결국 그는 유유의 부름을 받아 산을 나섰다. 유송 왕조가 건립된 후에 다시 그를 부르자 집안 식구들이 모두 얼른 내려갔다고 했다. 앞 장에서 안연지의 「도징사뢰」에 당시 은자들이 "사람마다 자신의 기준이 있어서 처음엔 고된 길을 가지만 중도에 그만두고 다른 길로 가는 자가 많다"라고 했다. 대략 주속지 같은 사람들을 말한 것이다. 당연히 사람마다 자신의 뜻이 있는 것이니, 주속지를 가혹하게 평가할 필요는 없다. 그러나 우리는 주속지의 사례로부터 도연명이 주군 관리들의 방문을 거절한 것이 얼마나 강한 신념의 표현이었는지를 알아야 한다.

그러나 은자로서 도연명의 명성은 점점 더 커졌고, 주군의 장관들은 그를 그대로 놓아둘 수는 없게 되었다. 물론 그중에서 정말로 도연명의 인품을 존경하고 그와 만나서 교제하고 싶어하는 사람도 있었다. 다만 도연명이 자신은 이미 전원에서 은거하는 사람이니 주군의 장관과 교제하는 것은 적합하지 않다고 최대한 그들과의 만남을 피했던 것이다. 그러나 피할 수 없는 상황이 오면 그도 자연스럽게 처신했다. 어쨌든 그는 관용과 후덕과 편안함을 추구하는 성격인 데다 주군의 장관을 피하는 일로 명성을 높인다고 소문나는 것도 원치 않았다. 도연명과 강주자사 왕홍의 교유는 이런 상황에서 이루어졌다.

왕홍과 도연명이 교유한 일은 『송서』 『남사』, 소통의 『도연명전』에 기록되어 있는데, 표현이 약간 다르긴 하지만 모두 같은 내용이며, 비교적 간단하다.

> 강주자사 왕홍이 그와 사귀고 싶어했는데 만나지 못했다. 도연명이 일찍이 여산에 갔는데, 왕홍이 도연명의 친구 방통지에게 술상을 차려놓고 길 중간에서 그를 부르게 했다. 도연명이 다리에 병이 있어 제자 한 명과 두 아들에게 가마를 들게 해 타고 왔고, 도착하여 기뻐하며 함께 술을 마셨다. 잠시 후 왕홍이 오자 꺼리지 않았다.(『송서』 「은일전」 「도연명전」)

『진서』 「도연명전」에는 왕홍이 찾아온 내용이 비교적 상세하게 적혀 있다.

> 자사 왕홍이 원희元熙 때에 주에 왔는데, 도연명을 심히 존경해 후에 직접 그를 찾아갔다. 도연명은 병을 칭해 만나지 않고 다른 사람에게 말했다.
> "나는 성격이 세상과 친해지지 못하고 병 때문에 한거한 것이지, 뜻이 고결하거나 좋은 명망을 바란 것이 아니다. 어찌 감히 왕공께서 찾아왔다가 수레를 되돌리는 것을 내 영예로 삼겠는가? 어질지 못해 잘못을 범하나니, 이것이 유공이 군자들에게 비난을 초래하는 이유다. 그 죄가 작지 않다."
> 왕홍은 매번 사람을 시켜 기다리다가 도연명이 여산으로 간다는 것을 은밀히 알아냈다. 그래서 그의 친구 방통지 등을 보내 술을

차리게 하고 길 중간에서 그를 불렀다. 도연명은 이미 술을 봤기에 들의 정자에서 술을 마시다가 즐거워 가는 것을 잊었다. 왕홍은 그제야 나와 서로 인사하고, 즐거운 연회를 종일 열었다. 왕홍은 후에도 그를 만나고 싶으면 수풀에서 기다렸다.(『진서』「도연명전」)

또 그 외에 단도란의 『속진양추續晉陽秋』에는 왕홍이 도연명에게 술을 보낸 이야기가 기록되어 있다.

도연명이 일찍이 중양절에 술이 없었다. 집 옆 국화꽃밭에서 국화를 한 아름 따다 그 곁에 앉아 있었는데, 한참 지나 흰옷 입은 사람을 보았다. 왕홍이 술을 보내온 것이다. 이에 술을 마시고 후에 돌아갔다.(『초학기初學記』 4권)

『송서』와 『진서』의 기록은 상세한 정도가 다를 뿐 아니라 그 속에 나타난 두 사람의 관계도 다르다. 『송서』에 따르면, 왕홍은 도연명과 만나고 싶어 그를 주부로 불렀는데, 도연명이 가지 않았다. 그래서 도연명이 자주 여산 유람을 간다는 것을 알고 그가 여산에 갈 때 친구 방통지 등에게 시켜 율리 가는 길 중간에 술을 준비하고 기다리게 했다. 술을 마실 때 왕홍이 나왔고, 두 사람은 서로 친구가 되었다. 도연명 전집에 있는 「어왕무군좌송객」을 보면, 도연명과 왕홍의 교유가 『송서』에 기록된 이 일만 있는 것은 아니라는 것을 알 수 있다. 『송서』에 기록된 내용은 두 사람이 서로 만나게 된 경과뿐이다. 하지만 이 경과도 『진서』의 기록과는 차이가 있다. 우선 태도를 보면, 『송서』에서는 "왕홍이 그와 사귀고 싶어했는데"라고만 했고, 『진서』에서는 "자사 왕홍이 원희 때에 주에 왔는데, 도연명을 심히 존경해"라고 하여 존경했다는 것을 분명하게 밝혔다. 유유는 의희 14년에 진 안제 사마덕종을 죽이고, 사마덕문司馬德文을 황제로 세운 후 연호를 원희로 바꾸었다. 『진서』「왕홍전」의 기록에는 "의희 14년에 강주, 예주의 서양, 신채 두 군의 제군사, 무군장군, 강주자사로 옮겼다"라고 되어 있다. 『진서』에 따르면, 왕홍은 부임지에 도착하자마자 도연명을 만나고 싶어했는데, 처음에는 주부로 그를 초청하려다 도연명이 오지 않자 직접 방문했다. 도연명은 병을 칭하며 만나주지 않았고, 나중에 왕홍을 이용해 자신의 명성을 높이려 한다고 남들이 오해할까봐 "나는 성격이 세상과 친해지지 못하고 병 때문에 한거한 것이지, 뜻이 고결하거나 좋은 명망을 바란 것이 아니다"라고 강조했다. 왕홍은 도연명이 병을 칭하고 만나주지 않았지만 그를 원망하지 않았고, 그를 만나고자 하는 마음만 더욱 간절해졌다. 그래서 사람을 시켜 도연명의 행적을 알아보고, 그가 여산에 간다는 것을 알게 되자 방통지 등과 함께 중도에 술상을 차려놓고 도연명을 막아 세울 방법을 짠 것이다. 결국 그는 도연명과 만났고, 함께 주부로 가 이야기하자고 요청할 수 있었다. 왕홍은 그에게 어떤 교통수단을 이용하겠느냐고 물었는데, 그 의미는 그가 관용 수레를 타길 바란 것이다. 하지만 도연명은 그렇게 되면 성격이 달라진다는 것을 알고 그가 타고 온 가마를 타겠다고 고집해 아들과 제자에게 들게 했다. 오는 길에도 왕홍과 웃으며 이야기하고 경관을 감상하며 호화로운 수레를 전혀 의식하지 않았다. 도연명은 비록 왕홍의 요청에 응해 주부로 오긴 했지만, 여전히 "주군에서 온 관리들의 방문을 모두 거절"하는 자신의 원칙을 견지했다. 그래서 왕홍은 이후에 그가 보고 싶으면 처음 만날 때의 그 방법을 쓸 수밖에 없었고, 줄곧 그의 생활에 관심을 두어 술과 쌀이 떨어지면 때때로 보내주었다. 『속진양추』에 기록된, 구월 구일 중양절에 흰옷을 입은 사람이 술을 보내준 일이 그중 하나다. 뒤에서 말하겠지만, 후에 단도란이 도연명을 만나러 와서 쌀과 고기를 보냈을 때, 도연명은 사람을 시켜 그것을 돌려보내고 그의 도움을 거절했다. 그 이유는 무엇 때문일까? 아마도 왕홍과 도연명 두 사람 사이에는 이미 깊은 우정이 형성되었으나, 단도란은 그렇지 않았기 때문일 것이다. 도연명은 친구의 신분으로 왕홍의 경제적 원조를 받았다. 마치 안연지가 보내준 돈을 받았던 것처럼 말이다.

왕홍은 진나라 말기인 의희 14년(원희 원년, 즉 418년) 강주자사로 부임했고, 유송 영초 3년(422)에 위군장군으로 승진해 조정으로 들어왔다. 그가 강주에서 자사로 있던 시기는 대략 5년 정도다. 『진서』에서 묘사한 상황으로 보면, 그는 도연명을 대단히 존경했고, 그가 도연명에게 했던 행동은 고대 제후들이 현사賢士를 예우하며 초빙한 풍속을 모방한 것이었다. 비록 도연명은 "주군에서 온 관리들의 방문을 모두 거절"하는 자신의 원칙을 견지했지만, 이렇게 자신을 받드는 왕홍에게 자연히 마음을 열 수밖에 없었다. 때때로 그는 왕홍의 요청에 응해 명류들이 시와 음주를 즐기는 연회에 참가하기도 했다. 도연명 전집에 전하는 「어왕무군좌송객」이 바로 이런 모임에서 쓴 작품이다.

쓸쓸하고 차가운 가을	秋日淒且厲
세상의 풀들은 시들어간다.	百卉具已腓
나는 서리 내린 계절을 밟으며	爰以履霜節
산에 올라 한 잔 술로 친구를 보낸다.	登高餞將歸
차가운 기운 산속 연못을 뒤덮고	寒氣冒山澤
흐르는 구름은 돌연히 사라졌네.	遊雲倏無依
섬들은 아련히 보이지 않고	洲渚四緬邈
바람과 물결은 서로 어긋난 길로 가네.	風水互乖違
저녁에 들며 술자리는 무르익는데	瞻夕欣良燕
이별의 말 한마디에 슬픔이 밀려오네.	離言聿云悲
새벽 새는 저녁이면 돌아오건만	晨鳥暮來還

해시계는 남은 햇살을 거두고 있네.	懸車斂餘輝
가는 자와 남는 자는 서로의 길 다르나니	逝止判殊路
슬픔으로 주저하며 수레를 돌린다.	旋駕悵遲遲
떠나는 배 아득히 바라보며	目送回舟遠
이별의 마음 저 천지의 변화에 맡긴다.	情隨萬化遺

(「어왕무군좌송객」)

시는 9월의 어느 서리 내린 날의 정경을 썼다. 시인은 산에 올라 술을 마시며 친구를 보낸다. 가을의 분위기는 차갑고 쓸쓸한데, 산속 연못에는 도처에서 한기가 일고, 하늘에는 뜬구름이 흘러간다. 이곳에는 호수가 있고 물속에 작은 섬이 있는데, 바람에 물결이 흔들린다. 시간은 어느덧 저녁이 되고 시와 술을 즐기는 잔치는 흥겹고 즐겁지만, 친구와의 이별을 생각하면 말 못 할 슬픔이 피어난다. 떠나가는 이는 대부분 벼슬길에 대한 기대에 차 있고, 남는 이는 전원에서 은거하는 몸. 서로의 마음도 다르고 가야 할 길도 다르니 피차 서로 다른 인생이다. 그러나 시인은 이별의 길목 앞에서 섭섭하고 착잡한 마음 가누지 못한다. 저 멀리 수평선 너머로 조금씩 사라지는 나그네의 배를 바라보면서 시인의 마음도 우주의 거대한 변화에 휩쓸려 가는 것만 같다.

이 시에 대해 송나라 사람 이공환의 주는 이렇게 설명한다.

"이 시는 영초 2년 신유년 가을에 지은 것이다. 『송서』에는 왕홍이 무군장군, 강주자사가 되고 유등지가 서양태수가 되어 돌아왔는데, 사첨이 예장태수가 되어 예장으로 곧 가려 했다고 되어 있다. 왕홍이 분구湓口까지 전송을 와서 세 사람이 여기서 시를 지어 이별을 읊었다. 이에 왕홍이 도연명에게 전별의 자리를 함께해야 한다고 요청했다. 그래서 『문선』에는 사첨이 즉석에서 지은 작별시의 첫 장에 네 사람이 앉아 있었다고 기록한 것이다."

역대로 많은 학자가 이공환의 학설을 받아들여 이 시가 영초 2년 도연명이 분구의 술자리에 참여해 지은 작품이라고 여겼다. 그러나 이공환의 학설은 『문선』 20권의 사첨의 시 「왕무군유서양집별시위예장태수유피정환동王撫軍庾西陽集別時爲豫章太守庾被征還東」에 근거해 추측한 결론일 뿐이다. 하지만 그에게 이보다 더 빠른 문헌 근거는 없다. 리천둥은 이를 문제 삼아 이공환의 학설을 부정하고, 이 시가 분구에서의 모임을 쓴 것이 아니라, 왕홍이 방통지에게 율리로 가는 도중에 술자리를 준비해 도연명을 기다리게 했다고 『송서』에 기록된 그 술자리에서의 작품이라고 했다.[22] 리천둥은 이공환 학설의 근거도 일리가 있다고 말했다. 하지만 전체적으로 리천둥의 학설은 지나치게 복잡하고 이공환의 학설보다 추측적인 요인이 많아 다른 새로운 근거가 발견되기 전에는 이공환의 설을 따르는 것이 좋을 것 같다.

도연명의 이 시는 풍격이 그의 다른 이별시와 다르고, 수사 기법은 더 전아하며, 장법도 정제되어 있어 당시 시단에 유행하던 연회시와 비슷하고, 의도적으로 그 당시 풍격을 운용한 작품이다. 이공환은 이 시가 사첨의 시와 같은 술자리에서 지은 작품이라고 보고 있는데, 꽤 가능성이 있는 학설이다. 사첨 시의 제목에는 '유서양집庾西陽集'이라는 말이 들어 있는데, 여기서의 '집集'은 '난정집蘭亭集'의 '집'과 같은 의미로, 시를 짓는 집회를 말한다. 『문선』의 이선 주에는 "집서에 말하기를, 사첨이 예장으로 돌아가고 유등지가 경성으로 돌아가니 왕홍이 분구까지 전송해 남루에서 지었다"라고 되어 있다. 이 '집서'는 바로 이번 '유서양집'의 집회 술자리에서 지은 '서序'다. 아마도 위에서 말한 상황을 더 구체적으로 알 수 있을 텐데, 안타깝게도 이 서는 전하지 않는다. 이 집회는 왕홍이 유등지, 사첨 두 문벌 명사를 전송하는 기회를 빌려 강주 일대의 명사들을 불러 모아 시 짓는 모임을 연 것으로, 도연명도 참가자 중 한 사람이었을 것이다. 그래서 그의 시도 당시 유행하던 공연체公宴體를 사용했다.

단도란의 『속진양추』에 기록된 흰옷 입은 사람이 술을 보낸 일을 다시 보자. 도연명과 왕홍의 이야기는 당시 사림 사이에서 상당히 유행했을 것이다. 『송서』의 기록은 비교적 간단하지만, 나중에 나온 『진서』는 오히려 더 상세하고, 역사서가 아니라 소설의 기법을 구사했다. 왕홍은 왕도의 증손자로 당시 최상류층 문벌 명사였다. 『진서』「왕홍전」에는 "왕홍은 어려서부터 학문을 좋아했고, 무탐하고 고요해 이름이 알려졌다. 상서복야 사혼과 친했다"라고 기록되어 있다. 유유가 진군장군일 때 불러 자의참군을 보좌하게 했는데, 이로부터 유유 집단의 일원이 되었다. 가문의 품급과 재능을 겸비하고 있어 크게 중용을 받았고, 마지막엔 태보에 제수되어 신하 중에서 최고 지위에 올랐다. 도연명은 일찍이 유유의 진군참군을 한 적 있으니 두 사람이 구면일 수도 있고, 최소한 서로 이름은 들은 적이 있을 것이다. 그가 도연명을 방문한 것, 그리고 도연명이 기꺼이 그와 교유한 것도 이 때문일 것이다. 그러나 당시 사림의 권력 판도에서 도연명은 일개 한소 사인이고, 왕홍은 가문과 명성 모두 뛰어난 사람이라 그가 자신의 배경이나 위치를 내려놓고 평민에 불과한 도연명을 사귄 것은 대단한 일이다. 이런 전설은 틀림없이 믿을 만한 근거가 있다. 하지만 왕홍이 예로써 현자를 모신 것, 도연명의 고사로서의 고고함 등이 지나치게 강조되어 있다. 특히 왕홍이 도연명에게 신발을 만들어준 것, 좌우에 있던 사람들이 도연명의 신발 치수를 알려고 했던 것, 도연명이 앉은 채로 발을 뻗어 치수를 재라고 했던 것 등이 그러하다. 이런 오만한 행동거지는 도연명의 평소 온유하고 겸손한 성격과는 확실히 다르다. 도연명은 언제나 평안하고 참된 행동을 하는 사람이지, 재능을 믿고 남에게 고자세를 취하는 성격이 아니다.

왕홍은 영초 3년 강주자사를 그만두었고, 다음 해인 원가 원년 안연지가 시안태수로 전출되어 심양을 지날 때 도연명과 여러 날을 함께 노닐었다. 그해 겨울, 오래전에 도연명과 이웃으로 지냈던 방참군도 경성으로 사신을 갔는데, 심양을 지나며 도연명을 방문해 헤어질 때 시를 지어 주고받았다. 2년 후, 원가 3년이 되어 단도제가 강주자사로 부임했다. 이때 도연명은 학질이 심해져 그야말로 가난과 병마가 함께 찾아온 꼴이었다. 왕홍이 그를 찾아와 예우한 이후부터 도연명의 위상도 높아져 주군의 장관들이 그를 보는 눈도 달라졌다. 그래서 단도제가 부임하자마자 도연명의 형편이 더 어려워졌다는 것을 알고 쌀과 고기를 갖고 그를 방문한 것이다. 이 일은 『송서』「도연명전」에는 기록이 없고, 양대 소통이 쓴 『도연명전』에 보인다.

> 강주자사 단도제가 찾아가 안부를 물었는데, 도연명은 허기지고 지쳐 누워 있은 지 며칠째였다. 단도제가 말했다.
> "현자가 세상에 처함에 천하에 도가 없으면 숨고 도가 있으면 이른다고 했소. 지금 그대는 문명의 세상에 살고 있는데, 어찌 이렇게 힘들게 사는가?"
> 도연명은 대답했다.
> "제가 어찌 현자가 되길 바라겠습니까? 뜻이 미치지 않을 뿐입니다."
> 단도제가 양식과 고기를 주었으나, 손을 내저어 물리쳤다.(소통, 『도연명전』)

소통의 이 서술은 아마도 당시의 관련 자료를 근거로 했을 것이다. 하지만 그는 단도제가 도연명을 방문한 일을 도연명의 젊은 시절, 즉 그가 주좨주를 사직한 이후에서 진군참군을 맡기 전까지의 일로 보았다. 『송서』「단도제전」에 따르면, 단도제가 강주자사를 맡은 것은 원가

3년 사회의 반란을 토벌한 이후다. 그래서 여러 학자의 도연명 연보 역시 이 일을 원가 3년으로 판단하고 있다.

왕홍과 단도제의 방문, 특히 왕홍의 방문은 실제 상황의 구체성이나 도연명이 두 사람을 어떻게 대했는지 여부를 떠나 도연명의 명성이 높아지는 데 크게 기여했으며, 그의 적막한 말년 생활 중 꽤 큰 사건이었다. 왕홍과 단도제 두 사람은 유송 왕조의 중신이었다. 원가 4년, 유송 왕조는 또다시 도연명을 초빙하려고 시도했는데, 아마도 왕홍과 단도제 두 사람과 직접적인 연관이 있었을 것이다. 두 사람이 도연명을 방문한 일, 특히 나중에 단도제가 현자의 처세 운운한 말은 유송이라는 새로운 왕조가 도연명을 관직에 세우려고 설득했음을 확실하게 보여준다. 여기서 우리는 은거에 대한 도연명의 의지가 얼마나 확고한 것이었는지 다시 한번 볼 수 있다.

제5부

작품으로 보는 도연명의 삶

23장

진·송 교체기의 시인

도연명의 시대는 난세였다. 그는 만년에 진송 왕조 교체를 목격했다. 그래서 그와 동진 사마씨의 관계, 유송 왕조와의 관계는 그 자신도 완전히 피할 수 없었고, 후대인들이 도연명을 이해할 때도 완전히 회피할 수 없는 문제였다. 한 작가를 이해하려면 그 시대를 알아야 한다고 하는데, 도연명 연구에서 이 문제는 더욱 중요하게 보인다. 도연명처럼 글쓰기를 좋아하는 사람이라면 그의 정치적 태도나 현실 사건에 대한 견해가 작품 속에서 드러나는 것이 일반적이다. 현실적 문제나 정치적 중대 사건에 직면하게 되면 그에 대한 자신의 의견이 생기기 때문이다. 그러나 작가의 개성이나 문학 관념, 창작 습관, 또 현실적 이해관계에 따라 작품 속에서 얼마나 많이 표현하고 적게 표현할지, 또 얼마나 드러내고 얼마나 감출지는 달라진다. 도연명의 창작은 스스로의 생활에서의 모순과 생활 태도, 생명 관념을 매우 명확하게 반영하고 있다. 그의 문학적 가치도 여기에 있다.

그러나 이와 반대로, 정치와 현실에 대한 반영은 전혀 다른 양상을 보인다. 그는 극히 혼란한 상황에 처해 있었고, 직접 환현과 유유 두 차례의 제위 찬탈 사건을 경험하기도 했다. 그가 살았던 심양 일대는 병란이 끊임없이 이어지던 곳이고, 매우 평온하지 않았던 곳이다. 하지만 도연명이 작품에 이런 사건을 반영한 일은 매우 드물다. 이렇게 말할 수 있을 것이다. 그는 자신의 은거 생활에 대해서는 매우 선명하게 작품에 반영했지만, 그 배경에 대해서는 기본적으로 정면으로 다루지 않았다고. 마찬가지로 초기의 행려시는 행려 중의 구체적인 정경을 쓰면서도 행려의 구체적인 내용에 대해서는 거의 언급하지 않았다.

어떤 학자는 도연명의 이런 창작 방식을 지적하기도 했다. 원흥 2년(403) 12월 환현이 제위를 찬탈해 안제는 건강에서 쫓겨나 심양에 있었다. 도연명은 그해 봄에 「계묘세시춘회고전사」 2수를 썼는데, 12월에 또 「계묘세십이월중작여종제경원」을 썼다. 그중 "오두막에 몸을 눕히고 아득히 세상과 단절하네"라는 구절이 있다. 의희 6년 노순의 반란군과 하무기, 왕진지王鎭之의 정부군이 강주, 심양 일대에서 격렬한 전투를 벌였고, 2월부터 12월까지 전란이 끊이지 않았다. 도연명은 바로 이때 전원에서 은거하고 있다가 「경술세구월중어서전확조도」를 썼다. 시에 다음과 같은 구절이 있다.

"손발을 씻고 처마 밑에서 쉬다 술 한 말에 굳은 얼굴과 마음을 편다. 농부로 은거한 장저와 걸익의 높은 뜻, 천 년 지나 나에게 이어지는구나. 다만 원하기는 오래도록 이와 같아 농사일로 한탄하지 않게 되길."

도연명은 마음이 매우 어질고 후덕한 사람인데, 이런 시국에 대해서는 정면으로 언급한 일이 거의 없고, 간접적·은유적으로 반영한 일은 가끔 있었던 것 같다.[23] 예를 들면, 「정운」에서 묘사한 "천지 사방 온통 어둡고, 평지가 강이 되었네"에 대해 많은 학자는 혼란한 시대상을 은유적으로 표현한 구절이라고 말한다. 그러나 이 부분은 사실 단정하기 어렵다. 왜냐하면 시에서 "봄비 부슬부슬 내리고"라고 적었는데, 이건 그냥 봄비일 뿐, 난세를 은유한 말이라고 보기 어렵기 때문이다. 도연명 문학의 표현이 현실이나 시국과 거리가 먼 현상은 문학사의 흐름이라는 관점에서 파악해야 할 것이다. 한 말 문인들은 현실에 대해 매우 관심이 많았다. 그래서 건안 시인들은 전란을 반영한 작품을 많이 창작했다. 정시正始 시기의 완적은 위진 정권 교체에 대해서는 비록 직접적인 반영을 하지 않았지만, 당시의 정치와 풍속이 쇠퇴한 점에 대해서 많은 풍자를 했다. 이는 한위 문학의 현실을 비평하는 전통을 계승한 것이다. 서진과 동진, 양진 시대에는 현실과 시국을 반영하는 문학정신이 쇠락했다. 그 원인은 사실 매우 복잡한데, 현학의 흥기, 귀족 제도의 형성과 관계가 있다. 이 두 가지는 모두 구성원을 현실에서 탈피하게 하고, 구체적인 시대적 과제와 책무에서 벗어나게 했다. 육조 문학은 이 귀족적 취향을 이어가고 있는데, 후에 이백李白, 두보가 출현한 후에야 현실을 직시하는 정신이 다시 살아나고 문학 창작에서 전면적으로 부각되었다. 도연명의 문학은 동시대 현학의 공허한 풍조와는 달리 질박하고 진실한 특징을 갖고 있지만, 시대를 반영하지 않는 점은 양진 문학의 분위기를 그대로 이어받았다. 도연명은 한위 이래의 서정 전통을 계승했지만, 한위 시가가 내포하고 있는 강렬한 현실 비판의 정신은 상대적으로 많이 계승하지 못했다. 도연명이 진송 교체기에 취했던 정치적 태도를 논하려면 우선 그의 이러한 문학적 성격에 주의해야 한다.

최소한 문학으로 현실을 표현하는 측면에서 도연명은 건안, 정시의 시인들과 확실히 다르고, 당대의 이백, 두보, 백거이 등과도 또 다르다. 그가 문학적으로 확실히 고상하고 고고하다는 것은 부정할 수 없다. 심지어 은거 후의 도연명은 현실 정치에 대해 비교적 소원한 태도를 갖고 있었다. 그는 이런 현실 난국 속에서 자신이 아무런 역할도 할 수 없다는 것을 알고 있었다. 그래서 가끔 젊은 날의 협기와 야심을 회상하는 일 외에는 대부분의 심리적 에너지를 가난을 견디며 수절하는 생활 관념, 내면의 평정과 자유를 유지하는 방면에 응축시켰다. 그가 만년에 걸었던 길은 전형적인 독선獨善의 길이라 할 수 있다. 원호문元好問이 『논시절구論詩絶句』에서 "남쪽 창에 복희씨 때의 해가 떴다고 했어도 도연명이 진나라 때 사람임은 의심할 바 없다"라고 한 말과 같다. 그는 그 시대의 시류에 초탈했고, 현실적 문제에 상당한 거리를 두고 살았다. 소통은 도연명의 작품에 대해 "시사를 말할 때 가리키는 바가 있어 생각할 수 있다"(『도연명집』 서문)라고 했다. 마치 시사를 반영하는 것이 도연명 문학의 성격인 것처럼 말했지만, 이 말은 도연명의 문학적 서사가 분명하다는 말이지, 그가 현실과 정치 방면의 시사를 반영했다는 말이 아니다.

물론 이 말은 도연명이 진송 왕조 교체라는 현실적 사건에 대해 기본 입장이 없었다는 이야기는 아니다. 그의 기본 입장은 매우 명확하며, 그의 생활을 선택하는 데 직접적으로 영향을 주었다. 도연명이 은거한 원인에 대해 앞에서 여러 번 반복해 말했지만, 주원인은 그의 생활 태도와 생명 관념에서 왔다. 이는 그의 내재적 생명력이 원한 것이다. 그러나 도연명이 젊은 날의 야심과 협기를 꺾었던 이유는 관직 생활 중 느꼈던 "오두막에서 참된 성품 길러, 내 명성 선하게 전해지길" 바라는 강렬한 희망 때문이었고, 결국 "오두막에 몸을 눕히고 아득히 세상과 단절하네"와 같은 생활을 선택했기 때문이었다. 그가 부딪혔던 구체적인 현실적 상황과도 물론 매우 큰 관계가 있다. 사람들이 어떤 선택을 할 때는 단순한 한 가지 이유 때문에 결정하지 않고, 여러 가지 현실적 요인이 복합적으로 작용해 영향을 준다. 도연명은 환현의 막부로 처음 출사했는데, 환현이 진나라 황실을 찬탈하고 후에 패망하는 역사적 사건을 거의 직접 경험하면서 대단히 큰 상처와 두려움을 느꼈다. 환현의 막부에서 일하면서 먼 곳으로 사신을 갔을 때, 그는 "벼슬 구하는 노래는 나의 일 아니요, 예전처럼 아내와 밭을 갈려 하네. 관모 벗어던지고 옛집으로 돌아가 고관대작과 부귀영화 탐내지 않고 오두막에서 참된 성품 길러, 내 명성 선하게 전해지길 바라네"라고 시를 지었다. 그의 마음에는 복잡한 현실 환경 속 험난한 정치 생활에 대한 우려가 담겨 있다. 어떤 학자는 도연명이 환현 막부로 출사했다는 점을 근거로 그가 당시 여러 세력 중에서 환현에게 희망을 걸었다고 주장했다. 그 이유는 다음과 같다.

"그가 존경하는 외조부 맹가도 환온을 위해 벼슬을 했고, 당시 고개지顧愷之 등 명사들도 환온, 환현에게 환대를 받았다. 그는 무능하고 사치스러운 진나라 황실, 포악하고 거친 유뇌지와 유유, 문사들을 예우하는 환현 사이에서 결국 환현 쪽으로 기울었다. 이는 매우 자연스러운 일이었다."[24]

이런 분석은 사실 표면적인 현상에만 주의하여 본질을 놓친 것이다. 환현은 문화적으로 유뇌지, 유유에 비해 수준이 높았고, 사족에 가까웠다. 또 제위 찬탈이 폭로되기 전까지는 정치적 명망도 높았다. 그러나 도연명은 문벌 사족을 크게 존중하지 않았다. 그가 존경하는 외조부 맹가도 명사이긴 했지만, 증조부 도간은 출신과 공훈에서 유유와 상당히 비슷했다. 만약 처음에 도연명이 환현의 제위 찬탈의 야심을 잘 알지 못하고 그가 진나라 황실을 보좌할 수 있는 충신이라고 생각했다면, 그가 환현과 유뇌지 등의 사이에서 환현으로 기울어진 것도 마땅한 이유가 있을 것이다. 하지만 그는 진나라 황실과 환현 사이에서도 여전히 환현 쪽으로 기울었다. 그래서 위의 학설은 도연명의 심경을 크게 오해한 것이라 할 수 있다. 도연명은 의도적으로 권력에 붙어 성공을 바라는 사람이 아니다. 그는 정통성을 가진 왕조에서 나라를 위해 큰일을 하고 싶었다. 그가 평생 실현하고 싶었던 것은 '선善'의 사업이다. 만약 그가 환현을 도와 진나라 황실을 쓰러뜨렸다면 그건 당시의 관념에서 절대 '선한' 일이라 할 수 없다. 그는 절대로 이런 길을 선택해 개인의 정치적 이상을 실현할 수 없었다. 그의 현실적 선택을 결정한 요소는 가슴 깊이 담아두었던 희망과 윤리 관념이었다.

진송 왕조 교체를 둘러싼 도연명의 태도에 대해 가장 먼저 평론을 내린 것은 『송서』 「도연명전」이다.

> 도연명은 젊은 시절 말단관리를 했는데, 거취의 족적이 깨끗하지 못했다. 증조부가 진나라를 보좌했던 재상이므로 다시 다음 왕조에 몸을 굽히는 것을 부끄럽게 생각했다. 고조의 왕업이 점차 흥성하면서 다시는 벼슬을 하고 싶지 않았다.(『송서』 「도연명전」)

진송 왕조 교체는 갑자기 폭발한 정치적 사변이 아니라 점진적으로 발생한 왕조 교체 사건이다. 관건이 되는 부분은 『송서』에서 말한 "고조의 왕업이 점차 흥성"해진 사실이다. 그래서 도연명의 정치적 태도를 이해하려면 『송서』에서 말한 "고조의 왕업이 점차 흥성"해진 사실에 대해 먼저 논의해야 할 것이다. 유유는 원래 북부병 하급장교였고, 유뇌지의 부하였다. 융안·원흥 시기에 유뇌지를 따라 손은을 토벌해 처음 공을 세웠고, 후에 환현의 형 환수桓修의 막부에 들어가면서 환현의 세력 안으로 들어왔다. 환현이 초왕이 되어 제위 찬탈을 도모할 때, 환현의 종형 환겸桓謙이 유유에게 환현이 진나라를 대신해 제위에 오를 수 있겠느냐고 물은 적이 있다. 유유는 면전에서 동의하며 이렇게 말했다.

"초왕께서는 선무宣武의 아들로서 공훈과 덕망이 세상을 덮습니다. 진나라 황실이 미약해 백성들의 신망도 이미 떠났고, 시운에 따라 선양을 받는데 무엇이 불가하겠습니까?"

하지만 유유는 얼마 후 유뇌지의 조카 하무기, 유의 등과 연락해 함께 환현을 토벌하기로 하고 유유가 맹주가 되었다. 환현을 토벌하는 과정에서 유유의 세력은 크게 발전했다. 원흥 3년(404), 환현을 아직 격파하지는 못했지만, 유유는 이미 높은 직위에서 조정을 장악하고 있었다. 『진서』「안제기」에 따르면, "경신년에 유유는 유대留台를 설치하고 백관을 두었다. 임술년에 환현의 사도 왕밀王謐이 유유를 진군장군, 서주자사로 추대했고, 양주, 서주, 연주, 예주, 청주, 기주, 유주, 병주를 감독하게 하고 팔주의 제군사, 가절을 아우르게 했다."

『송서』「무제기武帝紀」에는 이때의 상황이 묘사되어 있다.

> 이전에 조정은 진나라의 난국이 이어져 백관들의 기강이 문란했다. 환현이 바로잡으려 했으나 따르는 사람이 없었다. 고조(유유)가 직접 모범을 보이며 위세로 황실 내외를 단속하자 백관이 모두 숙연히 직무를 받들어 이삼일 사이에 풍속이 바로잡혔다. 환현이 비록 영웅호걸의 기개로 추대를 받았으나, 하루아침에 극히 높은 지위가 생기자 진나라의 온 지방관들과 조정의 대신들이 마음을 다해 섬겨 신하와 주군의 구분이 정해졌다. 고조의 위상은 조정에서 미약해 병사들도 없었지만, 황폐한 곳의 잡초처럼 일어나 대의를 제창해 황실을 회복하려 했다. 이에 왕밀 등은 일시에 백성의 신망을 잃어버렸고, 부끄러워하고 꺼리지 않는 사람이 없었다.(『송서』「무제기」)

원흥 3년 가을, 환현이 패망하고 의희 원년에 안제가 다시 제위로 돌아왔다. 유유를 맹주로 하는 환현 토벌 전쟁이 성공을 거두고, 유유는 진나라 황실의 최고 공신이 되었다. 도연명은 유유의 진군참군이 되었다가 유경선의 건위참군이 되었고, 다시 팽택령이 된 지 80일

만에 돌연 사직했다. 그런데 이때는 유유가 환현의 뒤를 이어 또 진나라 황실을 찬탈하리라고 생각할 수 없었다. 그러므로 유유의 왕업이 흥성해졌기 때문에 도연명이 사직했다는 것은 다소 석연치 않다. 특히 당시에 유유와 함께 동맹해 환현을 공격했던 하무기, 유의 등이 아직도 건재했고, 세 사람은 모두 진나라 황실 회복에 일등 공신들이었다. 『진서』「안제기」에 "의희 2년 겨울 10월, 정권 수복의 공을 논해 거기장군 유유는 예장군공에 봉하고, 무군장군 유의는 남평군공에 봉하고, 우군장군 하무기는 안성군공에 봉했다"라고 기록되어 있다. 이를 보면, 그들의 실력이 유유와 대항하기에는 아직 부족하지만 견제의 역할은 충분히 할 수 있었음을 알 수 있다. 그래서 이때는 유유가 "왕업이 점차 흥성"해가는 시기라고는 할 수 없다. 도연명의 귀은은 그가 개인적으로 오랫동안 고민해온 인생 모순의 최종적인 선택이지, 당시 유유 세력이 확대되는 것을 보고 그가 나중에 황위를 찬탈할까봐 두려워 사직했다고는 말하기 어렵다. 그러나 유유가 진나라 황실 최고 공신의 지위에 올랐을 때, 유유의 진군참군을 지냈던 도연명이 벼슬길을 떠났다는 것은 최소한 그가 유유에 대해 호감은 갖지 않았다는 것을 설명한다.

그렇다면 『송서』「도연명전」에서 말한, 도연명이 "증조부가 진나라를 보좌했던 재상이므로 다시 다음 왕조에 몸을 굽히는 것을 부끄럽게 생각했다. 고조의 왕업이 점차 흥성하면서 다시는 벼슬을 하고 싶지 않았다"라는 내용은 근거 없는 추측일까? 우선 이 말은 도연명의 일인칭 화법으로 되어 있다. 주변인 또는 사서의 저자가 해석한 말이 아니다. 현존하는 『송서』는 남제 때 심약이 처음 편찬했다. 그러나 유송 때 서원, 하승천 등이 이미 『송서』를 저술했다. 그래서 이 책에 실린 「도연명전」은 유송 시기의 글일 가능성이 높다. 유송 사관에게서 나온 이 전기에는 도연명이 "다시 다음 왕조에 몸을 굽히는 것을 부끄럽게 생각했다"라고 한 말에 대한 찬양의 뉘앙스가 담겨 있다. 이는 도연명이 진송 교체기에 "다음 왕조에 몸을 굽히는 것을 부끄럽게 생각"한 일이 시대의 금기를 저촉하지 않았을 뿐 아니라, 당시 관념 속에서 아직은 충의의 인격을 반영하고 있음을 알 수 있다. 좀더 양보한다고 해도, 유유의 왕업이 점차 흥성하고 있을 때 벼슬길에 나가지 않는 것은 그가 권력을 향해 몸을 굽히지 않는 고사의 절개가 있기 때문이라고 이해할 수 있다. 이는 권력자인 유유의 기분을 건드리지도 않을뿐더러 유유 본인도 그의 행동을 통제하거나 막을 수 없었다.

이런 방면으로 도연명의 친구 유정지劉程之에게 이미 선례가 있다. 그는 시상령을 지냈는데, 후에 사직했다. 『연사고현전』은 "유유가 그의 굽히지 않는 모습을 보고 그의 문에 '유민遺民'이라고 써 깃발을 달아주었다"라고 전하고 있다. 유정지는 의희 6년에 죽었다. 이때는 바로 "고조(유유)의 왕업이 점차 흥성"하던 시기였다. 하지만 몸을 굽히고 벼슬을 하지 않는 그의 태도에 유유도 어쩔 도리가 없어서 유민이라고 쓴 깃발만 문에 달아주었던 것이다. 이때는 아직 진나라 왕조일 때였다. 하지만 유송의 실제적 통치가 이미 확립된 후였기 때문에 유유도 벼슬을 하지 않는 유정지에게 "유민"이라고 말한 것이다. 보다시피 도연명이 이때 "다시 다음 왕조에 몸을 굽히는 것을 부끄럽게 생각"하는 태도를 보이며 은거를 고수하고 정절을 지켜 벼슬길에 나가지 않았던 것이 시대의 금기를 범하는 언행은 아니었다. 그렇게 볼 때, 『송서』의 이 말은 도연명 자신의 고백이라고 봐야 할 것이다. 그가 시나 문장에서 분명하게 표현하지는 않았지만, 일상 중에 친구나 가족과 한담하면서 이런 시국과 정치 문제를 자연스럽게 이야기했을 가능성도 배제할 수는 없다. 도연명의 만년의 은거 생활은 대단히 고되고 가난했다. 그로 하여금 이렇게 힘겹고 고된 생활을 견디며 농사를 지어 자급자족할 수 있었던 원동력은 "마음 가는 대로" "곤궁을 지키는" 생활 태도였다. 하지만 다음 왕조에 몸을 굽히지 않으려는 마음도 중요한 원인의 하나였다. 팽택령을 사직한 가장 큰 원인이 유유의 공훈과 위상이 높아진 것과 관계있다고는 할 수 없어도, 도연명이 후에 유송의 왕업이 점차 흥성해지는 것을 보고 새로운 왕조에 몸을 굽힐 수는 없다고 생각한 것이 그가 은거 생활을 견지할 수 있었던 중요한 원인의 하나인 것은 틀림없다.

그러면 진나라 말기인 의희 14년 그가 저작랑에 부름을 받고도 가지 않았던 이유는 무엇일까? 도연명은 팽택령을 사직한 후 14년 만에 다시 벼슬을 할 수 있는 기회를 잡았다. 『송서』에 나오는 "다시는 벼슬을 하고 싶지 않았다"라는 말은 팽택령을 사직한 일을 가리키는 것이 아니라, 이때 다시 부름을 받은 일을 말한다. 두 번째 부름을 받은 것이기 때문에 다시는 하고 싶지 않았다고 말한 것이다. "다시 다음 왕조에 몸을 굽히는 것을 부끄럽게 생각"한 도연명의 태도는 아마도 이번 부름을 받았을 때 표현되었을 것이다. 왜냐하면 이때가 아직 진나라 왕조 때이긴 했지만 사실상 곧 진나라가 유송에게 제위를 선양한다는 것을 모든 사람이 알고 있었기 때문이다. 도연명이 이때 만약 벼슬길에 나갔다면 유송 왕조에서 벼슬을 하는 것이지, 진나라에서 벼슬을 하는 것은 아니었다. 그래서 비록 그가 이를 거절의 이유로 분명하게 말하지는 않았지만, 다음 왕조에 몸을 굽히지 않으려는 태도는 중요한 이유였다. 『송서』「도연명전」의 이 몇 마디는 실록이라 할 수 있다. 여기서 우리가 판단할 수 있는 것은 진송 왕조 교체에 대한 도연명의 기본적인 태도는 명확하다는 사실이다. 그는 은거를 고수했으며, 옛 왕조의 유민이 되고 새 왕조의 신하는 되지 않으려 했다.

앞에서 말한 것처럼, 도연명은 문학적으로 매우 고상하고 고고한 성향이라 현실 정치와 시국에 대해서는 거의 언급하지 않았다. 어떤 학자들은 도연명이 우언, 은유, 풍자의 수법을 사용해 진송 왕조 교체에 대한 생각을 완곡하게 표현했다고 주장한다. 예를 들면, 「영삼량」「영형가」, 그리고 「도화원기」까지도 진송 왕조 교체 사건에 대한 풍자와 은유라는 것이다. 그러나 이런 주장은 모두 확실한 근거가 없다. 만약 도연명의 문학이 원래 시국을 말하지 않는 고고함이 있다는 점을 감안하고 다시 도연명의 시와 글을 읽는다면 우리는 이런 주상들이 상당 부분 선입견에서 나왔다는 것, 그리고 다소 견강부회의 측면이 있다는 사실을 알게 될 것이다.

그러나 왕조 교체와 같은 큰일에 도연명이 침묵만 지킨 것은 아니다. 분명하게 지적할 수는 없기 때문에 은밀하고 감춰진 말로 전달했다. 도연명의 시 중 가장 난해한 시 「술주」가 바로 그런 작품이다. 이 시는 매우 복잡하고, 어두우며, 감춰졌다. 또한 정치 이야기가 많으며, 한위 왕조 교체를 다룬다. 이는 틀림없이 유유가 진 공제를 시해하고 제위를 찬탈한 사건을 빗대고 있다.

의적이 만들고, 두강이 윤색했다.	儀狄造, 杜康潤色之(原註)

태양이 빛나는 여름	重離照南陸
새들의 울음소리 들려온다.	鳴鳥聲相聞
가을 풀 아직 노랗게 시들지 않았지만	秋草雖未黃
따뜻한 바람은 이미 사라진 지 오래.	融風久已分
흰 돌은 강릉에서 반짝이고	素礫皛修渚
남악엔 구름이 남지 않았네.	南嶽無餘雲
예장이 천자께 대항하더니	豫章抗高門
천자의 자취, 다만 무덤으로만 남았네.	重華固靈墳
눈물 흘리며 가슴속으로 탄식하고	流淚抱中歎
귀 기울여 새벽닭 울음을 듣는다.	傾耳聽司晨

천하 백성이 길한 가속을 바쳤으나	神州獻嘉粟
사령四靈의 영험함은 유유에게 돌아갔다.	西靈爲我馴
초나라 제량諸梁이 군사를 이끌고 공격해	諸梁董師旅
스스로 왕이 되었던 천승은 목숨을 잃었다지.	芊勝喪其身
한나라 헌제獻帝는 폐위되어 산양공山陽公이 되었는데	山陽歸下國
영릉왕零陵王은 부지런하지 못하다는 이름을 얻었구나.	成名猶不勤
한나라 복식卜式은 양을 잘 길렀고	卜生善斯牧
촉한의 유선은 군주가 되지 못했지.	安樂不爲君
평왕이 옛 도읍을 떠나니	平王去舊京
협중에는 풀만 무성해졌네.	峽中納遺薰
두 무덤에는 큰 구름이 일고	雙陵甫雲育
세발솥에 놀라운 글이 드러났구나.	三趾顯奇文
신선이 된 왕자 진晉은 맑은 피리 소리를 좋아해	王子愛清吹
한낮에 하분을 떠돌아다녔지.	日中翔河汾
도陶씨인 범려는 양생술을 수련해	朱公練九齒
세상의 분란을 피해 한거했다.	閑居離世紛
높고 높은 서산 위에는	峨峨西嶺內
늘 흠모하는 백이, 숙제가 편히 누워 있겠지.	偃息常所親
하늘이 주신 모습은 영원히 변함없으니	天容自永固
팽조彭祖도 비할 수 없으리라.	彭殤非等倫

(「술주」)

제목이 「술주」다. 제목의 의미를 생각해보면 틀림없이 술 이야기를 적은 것인데, 시에는 한마디도 술과 관련된 것이 없다. 이 점이 독자들을 어렵게 만든다. 옛사람들에게 이런 견해도 있다. 원래 「술주」라는 작품이 있었는데, 제목과 주는 남고 시는 전하지 않는다고. 청나라 사람 탕한이 주를 단 『도정절시』에는 "송본에서 '이 작품과 제목은 본의가 아니며, 여러 판본이 마찬가지로 오류가 있다'라고 했다. 황정견은 '「술주」 이 작품은 완전하지 않다. 다른 책을 읽고 적은 것 같다. 그중에 해석되지 않는 곳이 많다'라고 했다"라고 되어 있다. 그러나 송나라 사람 한구韓駒는 "한나라 헌제는 폐위되어 산양공이 되었는데, 영릉왕은 부지런하지 못하다는 이름을 얻었구나" 구절을 한 헌제가 폐위되어 산양공이 된 일을 썼다고 하면서, 의희 이후에 느낀 바가 있어서 지은 것 같다고 했다.[25] 이공환의 주는 조천산趙泉山의 말을 인용해 이 시가 원희 2년 유유가 공제를 영릉왕으로 폐위시킨 일을 썼다고 단정했다.[26] 탕한의 주는 한층 더 나아가 시가 「술주」라는 제목을 쓴 것은 진 원희 2년 유유가 공제를 영릉왕으로 폐위시킨 후에 장의를 시켜 독주 한 병을 보내 영릉왕을 독살하려 한 일을 풍유한 것으로 보았다. 장의는 차마 군주를 배신할 수 없어서 자기가 독주를 마시고 죽었다. 그러나 공제도 결국엔 시해당했다. 도연명의 이 시가 「술주」를 제목으로 한 것은 이 사건을 풍자한 것이다. 이른바 '술주'는 유유가 독주로 군주를 시해한 일을 가리키는데, 어쩌면 그보다 전에 있었던 환현이 독주로 사마도자를 살해한 일을 가리키는지도 모른다. 물론 시에서는 독주로 군주를 시해한 일을 직접적으로 쓰지 않았다. 다만 흔적은 남기지 않으면서 제목으로만 제위 찬탈이라는 사건을 정면으로 건드렸다. 이 제목 안에 모든 것이 담겨 있으니 실로 교묘함의 극치라 할 수 있다. 시의 구체적인 내용을 말하자면, 어렴풋하게 감춰져 있다가 때때로 비늘과 발톱이 얼핏 드러나는 꼴이니, 훗날 고명한 학자가 나타나 시의 진정한 의미를 체득할 수 있기를 기대한다.

그러나 가장 교묘한 부분은 바로 제목 아래에 자신이 붙인 주, "의적이 만들고, 두강이 윤색했다"라는 구절이다. 마치 정치적 의미는 없고 순전히 술에 대해서만 말하는 것 같다. 하지만 여기에 헐후어歇後語

의 방식•으로 깊은 의미를 숨겨두었다. 『전국책戰國策』「위책魏策」에 이런 내용이 있다.

양왕 위영魏嬰이 범대에서 제후들에게 주연을 베풀었다. 술기운이 오르자 노공공에게 술을 올렸다. 노공공이 흥이 올라 자기 자리를 벗어나 정색하며 말했다.

"옛날 순임금의 딸이 의적에게 술을 만들게 했는데, 매우 훌륭했다. 우임금에게 술을 올렸더니 우임금이 마시고 맛있다고 하며 의적을 멀리하고 좋은 술을 경계하며 '후세에 술로 나라를 망하게 하는 자가 반드시 있을 것이다'라고 했다."(『전국책』「위책」)

도연명이 붙인 주는 바로 이 일을 차용했는데, 주지는 "후세에 술로 나라를 망하게 하는 자가 반드시 있을 것이다"라는 말에 있다. 이 이야기는 원래 군주가 술에 빠져 나라를 망치는 일을 말한다. 영릉왕의 망국은 주색에 빠진 결과는 아니지만 어쨌든 술과 연관이 있으니 "술로 나라를 망하게 하는 자가 반드시 있다"라는 말을 여기에도 적용할 수 있다. 도연명은 이 말을 교묘하게 운용해 유유가 독주로 군주를 시해한 사건을 지적했다. 이런 해석은 대만의 도연명 전문가 치이서우齊益壽 선생이 이미 제기했는데, 확실히 「술주」를 독해하는 핵심이다.[27]

고금의 많은 학자가 「술주」의 의미를 파악하기 위해 많은 노력을 기울였고, 시의 함의를 적지 않게 연구해냈다. 그러나 시인이 원래 의도적으로 말을 감추고 숨기는 기법을 사용했기 때문에 명확하게 설명해내기는 매우 어렵다. 나는 역대 제현들의 학설을 참고하고 내 개인적

• 숙어의 하나로, 앞뒤 두 구절로 되어 있다. 앞 구절은 수수께끼의 문제 같고, 뒷부분은 수수께끼의 답과 같다.

생각을 덧붙여 이 시의 의미를 최대한 분석해보려 한다.

처음 여섯 구절은 계절의 경물을 썼다. 문자적인 의미를 먼저 보면, 원문의 "중리重離"는 태양을 가리키고, "남륙南陸"은 여름을 말한다. "태양이 빛나는 여름"은 계절이 여름임을 의미한다. 두 번째 구절 "새들의 울음소리 들려온다"에 대한 도주의 주는 이렇다.

"새의 울음은 『초사楚辭』의 '두견새 미리 울어 세상의 나무들 꽃 시들까 두려워라恐鵜鴂之先鳴兮, 使夫百草爲之不芳' 구절을 차용했다. 『월령月令』에서는 '오월이면 때까치가 울기 시작한다. 울면 모든 꽃이 시든다仲夏之月, 鶪始鳴, 鳴則衆芳皆歇'라고 했다."

그래서 아래의 "가을 풀 아직 노랗게 시들지 않았지만" 구절로 이어지는 것이다. 여기서는 시간이 빨리 흐른다고 한탄하면서 아직 여름이라 풀이 시들지 않았지만 두견새가 이미 울어서 계절풍이 바뀌었다고 말하고 있다. 시인은 한가롭게 앉아 세상을 바라보며 세월의 흐름을 한탄하는 것 같지만, 사실은 시대의 변천을 암시하는 것이다. 그 배후에 감춰진 의미는 추측하기가 매우 어렵다. 어떤 학자는 "중리"가 "중려重黎"라고 말한다. 탕한의 주에는 "사마씨가 중려의 후손에서 나왔다. 이는 진나라 황실이 남쪽으로 천도한 것을 말한다"라고 했다.• 그러면 이 몇 구절은 여름이 가을로 바뀐다는 말로, 동진 왕조의 기운이 쇠약해진다는 것을 암시한다고 볼 수 있다. 그리고 시인은 「이소」의 구절을 차용해 그와 굴원이 동감한 "꽃들이 더럽혀짐을 슬퍼하네哀衆芳之蕪穢"의 마음을 표현했다. "흰 돌은 강릉에서 반짝이고, 남악엔 구름이 남지 않았네" 구절은 도연명이 은거하던 지역이 여름에서 가을로 접어드는 모습을 묘사해 위에서 말한 시대 변천의 의미를 한층 더 부

• 중려는 상고 시대 천지를 장관한 관리였는데, 진나라 황족 사마씨가 중려의 후손에서 파생되었다. 그래서 '중리'를 '중려'로 바꾸어 "중려가 남쪽 땅을 비춘다"로 해석하면 사마씨 황실이 남쪽 지방을 다스린다는 의미가 된다.

각했다.

"예장이 천자께 대항하더니" 구절에 대해 구즈는 유유를 가리키는 것이라고 보았다. 유유는 의희 2년 예장군공에 봉해졌고, 예장을 발판으로 삼아 결국 대업을 이루었다. 당시 그가 어떻게 발판을 딛고 위로 올라갔는지 도연명은 누구보다 잘 알고 있었다. 진나라 왕조가 처음 그에게 발판을 제공한 예장군의 호칭으로 그를 언급한 것은 그가 진나라의 녹을 먹고 진나라의 벼슬을 했던 신하였으면서 의를 저버리고 진나라 왕조를 찬탈했음을 풍자한 것이다. "천자의 자취, 다만 무덤으로만 남았네" 구절에 대해 오사도의 「오례부시화」에서는 "이 구절은 공제가 폐위되어 영릉왕이 된 내용이다. 순임금의 무덤이 구의(지금의 후난湖南 성 닝위안寧遠 주이九嶷)에 있다. 그래서 이렇게 말했다"라고 했다. 황문환은 『도시석의』 3권에서 이렇게 말했다.

"중화重華를 말한 것은 유유가 황제에게 선양하도록 협박한 일을 말하려고 순임금이 천하를 선양한 역사를 비유로 든 것이다. '무덤으로만 남았다'는 것은 공제의 죽음을 은밀히 말한 것이다."•

이런 해석은 시인의 의중을 정확하게 꿰뚫었다. 그래서 이 두 구절은 전체 시의 핵심이다. 이 정도면 매우 분명히 말한 것이다. 이를 통해 도연명이 상당히 용감했음을 알 수 있다. "눈물 흘리며 가슴속으로 탄식하고, 귀 기울여 새벽닭 울음을 듣는다"라는 말은 큰 슬픔이 가슴에 맺혀 밤늦도록 잠을 못 이룬다는 말이다. 시인은 가난하고 힘겨운 은거를 했기 때문에 자주 이런 일이 있었다. 「음주」 제16수에도 "베옷을 걸치고 긴 밤 지새우나니 새벽닭도 울지 않네" 구절이 있다. 여기서 말하는 표면적 의미는 곧 가을이 다가오니 밤도 길어지는데, 나는

• 중화는 고대 성군인 순임금의 이름이다. 순은 요에게 제위를 선양 받았고, 우에게 다시 선양했다. 유유는 동진 왕조의 공제에게 제위를 선양 받아 유송 왕조를 열었지만, 실상은 협박이었다.

눈물 흘리며 새벽닭 울음소리를 기다린다는 것이다. 그런데 시인은 무슨 일로 눈물을 흘리는가? 이는 이어지는 「술주」의 내용을 봐야 한다.

"천하 백성이 길한 가속을 바쳤으나, 사령의 영험함은 유유에게 돌아갔다"라는 구절은 유유가 제위를 찬탈하려고 길상한 징조를 만들었던 일을 썼다. 탕한의 주에서는 이렇게 말했다.

"의희 14년, 공현鞏縣 사람이 낟알이 많이 달린 벼를 바쳤다. 유유가 황제에게 바치니 황제가 다시 유유에게 주었다. '서령西靈'은 '사령四靈'이 맞다. 유유가 선양을 받을 때 문서에 '사령효징四靈效徵'이란 말이 있었다. 이 두 구절은 유유가 길상한 징조를 만들어 제위를 노린 것을 말한다."

또 "초나라 제량이 군사를 이끌고 공격해 스스로 왕이 되었던 천승은 목숨을 잃었다지"의 두 구절은 일반적으로 환현이 진 왕조를 찬탈하려다 유유에게 죽은 일로 해석된다. 천승은 초나라의 백공승白公勝이다. 그는 스스로 나라를 세우고 왕이 되었는데, 한 달여 만에 제량이 초나라를 구하고 초왕을 복위시켰다. 제량은 섭공葉公인데, 이 일은 『사기』「초세가楚世家」에 보인다. 그렇다면 여기서 제량은 유유를 가리키고, 천승은 환현을 가리킨다. 환현이 진 왕조를 찬탈하려다 죽은 것을 도연명이 슬퍼하는 것은 아니다. 그러나 그가 찬탈하려 하기 전에 동진 왕조의 근본은 이미 상당히 흔들리고 있었다. 이것은 객관적으로 후에 유유가 다시 왕조를 찬탈하는 데 기본적인 조건을 제공했다. 이는 명백한 역사적 사실이다. 진 공제가 선양하여 환현이 제위를 찬탈할 때 진나라 황실은 이미 멸망했다고 말했다. 그래서 동진의 멸망은 사실 환현과 유유가 합작으로 만들어낸 결과물인 셈이다. 이것이 바로 원주의 "의적이 만들고, 두강이 윤색했다"라는 말의 본의다. 어떤 학자는 도연명이 환현에게 더 기울었다고 말한다. 하지만 여기서 보이듯, 그는 환현, 유유 두 사람을 엮어 함께 비판했다. 더욱 교묘한 것은 유유가 짐주鴆酒(짐새의 독을 섞은 술)로 공제를 독살한 것뿐 아니라 환현이 그전에 사마도자를 독살한 것까지 감췄다는 점이다. 도연명의 시 「술주」는 제목에서부터 상당히 많은 내용을 감추고 있다.

"한나라 헌제는 폐위되어 산양공이 되었는데"에서 "세발솥에 놀라운 글이 드러났구나"까지 여덟 구절은 진나라가 이미 하늘의 보살핌을 잃었다는 내용을 썼다. "한나라 헌제는 폐위되어 산양공이 되었는데, 영릉왕은 부지런하지 못하다는 이름을 얻었구나" 구절에 대해 탕한의 주는 다음과 같다.

"위나라가 한 헌제를 폐위시키고 산양공에 봉했는데, 결국에는 죽였다. 『시법諡法』에는 '부지런하지 않은 사람의 이름을 영靈이라 짓는다'고 하는데, 옛 군주들 중에 임종이 좋지 않았던 사람은 영이나 여厲 같은 호가 있었다. 이는 영릉왕이 먼저 폐위되었다가 후에 시해되었음을 가리킨다. 도연명이 '부지런하지 못하다'고 한 것은 슬프고 원망스러운 마음에 한 말이다."

아마 유유가 공제를 시해한 후에 나쁜 말을 지어내 덮어씌웠기 때문에 도연명의 이 구절은 공제를 위해 그의 억울함을 토로한 것으로 보인다. 원래 공제는 상황을 명확히 인식하고 유유에게 제위를 넘기려고 했다. 하지만 유유는 이제 전혀 대적할 능력이 없는 적수였음에도 불구하고 냉정하고 잔악한 방법으로 그를 죽였다. 본래 시사를 별로 언급하지 않는 도연명이지만 분노의 필치로 이 시를 쓴 이유도 유유의 이런 행동을 그냥 볼 수 없었기 때문이다. 보다시피, 그가 저작랑을 거절했던 이유는 은거의 신념에 대한 고집일 수도 있지만, 유송 왕조에 대한 반감과도 관계가 있다. "한나라 복식은 양을 잘 길렀고, 촉한의 유선은 군주가 되지 못했지" 구절에 대한 왕야오의 주는 다음과 같다.

"원문의 복생은 복식이다. 『한서』「복식전」에 이런 말이 있다. '복식이 베옷과 짚신을 신고 양을 길렀다. (…) 황제가 양떼 우리를 지나다 잘한다고 칭찬했다. 복식이 말하길, 양만 그런 것이 아니라 백성을 다스리는 것도 이와 같습니다. 때가 되면 일어나 거하고, 나쁜 것은 제거해 전체를 망치지 못하게 해야 합니다, 했다. 황제가 이 말을 옳다고 생각해 복식에게 백성을 다스리게 했다.' 유유가 진나라 종실을 제거하고 찬탈하려고 준비할 때 그 방법이 복식의 양 키우는 방법과 같았다."

그런데 이 구절은 위의 "산양공" 구절에서 이어진 것이다. 진 공제가 더 이상 통치할 수 없었기에 진나라 황실이 환현의 반란 때 이미 멸망했다고 자인하면서 유유의 위세에 눌려 끌려다니며 구차한 안락을 구하다 결국 다시 군주가 되지 못했음을 복식이 양을 기르는 이야기로 부각했다. 원문의 "안락安樂"은 촉한의 후주 유선이 위나라에 항복한 이후 얻은 호다. 그래서 많은 학자가 이 구절이 유선의 망국으로 공제의 망국을 비유했다고 본다. "평왕이 옛 도읍을 떠나니" 이후 네 구절에 대해서는 많은 사람이 곡해하는데, 탕한의 주가 가장 정확하다.

"유유가 황제를 폐위시키고 말릉秣陵으로 옮겼으니, 이것이 옛 도읍을 떠난 것이다. 협중은 분명치 않다. 쌍릉雙陵은 안제와 공제 두 황제의 무덤을 말한다. 세 발三趾은 정鼎이 다른 사람에게 넘어갔음을 말하는 것 같다.• 이 네 구절은 의미가 잘 통하지 않는다."

시에서 진송 왕조 교체의 일을 말하는 것은 여기서 끝났다.

"신선이 된 왕자 진은 맑은 피리 소리를 좋아해" 이후의 내용은 제왕의 귀한 신분이라도 나라와 목숨을 잃는 화를 입을 수 있으니 왕자 진, 도주공陶朱公처럼 속세를 초월해 영원한 생명을 누리는 것이 낫다는 내용이다. 도연명이 「술주」를 쓴 것은 멸망한 옛 왕조만 애도하려는

• '정'은 고대부터 전해오던 세 발 달린 솥으로, 천자의 권력을 상징한다. 정이 다른 사람에게 넘어갔다는 것은 왕조가 바뀌었음을 말한다.

것이 아니라 죽은 옛 군주를 애도하려는 마음도 있다. 옛 군주의 죽음을 애도하는 마음으로 보자면, 안제나 공제나 비록 천자의 귀한 신분이지만 결국 한 명의 개인일 뿐이다. 그들이 황제가 되지 않았다면 이렇게 참혹한 화를 당하지 않았을 것이다. 특히 공제가 황제가 된 것도 유유의 각본에 따른 결과였는데, 그의 개인적 인생은 무고한 정치적 희생물이 되었다. "신선이 된 왕자 진은 맑은 피리 소리를 좋아해" 구절은 동진 종실의 재능 있는 인물들도 진 왕조의 국운이 다하자 왕자 진의 자유를 부러워한다는 의미다.

"도씨인 범려는 양생술을 수련해" 구절은 도주공이란 인물에 자신을 비유했는데, 원문의 "구치九齒를 수련한다"는 도가의 양생 수련을 말한다. 도연명은 평생 신선과 양생을 믿지 않았다. 그래서 처음 이 구절을 보면 도연명 자신의 진술이긴 하지만 도연명의 생각이 아닌 것 같다. 그러나 이 시는 감추고 숨기는 필법을 사용했다. 그래서 "신선이 된 왕자 진은 맑은 피리 소리를 좋아해" 구절에 이어 다시 도주공의 묘사를 통해 자신의 진술을 한 것이다. 도주공의 자유와 도연명의 자유는 그다지 닮지 않았다. 이 점이 독자들을 헷갈리게 하지만, 도연명은 이렇게 자신의 진술을 감추었다. 도연명은 젊은 시절 협기가 있어서 세상을 구제하려는 강한 포부가 있었다. 그의 증조부 도간은 동진 초기 소준의 난을 평정해 진나라 황실을 구했다. 도연명도 이런 마음이 있었지만, 자신은 이미 은거를 선택했을 뿐 아니라 시운도 이미 다했고, 진나라 왕조의 멸망을 목도하며 어쩔 수 없는 상태가 된 것이다.

"높고 높은 서산 위에는 늘 흠모하는 백이, 숙제가 편히 누워 있겠지" 구절은 자신의 은거 상황에 대한 비유로, 도입부의 경물 묘사와 호응한다. 마지막 "하늘이 주신 모습은 영원히 변함없으니, 팽조도 비할 수 없으랴" 구절은 의미상으로 보아, 천지의 이치는 예정된 대로 진행되기 때문에 왕자 진, 도주공 같은 사람들은 자연의 이치에 순응해 난세에도 얽매이지 않고 양생을 통해 장수할 수 있었다는 의미다. 다시 공제의 인생을 돌아보면, 나라를 잃고 자신도 제명대로 살지 못한 가련한 인생이다. 이렇게 볼 때, 도연명은 동진 왕조의 망국의 군주 안제, 공제를 결코 동정하지 않은 것이 아니다. 그는 한 왕조, 한 개인의 일보다 더 근본적인 천도 자연의 이치를 말함으로써 해탈을 강조했다. 도연명 개인의 입장에서 보면 속세를 떠난 초월의 내용으로 고독과 울분의 감정을 감춘 것이다. 방관자의 눈으로는 이 시의 진정한 의미를 파악하기가 쉽지 않다. 우리는 여기서 명나라가 전복될 때의 심경을 쓴 오매촌吳梅村의 시 「잡감雜感」 제10수의 한 구절을 떠올리게 된다.

"시대가 위급할 때는 문인도 장수가 되나, 모든 일이 끝나면 외로운 신하는 신선을 배우네時危文士皆成將, 事去孤臣且學仙."

특히 뒤 구절은 「술주」 마지막 여덟 구의 의미를 개괄할 수 있다.

도연명의 시 「술주」를 정리하자면, "태양이 빛나는 여름" 이하 여섯 구절은 시인이 한거하며 경물을 감상하고 계절의 변화를 개탄하는 내용으로 시국이 극변함을 암시했다. "예장이 천자께 대항하더니"의 두 구절은 시의 주제로서, 은밀한 말로 동진 왕조의 쇠망과 유송 왕조의 흥기를 서술했다. "눈물 흘리며 가슴속으로 탄식하고"의 두 구절은 세상의 변화를 느끼며 근심에 잠 못 이룬다는 내용이다. "천하 백성이 길한 가속을 바쳤으나"의 두 구절은 유송 정권이 선양을 받기 위해 길조를 만들었음을 말했다. "초나라 제량이 군사를 이끌고 공격해"의 두 구절은 유유가 환현을 멸하고 흥기했음을 썼다. "한나라 헌제는 폐위되어 산양공이 되었는데" 이하 여덟 구절은 동진 황실의 멸망과 군주의 죽음을 말했다. "신선이 된 왕자 진은 맑은 피리 소리를 좋아해" 이하 여덟 구절은 왕조의 교체를 보며 자유롭게 신선의 환상을 그리는 내용으로, 천도는 영원하니 한 개인과 왕조의 흥망성쇠를 따라 변하지 않는다는 의미다. 아울러 왕조의 멸망에 따라 제왕도 죽음을 맞이함을 한탄하며, 세속을 떠나 양생을 통해 장수를 얻으라고 권고한다.

진송 왕조 교체를 보는 도연명의 정치적 태도에 대해 그간 고금 학자들의 논쟁도 많았고, 엇갈리는 학설도 많았다. 안연지는 「도징사뢰」에서 그의 고고한 뜻과 고난을 견디며 절개를 지키는 행적만을 부각하고, 그의 정치적 태도에 대해서는 명확하게 밝히지 않았다. 『송서』「도연명전」과 소통의 『도연명전』은 그가 관직에 나가지 않았던 것이 유송이 동진 왕조를 멸망시킨 일과 관계가 있다고 했다. 『남사』「도연명전」은 그 설을 계승했지만, 『진서』「도연명전」은 계승하지 않았다. 당나라 사람들은 도연명을 그리고 평하면서 주로 그의 은거 행적과 시의 뛰어남에 관심을 두었다. 송대 소동파蘇東坡는 도연명을 흠모했는데, 그의 생활 태도와 시가 예술에 중점을 두었다.

황정견과 진관秦觀은 동진 왕조에 대한 도연명의 충성심이라는 화제를 거듭 언급했는데, 『송서』와 소통의 『도연명전』에 나오는 단서를 모두 수집한 것 같다. 이는 물론 송대 사인들이 유가적 윤리관을 중시한 것과 관계가 있다. 그중 황정견의 「숙구팽택회도령宿舊彭澤懷陶令」「와도헌臥陶軒」「차운사자고독도연명전次韻謝子高讀陶淵明傳」 등의 시는 도연명의 생애와 충의의 마음에 대해 매우 높이 평가했다. 이는 그가 두보의 애국충군 사상을 추종했던 것과 같은 이유 때문이었다. 황정견은 도연명의 정치적 포부를 매우 강조하며 그가 재상을 할 만한 인재라고도 했다. 「차운사자고독도연명전」에서 말한 "소매에 남풍을 일으키는 손이 있어도 누가 듣고 누가 전해줄까袖中正有南風手, 誰爲聽之誰爲傳" 구절이 바로 이 뜻이다. 그가 비록 애국충군의 마음이 있었지만, 주군을 만나지 못해 재능을 펼치지 못했다고 탄식했다. 그래서 그는 도연명과 제갈공명을 함께 거론했는데, 시 「숙구팽택회도령」에서는 "쓸쓸할 땐 제갈공명을 떠올렸으니, 강직함도 한의 승상丞相을 닮았네. 익주목益州牧 유비가 돌아가시자 홀로 여러 장수를 지휘했지. 평생 한 왕조에 충의를 지킨 마음, 세월만 강물처럼 흘러갔네淒其望諸葛, 骯髒猶漢相. 時無益州牧, 指揮用諸將. 平生本朝心, 歲月閱江浪"라고 말했다. 황정견의 이 말은 『송서』 「도연명전」에서 도연명이 "증조부가 진나라를 보좌했던 재상"이었다고 한 말을 풀어 쓴 것으로 보인다. 후에 청대 공자진은 「잡시」에서 "도연명은 마치 제갈공명처럼 호걸이라, 만고의 심양에 소나무, 국화만 고고하네. 시인이 담담했다고 믿지 마시오. 삼 분의 이는 「양보음」이었고, 나머지 일은 「이소」였네陶潛酷似臥龍豪, 萬古潯陽松菊高. 莫信詩人竟平淡, 二分梁甫一分騷"라고 했다. 이 시에서는 공자진이 황정견의 논조를 이어받았는데, 거기에 그치지 않고 도연명을 굴원과 함께 거론했다. 그러나 이상한 점은 황정견이 도연명의 작품 중 진송 왕조 교체 사건을 한탄한 「술주」를 거론하지 않았다는 점이다. 「술주」의 주제를 풀어낸 것은 주로 탕한 등 송대 주석가들의 공로다. 물론 이런 발견도 앞서 말한 황정견, 진관으로 대표되는 송대 학자들이 도연명의 충의의 마음을 강조했던 것과 관계가 있다.

도연명의 정치적 태도에 대해 언급한 것으로, 『송서』 「도연명전」의 "지은 문장에 모두 연월을 적었는데, 의희 이전에는 진 왕조의 연호를 적었으나 영초 이후로는 갑자만 적었다"라는 기록도 있다. 당 현종 때 『문선』 오신주•에 주를 단 사람 중 하나였던 유량劉良이 「신축세칠월부가환강릉야행도구」에 주를 달면서 『송서』의 이 학설을 인용했다. 송대 사열思悅은 도연명이 갑자만 적은 시 9수를 살펴보았는데, 모두 진 안제 때 지었기 때문에 『송서』와 오신의 학설을 부정했다. 그래서 이 문제는 도연명의 정치적 태도를 판단하는 관건이 되었다. 물론 "영초 이후로는 갑자만 적었다"는 『송서』의 학설을 부정하는 것과 도연명이 진 왕조에 충성했는지 여부는 별개의 문제다. 정리하자면, 옛사람들 중에

• 『문선』에 다섯 신하가 주를 단 책을 『문선』 오신주라고 하고, 여섯 신하가 주를 단 책을 『문선』 육신주라고 한다.

는 도연명의 정치적 태도를 언급하지 않은 사람도 있다. 하지만 언급한 사람들은 모두 그가 진 왕조에 충성심이 있었으며, 그의 은거가 진송 왕조 교체와 관계있다고 말한다.

근대 이후 윤리 관념의 변화와 역사학의 발전으로 인해 가문을 왕조보다 중시하는 양진 남조 사대부들의 상태에 대한 인식이 생겼다. 그래서 『송서』, 소통의 『도연명전』의 학설에 대해 점차 의문을 품게 되었다. 그중 량치차오의 문제 제기가 가장 큰 영향을 미쳤다.

"소통은 『도연명전』을 지어 '증조부가 진나라를 보좌했던 재상이므로 다시 후대에 몸을 굽히는 것을 부끄럽게 생각했다. 고조의 왕업이 점차 흥성하면서 다시는 벼슬을 하고 싶지 않았다'라고 말했다. 사실 도연명은 단지 당시 조정의 혼탁을 참을 수 없었고, 부패한 관리들과 함께 있고 싶지 않았을 뿐이다. 유유의 왕업이 흥성하고 안 하고는 전혀 상관이 없었다. 유유에 대한 생각은 어떠한가? 도연명이 사직하던 해는 유유가 환현의 난을 평정한 이듬해다. 어떻게 그는 공을 이루자 물러나는 도간의 행동을 배우지 않고, 20년 후에 유유가 제위를 찬탈하리란 것을 예견했겠는가?"[28]

량치차오의 이런 관점은 일견 합리적으로 보인다. 왜냐하면 도연명의 귀은이 진송 왕조 교체 때문만은 아닌 것이 분명하기 때문이다. 하지만 앞서 말한 바와 같이, 그가 완강히 은거를 고집하고, 또 특히 의희 14년에 저작랑 제수에 불응했던 것은 유유가 진나라 왕조를 찬탈한 일과 직접적인 관계가 있다. 「술주」를 읽어보면 도연명의 진실한 태도를 알 수 있다. 특히 그는 유유가 길상한 징조를 지어냈던 일에 대해 시를 통해 풍자했다. 사실 유유가 왕조를 찬탈한 후에 조정의 명으로 도연명에게 저작랑을 내리며 불렀던 것은 그가 길한 징조의 일을 지어낸 것과 마찬가지로 당시 은자로서의 도연명의 명성을 빌려 유송 왕조의 은덕을 꾸미려는 의도였을 뿐이다. 도연명이 만약 이때 초빙에 응했다면 새로운 왕조의 공신이 되는 것이고, 응하지 않는다면 어느 정도의 용기와 도의적인 입장이 필요했다. 유송 왕조에 대한 도연명의 태도는 최소한 소극적이었다고 할 수 있다. 여기에는 그의 고고하고 자유로운 인생 태도 외에도 진 왕조에 대한 충의의 마음도 중요한 요인으로 작용했다. 이 점은 당시의 여론이 가장 정확할 것이다. 『송서』와 소통의 『도연명전』의 기록 말이다.

도연명이 진 왕조에 품었던 충성심은 그의 윤리 사상에서 기인한 것으로, 유가의 충효절의忠孝節義 관념을 받아들인 것이었다. 그리고 또 한편으로는 한소 출신이라는 그의 사회적 지위와도 관계가 있다. 최근 양진 남북조 시대에는 가문을 왕조보다 중시했다는 학설이 많이 제기된다. 그러나 이는 주로 문벌 사족 중에서도 상류층의 인물에게 해당되는 것이다. 한소 사인들은 왕조와 힘을 겨룰 만한 가문의 정치적 세력이 형성되지 않았기 때문에 상대적으로 왕조에 가담하는 편이 더 많았다. 그래서 이 시대에는 왕조와 한소 계층이 협력해 공동으로 문벌 사족과 대항하는 일이 잦았다. 바로 이런 원인 때문에 한소 사인들의 윤리 관념 속에는 군주와 왕조에 충성하는 전통적 사상이 더 많았다. 도연명의 증조부 도간이 바로 이런 사례다. 혹자는 도간도 제위를 찬탈하려는 마음을 품었다고 주장하지만 그는 결국 성공 후 은퇴의 길을 선택했다. 이는 그의 세력이 부족했던 이유도 있지만, 한편으로는 충의 관념이 많은 한소 계층의 특징과 관련이 있다. 도연명의 공명심과 옛 왕조에 대한 충성심은 그의 한소 신분과 관계된 것이다.

물론 도연명 사상의 가장 높은 자리에는 생명 자체에 대한 깨달음이 있다. 그가 추구하는 것은 독립적 인격이다. 이러한 독립적 인격은 정치를 초월한다. 이는 도연명과 후대의 두보가 다른 점이다. 그래서 진송 왕조 교체에 대해 도연명은 단지 정의로운 선비의 분개와 그의 뜨거운 마음을 표현했을 뿐이다. 그러나 그의 인생 사상과 인격 추구는 단지 일반적인 시사의 범위를 넘어설 뿐 아니라, 심지어 왕조의 정치 문제까지 넘어설 수 있었다. 그러므로 그를 전통적 의미의 충신, 의사로 형상화하는 것은 적절하지 않다. 왜냐하면 충신은 충군과 애국을 최고 사명으로 생각하지만, 도연명은 고도로 자각적인 인생을 실현하는 것을 평생 추구했기 때문이다. 이 「술주」는 한 은거 시인의 세태에 대한 관점이라고 할 수 있다. 종합하자면, 도연명의 시에는 물론 정치적 주제도 있지만, 그는 정치 서정 시인이 아니다. 낮추어 말하면 전원 은일 시인이고, 높여 말하면 생명을 주제로 시를 쓰는 시인이다.

24장

절창絕唱

시인 도연명이 최후에 남긴 작품은 「의만가사擬挽歌辭」 3수와 「자제문」이다. 이 작품은 일생 동안 끊임없이 생명의 문제를 사고한 그가 죽음을 앞둔 시점에서 우리에게 남긴 절창이다. 자신의 생명의 경지에 대한 최후의 진술이며, 죽음이라는 주제에 대한 인류 문학의 걸작이라 할 수 있다. 죽음은 시시각각 인류 앞에 가로놓여 있지만, 우리가 죽음의 문제를 객관적으로, 또 진실하고 이성적인 태도로 직시할 수 있는 순간은 극히 드물다. 이는 아마도 매번 이 문제를 사고할 때 종교나 사회관념의 간섭을 받거나 현실적인 문제에 의해 중단되고, 생각이 깊어지기 전에 그만두게 되어 진정으로 가치 있는 결론을 얻지 못하기 때문일 것이다. 위진 이후 생명 문제를 사고하는 사조의 영향을 받아, 또 자신의 노력을 더해 도연명은 일생 동안 죽음에 대한 사고를 회피하지 않았다. 특히 50세 전후부터 그는 생사의 문제에 대해 지속적으로 사고했다. 「형영신」 연작시, 「의만가사」 3수와 「자제문」이 바로 이런 사고의 성과물이다.

만가挽歌는 오래된 시가 체재다. 『좌전』 '애공 11년' 조에 노나라와 오나라가 공동으로 제나라를 공격할 때 "싸울 때가 되어 공손하公孫夏가 수하들에게 명해 「우빈虞殯」을 부르게 했다"라고 기록되어 있다. 두예杜預의 주에는 "「우빈」은 장송곡의 곡조다"라고 되어 있다. 한악부의 「상화가사相和歌辭」 중에 「해로薤露」 「호리蒿里」라는 작품이 있는데, 진나라 최표의 『고금주』에는 이런 내용이 있다.

"「해로」 「호리」는 죽었을 때 울며 부르는 노래다. 본래는 전횡田橫의 문하에서 나왔다. 전횡이 자살하자 문하인들이 슬퍼해 슬픈 노래를 만들어 불렀다. 사람의 목숨이 한순간인 것이 마치 염교 위의 이슬과 같아 쉽게 말라 사라진다는 내용이다. 또 사람이 죽으면 혼백이 쑥대 숲으로 돌아간다고 말했다. 한 무제 때에 와서 이연년李延年이 두 곡으로 나누었는데, 「해로」는 왕공귀인을 보낼 때 사용했고, 「호리」는 사대부 서인을 보낼 때 사용했다. 관을 드는 사람이 불렀기에 만가라고 불렀다."

또 초주譙周의 『법훈法訓』에는 이런 내용이 있다.

"만가는 한 고조가 전횡을 불렀을 때 그가 시향에 이르러 자살하자 따르는 이들이 감히 울지는 못하고 슬픔을 이기지 못해 장송곡을 지어 슬픔을 기탁한 것이다."

그러나 위진 시인들은 「해로」 「호리」를 모의하면서 대부분 만가라는 제목을 사용하지 않았고, 그 내용도 대부분 당시의 일이었으며, 망자를 보내며 장례 치르는 내용은 쓰지 않았다. 현존하는 작품 중 만가라는 제목을 쓰는 것으로 가장 빠른 것은 위나라 시인 무습繆襲의 「만가」이고, 그다음으로는 서진 시인 육기의 「만가」 3수가 있다. 위진 시대에 「해로」 「호리」라는 한나라의 옛 곡조 두 곡 외에도 전문적인 만가 가사가 따로 있었음을 볼 수 있다. 곽무천郭茂倩은 이 작품들을 「해로」 편 안에 편성했는데, 썩 적당하지는 않다.[29] 도연명의 「의만가사」 3수는 연원으로 볼 때 「해로」「호리」를 모의하지 않고 무습, 육기의 작품을 모의했다. 육기와 도연명의 만가는 모두 3수다. 그러나 육기의 작품은 전적으로 슬픔을 말하는 것이 주조를 이루고, 살아 있는 자가 죽은 자를 애도하는 말투다. 무습의 「만가」는 죽은 자가 스스로를 애도하는 내용이다. 슬퍼하면서도 생사의 필연적인 이치는 잊지 않았다.

"조물주가 비록 신명하다지만, 어찌 나를 다시 살리겠는가? 용모는 곧 시들어 사라지고, 이와 머리카락도 빠지리라. 자고로 모두 이러했으니, 누가 능히 여기서 벗어나겠는가?"

이런 달관한 심경의 만가는 위진 현학의 영향을 반영한다. 도연명의 만가는 스스로를 애도하는데, 달관한 내용이 많으니 무습의 「만가」에서 나온 작품이다. 아래는 도연명의 「의만가사」 3수다.

생이 있으니 반드시 죽음도 있는 법	有生必有死
일찍 죽었다고 명이 짧은 것은 아니지.	早終非命促
어제 저녁엔 함께 사람이었으나	昨暮同爲人
오늘 아침엔 귀신의 명부에 올랐네.	今旦在鬼錄
혼과 숨은 흩어져 어디로 가고	魂氣散何之
메마른 형체만 빈 관 속에 담겨 있나.	枯形寄空木
귀여운 아이는 아비를 찾으며 울고	嬌兒索父啼
친구들은 나를 매만지며 곡한다.	良友撫我哭
득실도 알지 못하거늘	得失不復知
시비를 어찌 깨달을까?	是非安能覺
천추만세 후에	千秋萬歲後
영예와 치욕을 누가 알랴.	誰知榮與辱
다만 한스럽기는 살아생전	但恨在世時
술을 실컷 마시지 못했네.	飮酒不得足

지난날엔 술이 없어 못 마셨거늘	在昔無酒飮
지금은 빈 잔 가득 술이 넘치네.	今但湛空觴
봄 술은 익어 밥알이 떠올랐건만	春醪生浮蟻
언제나 다시 마실 수 있으랴.	何時更能嘗
상에 가득한 안주 내 앞에 놓이고	肴案盈我前
친구는 내 곁에서 곡을 한다.	親舊哭我傍
말하려 해도 입에서 소리가 나지 않고	欲語口無音
보려고 해도 눈에 광채가 없다.	欲視眼無光
지난날엔 안채에서 잠들었건만	昔在高堂寢
오늘은 황량한 풀밭에서 묵는구나.	今宿荒草鄉
이른 아침 대문을 나서지만	一朝出門去
돌아올 땐 어둠 가시지 않은 한밤이겠지.	歸來夜未央

황량한 풀은 얼마나 휑한가.	荒草何茫茫
백양나무는 바람에 우수수 운다.	白楊亦蕭蕭
무서리 내린 구월	嚴霜九月中
먼 교외로 나를 보내는구나.	送我出遠郊
사방엔 인가도 보이지 않고	四面無人居
높은 무덤들만 우뚝 솟았네.	高墳正嶕嶢
말은 하늘을 보며 울고	馬爲仰天鳴
바람만 홀로 쓸쓸히 분다.	風爲自蕭條
묘실은 한번 닫혀버리면	幽室一已閉
천 년이 가도 다시는 아침 햇살 없으리니	千年不復朝
천 년이 가도 아침 햇살 없는 것은	千年不復朝
현명하고 달관한 사람이라도 어찌하지 못하리.	賢達無奈何
나를 보내러 왔던 사람들	向來相送人

각자 자기 집으로 돌아간다. 各自還其家
어떤 친척들은 슬픔이 가시지 않았지만 親戚或餘悲
다른 이들은 이미 아무렇지 않게 노래 부른다. 他人亦已歌
죽어 떠나면 또 무슨 말을 하랴. 死去何所道
저 산에 몸을 맡겨 하나가 될 뿐인걸. 託體同山阿
(「의만가사」)

도연명이 여기서 주로 말하는 것은 죽음에 대해 달관한 사상이다. 도연명의 생사관은 완전히 이성적이다. 죽음이 닥쳐올 때까지 시인은 생명에 대해 어떠한 비이성적인 환상도 갖고 있지 않았다. 생명을 가진 개인에게 죽음이란 철저한 종결이다. 도연명은 이 점을 깊이 알고 있었기 때문에 "혼과 숨은 흩어져 어디로 가고, 메마른 형체만 빈 관 속에 담겨 있나"라고 했다. 동시에 그는 해탈의 태도로 죽음을 이해했다. 죽음은 개체 생명의 종결이라 슬픈 것이지만, 동시에 모든 인생 모순의 마지막 해결을 의미하기도 한다. 생전의 득과 실, 옳고 그름, 사후의 영욕, 이 모든 것이 이전에 존재했던 개체와 아무런 상관도 없어진다. "천추만세 후에 영예와 치욕을 누가 알랴"라는 말은 「신석」에서 말한 "선을 쌓으면 마음 늘 기쁘지만, 누가 그대를 위해 칭찬하리오立善常所欣, 誰當爲汝譽" 구절과 같은 의미다. 도연명은 생명에 대해 어떤 때는 '공무空無'의 관념을 갖고 있었는데, 이는 그가 불교의 영향을 받았기 때문일 것이다. 임종의 순간에 이런 시각으로 죽음을 바라보며, 생명의 모순과 고통의 마지막 해탈을 죽음에 대한 보상으로 받아들이면 생명을 잃어버리는 일에 대한 이유를 주관적으로 얻게 된다. 가령 죽음을 생명의 최후 과정으로 생각한다면 개인은 이 과정 속에서 해탈의 이익을 얻게 되므로 죽음을 대면하는 두려움을 줄일 수 있다. 그렇다. 이런 정서는 어느 정도 삶을 미워하고 죽음을 찬미하는 경향을 띠고 있으며, 현실적 인생을 부정하는 경향을 초래할 수 있다. 그러나 생명은 무제한으로 현실 인생의 복을 증가시키는 덧셈법만 만들 수는 없다. 때로는 최후에 다가올 죽음을 위해 뺄셈법을 만들기도 한다.

술은 도연명 문학의 또 하나의 중요한 주제다. 도연명에게 음주의 의미는 매우 풍부하다. 상당히 많은 순간, 도연명은 술로 내면의 평화를 얻고, 심지어 술로 도를 체득하기도 했다. 이는 당시의 현학 사상과도 관계가 있다. 현학 명사들 중에는 음주를 통해 자연에 정신을 맡기는 사람들이 있었다. 그러나 음주는 어쨌든 물질적 향락이다. 시 「형영신」을 보면, '형形'이 생명의 짧음을 느낄 때, 술로 생명의 물질적 향락을 즐기려고 한다.

그러나 도연명 자신은 이런 방식을 좋아하지 않았기 때문에 이렇게 말한다.

"날마다 술에 취해 혹 죽음을 잊을 수 있어도 장차 수명을 재촉하는 것이 아니겠는가日醉或能忘, 將非促齡具."

그러나 「의만가사」에서는 또 "다만 한스럽기는 살아생전 술을 실컷 마시지 못했네"라고 했다. 생전에 가난해서 통쾌하게 술을 마시지 못했는데, 지금 제사상에 부질없이 술이 있어 유감이라고 말한다. 이는 도연명이 생명에 대한 '형'의 욕구를 간단하게 부정하는 것은 아님을 설명한다. 단지 죽음의 공포 때문에 생이 우울하다고 하루 종일 술에 취하는 행위를 반대하는 것이다. 당연히 「의만가사」에서 이렇게 술의 주제를 부각하는 것은 죽음에 초연한 그의 사상을 강조하려는 것이므로, 그를 임종 앞에서도 술을 잊지 못하는 술꾼으로 생각해서는 안 된다. 이 점에 대해 도연명의 진정한 지음인 소명태자 소통은 『도연명집』 서문에서 이렇게 말했다.

"어떤 이들은 도연명의 시 곳곳에 술 이야기가 있다고 의심하는데, 내 생각에 그의 본의는 술에 있는 것이 아니라, 자신의 생각을 술에 담아 표현하는 것이다."

죽음은 개체 생명의 철저한 종결이다. 도연명은 "인생은 환상 속의 변화와 같으니 죽으면 장차 텅 빈 허무로 돌아가리라人生如幻化, 終將歸空無"라고 말했다. 그래서 그는 죽음에 대해 어떤 비이성적인 환상도 품지 않았다. 그러나 그렇다고 해도 사람들은 존재의 형식을 사용하지 않고는 사후의 일을 가상할 방법이 없다. 죽은 자는 황량한 풀밭에 누워 어둡고 막막한 하늘 끝을 바라본다. 그에게 무슨 아쉬움이 있겠는가? 그는 자신의 육체를 산에 맡겨놓았다. 만약 자신이 이미 죽어 소멸되었다고 해도 사람들은 이미 존재하지 않는 자신을 상상할 때 여전히 자신을 떠나 상상할 수가 없다. 이것이 생명이 가진 가장 큰 비애다. 그러나 도연명은 죽음 후의 자신에 대한 상상이 사실은 생전의 자아의식이 연속되는 것이며, 단지 상상일 뿐이라는 것을 잘 알고 있다. 우리는 어느 누구도 이런 사후의 자신에 대한 연상을 끊을 수 없다. 이는 생명체의 가장 오묘하고 해석하기 어려운 부분이다. 또 달관한 생명 의식을 가졌다고 해도 진정 죽음과 맞닥뜨렸을 때 슬퍼하지 않을 수도 없다. 도연명은 죽음이라는 이 냉혹한 사실을 직시하며 운명의 큰 흐름을 인정하고 생에 대한 미련과 죽음에 대한 공포를 버렸다. 죽음을 직시하고 받아들였기 때문에 어떠한 상상도 품지 않은 것이다. 그의 마지막 영혼은 명철했다. 이는 생명의 최고 수양에 이르는 경지였으며, 자아의 최대 성취였다.

불교는 부처가 일대사인연一大事因緣 때문에 이 세상에 왔다고 말한다. 일대사인연은 바로 생사의 일이다.• 생명철학의 하나로서 불교는 생명의 내부 기능인 성식性識(인식과 분별)과 생명의 외부 조건인 연기緣

• 불교에서 일대사인연은 부처가 중생을 제도하기 위해 인연을 맺어 세상에 나타난 일을 말한다. 저자는 중생 제도의 핵심을 생사의 일이라 본 것이다.

起(인과응보)를 깊이 이해해 생명에 대해 부정의 방식으로 해탈했다. 불교는 '형形'이라는 생명의 객관적 존재의 물질 형식을 부정했으며, '영影'이라는 생명의 사회적 존재 방식도 부정했다. 또 인류의 전체적 대생명체 또한 부정했다. 그리고 불교는 종교의 형식으로 자신의 생명철학을 설명했다. 본래는 최고 이성으로 생명의 문제를 해결하려 했지만, 우매한 중생을 더욱 큰 미망에 빠뜨렸고, 자신의 생명철학도 이런 미망 속에서 부정되었다. 도연명은 '형영신'이라는 종합적 생명관의 수립과 일생의 실천적 행동을 통해 불교에서 말하는 이 일대사인연을 정말로 해결했다. 잎과 가지를 헤치고 곧장 뿌리에 닿은 격이랄까? 그는 후세를 위해 무궁한 깨우침을 남겼다.

서기 427년은 송 문제 원가 4년이다. 만추인 9월, "하늘은 차고 밤은 길고 바람은 쓸쓸하게 분다. 기러기는 먼 길을 나는데, 초목은 누렇게 시들어 떨어지는구나"라고 도연명은 말했다. 그는 자신이 곧 "여관과 같은 이 세상"을 떠나 죽음의 "본가"로 돌아가리라는 것을 예감했다. 오직 생사의 변화와 심신의 이치에 투철한 사람만이 이런 예감을 할 수 있을 것이다. 도연명의 정신은 다시 명철한 경지로 들어가 그의 모든 인생과 곧 다가올 죽음이 그의 눈앞에 선명하게 펼쳐졌다. 그의 「자제문」은 크게 세 부분으로 나뉜다. 첫 번째는 임종 때의 묘사, 두 번째는 모든 생애에 대한 추억, 세 번째는 죽음에 대한 이성적 태도다.

> 정묘년, 때는 구월이라 하늘은 차고 밤은 길고 바람은 쓸쓸하게 분다. 기러기는 먼 길을 나는데, 초목은 누렇게 시들어 떨어지는구나. 나는 곧 여관과 같은 이 세상을 떠나 본가인 땅속으로 영원히 돌아가리라. 친구들은 쓸쓸히 서로 슬퍼하며 오늘 저녁 제사에 함께한다. 좋은 채소를 올리고 맑은 술을 따랐구나. 낯빛을 보아도 이미 어둡고, 숨소리를 들어도 들리지 않는다.(「자제문」)

도연명은 죽음을 필연적인 귀속으로 보았다. 삶은 여관이며, 죽음은 본가다. 비록 여기에도 존재에 대한 상상이 연속되고 있지만, 죽음에 대한 묘사를 볼 때, 그는 이미 죽음에 대해 공포를 느끼고 있지 않다. 이것은 정말 대단한 성취다. 그는 자신의 죽음을 이성으로 관조했으며, 무수히 반복되었고 지금도 반복되고 있는 자연 만물의 변화의 한 부분으로 생각했다. 도연명의 이런 행위는 '주체적 죽음의 객관화'라는 말로 요약할 수 있을 것이다.

도연명의 「자제문」은 자신을 위해 쓴 한 편의 자서전이기도 하다. 본래 도연명 문학의 기본 성격은 자술自述이다. 「오류선생전」에서도 "자주 글을 지어 혼자 즐겼고, 자못 자기의 뜻을 드러냈다"라고 했다. 이는 도연명 문학 창작의 총체적 강령이다. 다른 이들이 문학으로 주로 생활의 편린을 표현하거나 심지어 생활의 세세한 모습만 쓰는 것과는 달리, 자기 자신에 대한 도연명의 표현은 전체적이다. 그는 늘 자신의 현재의 구체적인 생활과 즉각적인 생명에 대한 감상을 전체적인 생명의 과정 속에 놓고 함께 표현했다. 그래서 그의 문학의 표현 방식은 주로 추억식이었다. 생명의 마지막을 맞을 때도 그는 자신의 일생에 대해 총체적으로 추억하며 자술과 추억의 문학에 원만한 마침표를 찍었다.

만약 인생 전체를 죽음으로 가는 과정으로 본다면, 출생은 바로 그 첫출발이다. 인생의 끝에서 시인 도연명은 이런 방식으로 생애를 추억했다.

오호, 슬프도다. 드넓은 대지와 아득히 높은 하늘이 만물을 낳고, 나는 사람으로 태어났다. 사람으로 태어나 가난한 운명을 만났기에 밥그릇은 자주 비고, 거친 베옷으로 겨울을 보냈다. 즐거운 마음으로 계곡에서 물을 길었고, 장작을 지고도 걸으며 노래를 불렀다. 어두운 사립문을 나서서 새벽부터 한밤까지 일했고, 봄부터 가을까지 들판에 나가 일했다. 김을 매고 흙을 갈아주었고, 작물은 잘 자라 무성해졌다. 즐겁게 책을 읽었고, 칠현금으로 마음 흐뭇했다. 겨울이면 햇볕을 쬐었고, 여름이면 냇물에 씻었다. 바빠 쉴 틈이 없었으나 마음은 항상 한가로웠고, 하늘이 준 분수에 즐거워하며 평생을 살았다. 이 평생의 세월을 사람들은 모두 아낀다. 성취가 없을까 두려워 하루를 탐하고, 시간을 아쉬워한다. 살아서 세상의 보배가 되려 하고, 죽어서 길이 기억되고 싶어한다. 아, 나는 홀로 내 길을 걸어 세상과 생각이 달랐네. 총애를 받아도 나 영예롭지 않았고, 진흙이 묻은들 어찌 나 더러워졌으랴. 가난한 오두막에서도 고고했고, 술을 마시며 시를 읊었다. 시운에 밝고 운명을 안다면 누가 미련을 가지랴.(「자제문」)

삶이 천지조화의 은덕 때문이 아니듯, 죽음도 천지조화의 혹독함 때문이 아니다. 생사지간의 모든 역정이 '인人'이라는 글자의 의미를 설명하고 있다. 도연명은 자신의 일생이 '가난貧'이라는 말로 모두 개괄될 것이라고 생각했다. 보통 사람들의 가난은 대개 괴로움과 연결되는데, 도연명의 가난은 오히려 즐거움과 연결된다. 왜냐하면 가난함과 부유함은 객관적 경제 상황이지만 괴로움과 즐거움은 심리적 상황이라 가난이 반드시 괴로운 것은 아니며, 부유함이 반드시 즐거운 것도 아니기 때문이다. 도를 즐기고 자신의 분수에 만족할 수 있다면 빈천해도 편안할 수 있으며, 빈천해도 편안할 수 있다면 가난함 속에서도 도를 즐길 수 있다. 이처럼 '편안함安'은 도연명의 인생 사상에서 매우 중요한 개념이다.

마지막으로 도연명은 죽음에 대한 초연한 태도와 달관한 사람으로서의 사후 처리 문제를 진술했다.

나는 지금 죽어 흙이 되니 여한이 없다. 백 년을 살면서도 몸은 은거를 흠모했거늘, 늙어 죽음을 어찌 다시 연연하랴. 추위와 더위는 빠르게 지나가고, 죽은 이는 남은 사람과 다른 길에 섰다. 친척들은 새벽에 오고 친구들은 한밤에 달려와 나를 벌판에 매장하고 영혼을 위로한다. 어둠 속으로 나는 가고, 무덤 입구엔 찬바람이 분다. 송나라 환퇴桓魋의 사치는 부끄럽고, 한나라 양왕손楊王孫의 검소는 가소롭구나. 죽어 사라졌으니 허무하도다. 멀리 떠나갔으니 탄식하는구나. 봉분을 올리지 않고 나무도 심지 않겠다. 세월은 곧 지나갈 테니. 살아서의 영예도 귀하게 여기지 않았거늘, 죽어서의 찬양을 중시하겠는가? 인생의 길 실로 힘겨웠나니 죽은 후에는 어떠하랴. 오호 슬프다.(「자제문」)

죽음은 운명의 흐름에 따른 결과이므로 운명을 따르고 변화에 몸을 맡겨야 한다. 당연히 여한이 없으니 늙어 죽으면서 어찌 다시 미련을 갖겠는가? 남겨진 장례의 일도 살아 있는 이들이 예와 풍속에 따라 처리할 일에 불과하다. 시치스러운 장례는 부끄러운 일인데, 도연명 같은 빈사가 사치를 생각이나 하겠는가? 그러나 양왕손 같은 검소한 장례도 세상의 풍속에서 지나치게 동떨어진 것이다. 여기서 도연명이 평생 중용의 인생관, 달관의 인생관을 받들었음을 볼 수 있다. 그에게는 조금도 가식적이고 허위적인 습속이 없다. 봉분과 나무는 무덤을 높이 세우는 것과 나무 심는 것을 말한다. 봉분과 나무는 모두 매장의 표시를 남겨 후손들이 오랫동안 받들게 하기 위한 것이다. 도연명은 말한다. 봉분도 올리지 말고 나무도 심지 마라. 후손들이 오랫동안 조문할 수 있게 하는 어떠한 표시도 만들지 마라. 해와 달의 운행 속에서 사람들이 나를 빨리 잊어버릴 수 있게 하라. 생전의 명예도 가볍게 여겼다. 설마 사람들이 사후의 나를 찬미할 일에 신경을 쓰겠는가?

인생은 정말로 어려운 일들의 연속이었거늘 죽어가는 마당에 이를 어쩌랴. 첸중수錢鍾書는 "인생의 길 실로 힘겨웠나니 죽은 후에는 어떠하랴" 구절에 대해 이렇게 말했다.

"이 말은 『전삼국문全三國文』 52권에 있는 혜강의 『성현고사전聖賢高士傳』에서 '나는 부귀가 빈천만 못하다는 것은 알았으나 삶이 죽음보다 어떨지는 알지 못한다'라고 길게 탄식한 말에 근본을 둔 것이다."[30]

이런 해석은 도연명의 본의에 맞지 않는다. 도연명의 생사관에 대해서는 앞에서 이미 분명하게 말했다. 그는 "삶이 죽음보다 어떨지는 알지 못한다"는 등의 의문은 갖지 않을 것이다.

도연명 만년의 친구인 안연지도 도연명이 임종하던 상황을 글로 적었다.

> 중신中身의 나이로 학질을 오래 앓았다. 죽는 것을 집에 돌아가는 것처럼 생각하고, 흉한 일을 당해도 길한 일로 여겼네. 약재는 써보지도 않았고, 귀신에게 빌 생각도 하지 않았다. 저승을 향해 임종을 고하고 편안한 마음으로 긴 인생을 끝내네. 오호 슬프도다. 삼가 그의 고요함과 정절을 술회하고 유언을 따르려 한다. 살아서 풍요로움을 바라지 않았으니 죽어서도 풍족함을 구하지 않겠다. 부고는 생략하고 부의는 받지 마라. 깊이 슬퍼하지 말고 염은 검소하게 하라. 적당한 자리가 있거든 땅을 파고 곧바로 하관해 매장만 하라.(안연지, 「도징사뢰」)

도연명은 학질로 세상을 떠났다. 원문의 중신은 '중수中壽'를 말한다. 옛사람들은 100세, 혹은 120세를 상수上壽라고 했는데, 63세에 죽었으니 중수라고 한 것이다. 이 글에 따르면, 도연명은 마지막에 자의로 치료를 포기했는데, 아마 이것이 오랜 병의 원인일 것이다. 귀신에게 생명을 연장해달라고 비는 일도 그는 당연히 하지 않았다. 그리고 안연지의 서술대로 도연명의 장례는 매우 소박했던 것 같다. 널리 부고도 알리지 않고, 친구들의 조의금도 받지 않으며, 간소하게 장례를 치렀을 뿐이다. "적당한 자리가 있거든 땅을 파고"라는 말은 세속에서 하는 대로 풍수를 따져 장지를 고르지 않는다는 말이나. 이는 곽박의 『장경葬經』을 따르지 않은 것이다. "곧바로 하관해 매장만" 한다는 것은 도연명 자신이 말한 대로 봉분을 올리지 않고 나무도 심지 않는 것을 의미한다. 자연을 따르되 이성적인 도연명의 생명관은 사후 처리에까지 영향을 미쳤다.

인류가 존재하는 한 죽음은 영원히 우리 앞에 놓여 있는 최대의 곤경이다. 그래서 도연명의 「의만가사」와 「자제문」이 보여주는 죽음에 대한 이성적인 인식은 우리에게 영원한 깨달음을 준다.

25장

자신을 위한 학문

안연지의 「도징사뢰」는 도연명이 "학문을 했지만 전문인으로 칭하지는 않았다"라고 말한다. 그가 당시 전문적인 학자로 알려지지는 않았다는 의미다. 당시의 전문적인 학문은 전통적 경학, 불학, 현학이었다. 안연지가 여기서 말한 학문은 아마 경학일 것이다. 도연명은 "오직 육경에서 노닐며 즐거웠네"라고 말한 것처럼 경전에 몰두하고 탐독하는 경사經師에는 뜻이 없었다. 그는 일찍이 「오류선생전」에서 이렇게 말했다.

"책을 읽는 것을 좋아했지만 깊이 해독하려고 하지는 않았다. 매번 자신의 마음에 부합하는 구절을 만나면 즐거워하여 끼니를 잊기도 했다."

그래서 위의 "학문을 했지만 전문인으로 칭하지는 않았다"라는 말은 그의 학문이 부족했다거나 전문적인 학자가 되지 못했다는 의미가 아니라 전문가로 호칭 받는 학문을 하지 않았다는 의미다. 물론 도연명에게 가장 중요한 학문은 문학이다. 그의 작품을 보면 그는 문학의 전통을 매우 깊이 학습했고, 이로부터 자신만의 탁월한 시가 예술을 창조해냈다. 그러나 시학은 당시 학술의 일종으로 받아들여지지 않았다. 또 도연명은 역대 인물 전기를 연구해 대량의 시문을 짓기도 했을 뿐 아니라 『오효전五孝傳』 『집성현군보록集聖賢群輔錄』 등의 사학 저작을 저술했다.[31] 시문에서 치학의 문제를 언급하기도 했다. 예를 들면, 「감사불우부」 서문에서 "나는 삼여의 날이나 강습한 후의 여가에 그 글을 읽고 한탄하며 슬퍼했다"라고 말했다. 여기서 말하는 강습은 틀림없이 경전을 강독하고 학습하는 학문을 가리킨다. 또 「영빈사」 제2수에도 "시서는 자리 안팎에 가득하지만, 날 저물도록 연마할 겨를도 없네"라는 구절이 있다. 이런 내용을 보면 도연명이 시문을 창작하는 일 외에 학문 활동도 했음을 알 수 있다. 그러나 도연명이 학문을 하는 최종 목적은 구체적인 학술의 성취를 얻으려는 것이 아니었다. 평생 동안 도연명은 자신이 배우고 연구한 것을 바탕으로 생명 체험과 생활 실천을 통해 인생과 관계된 자신의 대학문大學問을 수립했다. 이것은 모든 학문 중에서도 가장 크고 가장 근본적인 학문일 것이다. 예로부터 지금까지 세상에는 무수히 많은 학인學人이 있지만, 이런 대학문을 건립할 수 있던 이는 사실 몇 명 되지 않는다. 시인의 신분으로, 시가를 매개로 이런 대학문을 수립한 이는 더욱 소수다. 중국 고대 시인 중에는 도연명 외에 소동파가 대체로 근접해 있고, 백거이는 다소 멀다. 우리가 지금 학술대사라고 부르는 학자들이라 할지라도 이렇게 크고 근본적인 학문은 수립할 수 없기 때문에 할 수 없이 전공 학문을 하는 것이다. 어쩔 수 없는 선택이다. 학문의 영역에서는 전공 학문을 연구하는 것이 첫 번째 의의이지만, 인생의 사상을 수립하는 학문을 생각하면 사실 두 번째 의의다.

도연명의 인생학은 그 내용이 매우 심오하고 풍부하다. 일부분이라도 진정으로 이해하려면 오직 실천을 통해서만 가능할 뿐, 글로는 만분의 일도 얻기 힘들다. 하지만 우리는 지금 여기서 그 학문의 대체적인 강령에 대한 탐구를 시도해보고자 한다. 내 생각에 그의 인생학은 '자신을 위한 학문爲己之學'이란 말로 개괄할 수 있을 것이다. '자신을 위한다'는 것은 무슨 의미일까? 요즘 사람들이 말하는 사리사욕이나 자기중심적인 생각이라는 말이 아니다. 고도로 자아를 실현한다는 의미다. 『논어』「헌문憲問」에 "공자 왈, 옛날 학인들은 자신을 위해 공부했는데, 지금 학인들은 다른 이를 위해 공부한다子曰, 古之學者爲己, 今之學者爲人" 라고 했다. 공안국孔安國은 이 말을 이렇게 해석했다.

"자신을 위하면 도를 이행하여 그를 실천한다. 남을 위하면 다만 말만 할 수 있다."

이 말의 의미는 이전의 학자들은 입신해 도를 실천하기 위해 학문을 했는데, 지금 학자들은 단지 학설을 세우고 저술하기 위해 학문을 한다는 것이다. 후에 순자도 『순자』「권학勸學」에서 말했다.

"옛날 학인들은 자신을 위해 공부했는데, 지금 학인들은 다른 이를 위해 공부한다. 군자의 학문은 자신을 훌륭하게 하지만, 소인의 학문은 무엇을 얻으려고 하는 것이다古之學者爲己, 今之學者爲人. 君子之學也, 以美其身. 小人之學也, 以爲禽犢."

원문의 "금독禽犢"은 얻는 것이다. 소인의 학문이 오직 명예나 이익, 혹은 일반적인 호기심과 지적 욕구 등을 획득하려고 한다는 말이다. 도연명 본인은 '자신을 위한 학문'이라는 등의 명목을 세우지는 않았지만, 그의 학문과 인생 실천을 '자신을 위한 학문'이라는 말로 개괄하는 것이 가장 적당하다고 생각된다. 아마도 전국 시대, 양한, 그리고 육조의 저명한 학인들도 모두 다른 사람을 위한 학문을 했을 것이다. 진정으로 자기 자신을 위한 학문을 한 사람은 오직 도연명 한 사람뿐이다. 도연명이야말로 진정으로 공자가 말하는 그 "옛날 학인"에 속하는 사람이다. 애석하게도 당시의 사람들은 이 점을 근본적으로 이해할 수 없었다. 안연지조차도 "학문을 했지만 전문인으로 칭하지는 않았다"라고 말했는데, 이 말이 그를 비하하는 말은 아니지만 찬미하는 말도 아니다. 송대에 와서 인생학이 흥기하면서 학자들이 도연명 인생학의 숭고함과 깊이를 이해하기 시작했다. 하지만 도연명의 모든 사상을 이해하는 것은 쉽지 않다. 소동파, 진덕수眞德秀 같은 이들도 그렇게 도연명을 흠모했지만, 도연명의 사상 전체를 이해한 것은 아니었다. 우리가 지금 도연명의 '자신을 위한 학문'을 말하는 것도 피상으로 흐를까 두렵다.

이른바 '자신을 위한 학문'은 물론 자기 자신을 위한 학문과 수양을 가리킨다. 하지만 무엇을 자기 자신이라 하는가? 사람은 사상과 감정의 구분이 있고, 육체와 심령의 분별이 있다. 비록 그것들이 하나로 연결되어 잘라내기는 어렵지만, 만약 주의를 기울여 인식하지 않는다면 어느 것이 진정한 자신인지 알아내기 어려울 것이다. 도연명은 철학적으로 자기 자신을 분석했다. 그 결과가 바로 앞에서 거론한 「형영신」이란 작품이다. '형'은 육체와 생리적 층위의 나로서, 일반적인 감정과 욕망을 가리킨다. 위진 현학 일파는 마음 내키는 대로 방종하는 것을 자연이라고 여겼다. 음주와 방종을 요구하는 것은 모두 '형'의 자아다. '영'은 개인이 직면한 사회적 영향과 행위의 형상, 즉 전통적 유교 일파가 이해하는 자아다. 이를 '명名'이라고도 할 수 있다. '신'은 도연명이 고도의 사변 능력을 사용해 발견한 개념이다. 천지 만물의 표상에도 독립적이며, 또 천지 만물의 지류와 혼합되어 있는 정신으로서의 자아다. 도연명은 "정신이 자연의 이치를 따져 해석한다"라고 말했다. '신'은 '형'의 자아와 '영'의 자아보다 위에 있는 최상위층의 자아다. 자아에 대한 도연명의 발견은 「형영신」이라는 세 수의 철학시를 통해 표현된다. 이는 그가 평생 끊임없이 추구한 자아의 총체적 결론이라 할 수 있다.

도연명이 자기를 위한 것, 도연명이 술을 좋아한 것, 이 두 가지는 표면적으로 볼 때 물질적 자아라는 범주 위에 존재한다. 다음은 「음주」 제3수다.

천하에 도가 사라진 지 천 년 道喪向千載
사람들은 자신의 감정을 숨기네. 人人惜其情
술이 있어도 마시지 않고 有酒不肯飮
다만 세상의 평판만 신경 쓰네. 但顧世間名
나 자신을 귀하게 여기는 것은 所以貴我身
인생이 단 한 번뿐이기 때문이 아닌가? 豈不在一生
일생 또 얼마나 되랴. 一生復能幾
벼락처럼 갑자기 순식간에 흘러갈 뿐이라네. 倏如流電驚
부질없이 백 년도 못 살면서 鼎鼎百年內
이런 생각으로 무엇을 이루려는가? 持此欲何成
(「음주」 제3수)

여기서 "나 자신을 귀하게 여기는 것"은 물질적 생명을 가리키는 것으로 보인다. 「음주」 제11수에서 그는 또 이렇게 말했다.

"몸뚱이 천금같이 잘 지켜도 죽고 나면 그 귀한 몸도 사라진다."

이 구절로 볼 때 그는 육체를 중시한 것 같다. 그러나 사실 도연명이 중시한 것은 육체가 아니라 생명으로도 바꿀 수 없는 가치, 육체 속에 맡긴 그 마음이다. 명성과 이익을 구하는 자만이 육체를 위하고 물욕을 누리고자 한다. 도연명의 '자신을 위한 학문'에서의 자신은 심령으로서의 자아다. 우리는 앞에서 그가 벼슬을 사직한 원인을 분석했다. 그것은 심령이 바라는 바를 진정으로 따른 것이며, 물질적 향유를 버린 것이다.

주림과 추위에 비록 절박하긴 했지만, 내 뜻과 어긋나는 일이라

병든 것처럼 고통스러울 것이다.(「귀거래혜사」 서문)

내 나이 오십을 넘었으니, 어려서는 가난으로 고생했고, 항상 집안이 어렵다보니 동서로 분주히 돌아다녔다. 성격이 고지식하고 재주는 둔해 세상 사람들과 자주 어긋나 세상에 화를 만든다고 스스로 생각했다. 애만 쓰다 세상을 등지고 떠나와 너희를 어려서부터 주리고 춥게 했구나.(「여자엄등소」)

이 두 구절은 도연명의 '자신을 위한 학문'이 가장 직접적으로 체현된 곳이라 할 수 있다. 그는 자신의 뜻과 어긋나지 않기 위해 가장 기본적인 의식의 욕구를 포기했다. 자신의 의식의 욕구만 포기한 것이 아니라 가족 역시 포기해야 했다. 지금의 시각으로 보자면 많은 사람이 비상식적인 일이라고 할 것이다. 하지만 도연명은 사람들의 중론에 개의치 않고 의연히 벼슬길을 떠나 귀은했다. 무엇을 위해서인가? 그가 이미 찾은 심령의 자아를 위해서다. 사실 그는 평생 '자신'을 중시했다.

깊은 감회로 나를 어루만지며 撫己有深懷
흐르는 세월을 따르니 감개만 더하네. 履運增慨然
(「세모화장상시」)

평소에 그는 늘 이렇게 자신을 어루만지고 돌보고 위로했다. "나를 어루만지며" 부분은 도연명이 평생 자신을 위했던 모습이 매우 생동적으로 표현된 말이다. 그는 자아를 움켜쥐고서 자신의 생명을 사회와 자연의 거대한 변화의 흐름 속에 맡겨 자유롭게 펼쳤다. 사람들은 외부 세계를 주재할 수 없다. 오직 자기 자신의 심령을 주재할 수 있을 뿐이다.

몸은 자연의 섭리대로 변해가도,
심신은 오래도록 홀로 여유롭다.(「무신세유월중우화」)

도연명이 인간의 기본적인 물질적 필요를 홀시한 것은 아니다. 오히려 매우 중시했다고 할 수 있다. 그가 사대부로서의 신분을 신경 쓰지 않고 농사를 지은 것은 이런 물질적 필요 때문이었다.

옷과 음식 꼭 장만해야 하나,
농사일은 날 속이지 않으리.(「이거」)

그러나 그는 적당한 물질적 만족이 있으면 그것으로 족할 뿐이지, 지나친 사치를 바라지 않았다.

자신에게 바라는 것 참으로 한계가 있나니,
과욕은 내가 흠모하는 바 아니라.(「화곽주부」 제1수)

사람들이 누리고 싶어하는 부귀영화에 대해서도 쉽게 부정하지는 않았다.

어찌 가벼운 가죽옷 입을 줄 모르겠는가?
의롭지 않은 이득은 바라지 않기 때문이네.(「영빈사」 제3수)

구차하게 소득이 생긴다면 그것은 자신의 뜻과 어긋난다는 말이다.

또 '자신을 위한 학문'은 '마음의 학문心學'이라 부를 수 있을 것이다.

훌륭하도다, 주양규, 병을 칭하고 한가히 은거했구나.
깨끗하고 고상한 경지에 마음을 맡기고 그윽이 홀로 즐거워했네.(「선상화찬」)

마음 흡족해 말하노니,
누구나 만족은 쉽다네.(「시운」)

그가 평생 중요하게 생각했던 것이 바로 이 '마음'이라는 것을 알 수 있다. 도연명의 글쓰기도 자신을 위한 것이었지, 다른 사람을 위한 것이 아니었다.

자주 글을 지어 혼자 즐겼고,
자못 자기의 뜻을 드러냈다.(「오류선생전」)

도연명이 자연의 미를 깨닫고 즐긴 것도 '자신을 위한 학문'의 일부분이다.

동쪽 정원의 나무
가지가 무성하네.
봄 나무 다투듯 피어올라
내 마음 즐겁게 하네.(「정운」)

정리하자면, '자신을 위한 학문'은 도연명이 평생 동안 해왔던 학문과 행위의 강령이라고 할 수 있다.

26장

생명 의식과 생명 사상

위진 시대는 생명 정조가 뜨거웠고, 생명 의식을 자각했으며, 생명 사상이 풍부하던 시대였다. 근본적으로 보면, 위진 사인의 모든 행동 방식과 문화적 창조, 생활에서의 실천 등 모든 면에서 이런 생명관이 심층적 원동력이 되었다. 위진 시대의 철학 유파도 생명철학의 차이 때문에 분야가 갈라졌다. 도연명의 생명 사상의 형성도 이런 큰 사상적 배경과 밀접하게 관련되어 있다.

생명은 완전히 개체의 형식으로 존재한다. 하지만 개체 생명은 번식의 방식으로 출현하기 때문에 각각의 생명은 약간 다른 개체 생명과 많은 혈연적 관계 사슬을 형성한다. 이런 사슬 중에서 중국인은 남성 직계의 생명 사슬을 가장 중시한다. 모든 생명은 부친부터 거슬러 올라가 자신들의 조상에 이르기까지 길고 긴 종족 생명 사슬을 형성한다. 주나라 때는 종족 제도가 이미 완성되었기 때문에 이와 상응해 종족적 생명관이 형성되었고, 이는 중국 전통적 가치 관념의 중요한 근본이 되었다. 위진 사족 사회는 종법 제도를 근간으로 했다. 그래서 위진 사인들은 이런 종족 생명 사슬을 특별히 중요하게 생각했다. 도연명도 예외가 아니라서 매우 깊은 종족 관념을 갖고 있었다. 이는 「명자」 「증장사공贈長沙公」 등의 작품에서 매우 분명하게 표현된다. 예를 들면 이런 구절이다.

"넘실거리는 큰 물결 같고, 우람하고 부성한 큰 나무 같네. 무수한 강물도 그를 따라 생겨났고, 수많은 가지도 그에게서 뻗어갔다."

한 줄기 길고 긴 강과 같고, 높이 솟은 큰 나무와 같다. 긴 강은 수많은 지류로 나뉘고, 큰 나무는 무성한 가지로 뻗어나간다. 이것이 바로 도연명이 종족 생명 사슬에 대해 갖는 직관적 상상이다. 그래서 그의 생명 사상을 논할 때 이 점을 홀시해서는 안 된다.

생명이 비록 개체의 형식으로 존재하지만, 다른 생명체에서 벗어나 완전히 독립적으로 존재하는 생명은 없다. 하나의 생명은 가정에 의존하고, 더 나아가 사회, 국가, 인류, 이렇게 큰 생명 군체에 의존해 존재한다. 각자의 의존 방식이 다르기 때문에 각자가 인식하는 생명 공동체의 범위도 크기가 다르다. 이 생명 공동체에 대한 인식 정도의 차이와 유무가 바로 개체 생명 자각 정도의 표식이다. 도연명은 고도로 자각적인 생명 개체다. 그가 갖고 있는 것은 양주의 극단적 이기주의인 위아爲我 사상이 아니라, 전통 유가의 "순탄하면 천하를 구제하고 곤궁하면 홀로 내면의 선을 지킨다達則兼濟, 窮則獨善"는 사상이다. 다음은 「감사불우부」의 한 구절이다.

"아, 모두 천지와 자연의 기를 받았건만, 어찌 사람만이 영장이 되었는가? 정신과 마음을 받아 지혜를 갖추고, 천지인, 인의예지신을 이어받아 이름을 남기도다. 어떤 이는 세상에서 물러나 스스로 만족하고, 또 어떤 이는 세상에 나가 민생을 크게 구제한다."

겸제兼濟(천하를 구제하는 적극적 행동)와 독선은 모두 인류의 생명과 군체의 생명을 공동체적 윤리도덕 생명관으로 삼는 기초 위에 형성된 가치 관념이다. 도연명은 처음에는 겸제를 추구했는데, 상황이 여의치 않자 후에 독선으로 돌아섰다.

"오두막에서 참된 성품 길러, 내 명성 선하게 전해지길."(「신축세칠월부가환강릉야행도구」)

그래서 그가 은거하며 자신의 뜻을 지켰던 것은 유가의 윤리도덕 생명관과 상치되지 않는다. 이는 또 은거가 사회와 전통의 승인을 얻을 수 있는 이유이기도 하다.

위에서 말한 종족 생명관과 윤리도덕 생명관이 비록 도연명 생명 사상만의 독특한 발견이나 깨달음은 아니지만, 도연명 생명 사상의 특수성을 논할 때는 반드시 그의 인생을 지배한 이 두 가지 생명관을 살펴봐야 한다.

생명에 대해 개체가 갖는 가장 자연스러운 태도는 자기 생명에 대한 집착과 애착이다. 그러나 본능에서 나온 이런 정서는 오직 자각적인 개체만이 정확하게 인식할 수 있다. 도연명은 뜨겁게 생명을 사랑했다.

"나 자신을 귀하게 여기는 것은 인생이 단 한 번뿐이기 때문이 아닌가? 일생 또 얼마나 되랴. 벼락처럼 갑자기 순식간에 흘러갈 뿐이라네."(「음주」 제3수)

후한 중후기 이후로 생명을 귀하게 여기는 사상이 유행했는데, 이런 사상은 후생厚生과 양생養生의 두 관념을 파생한다. 도연명도 생명을 귀하게 여겼지만, 신선가들의 비이성적인 양생 사상이나 귀족들의 후생, 또는 사치스러운 생활 방식에는 찬성하지 않았다. 그가 숭상한 것은 생명 그 자체였다. 왜냐하면 개체 생명의 존재는 모든 행위의 전제 조건이기 때문이다. 위진의 허무 퇴폐 일파는 생명을 혐오하는 관념을 갖고 있었는데, 도연명은 이런 사상들과 단호히 절연했다. 그는 생명에 대해 적극적인 태도를 갖고 있었다. 이런 적극적인 태도가 그의 출발점이었기 때문에 그가 평생 사고하며 형성한 생명 사상이야말로 가치 있는 것이다.

위진 생명 사조의 특징은 개체 생명의 순간성 때문에 생겨나는 여러 가지 사상 행위 방식에 있다. 그래서 생명의 짧음과 초조감을 표현하는 것은 위진 문학의 매우 기본적인 주제다. 도연명은 이 방면의 대표적 시인이다.

무성한 무궁화나무
여기에 뿌리를 내렸네.
새벽에 꽃잎 반짝이더니
저녁 되자 사라졌다.
인생도 잠시 맡겨진 듯하니
때가 되면 시든다.
고요히 깊은 생각에 빠지니
마음엔 슬픔이 차오르네.(「영목」)

오늘 화창한 날씨	今日天氣佳
맑은 피리 소리에 거문고 연주를 더하네.	淸吹與鳴彈
저 측백나무 아래 누워 있는 이를 생각하면	感彼柏下人
어찌 즐거워하지 않으리.	安得不爲歡
맑은 노래에 싱그러운 음성 퍼지고	淸歌散新聲
녹주 한 잔에 얼굴은 발그레 펴진다.	綠酒開芳顔
내일 일은 알지 못하니	未知明日事
내 맺힌 가슴 맘껏 풀어내리라.	余襟良已殫

(「제인공유주가묘백하」)

영롱한 꽃잎 오래 머물지 않나니

성쇠의 이치는 알 수 없구나.
옛날엔 봄날의 연꽃 같았으나
이제는 가을날 연밥처럼 되었네.
들풀은 된서리에 얼어붙고
시들어 생기를 잃어가는 듯.
해와 달은 돌아 제자리로 오지만
내 생명 떠나가면 다시 생기를 얻지 못하리.
지난날 되돌아보며
이 생각에 애간장 끊어진다.(「잡시」 제3수)

날은 저물고 하늘엔 구름 한 점 없는데
춘풍에 따뜻한 기운 실려 오네.
아름다운 사람은 이 맑은 밤을 사랑해
새벽까지 술 마시고 노래하네.
노래가 끝나니 탄식은 길어
이를 보며 마음 크게 아파라.
구름 사이로 흰 달빛
잎 사이로 반짝이는 꽃망울이여
어찌 좋은 시절 한 번 없으랴만
오래 머물지 못하니 어찌하랴.(「의고」 제7수)

「영목」은 아침에 피었다가 저녁에 지는 무궁화에 인생의 짧음을 비유하면서, 매우 강렬한 초조감을 표현했다. 두 번째 인용 시 「제인공유주가묘백하」는 생명의 짧음에서 생겨나는 향락주의 사상을 적었다. 「잡시」 제3수와 「의고」 제7수는 생명의 유한함에 대한 정서를 노래했는데, 완적과 유사한 스타일로 너무나 감상적이다.

생명의 짧음을 느끼면 세월의 흐름과 변화를 감지하기 마련이다. 이에 대한 묘사는 위진 생명 의식의 두드러진 특징이며, 위진 시가의 중요한 주제가 된다. 세월의 흐름과 자연 경물의 변화는 도연명에게도 일상적인 생명 정서다. 그의 시는 위진 시가의 감물언지感物言志(자연의 변화에 심경이 동하여 자신의 감개와 의지를 토로하는 시풍) 전통을 계승해 세월의 흐름과 만물의 변천을 매우 폭넓게 표현했다. 그는 시간의 흐름에 대해 민감한 체험을 했고, 그 체험을 세상의 변화와 결합해 '시운時運' '운運' '화化' 등의 개념으로 개괄했다.

성큼성큼 계절은 흘러가고, 邁邁時運
부드러운 아침 햇살 비친다. 穆穆良朝
(「시운」)

운을 따라 태어났으니 끝으로 돌아갈 때가 있다 運生會歸盡
(「연우독음」)

몸은 자연의 섭리대로 변해가도, 形跡憑化往
(「무신세유월중우화」)

우주의 변화에 따라 끝으로 돌아간다. 聊乘化以歸盡
(「귀거래혜사」)

도연명이 일상 속에서 세월의 흐름과 변화에 강렬한 느낌을 받고 있다는 것을 알 수 있다. 세월의 흐름과 변화에 대한 느낌은 생명이 짧다는 필연성을 인식하기 때문에 생겨난다. 「오월단작화대주부」에서 그는 집중적으로 이런 감상을 표현하면서 자연의 이치로 이 문제를 해소했다.

빈 배 노 젓듯 빠르게 虛舟縱逸棹
세월은 돌고 돌며 끝없이 이어진다. 回復遂無窮
한 해가 시작되고 잠깐 사이 發歲始俯仰
별자리는 또 돌아 오월이 되었네. 星紀奄將中
남쪽 창밖엔 시든 것 하나 보이지 않고 南窓罕悴物
북쪽 숲은 울창하고 풍성하다. 北林榮且豐
비의 신은 때에 맞는 비를 내려주고 神萍寫時雨
새벽빛에 부드러운 바람 실려 온다. 晨色奏景風
세상에 이미 왔으니 뉘라서 돌아가지 않으랴. 旣來孰不去
인생의 이치는 실로 마지막이 있다네. 人理固有終
가난 속에 머물며 생명의 끝을 기다리나니 居常待其盡
팔베개하고 산들 어찌 충허沖虛의 경지에 흠이 되랴. 曲肱豈傷沖
우주의 변화는 평탄과 위험을 거듭하나니 遷化或夷險
뜻 가는 대로 따르고 마음 동요하지 말자. 肆志無窊隆
일에 닥쳐도 달관할 수 있으면 即事如已高
어찌 반드시 화산과 숭산에 올라 신선을 찾으리. 何必升華嵩
(「오월단작화대주부」)

도연명은 「영빈사」 제2수에서 "남쪽 밭에는 남은 채소가 없고, 북쪽 뜰에는 메마른 가지만 가득하네"라고 묘사했다. 이때의 "북쪽 뜰"과 위 인용 시의 "북쪽 숲"은 같은 곳으로, 모두 남촌 율리의 집이다. 이 시가 남촌으로 이주한 후의 작품이라는 것을 알 수 있는데, 루친리는 이 시를 의희 9년, 도연명이 49세 때의 작품이라고 단정했다. 이 시는 장자의 빈 배의 비유로부터 시작된다. 『장자』 「열어구列御寇」는 "매이지 않은 배처럼 떠 있다가 텅 비어 마음대로 흘러 다닌다汎若不繫之舟, 虛而敖遊"라는 구절로 인생을 비유했다. 도연명은 이 전고를 좋아해 자주 차용했다. 때로는 「잡시」의 다음 구절처럼 인생이 빠르다는 비유로 사용했다.

"계곡의 배는 잠시도 머물지 않고 흘러가니, 나의 세월도 멈출 수 없구나壑舟無須臾, 引我不得住."

또 때로는 「을사세삼월위건위참군사도경전계」의 구절처럼 자유롭게 흘러가는 인생의 태도에 비유하기도 했다.

"계곡의 배처럼 급한 세월을 생각하며 진실로 서리 내린 측백나무의 절개를 따르리라."

「오월단작화대주부」는 시인이 오월의 첫 번째 오전의 감상을 쓴 것이다. 오월은 자연이 번성하는 계절이다. 기다리던 비가 내리고, 온화한 남풍이 분다. 눈앞에 펼쳐진 경관은 도연명에게 평화와 한적함을 느끼게 하면서도 시간이 빠르게 흐르고 있음을 일깨워준다. 자신의 나이가 50이 되어가고 있다고 생각하니 인생의 종극점이 점점 가까워지는 것이 느껴진다. 시인의 마음은 자신도 모르게 요동치지만, 더 무섭다거나 더 슬퍼지는 것은 아니다. 그는 이 세상의 모든 것이 영원하지 않다는 것을 느꼈기 때문이다. 모든 온 것은 결국 가야 한다. 생이 있으면 죽음이 있다. 이것이 인생의 이치다. 이 이치는 영계기가 말한 "변하지 않는 이치에 거하며 마지막을 기다린다"와 같은 의미다. 앞으로의 인생에 험난한 변화가 있을지라도 오직 자신의 마음이 가는 대로 따른다면 심령은 무너지지 않을 것이다. 심령이 무너지지 않는다면 죽음을 비롯한 어떤 변고에도 평담하게 대처할 수 있다. 이것이 초월이며 생명 경지의 상승이니, 반드시 오악에 올라 신선을 구할 필요가 있겠는가?

생명 문제, 특히 생사 문제에 대해 도연명이 집중적으로 사고한 것은 그가 50세 전후일 것이다. 은거하기 전 그의 주요 모순은 출처의 문제였는데, 은거를 시작한 후 한동안 정서가 평온하고 사상적 모순이 별로 없었다. 50세에 즈음해 은거 생활도 곤경을 만나고, 다른 한편으로는 앞길이 어려워질 것이라는 생각이 들면서 인생을 근심하는 정서가 점차 많아졌다. 「잡시」 12수 중 몇 작품은 이 시기에 쓴 것인데, 제6수, 제7수는 이런 생각이 비교적 선명하게 노출되었다.

예전 어른들의 말씀을 들으면	昔聞長者言
늘 귀를 막고 듣기 싫어했다.	掩耳每不喜
어찌하다 나이 오십이 되니	奈何五十年
문득 이미 이 일들을 직접 겪었구나.	忽已親此事
내 젊은 날의 기쁨을 구했으나	求我盛年歡
조금도 그 즐거움 되돌릴 수는 없구나.	一毫無復意
시간은 흐르고 흘러 더 멀리 떠나가고	去去轉欲遠
이 생명 다시 만나지 못하리.	此生豈再值
가산을 쏟아 즐겁게 누리리니	傾家持作樂
이 세월 말처럼 빠르게 달려간다.	竟此歲月駛
자식이 있어도 재물 남기지 마라.	有子不留金
죽은 후에 둔들 무엇에 쓰리.	何用身後置

(「잡시」 제6수)

해와 달은 주행을 늦추지 않고	日月不肯遲
사계절은 갈 길을 서로 급히 재촉하네.	四時相催迫
찬바람은 시든 나뭇가지를 스쳐 지나고	寒風拂枯條
낙엽은 긴 두둑을 덮는다.	落葉掩長陌
약한 몸은 세월을 따라 시들해지고	弱質與運頹

검은 머리 이미 희게 변했다. 玄鬢早已白
머리에 꽂은 흰 표지가 알려주네 素標插人頭
앞날의 길은 점점 좁아진다고. 前塗漸就窄
집은 나그네를 맞는 여관 家爲逆旅舍
나는 떠나는 길손과 같네. 我如當去客
가고 가다가 어디로 가는가? 去去欲何之
남산에 오래된 집 나의 무덤이 있네. 南山有舊宅
(「잡시」 제7수)

도연명은 남촌으로 이주한 이후 생활이 점점 더 어려워졌고, 신체적 상황도 이전보다 나빠져 자주 병에 걸리고 삶이 그리 오래 남지 않았다고 느끼곤 했다. 위의 두 시는 이런 상황을 반영한다. 이 시기를 전후해 그는 유서 형식의 글인 「여자엄등소」를 썼다. 나이 50을 넘으며 "병이 든 이후 몸이 점점 쇠약해져가는데, 친구들은 날 놔두지 않고 매번 약과 침으로 치료해준다. 수명이 곧 한계에 닿을 것 같다疾患以來, 漸就衰損, 親舊不遺, 每以藥石見救, 自恐大分將有限也"는 상황을 자술했다. 이 시기, 인생에 대한 우울한 정서가 비교적 많이 드러나고 있음을 볼 수 있다.

그러나 도연명은 자기 자신을 생에 대한 우울한 정서 속에 빠뜨리지는 않았다. 바로 이때, 그는 자신의 총체적 생명철학을 의식적으로 세우기 시작했다. 그는 이미 "곤궁함을 지키는" 사상을 확립했는데, 지금 다시 "변하지 않는 이치에 거하며 마지막을 기다리는" 사상을 확정했다. 이는 그의 인생 사상의 양대 지주다. 그의 생명 사상의 자원은 여러 연원이 있다. 일부분은 유가에서 왔고, 일부분은 영계기 등의 고사와 장자, 불교에서 왔다. 그가 생사 문제에서 유가의 영향을 받았다는 관점은 지금까지 크게 주목받지 못했다. 그러나 그는 「여자엄등소」에서 "생에는 반드시 죽음이 있다生必有死"는 사상이 성인과 그 제자들의 설법을 받아들인 것이라고 말했다.

천지가 생명을 주었으니 생에는 반드시 죽음이 있다. 자고로 성현이라도 뉘라서 벗어날 수 있었는가? 자하子夏는 "죽고 사는 데는 운명이 있고, 부귀는 하늘에 달려 있다"라고 말했다. 공자의 네 제자는 직접 그 가르침을 받았으니, (자하가) 이 말을 한 것은 인생의 곤궁과 달통은 함부로 구할 수 없고, 장수와 요절도 정해진 운명 밖에서 얻을 수 없기 때문이 아니겠는가.(「여자엄등소」)

영계기의 "변하지 않는 이치에 거하며 마지막을 기다린다"는 낙관주의가 그에게 미친 깊은 영향은 제19장 '가난한 선비들의 이야기'에서 이미 말했다. 노장과 위진 현학의 자연관이 그의 생명관에 영향을 준 부분은 운화運化, 대화大化의 관념이다.• 이런 관념은 유가에서 순수하게 이성으로 생사의 두려움을 극복하거나 성현의 가르침으로 평담하게 죽음을 받아들이는 것과는 크게 다르다. 도가는 생명을 자연 만물의 일부분으로 보는데, 생명이 자연 속에서 탄생, 소멸하며 전화轉化한다고 말한다. 장자는 자연으로 회귀하는 것을 생명의 진정한 회귀로 여기며, 이 관점으로 삶을 좋아하고 죽음을 혐오하는 기존의 관점을 깨뜨렸다.

"그대는 삶을 좋아하는 것이 미혹이 아니란 것을 어찌 알겠소? 그대는 죽음을 혐오하는 것이 어려서 집을 잃고 돌아가지 못하는 것과 다르다는 것을 어찌 알겠소?"(『장자』「제물론齊物論」)

뒤 구절의 의미는 이렇다. 당신이 죽음을 두려워하는 것이 '어떤 이

• 운화와 대화는 천지 운행의 이치에 따라 변화하는 것을 의미한다. 『열자列子』에서는 인생의 대화를 영유아기, 청장년기, 노년기, 사망의 네 가지로 나누었다.

가 어려서 집을 떠난 후 오래 지나자 객지를 집으로 생각해서 원래 집으로 돌아가는 것을 두렵게 생각하는 것'과 다르다고 말할 수 있겠는가? 장자는 심지어 삶을 사마귀나 혹 같은 군더더기로, 죽음을 부스러기나 종기로 보는 말도 했다. 「대종사大宗師」 편을 보면 맹자반孟子反과 자금장子琴張이 죽은 친구 자상호子桑戶를 위해 지어 부른 만가에 이런 가사가 있다.

"아, 자상호여! 아, 자상호여! 그대는 이미 원래의 참된 곳으로 돌아갔건만, 우리는 아직 사람의 몸이라네."

이 속에는 삶을 좋아하고 죽음을 혐오하는 기존의 관점을 뒤집는 심리가 담겨 있다. 위에서 인용한 도연명의 「잡시」에는 "집은 나그네를 맞는 여관, 나는 떠나는 길손과 같네. 가고 가다가 어디로 가는가? 남산에 오래된 집, 나의 무덤이 있네"라는 구절이 있고, 「의만가사」에는 "죽어 떠나면 또 무슨 말을 하랴. 저 산에 몸을 맡겨 하나가 될 뿐인걸"이라는 구절이 있다. 모두 장자의 영향을 받은 관점이 표현된 구절이다. 그러나 삶을 혐오하고 죽음을 찬양하는 장자의 관점은 사실 사람의 보편적 인성을 위반하는 것이며, 생명의 관점에서는 소극적인 사상이다. 한위 시대에 이런 사상이 매우 유행했는데, 장형의 「고루부骷髏賦」와 조식의 『고루설骷髏說』 등의 작품에서 볼 수 있다. 도연명은 전체적인 면에서는 도가 생명관의 영향을 받았지만, 삶을 혐오하고 생명을 멸시하는 사상은 합리적으로 지양했다. 앞서 말한 것처럼, 그는 생명 자체를 매우 사랑했다. 도연명은 불교의 공무 사상의 영향을 어느 정도 받았기 때문에 인생이 환상과 같다거나 잠시 맡겨진 것과 같다는 등의 사상도 갖고 있었다. 예를 들면 이런 구절이다.

"인생은 환상 속의 변화와 같으니, 죽으면 장차 텅 빈 허무로 돌아가리라."(「귀원전거」 제4수)

"우리의 인생 몽환 속에 있으니, 어찌 속세에 묶여 끌려다니랴."(「음

주」 제8수)

그가 불교의 영향을 받았음은 부정할 수 없는 사실이다. 하지만 도연명은 삼세윤회三世輪回와 같이 비이성적인 사상은 받아들이지 않았다. 이는 그가 신선가들의 장생이나 유선 사상을 믿지 않는 것과 마찬가지였다.

도연명이 생사의 문제를 깊이 사고하고 있던 당시, 혜원을 대표로 하는 여산승속불교단이 불교의 생사 문제에 대해 뜨겁게 논쟁하고 있었다. 그들은 심지어 백련사를 조직해 함께 미륵정토로 극락왕생하자고 맹세까지 했다. 도연명과 함께 심양삼은으로 불리는 두 사람 유유민, 주속지도 모두 혜원의 재가 신도였다. 도연명도 혜원과 친분이 있었고, 그의 인품과 학식을 높이 인정하고 있었다. 하지만 도연명은 그들이 말하는 왕생정토니 삼세윤회니 하는 불교 이론에 대해 끝까지 동의하지 않았다. 피차 관심이 있는 문제였기 때문에 출발점에서 서로 접근은 했을지라도 양측은 해결 방법이 완전히 달랐다. 가장 중요한 것은 그들이 반영하는 세계관이 근본적으로 달랐다는 점이다. 저자 미상의 『연사고현전』에는 도연명과 혜원이 교류했던 이야기가 실려 있다.

(도연명은) 여산을 자주 왕래했는데, 제자 한 명과 두 아들에게 가마를 들게 해 갔다. 혜원 법사는 여러 현인과 백련사를 결성했는데, 편지를 써 도연명을 초대했다. 도연명은 술을 마실 수 있다면 가겠다고 하고 허락을 받자 그곳에 갔다. 그런데 갑자기 눈살을 찌푸리며 돌아갔다.(『연사고현전』, 명대 정영程榮의 『한위총서漢魏叢書』본)

이 일화는 틀림없이 실제 있었던 일의 기록이다. 특히 "눈살을 찌푸리며 돌아갔다"는 부분은 도연명의 개성과 부합한다. 도연명은 자신의 성품이 강직하다고 했다. 보아하니 실제로 그랬던 것 같다. 이곳은 비교적 사적인 교제의 장소였는데도, 그는 자신의 마음속 호불호를 감추지 못했다. 그는 비록 혜원의 사상을 받아들이지는 않았지만, 그들이 타인을 위해 왕생정토를 맹세하는 일에 열중하는 행위에는 영향을 받았다. 그래서 자신도 체계적으로 자신의 생명철학에 대해 설명하고 해설하기 시작했다. 도연명은 혜원의 불교 이론 중 '형' '영' '신'의 개념을 차용했는데, 원래 이론의 내용은 버리고 이 개념에 대해 전혀 새로운 해석을 더했다.[32] 그의 이성적이고 현세적인 생명관은 이렇게 확립되었다. 이는 혜원의 비이성적이고 허무에 기초한 왕생정토의 생명관과는 완전히 다르다.

옛『도연명집』의 판본들은 모두「형영신」연작시 3수를 오언시의 맨 앞에 수록하고 있다. 아마도 중요한 작품이기 때문일 것이다. 도연명의 시는 대부분 서정과 서사 위주인데,「형영신」은 입언立言, 즉 독창적 학설이나 명언처럼 후대에 길이 전해지길 바라는 의도로 지은 작품이다. 옛사람들은 입언의 성격을 띤 작품을 일반적인 서정 작품보다 훌륭하게 생각했다. 이 작품을 오언시의 맨 앞에 둔 것은 아마도 도연명 자신이 배치한 것일 가능성이 높다. 창작 연대에 대해서는 비록 문헌에 기록이 없지만, 틀림없이 50세 전후일 것이다. 이유는 앞에서 말한 것처럼 도연명이 비교적 집중적으로 생사의 문제에 대해 사고한 것이 50세 전후이기 때문이다. 루친리는 이 시를 의희 9년, 도연명이 49세 때의 작품으로 보았다.

「형영신」에는 짧은 서문이 있다. 대체로 서문이 있는 작품은 지은이가 비교적 중요하게 생각하는 글이다.「형영신」이 입언의 의도로 엄숙하게 쓴 작품인 만큼 그 주지에 대해 설명하지 않을 수 없었을 것이다.

귀한 사람이나 천한 사람이나 현명한 사람이나 우둔한 사람이나, 삶을 아까워하고 장수를 추구하지 않는 사람이 없으니, 이는 심히 미혹된 것이다. 그러므로 육체와 그림자의 고언을 상세히 적고, 정신이 자연의 이치를 따져 해석하려 한다. 이런 것을 좋아하는 군자들은 함께 그 생각을 취할 것이다.(「형영신」)

도연명은 자신이 이 작품을 쓴 이유를 밝혔다. 사람들은 생명의 진상을 제대로 알지 못해 삶에 대한 미련의 정서에서 빠져나오지 못하고, 이 미련 때문에 신선을 구한다거나 왕생정토를 빌거나 선한 행위로 영원히 전해질 명성을 욕심내는 등의 행동을 한다. 도연명은 사람들의 이런 어리석음을 깨려고 하는 것이다. 그는 '형'과 '영'이 개체 생명 욕망의 지배를 받기 때문에 인간의 여러 고통의 근원이라고 보았다. 오직 개체 생명 욕망을 초월하는 이성 정신만이 생명의 진상을 인식할 수 있기에 자연에 순응하고 "변하지 않는 이치에 거하며 마지막을 기다리는" 정확한 태도를 인식할 수 있다. 그 목적은 바로 인간이 개체 생명에 집착하면서 생명을 자신의 소유물로 인식하기에 생겨나는 여러 고통을 초월하는 것이다.

연작시의 첫 번째는 '형'이 '영'에게 말하는 형식인 「형증영形贈影」이다.

천지는 장구하여 죽지 않고	天地長不沒
산천도 바뀔 때가 없다.	山川無改時
초목은 불변의 이치를 보여주나니	草木得常理
서리와 이슬이 내리면 꽃이 시든다.	霜露榮悴之
사람이 가장 지혜로운 영장이라지만	謂人最靈智
유독 이와 같지 못하다.	獨復不如茲
방금 세상에 있었으나	適見在世中
돌연 떠나가 돌아올 기약이 없다.	奄去靡歸期
한 명이 사라졌다고 놔라서 느끼랴.	奚覺無一人

친척과 친구라면 그리워하겠는가? 親識豈相思

다만 평생 쓴 물건들 남아 但餘平生物

보며 마음 슬퍼져 울겠지. 擧目情悽洏

나는 신선이 되는 술법도 없으니 我無騰化術

반드시 그리되어 의혹도 없이 사라지겠지. 必爾不復疑

그대는 내 말을 기억해 願君取吾言

술을 받으면 구차히 사양하지 말기를. 得酒莫苟辭

(「형증영」)

‘형形’은 생명체 그 자체, 즉 우리가 말하는 신체다. 생명은 본래 만물의 변화 속에서 생겨난다. 초목도 생명이지만 의식이 없기 때문에 생을 근심하는 자각도 없다. 인류 외의 동물은 비록 감각과 행동이 있더라도 자각적인 생명 의식이 없기 때문에 자각적으로 죽음을 두려워하는 심리가 없다. 오직 사람만이 하늘로부터 “정신과 마음을 받아 지혜를 갖추었기” 때문에 자신의 생명에 대해 완전한 자각이 생겼고, 오랫동안 자신이 생명의 소유자이고 주재자라고 생각했다. 그러나 죽음이라는 사실은 이런 신념을 무너뜨렸다. 사람들은 자신의 생명이 자기가 완전히 지배할 수도 없고, 근본적으로 자신의 소유도 아니라는 것을 발견했다. 필연적으로 다가오는 죽음 앞에서 육체적 욕망에 빠져 있는 ‘형’은 오직 더 많은 물질적 향유를 통해 이런 공허함에 보상하려고 한다. 도연명은 평생 동안 물질적 향유를 크게 바라지 않았고, 오직 음주만 좋아했을 뿐이다. 그래서 “술을 받으면 구차히 사양하지 말기를”이라는 말로 ‘형’의 해결 방법을 제시했다.

‘형’이 미망과 공허에 빠져 있다면, ‘영影’은 적극적인 건공입업建功立業(공을 세워 사업을 이룸)과 입선구명立善求名(선한 일을 해 큰 명예를 구함)의 사상으로 삶에 대한 육신의 애착과 고통을 구하고자 했다. 다음은 두 번째 시로 '영'이 '형'에게 답하는 형식인 「영답형影答形」이다.

영원한 생명은 말할 것도 없고 存生不可言
생명이 다칠까봐 늘 괴로이 전전긍긍한다오. 衛生每苦拙
진실로 곤륜산과 화산의 신선을 찾아가고 싶지만 誠願遊崑華
아득히 먼 이곳은 길이 끊어졌다오. 邈然茲道絕
그대와 만난 이래로 與子相遇來
슬픔과 기쁨을 달리한 적 없었지. 未嘗異悲悅
그늘에서 쉴 때면 잠시 떨어졌다가도 憩蔭若暫乖
햇빛 아래 서면 줄곧 헤어지지 않았네. 止日終不別
이렇게 함께하는 것도 영원할 수는 없으니 此同既難常
우리 암흑처럼 동시에 사라지리라. 黯爾俱時滅
몸이 죽으면 이름도 없어지나니 身沒名亦盡
이를 생각하면 온 감정이 뜨거워진다. 念之五情熱
선한 업적을 쌓아 은혜를 남기려고 立善有遺愛
어찌하여 힘쓰지 않는가? 胡可不自竭
술도 근심은 달래줄 수 있지만 酒云能消憂
여기에 비교하면 어찌 못 미치지 않으랴. 方此詎不劣
(「영답형」)

'영'은 '형'보다 한층 높은 수준의 자아의식이다. '형'이 순수하게 물질적 욕망에 따라 생명을 누리는 것과는 달리, '영'은 이성적인 각도에서 생명의 가치를 인식한다. 육체는 사라져도 행위의 영향력은 오랫동안 사람들에게 영향을 미치고, 어떤 개체 생명의 영향력은 심지어 불후의 경지로 오르기도 한다는 것이다. '영'이 생각하기에, 육체는 자아가 주재하지 못하지만, 생전에 명예를 얻거나 사후에 후대로 명성을 전하는 일은 생명의 한계를 초월하는 방법이다. 도연명 본인도 일찍이 매우 강한 입신양명의 욕구가 있었다. 「영목」에서는 "젊은 시절에 도를 들었지만, 백발이 되어도 이룬 것이 없다"라고 한탄했고, 「화유시상」에서는 "이렇게 살다가 백 년 지나면 육신이며 이름이며 흔적도 없이 사라지리라"라고 한탄했다. 심지어 그가 고난을 견디며 절개를 지키고 은거했던 것도 선을 통해 명예를 얻으려는 의식과 전혀 상관없는 것은 아니었다. "관모 벗어던지고 옛집으로 돌아가 고관대작과 부귀영화 탐내지 않고, 오두막에서 참된 성품 길러, 내 명성 선하게 전해지길 바라네"(「신축세칠월부가환강릉야행도구」)라는 구절이 그런 마음을 표현한다.

보다시피, '영'의 사상도 오랫동안 도연명의 행위 방식을 지배했던 중요한 사상이다. 그러나 '영'은 '명예名'를 자아의 연장으로 보고 있는데, 이는 순수하게 상상 위에 세워진 관념이다. 사람의 행위가 만든 영향은 그가 살아 있을 때 부분적으로 주관적 의식 속으로 되돌아와 그의 지각의 일부분이 될 수 있다. 그러나 살아 있는 때일지라도 개체의 행위와 그가 만든 사회적 영향이 완전히 대응되지는 않는다. 그래서 사람들은 자신의 사회적 영향력을 통해 자신의 존재 가치를 느낄 수는 없다. 개체 생명이 사라진 후에 남겨진 사회적 영향은 더욱 개체 생명의 연장이라고 볼 수 없다. 생명 자체가 이미 존재하지 않는데, 지각의 주체가 어디 있는가? 당신의 사회적 행위가 남긴 영향을 느낄 수 있는 것은 그저 다른 생명일 뿐이다. 그래서 선을 통해 명예를 얻고 후대에 널리 전해지는 것도 사실 근본적으로 말하자면 비이성적인 환상이다. 한때 선을 통한 명예에 몰두했던 도연명은 최종적으로 이런 환상을 버려야 한다고 인식했다. 「잡시」 제4수의 "백 년이면 무덤으로 돌아가건만, 헛되이 명리의 길을 따르네百年歸丘壟, 用此空名道" 구절이나, 「음주」 제11수의 "죽은 후의 일이야 어찌 알랴. 마음 편안하면 그만인걸. 몸뚱이 천금같이 잘 지켜도 죽고 나면 귀한 몸도 사라진다" 구절이 이런 내용이다.

이런 구절들이 어느 정도 정서적 색채를 갖고 있는 말이라면, 세 번째 시 「신석」은 그야말로 선을 통해 명예를 얻는 행위에 대해 철저한 분석을 가해 그 허구성을 설명한다.

조물주는 사사로움이 없나니　大鈞無私力
만물이 절로 번성하고 생겨난다.　萬物自森著
사람이 천지인 삼재의 하나가 됨은　人爲三才中
어찌 나 때문이 아니겠는가?　豈不以我故
그대들과는 비록 다른 존재이지만　與君雖異物
생겨나면서 서로 의지해왔다.　生而相依附
서로 이어져 붙어 있어 기쁨을 함께하니　結託善惡同
어찌 알려주지 않으리.　安得不相語
삼황은 위대한 성인이었지만　三皇大聖人
지금은 어느 곳에 있는가?　今復在何處
팽조는 긴 수명을 자랑하며　彭祖愛永年
머물려 했어도 살아남지 못했다.　欲留不得住
늙으나 젊으나 죽는 것은 매한가지　老少同一死
현명하나 어리석으나 나이를 되돌리진 못한다.　賢愚無復數
날마다 술에 취해 혹 죽음을 잊을 수 있어도　日醉或能忘
장차 수명을 재촉하는 것이 아니겠는가?　將非促齡具
선을 쌓으면 마음 늘 기쁘지만　立善常所欣
누가 그대를 위해 칭찬하리오.　誰當爲汝譽
이를 심히 생각하면 생명을 상하게 되니　甚念傷吾生
마땅히 운명에 맡길지라.　正宜委運去
우주의 큰 물결에 실려 가면　縱浪大化中

기쁘지도 두렵지도 않으리라. 不喜亦不懼
내 목숨 사라지면 사라질지니 應盡便須盡
거듭 홀로 깊이 염려하지 마라. 無復獨多慮
(「신석」)

이른바 '신神'은 자아의 최고 이성이다. 이 이성은 생명이 자연물의 일부라는 것을 분명하게 알고 있기 때문에 각종 비이성적인 행위들, 예를 들면 삶에 집착하거나 삶을 근심하거나 불로장생을 추구하는 등의 정서와 행위를 배제한다. 도연명은 위의 작품에서 그가 계속 주장해왔던 "운명에 따르고委運, 운명에 맡기는任運" 사상을 펼치고 있다. 「귀거래혜사」에서 그는 "우주의 변화에 따라 끝으로 돌아간다. 천명을 즐겁게 받아들이나니 다시 무엇을 의심하랴聊乘化以歸盡, 樂夫天命復奚疑"라고 말했다. 그가 스스로 "정신이 자연의 이치를 따져 해석한다"고 말한 생명철학은 오랜 기간 사고하고 체험한 결과다. 천인커陳寅恪는 이렇게 운명과 자연의 변화에 맡기는 사상을 도연명의 '신자연관新自然觀'이라고 불렀다.[33] 사실 이런 사상의 자원은 노장 사상이 제공한 것이며, 위진 현학가들에게도 이런 사상이 없었던 것은 아니었다.

도연명의 생명철학이 뛰어난 것은 우선 철저하게 이성적이라는 점에 있다. 외부적인 힘이나 종교에 전혀 의존하지 않고 자신이 깨달은 생명의 이치로 오랫동안 자신이 얽매였던 집착, 근심, 장생을 욕망하는 등의 정서적 문제를 해결했다. 그리고 또 실천성에도 있다. 생명에 대한 그의 철학과 서술은 다른 사람에게도 큰 유익함과 도움을 주겠지만, 더욱 중요한 것은 자기 자신에게 더 철저한 깨달음을 주고 실제 생활에서 실천할 수 있게 한다는 것이다. 안연지의 「도징사뢰」는 도연명이 임종하던 당시의 모습을 이렇게 묘사했다.

"죽는 것을 집에 돌아가는 것처럼 생각하고, 흉한 일을 당해도 길한 일로 여겼네. 약재는 써보지도 않았고, 귀신에게 빌 생각도 하지 않았다. 저승을 향해 임종을 고하고 편안한 마음으로 긴 인생을 끝내네."

도연명의 「자제문」은 그가 임종 무렵 얼마나 평정한 심경을 갖고 있었는지 자세하게 보여준다. 이런 글들은 그가 수립한 것이 실천적인 생명철학이라는 사실을 설명한다. 그는 자신의 생명철학을 성공적으로 실천함으로써 사상 그 자체보다 더 큰 영향을 후대에 남겨주었다.

도연명의 시 「형영신」은 이성적으로 자연의 이치를 분석해 운명과 우주의 변화에 따른다는 주제를 표현했다. 하지만 그는 '형'과 '영'의 생명 경계를 단순하게 부정하지 않았고, '형'의 물질적 욕구와 '영'의 정신적 욕구에 대해서는 더욱 일괄적으로 부정하지 않았다. 그는 '형'과 '영'을 '신'이 제어한다는 점을 제기했고, 생명은 가장 높은 층위의 이성에게 복종한다고 말했다. 도연명은 독자들이 자신의 의미를 오해할까봐, 특히 '형'의 삶을 아끼는 태도와 '영'의 선을 통해 명예를 추구하는 방식을 자신이 간단하게 부정했다고 생각할까봐 서문에서 특별히 이렇게 말했다.

"이런 것을 좋아하는 군자들은 함께 그 생각을 취할 것이다."

결론적으로, 도연명이 추구한 생명의 최고 경지는 생명 내부의 자각이라 할 수 있다.

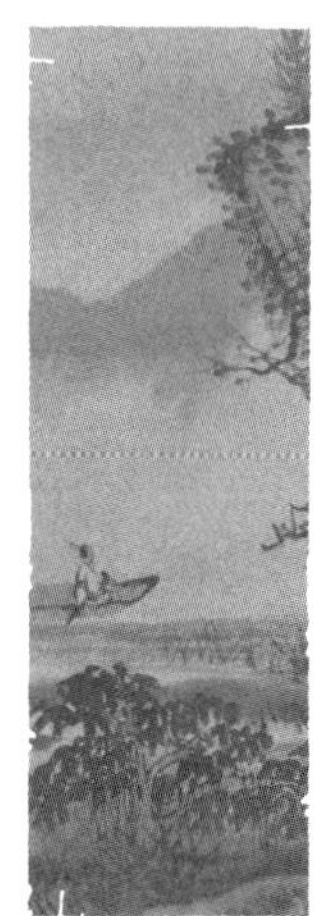

27장

영원한 시가 예술

도연명의 시는 영원한 미학적 가치를 갖고 있다. 이것은 그의 시가 인성을 기초로 하기 때문이며, 인성과 인생의 본질에 대해 자각적으로 사고하는 예술을 추구했기 때문이다. 도연명의 시가 후대의 시인들에게 추앙을 받을 뿐 아니라 후대 철학가들의 깊은 흥미를 일깨우는 이유도 이 때문이다. 송대는 중국 고대 사인 군체의 이성 정신이 가장 발달한 시대다. 그래서 도연명 시가의 가치도 송대에 와서야 충분히 인식되었다. 송대의 사상가들은 도연명의 시가 반영하는 인성과 인생의 본질 문제에 대해 분석했다. 위요옹魏了翁은 도연명의 시에 대해 다음과 같이 논했다.

『시경』의 풍아 이래 시인의 시 중에 즐거우나 지나치지 않고, 슬프나 아픔에 빠지지 않고, 객체의 시각으로 객체를 보되 그 객체에 이끌리지 않으며, 성정을 노래하되 감정에 얽매이지 않는 글이라면 누가 공(도연명)과 같은 이가 있겠는가? 사영운과 같은 충심이 있었지만 용퇴의 태도는 그보다 뛰어나고, 완적의 광달함이 있었지만 방종하지 않았으며, 원결元結과 같은 독자성이 있었지만 자신의 업적에 집착하지 않았다. 이 어찌 조금씩 드러내고 감춘다고 그 적절함을 얻을 수 있는 것이겠는가? 선대 유자들은 말했다. 도를 경영하고, 여가가 있으면 한가로운 마음으로 시절을 보고, 고요한 마음으로 경물을 관조하며, 시대에 따라 자신의 뜻을 일으키고, 세상에 대한 생각을 말로 옮기며, 뜻을 실어 그를 읊고, 말을 지어 시를 쓴다고. 시를 지어 노래를 만든 이는 도공뿐이다.(위요옹, 『학산선생대전문집鶴山先生大全文集』 52권, 「비원보주도정절시서費元甫注陶靖節詩序」, 사부총간영인송간본四部叢刊影印宋刊本)

송나라 사람들은 도를 논하는 것을 좋아했으며, 도를 듣고 깨우친 사람으로 도연명을 추앙했다. 예를 들어, 주밀周密은 도연명의 시 「영목」을 예로 들며, 도연명은 도를 얻은 사람이며, 심지어 정이程頤 문파가 도를 논한 것도 도연명의 영향을 받은 것이라고 말했다.

『논어』에는 '공자께서 냇가에서'라는 구절이 수록되어 있는데, 진한 이래로 학자들은 이 뜻을 밝히지 않았다. 오직 정이 문파가 도를 논한 것이라 여겼는데, 그 설은 아마도 도연명에 근본을 두었을 것이다. 도연명은 "여기에 뜻을 두고 쉬지 않았으나, 이제는 술 취한 날들에 익숙해졌네"라고 했다. 성정을 술에 기탁해 학문을 멈추었으니 안타깝도다. 그러나 "젊은 시절에 도를 들었지만, 백발이 되어도 이룬 것이 없다"라고 했으니, 그가 이루고자 한 일은 무엇인가? "내 수레에 기름칠하고, 내 말에 채찍질해주오. 천 리가 멀다지만, 뉘라서 가지 않으리"라고 했으니, 그가 가고자 했던 곳은 어디인가? 오직 그의 학문이 깊고 도가 밝기에 세상의 길이 험난하고 시대가 큰일을 할 수 없음을 보고 홀연히 전원으로 돌아온 것이다. 독우督郵의 방문을 맞아 뜻을 펼친 것은 특히 구차하지 않고자 함일 뿐이다. 세상은 그를 고지식하다고 여기지만, 미친 사람 앞에서는 꿈 이야기를 하기 어려운 것과 같다.(주밀, 『계신잡식 별집癸辛雜識別集』, 『계신잡식癸辛雜識』 오기명吳企明 점교본, 중화서국中華書局, 1988)

주밀은 도연명의 "젊은 시절에 도를 들었지만, 백발이 되어도 이룬 것이 없다"라는 구절에 나오는 '도'가 이학理學에서 말하는 도와 같은 것이라 생각했고, 도연명이 일생 동안 품었던 뜻도 유가의 도를 깨닫는 것으로 이해했다. 이런 견해는 비록 도연명의 사상에 완전히 부합하지는 않지만, 제25장 '자신을 위한 학문'에서 이미 논한 것처럼 그의 학문의 가장 근본적인 목적은 생명의 체험과 생활의 실천을 통해 인생에 대한 자신의 대학문을 세우는 데 있기 때문에 이학에서 말하는 '도를 깨우침悟道'과 그 성질이 같다. 육구연陸九淵도 이렇게 말했다.

이백, 두보, 도연명은 모두 우리 도에 뜻을 두고 있다.(『상산전집象山全集』 34권 『어록語錄』, 사부총간영인명각본四部叢刊影印明刻本)

주지하다시피 육구연은 이학 중에서도 심학心學 일파의 개창자다. 심학의 주장은 우주가 곧 내 마음이고, 내 마음이 곧 우주라는 것이다. 도연명의 '자신을 위한 학문'은 자신을 중시하고 외부 세계를 경시하기 때문에 사실 이런 사상적 요인을 이미 내포하고 있었다. 물론 인성에 대한 이학의 설명은 철학적이기 때문에 충분할 수는 없었다. 그들은 유가의 도를 가지고 도연명을 설명하면서 이러한 결함을 반영했다. 도연명은 유가와 도가의 두 학문에 사상적 연원을 두고 있지만, 그의 사상은 살아 있는 것이며 상당 부분은 추상화할 수 없는 것이기 때문에 그는 시를 통해 자연스럽게 인성의 생명 역정과 생활 경험을 표현하고 사고했다. 그래서 사상가들의 학설에 비해 더욱 인성의 본질에 밀착해 있었다.

시가는 모든 예술과 마찬가지로, 감성적인 형상으로 사상과 감정을 표현하는 것이 창작의 규율이며, 또한 미의 실현을 목표로 한다. 일반적으로 말하자면, 시의 이러한 미학적 규율을 실현해야만 영원한 가치를 지닌 작품이 될 수 있다. 그러나 모든 시인이 이러한 규율을 자각적으로 실현할 수는 없다. 왜냐하면 시가 감성적 형상과 사상, 감정을 표현할 때는 언어라는 매개체를 통해야 하는데, 이는 인위적 행위이기 때문이다. 사람들이 언어를 사용해 자연과 사회생활 속의 여러 가지 미적 형상을 포착할 때는 예리함과 둔함의 차이, 성공과 실패의 차이가 있을 수도 있다. 시인들이 창조하는 미적 형상은 대자연이 갖고 있는 미적 형상과는 다르다. 그것은 인공적인 창작이다. 대자연의 형상은 아름답거나 추하거나 모두 사물의 본질을 체현한다. 사람들이 그 사물과 심미적 관계를 형성하기만 하면 충분히 자족적인 미적 효과가 생겨날 수 있다.

반면 시인과 예술가가 창조하는 미적 형상은 사물의 본질을 충분히 체현한다거나 자연의 미와 동일한 형식을 만들지 못할 수도 있다. 또 시인이나 예술가가 감성적인 형상으로 사물의 본질을 표현할 때 빈약함과 풍만함의 차이, 충분과 불충분의 차이가 생길 수도 있을 것이다. 그래서 어떤 의미에서는, 감성적 형상을 창조하는 방법으로 예술을 창작한다면 그 작품은 모두 일정 정도의 미감을 갖게 되지만, 그 사이에는 참과 거짓, 높고 낮음, 우아함과 속됨의 차이가 생겨난다. 그래서 미는 층차가 있다. 미의 최고 차원은 진眞이며, 진은 미가 충만한 실체다. 미는 반드시 진의 가치를 체현하지는 않는다. 진이 아닌 미, 즉 허식의 미를 갖고 있을 수도 있다. 하지만 진은 반드시 미적이다. 진의 미를 체현하고 자연의 미와 동일한 형식에 도달했다고 하더라도 그것은 자연계의 미가 아니라 인간이 창조한 또 다른 미다. 마찬가지로 최고의 시는 인성과 인생의 본질과 동일한 형식을 갖고 있지만, 그것은 또 인성과 인생의 본질 그 자체는 아니며, 인성과 인생의 본질에 대한 예술적 표현일 뿐이다.

시의 미는 일종의 창조적인 미다. 그래서 미의 창조 규율에 부합하는지가 문제가 된다. 이런 창조의 규율을 중국의 고대 시학가들은 '시도詩道' '풍아지도風雅之道'라고 부르고, 이 규율을 실현하는 인위적 방법을 '시법詩法'이라고 불렀다. 시법은 시가 언어 예술의 모든 법칙이지만, 이 법칙도 근본적으로는 구체적인 시가 예술 속에 포함되어 있었다. 그래서 시도와 시법에 대한 모든 학설은 시 창작과 마찬가지로 높고 낮음, 참과 거짓, 예리함과 둔함의 차이가 있다. 그렇기 때문에 시도와 시법을 연구할 때는 시론가의 학설에만 의존해서는 안 되며, 구체적인 창작 실천 속에서 파악해야 한다. 도연명의 예술에 대한 고도의 자각과 미의 창조 규율에 대한 자연스러운 체현은 인생에 대한 자각을 기초로 하고 있다. 뛰어난 예술철학가들은 예술에 대한 사변 능력을 통해 예술의 규율을 설명한다. 도연명은 예술철학가는 아니지만, 시 속에 시의 예술철학을 내포하고 있기 때문에 시 예술을 가장 잘 실현했다고 평가받을 수 있었다. 많은 사람이 도연명을 시인의 최고 전범으로 꼽았다. 당나라 때 정곡鄭谷은 「독전집讀前集」에서 "겨울 햇살이 가득한 계단에서 옛 문헌을 보나니, 오직 『도연명집』만이 나의 스승이라"라고 감탄했고, 송나라 때 시인 황정견은 도연명의 시가 억지로 짓지 않으면서도 시도에 자연스럽게 부합한다고 강조하며 「제의가시후題意可詩後」에서 이렇게 말했다.

"차라리 격률이 맞지 않더라도 구법은 약하게 하지 않았고, 글자의 사용이 뛰어나지 않더라도 말은 속되지 않게 했다. 이는 유신庾信의 뛰어난 점이었으나, 그는 의도적으로 시를 꾸몄다. 도연명은 줄을 대고 자르지 않더라도 저절로 들어맞는 그런 것이다."

소동파는 도연명이 위진 이래 최고의 시인이라고 더 확실하게 단정했다. 그는 「여소철서與蘇轍書」에서 이렇게 말했다.

"나는 시인 중 특별히 좋아하는 사람이 없지만, 유독 도연명의 시는 좋아한다. 도연명이 지은 시는 많지 않지만, 시가 질박하면서도 실제로는 화려하고, 빈약한 것 같지만 실제로는 풍성하다. 조식, 유정劉楨, 포조, 사영운, 이백, 두보 등 여러 시인도 따라가지 못한다."(소철蘇轍의 『추화도시인追和陶詩引』에서 소식蘇軾과 소철의 서신을 인용한 글)

이렇게 도연명의 시는 당송 이후로 점차 『시경』『초사』 이후 문인시의 경전에 준하는 위상을 확립하며 시가 예술의 최고 전범으로서의 가치를 인정받았다. 남송 이학가 진덕수는 이렇게 말했다.

"도연명의 시는 응당 한 편의 경전으로, 『시경』『초사』의 뒤를 잇는 시의 근본 준칙으로 삼아야 한다."(이공환, 『전주도연명집箋註陶淵明集』「총론」에서 인용)

그러므로 도연명의 시를 연구할 때는 그의 시가 체현하는 시 창조의 예술 규율을 발견하도록 노력해야 한다.

중국 고대 사상가들은 시의 본질이 주체의 감정과 의지를 표현하는 데 있음을 알았다. 특히 『상서』「요전堯典」의 "시는 뜻을 말한다詩言志"와 「모시대서毛詩大序」의 "성정을 읊는다吟詠情性"라는 이론은 고대 시학에 심원한 영향을 주었다. 하지만 이 예술적 원칙을 전적으로 실현할 수 있는 시인은 결코 많지 않다. 도연명은 이런 예술 사상을 잘 이해하고 있다. 「오류선생전」에서는 자신이 "자주 글을 지어 혼자 즐겼고, 자못 자기의 뜻을 드러냈다"라고 했고, 「감사불우부」에서는 "자신의 뜻을 전달할 수 있는 것이 오직 문장뿐이던가?"라고 했다. 이 두 구절은 그의 일상적 글쓰기가 “뜻을 말한다”와 “성정을 읊는다”의 예술 사상을 자각적으로 실천하는 것임을 설명한다. 뜻을 말하고 성정을 읊었으니, 최소한 글을 쓰는 그 순간에는 자신의 뜻과 성정을 명철하게 관조한 것이다. 그뿐 아니라 그가 관조하는 것은 추상적인 ‘정지情志’가 아니라 ‘정지’가 생생하게 촉발되는 상태다. 도연명의 서정시는 이렇게 살아 움직이는 상태를 매가 토끼를 덮치듯 날렵하게 포착한 결과물이다.

『예기』「악기樂記」에 “감정이 깊어 글이 밝다情深而文明”라는 말이 있다. 명철한 관조와 생동적인 감정 체험은 본래 예술 성공의 기본 전제다. 육조 시대의 많은 시인은 ‘정지’의 이론을 잘 알고 있었지만, ‘정지’의 본체에 대해서는 잘 몰랐다. 현학이 흥기한 후 현학 명사들 사이에서는 감정을 얽매임으로 생각하거나 현학적 사고로 감정의 얽매임을 제거한다고 주장하는 사상이 있었다. 허순의 「농리시農里詩」에서는 “부지런히 현학의 깨달음을 얻어 얽매인 정을 깨끗이 제거한다亹亹玄思得, 濯濯情累除”라고 했다. 현언시는 이로 인해 한위 이래의 시가 서정 전통에서 멀어졌다. 진송 시기에 문학의 서정 풍조가 다시 회복되었지만, 현학적 깨달음으로 얽매인 정을 없앤다는 사상이 완전히 사라진 것은 아니었다. 사영운은 정치적 실의 때문에 산수에 마음을 두고 떠돌았지만, 수련으로 얽매인 정을 제거한다는 등의 철학적 언어를 좋아해 후대 사람들에게 ‘현언시의 여운玄言尾巴’이라고 불렸다.

도연명은 사상적으로 매우 독립적인 시인이다. 그는 일생 동안 최고의 이성 정신을 찾는 길을 추구하면서도 현실 생활의 감정을 직시했다. 그의 사상 속에서 감정은 생명의 고유한 상태였고, 현실 생활 속 감정의 모순은 이성으로 풀어야 했다. 그러나 감정 그 자체는 회피할 수 없었다. 왜냐하면 그것은 생명이 생생히 살아 존재하는 증표이기 때문이다. 도연명의 시에 ‘정情’ 자는 대략 20여 곳에서 등장한다. 자녀에 대한 마음을 쓴 내용은 “연약한 딸아이라 아들 같지는 않지만, 다정하게 위로하니 없는 것보다는 나을 걸세"(「화유시상」) 구절이 있고, 친구와 이별하는 마음을 쓴 내용은 "우리의 우정 만 리 밖이라도 닿으련만, 몸이 강산에 가로막히네"(「답방참군」) 구절이 있으며, 세상을 멀리하고 근심을 잊으려는 마음을 쓴 내용은 "이 꽃을 시름 달래는 술에 띄워 세상을 버린 내 마음 멀어지게 하네汎此忘憂物, 遠我遺世情"(「음주」 제7수) 구절이 있고, 삶에 대한 근심으로 가득한 마음을 쓴 내용은 "몸이 죽으면 이름도 없어지나니, 이를 생각하면 온 감정이 뜨거워진다"(「영답형」) 구절이 있다. 이런 '정'을 포함한 구절들을 보면 인생의 감정에 대한 도연명의 기본 태도가 인생을 직시하며 즐겁게 흥얼거리는 것이라는 점을 알 수 있다.[34] 그리고 또 한 가지, 도연명의 시에서 '정情'과 '지志'는 하나로 통일되어 있고, '정'과 '이理'는 조화를 이룬다. 그래서 도연명 시의 기본적 성격을 말하자면, 심각한 사상과 진실한 감정을 지닌 시인의 서정시이며, 그의 예술적 전통은 한위 시대의 서정 전통과 일맥상통해 당시의 공허한 수식 위주의 현학 시풍을 초월하는 의미가 있었다. 그러므로 우리가 도연명 시의 고도의 예술성을 이해하려면 서정의 예술 규율에 착안해야만 한다.

도연명의 시가 성공한 이유는 도연명이 한위 시가의 예술적 전통을 자각적으로 흡수한 동시에, 진송 이후 단편적으로 수사 예술만을 추구한 시풍을 지양했기 때문이다. 문인 문학의식의 최초의 자각은 '수사의 미'로부터 시작된다. 한위의 문학가들은 정지의 표현이 문학적 미감이 탄생하는 근본이라는 것을 이미 인식했지만, 문학은 아직 완전히 성숙하지 못한 상태였고, 수사의 미감이 여전히 그들이 추구해야 할 주요 목표였다. 양진 시대는 귀족적인 수식 풍조가 점점 유행하면서 공허한 수식 위주의 미감을 지향하는 귀족화된 문학 풍격을 형성했다. 이는 주로 현학적인 우아함, 엄격하고 정확한 대우對偶와 화려한 수식의 특징으로 표현되었다. 당시 유행하던 이런 예술 수법을 도연명이 몰랐던 것은 결코 아니었다. 술자리에서 응대하는 류의 작품에서는 부분적으로 당시 유행하던 풍격을 활용하기도 했다. 예를 들면 사언시 「증장사공」의 두 번째 장이다.

아, 훌륭한 선조들은	於穆令族
진실로 이 가문을 이루셨네.	允構斯堂
온화한 기운은 겨울 햇살과 같고	諧氣冬暄
환한 인품은 규장처럼 빛난다.	映懷圭璋
봄꽃처럼 광채를 발하며	爰采春華
가을 서리처럼 엄정하셨지.	載警秋霜
나 그들을 흠모하나니	我曰欽哉
실로 종족을 빛나게 하셨네.	實宗之光

(「증장사공」)

또 오언시 「어왕무군좌송객」도 당시 문벌 귀족들의 풍격과 다소 유사하다. 그의 「화곽주부」 두 수의 풍격은 다르다. 제1수 "울창한 집 앞 숲은 한여름 맑은 그늘을 감추어두었다"는 도연명의 평상시 풍격인데, 제2수는 당시에 유행하던 오언시의 풍격에 근접해 있다.

온화한 기운이 늦봄에 퍼지더니	和澤周三春
서늘하고 깨끗한 가을일세.	清涼素秋節
이슬은 엉어 떠도는 구름 없는데	露凝無遊氛
하늘은 높고 풍경 맑아라.	天高風景澈
산에는 높은 봉우리 우뚝한데	陵岑聳逸峯
아득히 바라보니 기이하고 빼어나네.	遙瞻皆奇絕
향기로운 국화는 숲을 환하게 열고	芳菊開林耀

청송은 바위 위에 올라 늘어서 있다. 靑松冠巖列
바르고 아름다운 자태를 품고 懷此貞秀姿
홀로 서리 아래 준걸이 되었구나. 卓爲霜下傑
술잔을 기울이며 은자를 그리워하나니 銜觴念幽人
천 년이 지나도 그대의 법도 따르리라. 千載撫爾訣
내 마음 살펴봐도 펼치지 못하고 檢素不獲展
조용히 저 달을 바라본다. 厭厭竟良月

(「화곽주부」 제2수)

위안싱페이는 「화곽주부」 두 수를 이렇게 분석했다.

"두 수는 작법이 다르다. 첫째, 제1수의 '집 앞 숲' '남풍' '휘도는 바람' 등의 외부 경물은 모두 도연명과 가깝고 친근한 관계를 형성하는데, 그늘을 만들어주거나 내 품으로 들어오거나 친구와 같다. 둘째, 상징의 이미지가 많다. 예를 들면 '가을 국화' '푸른 소나무'는 모두 고결하고 곧은 인격을 상징한다."(위안싱페이, 『도연명집전주陶淵明集箋注』)

시학의 특징으로 볼 때, 두 번째 기법은 분명히 진송 시대에 유행하던 풍격에 더욱 근접해 있다. 도연명의 문장에도 이런 경향이 있다. 「진고정서대장군장사맹부군전」은 당시 동진에서 유행했던 명사 전기의 언어 풍격을 흡수해 제련된 단어가 많았다. "그윽한 고요함 속에 원대한 아량이 있어沖默有遠量" "온아하고 얽매임이 없어溫雅平曠" "기분에 맞고 마음이 흡족하면 정신이 아득한 생각에 빠져 옆에 사람이 없는 듯 행동했다好酣飮, 逾多不亂, 至於任懷得意, 融然遠寄, 傍若無人" 등의 구절은 모두 『세설신어』의 언어 풍격과 비슷했다. 또 "고결하게 초라한 집에 은거하고 있을 때는 아름다운 명성이 알려졌고, 조정에서 크게 벼슬을 할 때는 은덕이 모여들었다. 하늘의 도는 아득하지만 사람의 운명은 급작스러우니 죽을 때까지 원대한 위업을 다하지 못한다淸蹈衡門, 則令聞孔昭. 振纓公朝,

則德音允集, 道悠運促, 不終遠業" 등의 말은 거의 당시 유행하던 찬송체라 할 수 있다. 또 「독사술」의 "일월과 함께 빛나나니 함께 지극한 진리의 말씀을 듣네俱映日月, 共飡至言"(「칠십이제자七十二弟子」), "놀라운 우정 함께 빛을 발하나니 아름다운 명성 함께 갖추었네奇情雙亮, 令名俱完"(「관포管鮑」) 구절도 이런 풍격이다. 보다시피 당시 문벌 사족이 숭상하던 수사, 조탁, 전아 등 풍격의 유행을 도연명도 때로 차용했다. 그러나 유행을 따르는 시문을 짓더라도 도연명이 지은 작품은 다른 사람들과 달랐다. 앞서 언급한 「어왕무군좌송객」은 당시 유행하던 시풍의 영향을 받았지만, 서정이 자연스러워 역시 도연명의 풍격이 드러난다. 특히 마지막의 "떠나는 배 아득히 바라보며 이별의 마음 저 천지의 변화에 맡긴다" 구절은 서정으로 전하는 이야기가 언어의 너머에서 느껴져 당시 문인들이 따라갈 수 있는 수준이 아니다. 또 도연명의 시도 대구를 많이 사용한다. 예를 들면, 「귀원전거」 제1수는 거의 전편이 대구로 되어 있다. 하지만 사영운의 「등지상루登池上樓」 등의 시와 비교해보면, 도연명의 대구는 기교적인 특징을 크게 뛰어넘는다는 것을 알 수 있다. 결론적으로, 도연명은 진송 시기에 유행한 시문의 수사 풍격을 못 한 것이 아니라 하지 않은 것이다. 마치 당시의 일반적인 명사들이 명리에 빠져 허위적이고 가식적인 행동으로 사교권의 명성만 취하려 했던 것처럼, 이때의 문사들도 전아하고 화려하며 수식과 조탁이 심한 풍격에 심취해 문단의 명예를 얻으려 했는데, 도연명은 이런 두 가지 풍조를 모두 자각적으로 지양했다. 당시 명사들의 문화, 명사들의 문풍을 그는 매우 잘 알고 있었고, 심지어 어린 시절 학습하기도 했다. 그러나 그는 진솔하고 자연적인 인격과 문품文品을 추구했기 때문에 그들에게는 진정한 가치가 없다는 것을 매우 명확하게 인식했다.

도연명의 시 「시운」에는 "마음 흡족해 말하노니, 누구나 만족은 쉽다네"라는 구절이 있다. "마음 흡족해 말한다"는 것은 수사와 표현에 대한 도연명의 기본 이론으로 볼 수 있다. 이는 그의 천진하고 진실하며 자신의 원칙을 어기지 않는 인생관과 일치한다. 후대에 도연명을 논하는 이들은 대부분 이 점을 중시했다. 예를 들면, 송대 섭몽득은 다음과 같이 도연명의 시를 논했다.

> 시는 본래 사물을 접하여 그 감흥을 담아 성정을 읊는 것이다. 다만 마음속 하고 싶은 말만 전달하면 아름답지 않음이 없건만, 세상 사람들은 오로지 화려하게 깎아 장식하는 데만 힘쓴다. 그래서 언어가 정교해도 싱겁고 무미건조하다. 도연명은 마음의 생각을 그대로 쏟아내고 손 가는 대로 글을 맡겨 처음엔 언어 문자인지 알지 못하니, 이것이 남들이 따라가지 못하는 이유다.(섭몽득, 『옥간잡서玉澗雜書』, 도종의陶宗儀, 『설부說郛』본 제8권)

명나라 사람 허학이許學夷는 위의 글을 인용하며 또 이렇게 말했다.

"도연명이 평생 쓴 시는 모두 마음속 생각을 쏟아낸 것이다. 배우는 자들은 여기에서 얻는 바가 있으니, 도연명을 배우는 이유를 알 것이다."

허학이는 또 이런 말도 썼다.

"진송 시기의 시는 대구와 화려한 수사를 뛰어난 것으로 여기는데, 도연명은 진솔하고 자연스러우며 마음속 생각을 다 쏟아내기 때문에 당시 사람들은 처음엔 훌륭한 줄을 몰랐다. 안연지가 지은 도연명 뇌문에서는 '학문을 했지만 전문인으로 칭하지는 않았고, 글을 쓸 때는 뜻이 전달되면 족했다'라고 했다. 나는 혹 표현이 부족하다고 생각했지만, 도연명 글의 신묘한 경지를 몰랐던 것이다."(허학이, 『시원변체詩源辯體』)

문학은 수사의 예술이다. 어떠한 문학 창작도 내면의 사상과 감정을 정확하고 진실하게 전달하기 위해 노력한다. 이런 전달에는 세밀하고 사실적인 표현과 날카로운 상황 포착이 꼭 있어야 하기 때문에 완전히 인위적이지 않은 문학 창작은 존재하지 않는다. 여기서 도연명이 '인위적이지 않다'고 한 것은 그가 수사를 창작의 최우선 순위에 두지 않고, 서정을 최우선 순위에 두고 있음을 말한 것이다. 그는 옛 문인들의 영향도 받고 자연스럽게 옛 작품의 문학 언어도 차용했지만, 모방을 능사로 삼지는 않았다. 도연명의 창작 태도는 대체로 이런 것이다. "진솔하고 자연스러우며 마음속 생각을 다 쏟아낸다." "의도적으로 쓰지 않았다." "줄을 대고 자르지 않더라도 저절로 들어맞는다." 사실 이렇게 하려면 인격이 중요하다. 독립적인 인격, 명확한 사상, 진실한 감정, 이런 것들은 예술 성공의 첫 번째 요인이다. 그리고 미학적으로 볼 때, 시류를 따르지 않고 유행을 넘어서는 독립적 심미 취향도 인격의 독립이라는 기초 위에서 수립되는 것이다.

도연명의 시문은 당시에 이미 유행했지만, 대단한 중시를 받지는 못했다. 동시대 사람인 안연지는 "글을 쓸 때는 뜻이 전달되면 족했다"라고 평가했고, 양대의 종영은 "문체가 간결했고, 장황한 말이 없었다. 뜻이 진실했으며, 진솔하고 고풍스러웠다. 글에 흥취가 있으며 은근하고 쾌활하다"라고 평했다. 이런 평들은 도연명 문체의 특징을 잘 지적하고 있지만, 충분한 평가라고는 할 수 없다. 게다가 종영의 『시품』은 도연명을 중품中品으로 평가했다. 북제 양휴지陽休之의 『도집서록陶集序錄』은 도연명의 글이 문채가 뛰어나지 않다고 말했다.

"내가 도연명의 문장을 두루 읽어보니 문채는 비록 뛰어나지 않지만 간혹 뛰어나고 남다른 말이 있다. 자유로움의 극치이며, 감정을 기탁하는 수준이 높다."

남북조의 견식 있는 문사들은 모두 도연명의 글을 높이 평가했는데, 주로 그의 고고하고 자유로운 정조를 좋아했지, 시문의 예술성에 대해 충분히 평가한 사람은 없었다. 남북조 문인 중 예술적인 면에서 가장 먼저 도연명의 시문을 높게 평가한 사람은 양나라 소명태자 소통이다. 그는 『도연명집』 서문에서 "그의 문장은 일반인과 다르다. 글의 문채가 정교하게 빼어나며 변화가 풍부하고 밝다. 당시 문사들 중에 유독 뛰어났다"라고 그의 문학을 대단히 찬양했다. 그는 이런 견해로 도연명 시문의 진정한 예술적 조예에 접근했다. 소통은 도연명의 '제1 독자'라고 할 수 있다. 나는 "그의 문장은 일반인과 다르다"라는 이 평어가 가장 음미할 만하다고 생각한다. 이는 도연명의 작품이 우리에게 주는 가장 인상 깊은 대목이다. 송대 시인 황정견의 「숙구팽택회도령」에는 이런 구절이 있다.

"평생 한 왕조에 충의를 지킨 마음, 세월만 강물처럼 흘러갔네. 한가할 때 지은 시는 너무 뛰어나 까마득한 하늘 위에 필적을 남겼네平生本朝心, 歲月閱江浪. 空餘詩語工, 落筆九天上."

도연명의 충심과 의로운 뜻은 비록 성취를 얻지 못했지만, 그의 시가 예술은 비범한 경지에 도달했음을 인정받았다. 도연명의 작품은 때로는 마음의 생각을 그대로 말하고, 때로는 경물과 사물을 묘사하는데, 풍격과 경지가 모두 밝고 신선하다. 또 때로는 비흥의 방법을 차용하는데, 감춰진 의미가 꽤 의미심장하다. 그러나 어떤 식이라도 전부 감정이 풍부하고 깊은 뜻을 담고 있다. 특히 언어와 표현 대상 사이에 고도의 통일성이 존재한다. 문학 작품의 수사에는 적극적 수사와 소극적 수사가 있다. 적극적 수사는 예술적 효과가 풍부하고 생명감 있는 문학 형상을 창조한다. 그리고 소극적 수사는 말이 사실보다 앞서고, 글이 형상보다 앞서며, 문채가 내용보다 앞선다. 육조 시대는 시부詩賦의 수사 예술이 크게 발전한 시기였지만, 소극적 수사가 심각할 정도로 유행하고 있었다. 도연명은 소극적 수사의 시풍을 자연스럽게 초월했고 탁월하게 독창적이었기 때문에 위진남북조 문인 중 그를 따라갈 사람이 없을 정도였다. 문학사적으로 보면, 감정과 개성의 차이는 있지만 조조, 좌사, 이백이 그와 같은 유형이었다. 물론 조조는 문질文質 관계에서 질이 문을 앞서고 도연명은 문과 질이 조화롭게 어울리는 상태였는데, 이는 오언시가 예술적으로 발전한 결과였다.

도연명 시에 대한 일반인들의 느낌은 단지 평담하다는 정도이며, 때로는 지나치게 소박해서 투박하다고 느낄 정도다. 진사도조차도 이렇게 말했다.

"도연명의 시는 실제 일에 구체적이나, 다만 문채가 없을 뿐이다."(진사도, 『후산시화後山詩話』)

이 견해는 안연지나 종영을 넘어서지 못한다. 당대에 들어와서 도연명의 시는 심원한 영향을 낳기 시작해 당대 시인들에게 시가 예술을 학습하는 모범이 되었다. 도연명의 시는 왕유, 맹호연孟浩然, 저광희儲光羲, 위응물韋應物, 유종원柳宗元 등 산수전원시파 시인들의 작품의 주요한 연원 중 하나였다. 이 시인들의 시경詩境, 시어詩語, 시격詩格은 모두 도연명의 영향을 깊이 받았다. 그들의 작품을 보면, 그들이 도연명 시에 매우 익숙하다는 것을 알 수 있다. 이백, 두보, 고적高適, 잠삼岑參, 백거이 등도 도연명 시에 익숙했으며, 그에게서 예술적 경험을 흡수하지 않은 사람이 없었다. 당대의 시인들은 도연명의 자연스럽고 진솔한 심미 사상의 계시를 깊이 받았을 뿐 아니라 언어 예술의 오묘함에도 깊이 빠져 있었다. 두보는 표현을 중시한 시인이다. 그는 거대한 자연 경관을 마주하고 곧바로 묘사하지 못하자 자연 경관의 묘사에 능한 도연명과 사영운을 떠올리고 이렇게 읊었다.

"어떻게 도연명, 사영운처럼 솜씨를 얻어 그들에게 시를 짓게 하며 함께 노닐까焉得思如陶謝手, 令渠述作與同遊."(「강상치수여해세료단술江上值水如海勢聊短述」)

이런 사례를 보면 당대의 대시인들도 모두 도연명 시 예술의 영향을 받았음을 알 수 있다. 그러나 이론 비평 방면에서 도연명 시에 높은 평가를 내린 것은 역시 소동파, 황정견 등이 나온 이후다. 특히 송대에 도연명 시의 풍격과 예술을 형용하기 시작한 것은 앞서 인용한 소동파의 도연명론이다.

"질박하면서도 실제로는 화려하고, 빈약한 것 같지만 실제로는 풍성하다."

이 구절은 처음으로 도연명 시가의 예술적 조예를 날카롭게 지적한 평론이다. 황정견은 "한가할 때 지은 시는 너무나 뛰어나"라고 평했는데, 이 말은 처음으로 명확하게 '뛰어남工'의 관점으로 도연명을 논했다. 그들은 모두 변증적인 시각으로 도연명의 시를 읽었고, 도연명의 시가 '뛰어남工'과 '서투름拙', '흩어짐散'과 '빼어남奇'의 변증적인 결합이라고 분석했다. 소동파는 도연명의 시를 읽을 때의 구체적인 느낌을 이렇게 표현했다.

"도연명의 시는 처음 읽을 때 느슨하게 흩어진 것 같았는데, 오래도록 읽으니 빼어난 구가 있다."(혜홍惠洪, 『냉재야화冷齋夜話』)

이런 말들은 도연명의 시를 어떻게 읽어야 하는지 알려준다. 이런 방법으로 도연명의 시를 읽어보면 예술적으로 비범한 부분이 어떤 곳인지도 느끼게 되고, 틀림없이 많은 수확이 있을 것이다.

안연지는 도연명을 "글을 쓸 때는 뜻이 전달되면 족했다"라고 평했는데, 비록 높은 평가라고 볼 수는 없지만, 이 역시 대단히 깊은 이해에서 나온 말이다. '전달'은 확실히 도연명의 자각적인 추구다. 더 확대해서 말하자면, 도연명 시 예술의 가장 높은 경지라고도 할 수 있다. '전달'에 대해 소동파는 특별한 이론을 제기한 적이 있는데, 도연명 시를 분석하기에 매우 적당하다고 생각된다. 「여사민사추관서與謝民師推官書」의 일부분이다.

공자는 "말에 문채가 없으면 널리 전해지지 못한다"라고 말했다. 또 "글은 전달만 되면 될 뿐이다"라고 말했다. 말은 뜻을 전달하면 그만일 뿐, 문채는 필요 없다는 것 같다. 하지만 그렇지 않다. 사물의 묘처를 탐구하는 것은 바람을 묶고 그림자를 붙잡는 것과 같으니, 이 사물을 마음에 선명하게 전달하는 것이 가능한 사람은 아마 천만 명 중 한 명도 만나지 못할 것이다. 하물며 입으로 말하고 손으로 쓰는 일로 선명하게 전달할 수 있겠는가? 이것을 글이 뜻을 전달한다고 하는 것이니, 글이 능히 뜻을 전달할 수 있다면 문채는 쓸 필요가 없다.(「여사민사추관서」)

소동파는 '전달'을 문학 표현의 가장 높은 경지로 말했는데, 진정으로 이 경지에 오른 작가는 거의 없다고 할 수 있다. 소동파는 비록 글로 뜻이 잘 전달된 작가와 작품을 구체적으로 거론하지 않았지만, 이미 여기에 도연명은 포함되어 있다. 도연명은 글로 뜻을 잘 전달한 작가의 전범이라고 할 수 있다. 이른바 "사물의 묘처를 탐구"한다는 것은 사물의 생동적인 미적 형상을 써내는 것이다. 이런 미적 형상은 단순하고 평면적인 것이 아니며, 일반적으로 말하는 입체감이 있는 것도 아니다. 생생하게 살아 움직이는 자연 경지와 생활 경지, 그리고 정처 없이 흩날리는 마음의 경지 속에서 여러 가지 미적 인상으로 존재한다. 변화가 무궁무진하다. 도연명의 시는 경관 묘사, 서정, 서사, 모든 면에서 예술적으로 뛰어나다. 그 묘처는 상당히 많다. 경물의 상태를 묘사한 시에는 이런 구절이 있다.

바람은 남쪽에서 불어와
새싹을 일으키네.(「시운」)

잡초가 무성해 콩 싹이 드무네 草盛豆苗稀
(「귀원전거」)

달을 안고 호미를 메고 돌아온다 帶月荷鋤歸
(「귀원전거」)

형상과 심상이 동시에 잘 묘사되었고, 풍부한 주관적 감성을 내포하고 있다. 때로는 복잡한 사물에 대한 인상이 몹시 선명하고 신선하게 표현된다. 예를 들면 다음과 같다.

새로운 계절을 반기는 새들의 몸짓,
미풍은 따뜻한 기운을 싣고 온다.(「계묘세시춘회고전사」)

산 기운은 노을 속에 아름답고 山氣日夕佳
날던 새들 짝을 지어 돌아오네 飛鳥相與還
(「음주」 제5수)

동쪽 뜰에 푸른 소나무
무성한 잡풀에 그 모습 파묻혀 있더니
된서리에 다른 풀들 시들자
높은 가지 우뚝 드러났네.
숲에 있을 때는 아는 이가 없더니
홀로 선 모습에 사람들이 감탄하네.(「음주」 제8수)

앞뜰에 그윽이 피어난 난초
향기 머금고 맑은 바람 기다리네.

맑은 바람 가벼이 불어오면
잡초 속에서 확연히 돋보이네.(「음주」 제17수)

2월에 반가운 비를 만나고
이른 우렛소리 동편에서 울리니
겨울잠 자던 것들 저마다 놀라고
초목은 바람에 사방으로 흩날린다.(「의고」 제3수)

해는 서산으로 지고 白日淪西阿
흰 달은 동쪽 산으로 떠오네. 素月出東嶺
아득히 만 리 밖을 비추며 遙遙萬里暉
넓고 넓은 하늘에서 환히 빛나네. 蕩蕩空中景
(「잡시」 제2수)

만물은 저마다 기댈 곳 있으나
오직 외로운 구름은 의지할 이 없네.
아득히 허공에서 사라져버리니
언제나 남은 자취 볼 수 있으랴.
아침놀이 밤안개를 열고 비칠 때
새들은 서로 짝지어 날아간다.
뒤처져 숲을 나서는 새 한 마리
저녁이 되기 전에 다시 돌아오는구나.(「영빈사」 제1수)

도연명의 경관 묘사는 손과 입에서 선명히 재생되어 마음에 또렷이 떠오른다. 그는 일반적인 육조의 시인들을 이미 크게 초월했다. 특히 여기엔 조탁의 흔적이 없는 자연스러움이 있다. 이 자연스러움은 한위 시가에서만 발견할 수 있는 것이다. 저자 미상의 『설랑재일기雪浪齋日記』에는 이런 구절이 있다.

"시를 지을 때 글의 격조가 맑고 아름다우려면 포조와 사영운을 봐야 한다. 자연스럽고 정시 이래의 기풍이 있으려면 도연명을 봐야 한다."

이런 자연스러움은 시인이 느끼는 미적 형상의 풍부함에서 생겨나며, 마음과 경물이 교융交融하는 순간 완벽하게 살아난다.

감정을 표현하는 것(서정抒情), 마음과 생각을 말하는 것(사의寫意), 의견을 논하는 것(의론議論)은 특히 도연명에게 뛰어난 부분들이다. 그의 사상은 깊고 진정성이 강하기 때문에 인생을 더할 나위 없이 철저하게 이해하고 있으며, 글쓰기 또한 마음에서 말로, 말에서 글로 가는 전 과정이 고도의 통일성을 이루고 있다.

훨훨 나는 새
내 뜰의 나무에서 쉬네.
날개를 접고 편안히 앉아
아름다운 소리로 화답한다.
어찌 다른 이가 없으랴만
실로 그대를 몹시 그리워한다네.
만나지 못할 이를 그리나니
맺힌 아픔을 어찌하리.(「정운」)

내가 좋아하는 사람은
덕행을 즐거워하고 애쓴다네.
나에게 좋은 술이 있으니
그대와 더불어 즐기리라.

좋은 말을 건네며
새로 지은 시를 적으리라.
하루라도 만나지 않으면
어찌 생각나지 않으랴.(「답방참군」)

떠도는 길 어찌 멀지 않으랴.
오르막 내리막 천 리를 넘었네.
내 눈 달라진 강과 길에 낯설고
내 마음 고향의 산과 물을 생각하네.
구름을 바라보면 나는 새에게 부끄럽고
물가에 서면 노니는 물고기에 부끄럽네.
참된 생각 처음처럼 맘속에 간직하나니
행동에 얽매이리라 누가 말했던가?
오로지 자연의 흐름에 맡기다가
결국엔 나의 어진 집으로 돌아가리.(「시작진군참군경곡아」)

우리의 우정 만 리 밖이라도 닿으련만
몸이 강산에 가로막히네.(「답방참군」)

가벼이 바람처럼 서쪽에서 왔다가
유유히 구름처럼 동쪽으로 떠나네.
천 리 밖 떨어진 산천이라
환담하며 가깝게 지내기는 어려우리.(「여은진안별」)

위에서 인용한 구절들은 모두 감정을 서술한 뛰어난 표현이다. 다시 아래의 인용문을 보자.

세대가 지나도 나 가슴에 품고 있나니
글은 끝났지만 내 마음 모두 펼치지 못하네.(「증양장사」)

세월은 사람을 두고 떠나건만
가슴에 품은 큰 뜻은 펴지 못하네.(「잡시」 제2수)

위에서 인용한 구절들은 마음의 생각을 표현한 뛰어난 글이다.

쇠락과 번영은 정해진 자리가 없이
서로 함께 이어진다네.(「음주」 제1수)

현명한 이들은 이 이치를 깨달아
지나간 일에 의혹을 갖지 않으니.(「음주」 제1수)

안회는 어진 사람이라 부르고
영계기는 도가 있다고 말하지만
안회는 가난한 데다 오래 살지도 못했고
영계기는 늙도록 긴 굶주림에 시달렸네.
비록 후세에 이름은 남겼으나
평생 고단하고 힘들었지.(「음주」 제11수)

위의 구절들은 의론을 탁월하게 펼친 사례다.

「형영신」 세 수는 시로 철학사상을 표현한 작품이다. 형상이 선명하고 효과가 풍부하며 의론에 뛰어난 도연명의 대표작이라 할 수 있다.

"이를 심히 생각하면 생명을 상하게 되니 마땅히 운명에 맡길지라. 우주의 큰 물결에 실려 가면 기쁘지도 두렵지도 않으리라."(「신석」)

자유롭게 펼쳐진 의론이 독자들에게 이성적인 위로를 준다. 위에서 도연명의 시 구절을 경관 묘사, 서정 묘사, 의사 전달로 분류했는데, 이것은 단지 설명의 편리를 위한 것일 뿐, 사실 경관 묘사와 서정, 서사, 의론 등은 도연명의 시에서 혼연일체로 결합되는 경우가 많다.

물론 도연명의 시를 읽을 때 주의해야 하는 문제도 있다. 도연명의 시는 자연스러움이 특징이고 언어의 전달에서도 전혀 난삽함이 없지만, 이것이 이해하기 쉽고 평이한 것과는 다르다. 그 이유를 몇 가지로 나누어보면 다음과 같다.

첫째, 도연명은 인생에 대한 사고와 실천에서 상당히 높은 경지에 오른 사람이다. 총체적으로 볼 때, 그의 시가는 이런 인생의 경지를 표현한다. 만약 그의 경지에 접근하려고 노력하지 않는다면, 또 최대한 그의 마음을 이해하려고 하지 않는다면, 정확하게 그의 시가를 이해하기 어렵다. 루쉰魯迅의 이 말을 모두 알 것이다.

"지금 돈 있는 사람들이 조계에 살며 꽃 가꾸는 사람을 고용해 수십 개의 화분에 꽃을 심고 시를 쓰며 '가을에 국화를 감상하며 도연명체를 따라 한다'라고 말한다. 자신은 도연명의 고고한 정취에 부합한다고 여기지만, 내가 보기엔 그렇지 않다."(루쉰, 『이이집而已集』「위진 문풍과 문장과 약과 술의 관계魏晉風度及文章與藥及酒之關系」)

내가 하고 싶은 말이 바로 이것이다.

둘째, 도연명의 시는 전통적인 비흥 예술을 계승해 비흥 수법을 자주 차용했다. 그는 「고시십구수」에서 조식, 완적, 좌사, 장협張協 등의 비교적 순수한 서정언지의 시가 창작 전통을 학습했고, 예술성의 연원도 한위 시대로부터 『시경』의 '풍아'까지 거슬러 올라갈 정도로 광대하다. 도연명의 시와 사영운의 시를 비교할 때, 사영운의 시가 더 깊이 있고 난해한 것 같지만, 사실 도연명의 시가 더 그렇다. 사영운의 깊이는 표면적인 것이다. 그는 독서를 밑천으로 삼아 시를 쓰기 때문에 시에 특별한 용어와 전고가 많아 독해에 어려움이 있지만, 이것은 비교적 낮은 수준의 어려움이다. 도연명의 시는 구상과 시어의 선택, 구조와 전개 등 다방면에서 「고시십구수」 이래의 전통을 흡수했는데, 그가 흡수한 내용은 사영운보다 훨씬 깊고 넓다. 그래서 도연명의 시는 사영운의 시보다 더 깊이가 있다. 특히 도연명의 시 「의고」는 비흥 수법을 많이 운용해 은유적으로 의미를 감추고 있다. 「의고」 제1수, 제6수, 제9수 등의 작품은 은유가 심원해 이해하기 어렵지만, 그의 예술을 감상하는 데 크게 영향을 주지는 않는다.

셋째, 「의고」「음주」「잡시」 등 일부 작품은 완적 시가의 영향을 깊이 받아 언어는 간결하지만 의미는 풍부하며, 간혹 도약적인 장법이 전개된다. 읽을 때 전편의 장법을 깊이 느끼며, 때로는 그의 다른 작품과도 연결해야만 도연명의 진의에 다가갈 수 있다. 예를 들면 「독산해경」 제10수가 그러하다.

신비한 새 정위는 나뭇가지를 물어 와	精衛銜微木
푸른 바다를 메우려 했네.	將以填滄海
형천은 방패와 도끼를 들고 춤을 추어	刑天舞干戚
그 용맹한 정신 아직도 남아 있다.	猛志故常在
이들처럼 근심에 빠지지 말지니	同物既無慮
죽은 뒤라면 다시 후회도 못 한다네.	化去不復悔
헛되이 지난날에 큰 뜻을 두었구나.	徒設在昔心
어찌 좋은 때를 기다릴 수 있으랴.	良晨詎可待

(「독산해경」 제10수)

루친리는 원문의 "동물同物" "화거化去"를 죽음의 의미로 해석했다. 또 "헛되이 지난날에 큰 뜻을 두었구나. 어찌 좋은 때를 기다릴 수 있으랴" 구절을 다음과 같이 해석했다.

"'옛 석昔'은 '저녁 석夕'과 상통한다. 『장자』「천운天運」에서는 '온 저녁 동안 잠들지 못한다通昔不寐矣'라고 했으니, 근거가 될 것이다. 위 구절의 '석昔'과 그다음 구절의 '신晨'은 대구를 이루는데, 옛사람들은 '석'을 죽음에 비유하고, '신'을 탄생에 비유했다. 서진 육기의 「만가」에 '깊은 어둠에 언제 새벽이 오리大暮安可晨'라는 구절이 있다. 이 두 구절의 의미는 '헛되이 죽음 후를 생각하지만 다시 살아난다 해도 기대할 것은 없다'라는 뜻이다."(루친리, 『도연명집』)

루친리 선생은 도연명과 위진남북조 시 연구의 대가다. 하지만 이런 생각에는 다소 곡해가 있는 듯하다. 전편과 연관 지어 생각해보면, "지난날에 두었던 큰 뜻"은 앞에 나온 "정위는 나뭇가지를 물어 와" "형천은 방패와 도끼를 들고 춤을 추어"에서 말하는 포부, 즉 여러 시에서 표현한 '맹지猛志'다. 시인은 그들이 비록 큰 뜻을 품었지만 좋은 날은 기다릴 수 없고, 시대와 운명이 자신과 어긋난다는 생각을 썼다. 사실 이런 내용은 도연명 자신의 마음이 담겨 있는 것이다. 「잡시」 제5수에는 이런 구절이 있다.

"내 힘찬 젊은 날을 생각해보면 즐거운 일이 없어도 스스로 기뻐했다. 큰 뜻은 사해를 달리고, 날개를 활짝 펴고 멀리 날아오르길 바랐다. 하지만 세월이 흘러 몸도 늙으니, 그런 마음도 이미 시들었다憶我少壯時, 無樂自欣豫. 猛志逸四海, 騫翮思遠翥. 荏苒歲月頹, 此心稍已去."

바로 세월의 흐름과 큰 뜻을 이루지 못한 감개를 표현한 것이다. 이런 내용은 위의 시에 있는 "헛되이 지난날에 큰 뜻을 두었구나. 어찌 좋은 때를 기다릴 수 있으랴" 구절과 결합해 함께 이해할 수 있다.

넷째, 도연명의 시는 상당히 오랫동안 광범위하게 전해지면서 판본 문제가 매우 복잡해졌다. 요즘 학자들이 정리한 『도연명집』을 보면, 도연명 시의 이문 현상이 상당히 심각하다. 거의 모든 시에 이문이 없는 경우가 없다. 송대에 "교감校勘을 해보면 이문을 감당할 수가 없다. 한 글자에서 수십 자 다른 곳이 있어 이루 다 거론할 수 없다"(채거후蔡居厚, 『채관부시화蔡寬夫詩話』)라는 말이 있다. 예를 들면, 「독산해경」에 "형천무간척刑天舞干戚" 구절이 있는데, 청대 막우지莫友芝는 송대의 한 판본에서 "형요무천세形夭無千歲"라고 되어 있는 것을 보았다. 그는 『산해경』의 "형천은 짐승의 이름으로 입에 도끼와 방패를 물고 춤추는 것을 좋아한다刑天, 獸名, 口中好銜干戚而舞"라는 기록에 근거해 원문은 "형천무간척"이 틀림없다고 보고, 자신이 본 판본은 다섯 글자가 다 틀렸다고 했다. 후에 필원畢沅의 『산해경주山海經注』는 또 옛 판본에 "형천刑天"이 "형요刑夭"로 되어 있으니 네 글자가 틀린 것이라고 했다.

한 구절의 시가 전해지면서 그중 네 글자가 틀리는 것은 고대 시인의 전집에서도 보기 드물다. 또 「정운」에 "동쪽 정원의 나무, 가지가 무성하네. 봄 나무 다투듯 피어올라 내 마음 즐겁게 하네東園之樹, 枝條再榮, 競用新好, 以怡余情"의 네 구절도 이문이 상당히 많다. 가장 관건이 되는 부분은 "경용신호競用新好" 구절이다. 송나라 때 판본 중에 "경붕친호競朋親好"로 된 판본이 있다. 두 글자가 다르지만, 의미는 완전히 다르다. 하나는 동쪽 정원의 나무에 새로운 꽃들이 피어올라 내 마음을 즐겁게 한다는 의미로, 앞의 두 구절을 이으며 전체적으로 일관성이 있다. 다른 하나는 동쪽 정원의 나무에 가지가 무성해질 때 좋은 친구를 불러와 서로 즐겁게 논다는 의미다. 앞 두 구절의 내용에서 전환이 생긴다. 나는 예전부터 개인적인 심미 취향으로 "경용신호" 네 글자가 좋다고 생각했다. 그러나 나중에 초당 이옹李邕의 『고시사언첩古詩四言帖』에 수록된 시 「정운」에 "경붕친호"로 되어 있는 것을 보았다. 판본은 빠를수록 믿을 수 있다는 원칙, 또 도연명의 시의 주제, 창작 상황 등과 결부시켜 생각해보고 원시는 응당 "경붕친호"일 것이라고 결론 내렸다.[35] 도연명 시에 이렇게 많은 이문이 존재하지만, 시의 예술적 가치에는 영향을 주지 않는다. 이는 도연명 시의 본질이 워낙 좋기 때문이다. 마치 약간의 먹구름이 밝은 달의 광채를 감출 수 없듯 말이다.

이상의 네 가지에서 네 번째 문제는 전파 중에 형성된 것이고, 첫 번째, 두 번째, 세 번째는 도연명 시의 특징과 관련된 것이다. 도연명의 시는 어느 정도 완적에게서 연원을 찾을 수 있다. 해독이 어려운 부분도 완적 시와 비슷하다. 이는 우리가 도연명 시를 감상할 때 그 난도뿐 아니라 심도에도 주의해야 한다는 것을 설명한다.

계시와 감상

몇 년간 나는 언어로 초상화를 그려 내가 마음속으로 생각하는 도연명을 써보고 싶었다. 문학사와 사상사에서는 무수히 많은 명가와 대가가 자신의 시대를 이끌며 역사적으로 유구하고 때로는 영원한 영향을 남겼다. 그러나 그중에서도 도연명은 나를 비롯한 많은 사람에게 특수하고도 중요한 존재다. 이는 그의 예술이 비범할 뿐만 아니라 그의 사상과 감정이 고도의 성숙한 이성을 표현해 사색을 즐기는 독자들에게 무궁한 계시를 주었기 때문이다. 도연명의 사상의 방향은 우주의 본체로 향하지 않고, 사회의 모순으로 향하지도 않는다. 표면적으로 보면 그는 현실의 모순을 회피한 것 같다. 굴원은 일찍이 하늘에 물어보았다. 두보와 백거이는 현실의 문제에 집착해 현실의 고난과 나라의 운명을 자신의 일처럼 괴로워했다. 그들과 비교하자면 도연명은 지식인이라면 응당 짊어져야 할 책임도 회피한 것처럼 보인다. 그래서 사람들은 '소극적'이란 말로 도연명을 설명하기도 했다. 하지만 나는 줄곧 도연명이 가장 적극적인 사람이라고 생각해왔다. 그는 인생의 모순과 인간의 진실성을 직시했고, 마음의 문제를 해결하고자 노력했다. 사실 마음의 문제를 진정으로 해결한다면, 혹은 최소한 우리 마음이 진정한 안식을 찾는다면, 우주의 문제, 사회의 문제, 당면한 현실의 문제는 모두 순조롭게 풀릴 것이다. 도연명은 심신의 문제, 즉 '형영신'의 문제에서 출발해 우주의 규율을 파악하고, 운화를 핵심으로 하는 자연관을 수립해 우주의 본체 문제를 지향했다. 동시에 또 '참됨'이라는 이념에서 출발해 순박한 인생의 실현을 추구했다. 오직 순박한 인생만이 행복한 인생이며, 모든 사람이 순박한 인생을 사는 사회가 바로 이상적인 사회라고 그는 생각한 것이다. 그래서 그는 황제와 요임금의 시대를 동경하고, 도화원 세계를 상상하는 사회사상을 구축했다. 이처럼 마음 문제의 해결에서 출발해 내면세계를 직시하고 이성적으로 심경의 조화를 이루면 우리는 우주와 사회의 문제를 이미 만난 것이다. 이는 남송의 사상가 육구연이 말한 "우주가 곧 내 마음이고, 내 마음이 곧 우주다"라는 말의 의미와 합치된다. 진실하게 본심을 따르고 마음의 문제를 직시하며 외부 환경과 이해관계의 영향을 받지 않고 마음의 본체를 관조하며 그에 상응하는 행동을 한다면, 이는 곧 최고의 이성을 얻고 궁극적인 사고를 통해 사회에 대한 책임을 완성하게 되는 것이다. 도연명이 걸었던 길은 바로 이런 정신의 길이며, 그 정신은 후대의 양명陽明철학과 맥이 닿는다. 그동안 나는 인생의 곤경을 만나 마음과 감정에 위기를 느낄 때, 나도 모르게 『도연명집』과 『왕양명문집王陽明文集』을 펼치곤 했다. 그러면 마치 스승을 만난 것 같은 느낌을 받으면서 그들이 나에게 어떤 계시를 주거나, 아니면 최소한 위로를 줄 것이라는 믿음이 있었다. 지금까지 책 속의 옛사람 중 나에게 이렇게 스승과 같은 신뢰감을 준 인물은 없었다. 아마 내가 즉각 해결하고자 하는 마음心과 이치理, 감정情과 이치理의 문제를 그들이 정면으로 다루고 있기 때문일 것이다. 도연명은 시로 표현했고, 왕양명은 철학적 언어로 서술했다. 물론 도연명은 상당한 수준의 시인이기에 시로 철학을 표현하기도 했다.

다시 도연명 이야기로 돌아가 도연명의 전기 중 가장 핵심적인 문제, 즉 귀은의 문제를 논의해보자. 이번 집필을 통해 나는 이런 문제를 하나 발견했다. 도연명은 벼슬길과 은거 사이에서 오랫동안 모순을 느꼈을 뿐 아니라 귀은한 이후에도 사회와 여론의 압력을 받았다. 이 여론의 압력이 구체적으로 어느 정도였고, 얼마 동안 계속되었는지는 알 수 없다. 그러나 그것은 확실히 존재했다. 물론 이런 여론이 인격적인 문제까지 물고 늘어진 것은 아니기 때문에 지나치게 그 영향에 대해 강조할 필요는 없다. 도연명의 귀은을 현실적인 관점에서 본다면, 그것은 그가 내면의 진실한 갈망을 따른 것이며, 부분적으로 사회와 가족, 가문에 대한 책임을 포기한 것이다. 후자에 대해 도연명은 「여자엄등소」에서 언급한 바 있다. 도연명은 도씨 가문에서 가문을 일으킬 촉망받는 인물이었다. 사실 그의 문학적 성취도 도씨 가문의 문화적 지위 향상에 영향을 주었다. 그러나 당시의 특권 제도 아래에서 가문을 일으키는 일은 관직을 통해 실현되어야 했다. 현실적인 측면에서 말하자면, 도연명은 유유의 참군을 지냈고, 후에 유송의 중신 왕홍, 단도제 등의 추종을 받았으며, 진송 왕조 교체기에 자신과 가문을 위해 새로운 위상을 찾았어야 했다. 그러나 도연명은 벼슬의 길을 버렸다.

"관모 벗어던지고 옛집으로 돌아가 고관대작과 부귀영화 탐내지 않고, 오두막에서 참된 성품 길러, 내 명성 선하게 전해지길 바라네."(「신축세칠월부가환강릉야행도구」)

이는 도씨 가문의 새로운 희망을 버린 것과 마찬가지였고, 가정과 자녀들에게는 살을 에는 듯한 추위와 주림의 고난을 가져왔다. 이런 점에서 우리는 도연명의 은거를 어떻게 이해해야 하는가? 사실 도연명이 은거를 선택하면서 이런 이해관계를 고려하지 않았을 리는 없다.

그러나 그는 여전히 "주림과 추위에 비록 절박하긴 했지만, 내 뜻과 어긋나는 일이라 병든 것처럼 고통스러울 것이다"라고 생각했다. 그가 따르고자 했던 것은 자신의 본심이 바라는 것, 독선기신의 인격에 대한 추구다. 이런 행위가 우리에게 계시를 주는 것은 사회와 가정에 대한 책임도 반드시 자신의 마음과 뜻에 어긋나지 않는다는 전제하에서 실현되어야 한다는 점이다. 도연명의 입장에서 볼 때, 사회와 가문과 가정에 대한 책임도 오직 자신의 마음이 평온하고 감정과 이성이 평안할 때만 진정으로 실천할 수 있다. 도연명은 자아를 고도로 실현한 사람이며, 도연명의 시는 인생과 예술이 고도로 통일되어 있다. 이 두 가지가 바로 후대에 영원한 계시를 주는 도연명의 의미다.

내가 도연명의 시를 읽고 처음 깨달음을 얻은 것은 20여 년 전 박사과정에 있을 때였다. 집중적으로 『도연명집』을 읽고 독서 보고서를 적으려고 깊이 사고했는데, 손대기조차 어렵다는 느낌을 받았다. 그러던 어느 따뜻한 봄날 오후에, 도연명의 시를 들고 베이징대학의 웨이밍 호未名湖에 가서 벤치에 앉아 너무나 자유롭게 도연명을 읽은 적이 있다. 그때 갑자기 도연명에 대해 새롭고 선명한 느낌이 떠오르는 것을 느꼈다. 구체적인 내용은 없지만, 도연명에 대한 나의 깨달음은 그때 시작되었다고 줄곧 생각해왔다. 당나라 시인 정곡은 이런 시구를 지었다.

"겨울 햇살이 가득한 계단에서 옛 문헌을 보나니, 오직 『도연명집』만이 나의 스승이라."(「독전집」)

그때의 내 마음이 바로 이런 느낌이었다. 곧바로 도연명이 중국의 수많은 시인 가운데에서 높이 솟구쳤다. 어느 정도 사고의 시간을 거쳐 나는 이렇게 나의 생각을 정리했다. 도연명은 본질적으로 깊은 감정의 시인이지만, 모순이 있는 사람이다. 그러나 그가 바라는 경지는 화해和諧의 경지다. 그의 화해는 모순이 해결된 이후의 화해다. 그래서 흔히 말하는 인생과 시의 평담, 초월의 경지 등을 얻을 수 있었던 것이다. 하지만 모순에서 화해까지의 과정은 일시적으로 완성된 것이 아니라 그의 일생에 걸쳐 존재하고 있었다. 그의 전 일생은 이처럼 모순에서 화해로, 감정에서 이성으로의 길고 긴 추구의 과정에 처해 있었다. 모순과 격정은 도연명뿐 아니라 모든 걸출한 시인이 공통적으로 지니고 있는 부분이지만, 이성과 화해를 추구하는 것은 도연명이 다른 시인들과 구분되는 점이었다. 다른 시인들이 이성을 추구하지 않은 것이 아니라 도연명처럼 이렇게 오랫동안 냉철한 이성으로 인생을 영위한 사람이 극히 드물었다고 해야 할 것이다. 이런 내용을 기초로 나는 나중에 「모순에서 화해로—도연명 시가 속의 반복적 관계矛盾與和諧—論陶淵明詩歌中的一重關係」라는 제목의 논문을 썼다.(『구색求索』, 1990년 제1기) 후에 위진 시기의 문학과 사상에 대한 공부가 깊어지면서 위진 문인의 사상 발전사와 위진 시가의 발전사 측면에서 다시 도연명의 시를 해석했다. 1993년 출판된 『위진 시가 예술 원론魏晉詩歌藝術原論』에서 나는 주로 현학의 명교와 자연학설에서 파생된 진송 교체기 문인들의 보편적 출사와 귀은의 모순에 착안해 도연명의 시를 다시 설명했는데, 형영신의 생명철학과 연결해 그의 인생을 분석했다. 당시 가장 인상적이었던 것은 다소 감성적인 인식이었는데, 즉 도연명 일생의 가장 큰 특징인 진지함이었다. 벼슬길로 나가거나 귀은하거나 그는 항상 진지하게 실행했다. 그는 진정으로 자연적인 인생을 숭상했으며, 삶 속에서 가감 없이 실천했다. 그가 추구한 것은 사상과 행동의 일치였다. 평생의 곤경도 여기에서 나왔고, 최종적으로 그가 자신의 경지에 도달할 수 있었던 것도 바로 이 때문에 가능했다. 도연명 인생철학의 가장 중요한 범주는 바로 '참眞'이었다. 이 '참'은 도가철학과 관계가 있다. 하지만 가장 중요한 의미는 사상과 행위의 일치에 있다. 1997년 출판된 『당 전 생명관과 문학 생명의 주제唐前生命觀與文學生命主題』에서는 도연명의 시를 한층 더 자세히 보며 생명의 경지에 속하는 시들을 체험하게 되었다. 나는 생활 경지의 문학이 있고, 자연 경지의 문학이 있고, 생명 경지의 문학이 있다고 생각한다. 도연명의 시는 생명 경지의 문학이다. 그가 표현하는 것은 보편적인 인생의 주제로, 생명 존재에 대한 자각적 사고와 체험에서 왔다. 도연명에 대한 나의 이런 해독은 사실 연속적인 것이며, 도연명에 대한 사고의 지속적인 발전이라 할 수 있다.

이 책은 시간순으로 주인공의 시대와 생애 이력, 사상, 주제, 예술적 성취 등을 소개하는 통상적인 방식을 차용하지 않고, 도연명의 작품을 주요 연구 대상으로 삼아 그의 일생의 사상과 생활, 예술이 지나온 길을 서술했다. 나는 작가의 작품 그 자체가 가장 완성도 높은 전기라고 생각한다. 어떤 학자가 쓴 전기라도 모두 한계가 있으며, 오독의 가능성을 피할 수 없다. 그래서 이 책 역시 『도연명집』을 읽은 단상의 기록 정도가 아닐까 싶다.

2011년 2월 12일

첸즈시錢志熙

주

1 76세설은 장연이 『오보변증』에서, 56세설은 량치차오가 『도연명 연보』(쉬이민許逸民 교집校輯, 중화서국, 1986)에서, 52세설은 구즈가 『도정절 연보』(쉬이민 교집, 『도연명 연보』본)에서, 59세설은 궁빈이 『도연명집교전』 부록 「도연명 연보간편陶淵明年譜簡編」(상하이고적출판사, 1996)에서 제기했다.

2 위안싱페이, 『도연명향년고변陶淵明享年考辨』 「도연명 연구陶淵明研究」, 베이징대학출판사, 1997.

3 궁빈, 『도연명집교전』 부록 3 「도씨종보중적문제陶氏宗譜中的問題」, 상하이고적출판사, 1996.

4 루친리 교주, 『도연명집』 부록 2 「도연명사적시문계년」.

5 루친리 교주, 『도연명집』.

6 위자시, 『세설신어전소』 「방정」.

7 위자시, 『세설신어전소』 「문학」.

8 위자시, 『세설신어전소』 「임탄任誕」.

9 위자시, 『세설신어전소』 「문학」.

10 「권농」의 창작 연대에 대해 왕야오, 루친리, 궁빈은 모두 「계묘세시춘회고전사」

의 "쟁기 들고 즐겁게 때에 맞는 일을 하고, 웃으며 사람들에게 농사지으라 권한다"를 인용해 같은 시기의 작품이라고 여긴다. 위안싱페이의 『도연명집전주』에는 다음과 같은 내용이 있다.

"『진서』「직관지職官志」에 '군국과 현에서 농번기에는 거느린 가구 수의 차이에 따라 한가한 관리가 권농을 했다'라고 하는데, 권농이 현리의 직무임을 볼 수 있다. 또 속석의 「권농부」에는 '백 리의 관리들은 각자 구분이 있어 소관이 다르네. 천한 백성의 직분을 살펴 다스리니 권농보다 좋은 건 없네'라고 하고, 『한서』「순리전循吏傳」에는 소신신이 남양태수를 할 때 '몸소 경작을 권면하며 논밭길을 오가며 향리를 떠나 들에서 잠자고 편안히 거한 적이 드물었다'라고 했다. 이를 보면 권농의 일이 현리에만 국한되는 것은 아니다. 도연명이 의희 원년에 팽택령을 하고 있을 때는 가을에서 겨울이 되는 무렵이었다. 「권농」이 묘사하고 있는 것은 봄의 정경이므로 팽택령 당시에 쓴 것은 확실히 아니고, 진 효무제 태원太元 18년(393), 도연명이 29세에 주좨주에 있을 때 썼다."

여기서는 위안싱페이의 학설을 따른다.

11 왕질王質 등이 편찬하고 쉬이민이 교집한 『도연명 연보』 『율리보栗里譜』에서는 도연명이 아내를 잃은 것을 스무 살 때로 본다. 이는 궁빈의 「도연명 연보간편」에 근거한 것이다.

12 『율리보』에는 이렇게 기록되어 있다.

"군은 나이 스물에 아내를 잃었다. 「원시초조시방주부등치중」에는 '스물에 세상의 험난함을 만나고, 서른엔 아내를 잃었네'라고 되어 있다."

아내 적씨와 해로하면서 이른바 남편은 앞에서 밭을 갈고 아내는 뒤에서 김을 매는 생활을 했다. 응당 적탕 집안일 것이다. 탕湯, 장莊, 교矯, 법사法賜는 4대가 은거로 널리 알려졌는데, 모두 시상 사람이었다.(왕질은 시실始室을 서른으로 해석하지 않은 것이다. 그리고 장, 교, 법사는 적탕과 아들, 손자, 증손자 관계다_옮긴이)

13 「술조덕시述祖德詩」 서문에 다음과 같은 내용이 있다.

"태원 중에 왕부(사현)께서 회남을 평정하신 후, 세업을 맡으시고 오로지 백성을 흥성시키고자 애쓰셨다. 어지신 재상(사안)께서 돌아가시고 군자의 도가 쇠락하자 정계를 떠나 동산에 거하셨다. 악의와 같은 대업을 이루시고 범려와 같은 행동에 뜻을 두셨네."

14 궁빈의 「도연명 연보간편」에는 31세로 되어 있다.

15 루친리의 『도연명에 관하여關于陶淵明』에 이와 관련된 서술이 있다. 루친리는 도연명이 "오두미 때문에 허리를 숙일 수 없다不爲五斗米折腰"라고 한 것을 왕응지가 신봉한 오두미교의 문벌 사족에게 허리를 숙일 수 없다고 한 것으로 설명한다. 참고할 만하다.

16 도연명의 이해의 행적에 대해 여러 학자의 연보는 약간씩 차이가 있다. 루친리의 「도연명사적시문계년」에서는 "융안 4년(400)인 경자년에 도연명은 36세였다. 이해에 관부의 전령으로 도성에 사신으로 다녀왔으며, 「경자세오월중종도환조풍어규림」 2수를 썼다" "융안 5년(401)인 신축년에 도연명은 37세였다. 이해에 형주에서 휴가를 얻어 집으로 돌아왔고, 7월에 강릉으로 복귀하며 「신축세칠월부가환강릉야행도구」를 지었다"라고 했다. 궁빈의 「도연명 연보간편」의 '융안 4년'에는 "도연명은 여전히 환현의 막료로 보좌하면서 일 때문에 도성에 사신으로 갔다 오며 「경자세오월중종도환조풍어규림」을 지었다"라고 했고, '융안 5년'에는 "7월에 도연명은 강릉에서 휴가를 받아 심양으로 갔고, 휴가가 끝나자 강릉으로 돌아오며 「신축세칠월부가환강릉야행도구」를 썼다. 겨울에 모친이 세상을 떠나자 도연명은 심양으로 돌아와 거상했다"라고 적혀 있다. 위안싱페이의 「도연명 연보간편」 '진안 융안 4년 경자'에는 "도연명은 환현의 막부에 있었다. 아마도 이해 연초에 사신으로 도성에 갔고, 5월 초에 도성에서 돌아오며 규림에서 풍랑에 길이 막혔을 것이다. 5월 하순 집으로 돌아왔다가 얼마 지나지 않아 형주로 돌아가 직무 보고를 했다. 그해 겨울 도연명은 심양으로 돌아와 집에서 한 해를 보냈다"라고, '융안 5년'에는 "도연명은 심양 집에서 새해를 맞았다. 정월 5일에 이웃 사람 두세 명과 함께 사천에서 노닐었다. 「유사천」 서문에 이 내용이 있다. 오래지 않아 곧 형주 강릉의 환현 막부로 돌아왔다. 7월 초, 다시 심양으로 돌아와 휴가를 지내고, 7월 말에 다시 강릉으로 돌아갔다. 도중에 「신축세칠월부가환강릉야행도구」를 썼다. 겨울에 모친 맹씨가 세상을 떠나자 도연명은 심양으로 돌아와 거상했다. 의희 3년 지은 「제정씨매문祭程氏妹文」에 '예전 강릉에서 거듭 천벌을 입어 (…) 높은 구름 어두웠고, 겨울 달엔 바람 쓸쓸히 불었다'라고 했으니, 도연명이 강릉에서 재임하던 겨울에 모친 맹

씨가 세상을 떠났음을 알 수 있다"라고 나와 있다. 루친리, 궁빈의 연보는 융안 4년에 집에 돌아온 일을 기록하지 않았으니, 이 일은 위안싱페이의 연보에 따른다.

17 궁빈의 『도연명집교전』 4권에는 이런 내용이 있다.
"시의 '배고프면 수양산의 고사리를 먹고, 목마르면 역수의 물을 마셨네'와 같은 감개를 표현한 말들로 보아 「의고」 9수는 응당 진송이 교체된 이후의 작품이다. 량치차오의 연보는 이 작품의 창작 연대를 영초 3년(422)인 임술년으로 보았고, 구즈의 연보와 루친리의 「도연명사적시문계년」은 영초 2년(421) 신유년으로 보았다. 왕야오의 주는 황문환의 『도시석의』에 근거해 이 시가 영초 2년(421) 신유년에 지어졌을 것이라고 했다. 왕야오의 주는 따를 만하다."

18 졸고 「도연명의 한소 신분과 그 문학에서의 표현論陶淵明的寒素身分及其在文學上的表現」(『제노학간齊魯學刊』, 2009년 제1기)을 참고하라.

19 치이서우의 논문 「도연명의 환유시陶淵明的宦遊詩」(1987년 대만에서 출판된 『모자수 선생 95수 축하 논문집毛子水先生九十五壽慶論文集』 205쪽)를 참고하라.

20 '유시상'은 유유민을 가리킨다. 유유민이 시상령을 지냈기 때문에 유시상이라 호칭한 것이다.

21 『문선』 이선 주 57권에 보인다.(중화서국, 1977)

22 리천둥, 『도연명 평론』, 대만동대도서공사臺灣東大圖書公司, 1965, 25쪽.

23 샤청타오夏承燾의 「도잠과 손은陶潛與孫恩」(『하승도집夏承燾集』 제8책, 299~301쪽)을 참고하라.

24 리창즈李長之, 『도연명전론陶淵明傳論』, 톈진런민출판사, 2007.

25 호자胡仔, 『초계어은총화苕溪漁隱叢話』 전집 3권.

26 이공환, 『전주도연명집』 3권.

27 치이서우, 「술주 시의 구학설에 대한 질의를 겸해 시의 주제를 논하다述酒詩舊說質疑兼論該詩主題」, 대만대학, 『신조新潮』 12기, 1965.

28 량치차오, 『도연명』, 상무인서관商務印書館, 1923.

29 곽무천, 『악부시집』 제27권, 중화서국, 1979.

30 첸중수, 『관추집管錐集』, 중화서국, 1986.

31 현존하는 도연명의 이런 방면의 저술은 아직 진위 문제가 확정되지 않았는데,

『사고전서총목四庫全書總目』 같은 책에는 많은 고증과 분석이 있다. 도연명에게는 틀림없이 이런 분야의 저술이 있을 것이다. 현존하는 이런 작품들을 보면, 전부가 진본으로 보이지는 않지만 모두 근거는 있다. 『도연명집』은 당대 이전에 만들어졌다. 도연명은 당대 이전에는 명성이 그다지 높지 않았기 때문에 이런 저술들이 당시에 도연명의 이름을 빌려 지어졌을 가능성은 별로 없다. 판충구이潘重規, 위안싱페이 등은 『사고전서총목』이 『오효전』 『집성현군보록』을 위서로 판명했다고 하며 건륭제乾隆帝의 의견을 주로 따른다. 위안싱페이는 "『오효전』과 『집성현군보록』은 모두 도연명이 평소에 책을 읽으며 적은 찰기札記이며, 원래 완전한 형식으로 생각을 적은 문장이 아니다. 저자가 손 가는 대로 기록했기 때문에 엄밀함을 기대할 필요도 없으며, 독자는 더욱 엄밀한 문장을 기대할 필요가 없다"라고 말한다.(위안싱페이, 『도연명집전주』, 중화서국, 2003) 이 학설은 따를 만하다. 나의 견해는 이렇다. 『집성현군보록』 말미에는 "서적에 기록된 바와 노인들에게 전해온 바, 세상에 선인으로 악인으로 전하는 이들 모두 이곳에 다 기록되었다. 한나라의 전숙田叔, 맹서孟舒 등 10인과 전횡의 두 문객, 노나라의 여덟 유생은 사서에 이름이 전하지 않는다. 어렵게 지조를 지켰으나 이름이 사라진 이들은 책을 만지며 길게 탄식하기를 그만둘 수 없었다"라고 적혀 있다. 이런 내용은 「감사불우부」 「영빈사」 등의 작품에서 표현한 정서와 유사하다. 또 시 「화유시상」에 "이렇게 살다가 백 년 지나면 육신이며 이름이며 흔적도 없이 사라지리라去去百年外, 身名同翳如"라는 구절이 있는데, 위의 "이름이 사라진姓名翳然"과 같은 수사를 사용했다. 도연명은 "예연翳然"(감춰지다) 류의 용어를 즐겨 썼다. 예를 들면, 「영빈사」 제6수의 "숨어 세상과 왕래를 끊었건만, 그의 시는 너무나 뛰어났지翳然絶交遊, 賦詩頗能工", 「시운」의 "꽃과 화초는 제각각 줄지어 있고, 숲엔 대나무들 빼곡히 서 있네花藥分列, 林竹翳如", 「귀거래혜사」의 "햇살은 어스름해지며 곧 저물어가는데景翳翳以將入" 등이 있다. 이런 내용은 판충구이, 위안싱페이 등의 설을 보충할 수 있을 것 같다. 이상의 간략한 서술에 대해 향후 더 전문적인 고증이 있기를 기대한다.

32 루친리가 교주한 『도연명집』 214쪽에는 다음과 같은 설명이 있다.

"「형영신」으로 제목을 지은 것은 우연이 아니다. 그것은 여산의 승려 혜원의 「형진신불멸론形盡神不滅論」과 「만불영명萬佛影銘」 등이 선전하는 불교의 미신적 이론을 겨냥해, 그들의 전문적인 용어를 빌려 '신불멸神不滅'의 오류를 반대한 것이다."

33 천인커, 『도연명의 사상과 청담의 관계陶淵明的思想與清談之關係』, 연경대학합불연경사간인燕京大學哈佛燕京社刊印, 1945.

34 첸즈시, 「모순에서 화해로—도연명 시가 속의 반복적 관계」, 『구색』, 1990년 제1기.

35 첸즈시의 논문 「이옹, 『고시사언첩』의 고시 교주, 대조 방면의 가치李邕古詩四言帖在古詩校對方面的價值」(『중국전적여문화中國典籍與文化』, 2007년 제1기)를 참고하라.

참고문헌

逯欽立, 『陶淵明集』, 中華書局, 1979
———, 『陶淵明集』 附 「陶淵明事迹詩文系年」, 中華書局, 1979
———, 『先秦漢魏晉南北朝詩』, 中華書局, 1983
陶澍, 『靖節先生集』, 淸道光二十年 惜陰書舍刻本
方宗誠, 『陶詩眞詮』, 『柏堂遺書』本
龔斌, 『陶淵明集校箋』, 上海古籍出版社, 1996
———, 『陶淵明集校箋』 附 「陶淵明年譜簡編」, 上海古籍出版社, 1996
袁行霈, 『陶淵明研究』 「陶淵明享年考辨」, 北京大學出版社, 1997
———, 『陶淵明集箋註』, 中華書局, 2003
吳仁傑, 『陶靖節先生年譜』, 許逸民 校輯, 『陶淵明年譜』本, 中華書局, 1986
梁啓超, 『陶淵明』, 商務印書館, 1923
———, 『陶淵明年譜』, 許逸民 校輯, 『陶淵明年譜』本, 中華書局, 1986
古直, 『陶靖節年譜』, 許逸民 校輯, 『陶淵明年譜』本, 中華書局, 1986
游國恩, 『陶潛年紀辨疑』, 許逸民 校輯, 『陶淵明年譜』本, 中華書局, 1986
張縯, 『吳譜辨證』 附 吳仁傑, 「陶靖節先生年譜」, 許逸民 校輯, 『陶淵明年譜』本, 中

華書局, 1986

李辰冬,『陶淵明評論』, 臺灣東大圖書公司, 1965

李長之,『陶淵明傳論』, 天津人民出版社, 2007

齊益壽,「陶淵明的宦遊詩」,『毛子壽先生九五壽慶論文集』, 臺灣幼獅文化公司, 1987

夏承燾,「陶潛與孫恩」,『夏承燾集』, 浙江古籍出版社, 1997

李善 注,『文選』, 中華書局, 1983

杜豫,『春秋左傳集解』, 上海人民出版社, 1977

司馬遷,『史記』, 中華書局, 1982

房玄齡,『晉書』, 中華書局, 1974

沈約,『宋書』, 中華書局, 1974

劉義慶 著, 劉孝標 注, 余嘉錫 箋疏,『世說新語箋疏』, 上海古籍出版社, 1993

嚴可均,『全上古三代秦漢三國六朝文』, 中華書局, 1958

徐堅 等,『初學記』, 中華書局, 1962

鍾嶸,『詩品』, 人民文學出版社, 2009

郭茂倩,『樂府詩集』, 中華書局, 1979

仇兆鰲,『杜詩詳註』, 中華書局, 1979

孔凡禮 點校,『蘇軾文集』, 中華書局, 1986

黃庭堅,『山谷內集』, 世界書局, 1936

嚴羽 撰, 郭紹虞 注,『滄浪詩話校釋』, 人民文學出版社, 1961

任淵 注, 冒廣生 補箋,『後山詩註補箋』, 中華書局, 1995

許學夷 撰, 杜維沫 校點,『詩源辨體』, 人民文學出版社, 1982

方東樹,『昭昧詹言』, 人民文學出版社, 1961

龔自珍,『龔定盦全集』, 世界書局, 1935

湯漢 注,『陶靖節詩』, 福建人民出版社, 2008

吳師道,『吳禮部詩話』,『歷代詩話續編』本

惲敬,『大雲山房文稿二集』, 上海商務印書館, 1935

陶宗儀,『說郛』, 宛委山堂本

吳偉業,『吳梅村全集』, 上海古籍出版社, 1990

魏了翁,『鶴山先生大全文集』, 四部叢刊影印宋刻本

『春秋左傳集解』, 上海人民出版社, 1977
『象山全集』, 四部叢刊影印明刻本
未詳, 『蓮社高賢傳』, 明 程榮 『漢魏叢書』本

옮긴이의 말

도연명은 중국 문학사에서 '대시인'이라는 호칭으로 종종 불리는 문인이다. 이백, 두보도 그에게는 미치지 못한다는 소동파의 말처럼 단순히 시인이라고 불리기에는 뭔가 부족한 느낌이기 때문이다. 그의 시에는 시간의 흐름과 자연의 아름다움이 담겨 있다. 또한 현실에 대한 냉정한 직시와 역사를 회고하는 감개가 담겨 있다. 별처럼 빛나는 이상도 있으며, 낭만적인 여유가 흘러나온다. 국화꽃을 들고 멀리 남산을 그윽이 바라보는 은자의 모습은 후인들이 생각하는 그의 전형적인 이미지이기도 하다. 도연명을 그린 후대 화가들의 수많은 그림도 여기에 집중되어 있다.

그러나 그는 또 가난하고 힘겨운 노동의 인생을 보낸 생활인이었다. 입신양명을 꿈꾸는 사인이었지만, 긴박한 정치적 환경 속에서 생명을 보전해야 했다. 관직을 버리고 전원으로 돌아간 그의 선택이 낭만적인 감성이나 풍류에 젖은 호기에서 나온 것은 결코 아니리라. 그는 생계를 위해 땅을 일구었고, 곡식을 심었다. 새벽에 일어나 김을 매고, 저녁 이슬에 옷자락을 적시며 집으로 돌아왔다. 고대 중국의 수많은 문인이 은거를 동경했지만, 도연명처럼 이렇게 철저히 고독하고 가난한 은거를 한 사람은 없을 것이다.

또 도연명은 철인이었다. 당대의 철학자들과 논쟁하거나 추상적 범주를 제시한 저작을 쓰지는 않았지만, 그는 생활 속에서 인생의 가치를 되새기며 생명의 종극을 사색했다. 전설 속 이야기처럼 신비한 도화원 마을은 그가 꿈꾸는 인류의 이상향이었다. 이런 정신세계는 모두 그의 시와 글에 담겨 있다. 그의 시풍은 담담하고 진솔하지만 무겁고도 깊다. 시인으로서의 문학적 성취, 생활인으로서의 인생의 경지, 철인으로서의 깊은 성찰. 도연명을 대시인이라고 부르는 것은 그가 여러 방면에서 각각 높은 수준에 도달했고, 또 이 각각의 성취가 하나로 통일되어 있기 때문이다.

이 책의 저자 첸즈시 교수는 역자의 박사 시절 지도교수다. 그는 청년 시절부터 고전문학 연구에 두각을 나타내 이른 시기에 베이징대학 중문과의 교수가 되었는데, 고체시古體詩로 시집을 낸 시인이기도 하다. 그의 연구는 시인으로서의 감성과 학자로서의 이성적 사유가 뛰어나게 결합되었다는 평가를 받는다. 특히 위진 시기의 시가 미학이 형성된 내적 동기와 원류를 세밀하게 파악해 위진 문학의 새로운 문제들을 제기했으며, 생명 관념이라는 시각으로 위진남북조 문인들이 천착한 문학과 인생의 주제를 분석한 바 있다. 나는 첸즈시 교수의 이러한 연구 성향과 그동안의 연구 업적이 이 『도연명전』에 고스란히 투영되었다고 생각한다. 덕분에 이 책을 번역하며 도연명에 대해서도 한층 깊은 이해가 생겼고, 연구방법론에서도 많은 공부가 되었다.

이 책의 원제는 『도연명전陶淵明傳』이다. 나는 왜 제목이 『도연명 평전』이 아니라 『도연명전』이었을까 생각했다. 아마도 평전의 틀에 넣어 도연명의 생애 일대기를 쓰고 싶은 마음이 없었기 때문이라고 나는 추측한다. 언젠가 첸즈시 교수와 지도 학생들이 함께 모여 차를 마시며 한담을 나눌 때, 당시 학계의 뜨거운 화두였던 도연명 향년 63세설을 둘러싼 논쟁에 대해 이야기한 적이 있다. 그는 이 논쟁이 의미 없는 것은 아니지만, 그것이 도연명 문학의 본질을 설명하는 데 큰 영향을 주지는 않는다는 점을 우리에게 환기시켰다. 이 책에서도 향년 문제에 대한 자신의 의견을 피력하고 있지만, 저자는 아마도 이 책을 통해 도연명 문학의 본질, 즉 '도연명의 인생'에 초점을 맞추고 싶었던 것 같다. 번역을 하며 이 책은 글로 쓰인 도연명의 초상이라는 느낌을 여러 번 받았다.

또 하나, 이 책의 서술은 수필의 문체와 닮았지만, 오랫동안 도연명을 연구해온 저자의 '도연명 개론'이기도 하다. 곳곳에는 도연명과 관계된 학계의 기존 학설에 맞서는 학자의 고집도 담겨 있다. 그리고 이 책은 도연명 시집을 읽고 있는 저자의 독서일기이기도 하다. 논문이었다면 자료를 제시하고 고증을 해야 할 자리에서 저자는 자신의 느낌을 들려주고 생각을 이야기한다.

이 책 곳곳에서, 작품을 하나하나 읽으며 도연명의 정신세계와 심리상태를 밝혀낸 저자의 치열한 사색이 엿보인다. 제2장 '문벌과 신분'에서 저자는 도연명이 창조한 "외로운 구름" "무리를 잃은 새" "외로이 서 있는 소나무" 등의 이미지에서 초라한 한소 계층의 사인이 문벌사회 속에서 느낀 고독을 읽어낸다. 그리고 그가 평생 지녔던 "외롭고 굳센 지조"의 정신이 그가 받은 사회적 배척과도 관계된 계급적 정체성이었음을 설명했다. 이 시에서는 "무리를 잃은 새"가 "외로이 서 있는 소나무"를 만나서 천 년토록 떠나지 않겠다고 다짐하는데, 저자는 이 대목을 도연명이 '사회적 배척을 받은 후 인격적인 면에서 자아를 확립한 것'으로 본다. 이런 해석은 모순에서 화해로 귀착되는 인생의 경로에서 도연명이 줄곧 '참됨'의 가치관을 견지하고 있었던 사실과 일치한다.

제8장 '선비의 불우한 운명을 느끼다'에도 이런 부분이 있다. 도연명의 「감사불우부」는 선비의 불우한 운명을 한탄하는 내용인데, 창작 연대에 대해 학계의 의견이 엇갈리는 작품이다. 입신양명하지 못한 도연명의 비감이 작품에 투영되어 있기 때문에 상당수의 학자들은 이 작품을 만년에 지은 것이라 생각한다. 하지만 저자는 「감사불우부」를 젊은 시절의 작품이라 말한다. 성공에 대한 열망이 사라진 후 도연명은 운명을 한탄하는 심리도 사라졌다는 것이다. "불우함을 탄식하는 것은 성공하려는 마음이 왕성하다는 말의 또 다른 표현"이라고 했다. 만년의 도연명은 성공에 대한 마음을 완전히 접었기 때문에 '우遇'와 '불우不遇'에 대한 마음도 없었다고 그는 확신한다. 나도 동감한다. 가엾은 도연명. 그러나 그가 자신의 바람대로 사회적인 성공을 거두었다면 지금의 도연명은 없었을 것이다. 불우한 운명은 대작가 탄생의 전제조건일지도 모르겠다. 또 서곡에서 도연명이 말한 독서의 상황도 젊은 시절의 독서 취향이었지, 만년의 독서법과는 다르다는 점을 지적했다. 오랫동안 도연명의 글을 읽으며 도연명의 모습을 마음속으로 차곡차곡 그려왔던 사람만이 이런 발견을 할 수 있다고 나는 생각한다.

특히 제26장 '생명 의식과 생명 사상'은 도연명의 철학적 사고를 매우 심도 있게 설명한 대목이다. 생명 의식이나 생명 사상이란 말은 우리나라 독자들에게 비교적 생소한 용어일 것이다. 생명은 주로 생물학이나 생태학과 관련된 분야에서 사용되지만, 저자가 말하는 생명 의식은 죽음과 인생에 대한 인간의 사고를 가리킨다. 생명이라는 관점에서 중국 문인들의 사유 체계와 문학의 흐름을 수립한 그의 저술도 있다.(『당 전 생명관과 문학 생명의 주제』, 동팡출판사東方出版社, 1997)

죽음은 인류에게 매우 현실적인 현상이기 때문에 이에 대한 생각도 당연히 본능적인 것이다. 저자의 설명에 따르면, 인간의 생명 의식은 크게 죽음의 성질에 대한 사고와 인생의 가치에 대한 사고로 나뉜다. 전자는 사후세계에 대한 호기심으로 이어져 신앙으로 발전하기도 하고, 노화를 맞는 우울함, 시간의 흐름을 느끼는 감상, 타인의 죽음에 대한 슬픔 등으로 표현된다. 후자는 신체의 물리적 죽음을 초월하는 가치를 수립하려는 관념을 형성하는데, 유가에서 말하는 입덕立德, 입공立功, 입언立言의 '삼불후三不朽'가 이것이다.

도연명의 시대는 생명 사상이 고조에 달했던 시기다. 저자는 도연명 철학의 본질은 인생철학이며, 생명철학이 그 핵심에 있다고 본다. 그는 「형영신」 연작시 3수의 분석을 통해 도연명이 파악한 생명관을 다음과 같이 분류했다. 육체적 욕망에 빠진 물질적 생명관, 선善을 통해 존재 가치를 추구하려는 사회적 생명관, 생명이 자연의 일부라는 것을 자각한 자연적 생명관이 그것이다. 그의 서술에 따르면, 도연명은 철저하게 이성적인 사고로 물질적·사회적 욕망을 제어했다. 하층위의 생명관을 부정하지도 않았으며, 상층위의 생명관을 관념적으로만 받아들이지도 않았다. 도연명이 깨달은 생명관은 그의 인생 속에서 실천되었다. 철인으로서의 도연명을 만나고 싶다면 이 장을 따로 읽어도 좋을 것이다.

한국의 전통 지식인들도 도연명을 매우 추앙했다. 그의 삶을 배우려 했고, 그의 문학과 교감하고 싶어했다. 그간 국내에서 도연명을 주제로 한 논문도 많이 발표되었고, 시문 번역집도 적지 않게 출판되었다. 하지만 이 책만큼 도연명의 인생과 작품 세계를 솔직하고 생생하게 그려낸 책은 없었다. 아쉬운 것은 도연명의 시풍과 문학적 진미를 전달하기에 역자의 내공이 너무 부족하다는 점이다. 독자들이 이 책을 통해 "질박하면서도 실제로는 화려하고, 빈약한 것 같지만 실제로는 풍성한" 도연명의 작품을 감상하기에 내 번역 실력이 부족함을 절감했다. 양해를 구한다. 그리고 이 책이 향후 국내의 도연명 연구에 도움이 될 수 있기를, 또한 도연명이 추구한 '참됨'의 가치가 우리 인생의 많은 순간과 만나는 기회가 될 수 있기를 바란다.

2015년 가을

이규일

도연명전

초판인쇄 2015년 11월 5일
초판발행 2015년 11월 16일

지은이 첸즈시
옮긴이 이규일
펴낸이 강성민
책임편집 김진희
편집 이은혜 이두루 곽우정
편집보조 이정미 차소영 백설희
마케팅 정민호 이연실 정현민 양서연 지문희
홍보 김희숙 김상만 한수진 이천희
독자 모니터링 황치영

펴낸곳 (주)글항아리 | 출판등록 2009년 1월 19일 제406-2009-000002호

주소 10881 경기도 파주시 회동길 210
전자우편 bookpot@hanmail.net
전화번호 031-955-1936(편집부) 031-955-8891(마케팅)
팩스 031-955-2557

ISBN 978-89-6735-268-4 03900

글항아리는 (주)문학동네의 계열사입니다.

이 도서의 국립중앙도서관 출판예정도서목록(CIP)은 서지정보유통지원시스템 홈페이지(http://seoji.nl.go.kr)와 국가자료공동목록시스템(http://www.nl.go.kr/kolisnet)에서 이용하실 수 있습니다.(CIP제어번호: CIP2015029655)